现代职业教育研究丛书

崔景贵　夏东民◎主编

江苏现代职业教育体系研究

崔景贵　夏东民◎主编

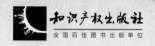
知识产权出版社
全国百佳图书出版单位

图书在版编目（CIP）数据

江苏现代职业教育体系研究/崔景贵，夏东民主编. —北京：知识产权出版社，2015.1
ISBN 978 - 7 - 5130 - 3156 - 1

Ⅰ.①江… Ⅱ.①崔… Ⅲ.①职业教育—教育体系—研究—中国 Ⅳ.①G719.2

中国版本图书馆 CIP 数据核字（2014）第 266946 号

内容提要

加快建设江苏现代职业教育体系，能够更好地服务人的发展、促进就业创业、保障改善民生，也是经济结构调整、转型升级、提质增效的有力支撑。本书基于中高等职业教育协调发展的视角，对建设江苏现代职业教育体系的重要问题进行深刻阐释、逻辑论述和调查研究。理论篇重点分析江苏现代职业教育体系的社会生态、发展历程、目标架构、专业结构、终身化取向、师资队伍建设、人才培养模式、中高职课程衔接、学分制管理、制度设计与政策创新、质量提升与行动导向等，实践篇重点介绍江苏省在加快推进现代职业教育体系建设中的创新实验区建设、区域实践探索、项目试点、集团化办学，聚焦比较现代职教体系建设的世界经验，总结概括江苏现代职教体系建设的国际经验等。

本书坚持贴近江苏现代职教改革创新的实际与实践，充分反映江苏加快现代职教发展的成就与经验，着力构建适应经济社会发展需求、产教深度融合、职教与普教相互沟通、体现终身教育理念、中高等职教紧密衔接的江苏现代职业教育体系，具有前瞻性、系统性、原创性和科学性。

责任编辑：冯　彤　　　　　　　　　责任出版：刘译文

江苏现代职业教育体系研究
JIANGSU XIANDAI ZHIYEJIAOYU TIXI YANJIU
主　编　崔景贵　夏东民

出版发行：知识产权出版社 有限责任公司	网　址：http://www.ipph.cn		
社　址：北京市海淀区马甸南村 1 号	邮　编：100088		
发行电话：010-82000860 转 8101/8102	发行传真：010-82000893/82005070/82000270		
责编电话：010-82000860 转 8386	责编邮箱：fengtong@cnipr.com		
印　刷：保定市中画美凯印刷有限公司	经　销：各大网上书店、新华书店及相关销售网点		
开　本：787mm×1092mm 1/16	印　张：29.25		
版　次：2015 年 1 月第 1 版	印　次：2015 年 1 月第 1 次印刷		
字　数：491 千字	定　价：78.00 元		
ISBN 978-7-5130-3156-1			

代序 加快建设江苏现代职教体系

沈 健

改革开放 30 多年，江苏职业教育培养了大批技术技能人才，为优化教育结构、促进就业、改善民生、服务区域现代化建设做出了突出贡献。

党的十八大和十八届三中全会以后，江苏教育进一步主动适应经济社会发展需要，大力推进以中高等职业教育贯通、职业教育和普通教育协调、职业学校和行业企业融合，有利于人的终身学习、全面发展为主干的现代职业教育体系建设。2013 年，全省有中等职业学校毕业生 30.6 万人，就业率达到98%。

一、现代职业教育体系的构建探索

完善制度建设，创新现代职业教育学制体系。为解决人才培养结构与社会需求脱节，各类人才培养之间衔接不顺、转换不畅的突出问题，江苏职业教育率先从学制改革入手，探索建立中等职业教育—高等职业教育—应用型本科教育的职业教育学制体系，推动学制体系由现行的"h"型向"H"型转变。三年来，现代职业教育体系建设项目试点规模逐步扩大，模式相对稳定。2014年培养模式有：中职学校与高职院校"3+3"分段培养；中职学校与应用型本科教育"3+4"分段培养；高职院校与应用型本科教育的"3+2"分段培养；高职院校与应用型本科的联合培养；江苏开放大学与中职学校分段培养。

把握关键环节，构建技能人才系统培养体系。现代职业教育体系试点遵循职业教育规律和技术技能人才成长规律，树立系统培养理念，准确定位中等职业教育、专科层次高等职业教育、应用型本科教育相递进的人才培养目标，正确处理知识与技能、理论与实践的关系，确保技术技能人才培养质量。

明确试点资质。省教育厅明文规定中等职业教育试点学校资质、专业标准和学生入学要求。"3＋3"形式的试点学校必须为省高水平示范性职业学校；"3＋4"形式的试点学校必须为国家中等职业教育改革发展示范性学校。参与试点的本科院校从 2012 年的 13 所增加到 2014 年的 34 所。

强化课程衔接。省教育厅组织开展了与项目对应的中高等职业教育衔接课程体系建设研究，2014 年首批立项课题 43 个。课程改革的主要思路是：加强前段教育基础知识、基础技能和继续学习能力的培养，增强后续教育课程的衔接性、实践性和职业性。

规范转段升学。为确保高校生源质量，中高职分段培养、中职与本科分段培养转段升学统一纳入普通高校对口单招，高职与本科分段培养转段升学统一纳入"专转本"范畴。转段升学或参加"对口单招""专转本"考试，或进一步落实高职院校办学自主权，在省教育厅的管理和监督下，由试点项目学校自主进行。

推进素质教育，健全技术技能人才培养质量体系。紧紧围绕立德树人根本宗旨和质量提升核心任务，凸显技术技能人才培养特色，深化教学改革，推进素质教育，努力培养具有良好职业道德、过硬专业技能和精益求精职业精神的高素质劳动者和技术技能人才。

坚持立德树人根本宗旨。2012 年，省教育厅、省人民政府教育督导团印发了《江苏省中等职业学校德育工作督导评价标准（试行）》，将社会主义核心价值体系融入学校人才培养全过程、渗透学校工作各方面。

彰显技能人才培养特色。一是坚持将学历教育、文凭教育、升学教育转化为技术教育、技能教育、就业教育，培养社会急需的技术技能人才。二是积极促进人才培养模式转变，全面推进校企合作、工学结合。三是形成校企合作战略联盟，协作开展技术技能型人才培养。

提升职校学生综合素质。现代职业教育既要满足经济社会发展要求，也应满足学生全面发展、终身发展需求。2013 年我省在全国率先进行了学制改革，即中等职业教育实行"2.5＋0.5"、五年制高等职业教育实行"4.5＋0.5"分段培养模式，加强校内文化基础教学、实训教学和校外教学实习，优化校外顶岗实习。

二、现代职业教育体系的基本思路

贯彻落实全国职业教育工作会议和国务院《决定》精神，贯彻落实教育部《现代职业教育体系建设规划（2014～2020 年）》，我省将坚定不移地把职业教育放在更加突出的战略地位，牢固确立职业教育在人才培养体系中的重要位置，坚持以立德树人为根本，以提高质量为核心，以专业建设为基础，以服务发展为宗旨，以促进就业为导向，以校企合作为纽带，以深化改革为动力，以扩大对外开放、提升国际交流合作为着力点，加快建设和完善现代职业教育体系。

建立普通教育与职业教育沟通体系。目前，普通教育与职业教育基本处于双轨并行、泾渭分明的状态。今后几年，我省将积极搭建职业教育与普通教育双向沟通、多元立交的桥梁。如中等职业学校学生和普通高中学生根据学籍管理规定，达到相应学业水平标准后，可在普通学校和职业学校之间相互转学、升学，相同课程实行学分互认。

建立中职、专科、本科、研究生教育贯通培养体系。全力打造中高等职业教育及应用技术型本科、专业学位研究生教育贯通一体的技术技能人才培养体系。今后一段时期，我省将全面深化现代职业教育体系项目试点，形成技术技能人才多样化成长渠道。到 2020 年，本科院校招收中高职毕业生比例达 30% 左右，高职院校招收中职毕业生比例达 50% 左右。

建立职业教育与行业、产业、企业融合体系。现代职业教育体系必须对接现代产业体系，实现产教深度融合。我省将进一步优化职业院校布局，推进职业院校向工业新区、高新园区转移，鼓励职业院校参与产业基地建设的职能与分工，推进教育链、产业链、人才链的有机融合。

建立职业教育促进终身教育发展的服务体系。江苏职业教育将继续面向人人、面向全社会，特别是面向未升学的初高中毕业生、残疾人、失业人员等群体，广泛开展职业教育和培训，更好地服务终身教育。

三、现代职业教育体系的保障举措

着力优化职业教育创新发展的政策环境。2011 年以来，我省启动职业教育创新发展实验，先后设立了两批 19 个省职业教育创新发展实验区。实验区职业教育发展基础比较好，特别是其中的南京、苏州、无锡、常州四个省辖市职教发展水平高、特色鲜明，具有示范带动和整体联动效应。

建立职业教育经费保障制度。省财政厅、教育厅、人社厅联合印发了建立健全中等职业教育经费保障机制的通知，确定公办中等职业学校生均财政拨款最低标准为 2 800 元（不含离退休人员经费），其中生均公用经费基本拨款标准不低于 500 元。经费保障覆盖学校日常运转、内涵发展、扶贫助学、债务控制与化解等多个方面。

健全职业教育督导检查制度。近几年，省教育厅、省政府教育督导团先后出台了《江苏省县域中等职业教育督导标准》《江苏省中等职业教育德育工作督导评价标准》，面向全省开展对县域政府中等职业教育工作的督导检查和对职业学校德育工作的视导，并连续三年开展了全省职业学校教学、学生、后勤三项管理规范检查。

完善职业教育教学质量监测制度。全面落实省政府办公厅转发省教育厅《关于进一步提高职业教育教学质量的意见》，推进实施中等职业教育和五年制高等职业教育人才培养指导方案，积极探索建立以技能为核心的中等职业学校学业水平测试制度。

全面提升职业教育基础能力建设水平。重点打造一批高水平现代化职业学校和实训基地，成为对接现代产业体系、服务经济发展特别是区域重点产业、战略新兴产业和特色产业的人力资源基地、智力支撑平台。2013～2015年，全省重点建设110所左右的江苏省高水平现代化职业学校，将带动整个职业院校实训基地建设，构建覆盖所有专业的实践教学网络体系。

加快建设专业化的职教师资队伍。坚持学历文凭、职业技能和职业资格并重的原则，突出职业院校教师"双师型"特质，继续组织中职和高职院校教师职称单独评审，定期开展职业学校特级教师、教学名师、正高级教师评审和职业教育教学成果奖评审，使职业院校教师与普通教育教师专业发展阶梯并列设置、同等待遇。

奋力推进职业教育信息化。今后一个时期，我省职业教育信息化建设的重点任务简而言之是抓好四个"一"："一园"——智慧校园建设，"一库"——数字化资源库建设，"一项比赛"——完善信息化教学大赛制度，"一项改革"——信息化环境下的人才培养模式改革，以信息化引领职业教育的现代化。

（作者单位：江苏省教育厅、江苏省委教育工委）

代序 现代职业教育要突出强调转型发展

周稽裘

"现代职业教育"指向的是职业教育发展的现代化问题，包括什么是现代化和怎样实现现代化两个方面。

从历史的角度看，现代化指的是 18 世纪以来人类社会的发展进程；从发展的角度看，现代化是人类社会在这个发展阶段中经济、政治、社会、文化等方面所达到的综合性的进步状态。现代化是一个动态的、变化的过程，研究者一般分为前现代、现代、后现代几个阶段。前现代是指文艺复兴、启蒙运动等历史时期；从工业革命开始我们进入现代阶段，这个历史进程尚未结束。随着人们对现代化特征的探索不断深入，又提出了"后现代"问题，也有中国学者叫第二次现代化，其最重要的标志是信息化、知识化时代的到来，是当代体现生产力发展的最主要标志。人类发展从野蛮走向文明，首先是农业文明，然后是工业文明，接着在短短两个多世纪后就开启了信息文明。对信息文明，我们千万不能理解为只是一种技术进步和新的产业，在技术进步的前提下会带来一种新的文明形态，而我们还远远没有估量到它所可能带来的全部变化。我们国家在现代化的过程中既要经历传统的工业化又要面对新型的信息化，在追赶的过程中有一个"两步并一步"跨越的要求，因此要加快信息化建设。

十八大报告对全面理解我国的现代化有两个最重要的引领：第一个是"五位一体"格局，即现代化建设包括政治、经济、文化、社会、生态的各个方面，告诉我们必须站在一个综合的、全局的、各方面都协调发展的角度去审视现代化、建设现代化。第二个是"四化同步"，即做到工业、城镇、农业现代化及信息化四化同步，这是科学发展观的必然要求。当前，对于职业教育现代性的理解有两个着重点：一是同步性。在我国，相比高等教育和普通教育，职业教育的发展仍处于相对弱势的地位，服务能力也不足。加快现代职业教育发展就是为了实现和其他教育同步协调，与经济、社会同步协调，这是基于我国职业教育的特殊性而言的。二是转型性。中国社会在现代化的过程中有了巨大的进步，但同时也产生了许多新问题：不平衡、不全面、不可持续，等等。因而包括职业教育在内的现代化进程都要求在科学发展观的指导下创新驱动、转型发展，谋求可持续的再现代化。

教育部袁贵仁部长在 2013 年年度工作会议上指出：十八大报告对职业教育突出强调了"现代"二字。一方面是强调职业教育主动适应经济社会发展方式的转变，另一方面是强调职业教育是一个体系，因此今年要着力推进现代职业教育体系建设和中国教育结构的战略性调整。

当前，现代职教体系建设的启动主要集中在中高职协调发展方面，其核心是中高职衔接。强调中高职衔接实质上是一种国家层面上的制度设计，为国家建设所需的人数众多的技术技能型人才提供系统的教育成才之路，是国家教育结构的战略性调整，尤其在改变高端人才过于集中在学术型的单一结构状态，提升职业技术教育社会吸引力方面有重大意义。中高职衔接的实践主要是课程教学和升学制度衔接。当然，如果仅仅把中高职衔接理解为现代职教体系的全部，未免太狭隘了。现代教育转型发展的重要标志是将传统的精英教育转型为真正的大众教育、全民教育，从一次性的学历教育转型为终身教育，这才是社会进步，这才是真正的现代化。

目前中国正在进行新型城镇化建设，牵涉三大人群。一是城市化过程中继续留在农村从事农业生产的农民。他们要成为新型职业农民，成为推动农业现代化的经营主体，职业教育怎么培养？二是半城镇化人口，即大量的农民工、流动人口。他们需要一技之长来谋生，需要市民化。2008 年有个调查，深圳进城务工农民中 60% 是初中或初中以下文化程度。职业教育有没有考虑过他们？面对全国总量达 2.6 亿、江苏也有 1 000 多万的流动人口，现代职业教育体系如何服务这一庞大人群的要求？三是产业发展之后从业人员的专业提升。他们是成年人，不可能脱产 3 年上学，那职业教育怎么办？他们已不满足于短期的、零星的培训，而是需要非全日制的、学历性的系统教育和继续不断的新技术、新文化教育，但又不是扫盲班、科技大篷车那种皮毛。现代产业从业人员、进城务工人员、新型职业农民，他们有学习的愿望和要求，需要的是系统的技术技能学习及正规的学习成果认证。职业教育如何去管理创新，去创造条件满足他们的需要？解决这个问题，就要依托建设终身教育体系、继续教育体系、全民教育体系的大平台，这不是历史上延续下来的那一点点精英教育体系能完成的。《国家中长期教育改革和发展规划纲要》写得很清楚，职业学校学历教育和职业培训并举，全日制和非全日制并重。原则都已经讲了，但问题是怎么去实施？

这种体系要能满足新的教育要求，必须坚持改革创新，要在招生制度、教学方式、课程设计、评价方式、学籍管理诸方面进行系统的改革设计和实践。发达国家可以看到爷爷和孙子在同一间教室里学习，现在我们国家也到了这样的时候了。这是国家发展的要求，也是教育现代化的要求。什么是现代化？现代化并非仅精英教育，而是既能培养精英，又能把大众全部包容进去，为完成每一个人的适切的学习服务，全覆盖的、全纳式的教育才是现代化。这个含义并不是超前的、脱离现实的，而是符合当今老百姓现实需求和经济社会发展需要的。

质量问题有两个视角，一个是微观视角，就是接受教育的学生素质水平的提升。从这个视角我们可以采取课程、教学、评价、师资队伍、增加投入等方面的措施。这是教育的常态性问题，无论普通教育还是职业教育都可以这么来抓。但是仅仅依靠这一点还是不够的，质量问题还有第二个视角，即宏观视角。邓小平同志曾经有一句话："教育必须与国民经济相适应……如果学非所用、用非所学，将从根本上破坏党的教育与生产劳动相结合的方针。""学非所用、用非所学"提出的是结构问题，所以质量的宏观指标是结构。结构不对头，下面的微观做得再细，出来的还是南辕北辙。

这个结构指的是现代职教体系的内涵。"规划纲要"14 条中写明，到 2020年基本构建起现代职业教育体系，前面有三个定语：第一个是"能够适应经济结构调整和产业升级的"；第二个是"体现终身教育理念的"；第三个是"实现中高职协调发展的"。现代职教体系的构建应该是全面的，既要满足国家需求，又要满足老百姓需求，同时也要满足促进教育自身完善的需求。纲要文本中这三个定语，则全面地反映了体系建设的宗旨。

那么，要适应经济结构调整和产业升级，怎么办？鲁部长曾总结出"五个对接"的原则：专业设置与产业结构对接、课程教学与职业岗位的技术标准对接、教学过程与生产过程对接、学历文凭和职业资格标准对接、学校教育与终身教育对接。如果不对接就无法适应。要对接，我们职业教育整个教学体系都要改。当然，这个对接并非静止的，而是一直处于动态过程中。因此还要重在动态调整机制的建立。

终身教育在现有教育的话语系统中有两个含义，一是在学校教育中着眼于学生终身发展，大力实施素质教育，更多强调学生提高终身发展的能力。二是为人的一生发展提供继续教育服务，涉及学习型社会建设问题。如果我们的教育只热衷于层层选拔和层层淘汰，成为仅仅是挑选精英的选拔性教育，就从根本上违背了现代教育的公平正义原则。

职业教育应该在满足国家发展要求、满足人民民生要求的过程来实现自身发展，而不是自我膨胀、自我陶醉的"自说自话"式发展。必须以服务为宗旨，以国计民生满意为检验标准，在功能上成为服务型教育。当今社会存在许多不重视职业教育的现实问题，反过来职业教育自身也存在改革创新力度不够，还不能满足国家和人民需要的现实状况。改革怎么改，要从解决这两个问题着手。

当然，从顶层设计角度看，除了结构体系之外，还需要有与之相适应的体制机制，这同样是国家制度的主要组成部分，主要反映为"政府主导、行业指导、企业参与"的职教特色的体制和现代学校制度。管理体制转型的要害在于，改变政府直接指挥学校，学校成为政府行政附属物的状态，使企业（行业）和学校两个供求主体在政府宏观调控和公共服务引领下，调动主体的主动性、积极性，通过市场和社会公益机制实现人才培养和人才使用最有效的对接，因而也是更科学的现代管理方式和制度。目前全国在贯彻"规划纲要"过程中所进行的一系列教育体制改革试点和国家制度的新设计新安排，正是反映了这一转型的大趋势。

我们的职业教育是中国特色社会主义的职业教育，要帮助中国人民圆中国梦。让天下所有的老百姓都能够幸福地生活、有理想地工作、有尊严地劳动，要让现代职业教育支撑他们有可能、有能力去实现这一梦想。要圆这个梦，不仅要有理想，更要有实干精神，脚踏实地解决发展中遇到的问题，积小胜为大胜，才能最终实现这一目标。职业教育只有在为国家、为人民服务中有所作为，才能有自己的地位。

（作者单位：江苏省职业技术教育学会）

前言　江苏现代职业教育体系建设的实践与探索

尹伟民

"十二五"以来，江苏认真贯彻落实国家和省中长期教育改革发展规划纲要，坚持以需求为导向、以育人为根本、以改革为动力，深化布局结构调整，全面提高教育质量，逐步深化中高职协调发展，切实增强服务经济社会发展和学生全面发展的能力。目前，已基本形成对接现代产业体系、中高等职业教育协调发展、体现终身教育理念的现代职业教育体系。

一、推进布局结构调整，夯实基础，构建江苏职业教育基本框架

江苏职业教育始终把服务经济社会发展、服务学生全面发展作为根本任务，始终坚持科学规划、统筹推进，努力实现规模、结构、质量、效益的协调发展。

（1）对接社会人才需求，稳定职业教育规模。坚持教育与经济社会发展紧密结合，把职业教育作为战略重点，切实加强高中阶段教育、高等教育发展的统筹，推进职业教育科学发展。我省成立了教育部门为主、人社部门参加的高中阶段教改及招生工作领导小组，统筹普通高中和中等职业教育的招生、中职和中技的招生。每年严格按照教育部下达的招生计划、按照职普招生比例大体相当的要求下达高中阶段职业教育和普通高中招生计划。各地教育部门切实负起统筹管理高中阶段各类学校招生的职责，对普通高中招生计划进行严格管理，优化初中毕业生升学渠道，科学引导初中毕业生选择适合的教育。积极拓展招生区域，将职业教育作为援藏、援疆、援川的重要内容，重点做好职业教育东西部合作招生。积极拓展招生对象，引导往届初高中毕业生、农村青年、农民工、退役士兵、下岗失业人员和其他群体接受中等职业教育，全面接受外来务工人员子女接受中等职业教育。2013年全省中等职业教育实现招生36万人，略高于普通高中的34.14万人，连续9年保持与普通高中大体相当。

（2）对接经济布局调整，加快骨干示范性职业学校建设。按照工业向园区集中、人口向城市集中、住宅向社区集中的总体趋势和要求，江苏职业教育坚持走规模化、集约化、优质化的发展道路，加快骨干示范性职业学校建设步伐。2008年，省教育厅在多年布局调整的基础上，印发《关于推进中等职业教育持续健康发展的意见》，明确以市、县为主，整合本地各类职教资源，理顺管理体制，优化资源配置，形成集约发展合力。原则上每30万人口设置一所中等职业学校。对照《中等职业学校设置标准（试行）》，采取合并、撤销等方式调整、撤并不合格学校。研究制定省级高水平示范性职业学校建设标准，推动各地优先建设一所起示范作用的标志性职业学校。2000～2013年，全省职业学校数由880所调减到395所，校均规模由900人提高到3 000人。全省建成135所省高水平示范职业学校，校均规模达4 000多人、占地面积200多亩、教学仪器2 000多万元，其中58所被立项建设国家中等职业教育改革发展示范学校。教育系统内公办职业学校全部达到国家级重点（三星）标准，国家重点以上职业学校承担了全省职业教育80%的培养任务。

（3）对接产业优化升级，加强职业教育专业建设。适应江苏建设以现代服务业为主体、以战略性新兴产业和先进制造业为支撑、以现代农业为基础的现代产业体系要求，加快调整职业学校专业结构。省教育厅联合省发展改革委员会开展职业学校专业结构与产业结构吻合度调研，组织编写出版了《江苏省中等职业教育专业结构与产业结构吻合情况预警报告》，推动各地各校根据地方经济发展需求和产业升级状况，进一步调整专业设置、增设紧缺专业、优化专业结构。省教育厅印发了《江苏省五年制高等职业教育专业设置办法（试行）》的通知，制定了《江苏省中等职业学校专业设置管理实施办法（试行）》。2011年率先实行全省中等职业教育招生专业集中备案，全面实行五年制高等职业教育新增专业统一评审，加强专业设置的管理。研究制定《江苏省中等职业教育、五年制高等职业教育品牌专业、特色专业、合格专业标准》，积极支持职业学校面向市场自主开发专业，特别是贴近战略性新兴产业、区域特色产业，创建269个中等职业教育品牌特色专业、108个五年制高等职业教育品牌特色专业，推动所有中等职业教育、五年制高等职业教育专业达到合格水平。

二、推进中高职协调发展，沟通衔接，构建技术技能人才成长立交桥

我们积极推进高等学校招生考试制度改革，完善职业学校毕业生升学制度，拓宽毕业生继续学习渠道，满足人民群众接受更高层次职业教育的需求。组织开展现代职业教育体系建设试点，推进中高等职业教育在培养目标、专业设置、教学内容、教学过程等方面的沟通与衔接，全面提高职业教育质量，满足经济社会发展对高技能人才和应用型人才的需求。

（1）完善中等职业学校毕业生直接升学制度。普通高校对口单独招生制度在我省已有 20 多年历史，选拔和培养了一大批技术技能人才。2008 年，我省对普通高校对口单独招生政策进行重大改革，建立起注重技能、综合考试、全面评价、择优录取的中职毕业生对口升学考试制度。一是突出专业技能考试，彰显职教升学制度的特色。全省成立 15 个专业联合考试指导委员会，将分散的技能考试统一为全省组织，增加技能考试的科学性、公信度和有效率。将技能考试作为文化课及专业课考试的前置条件，规定技能考试一定比例的淘汰率，选拔技能优秀的考生，参加文化课及专业课考试，获得普通高校录取机会。二是突出全面评价，增强职教升学制度的导向性。全省普通高校对口单独招生考试包括文化基础、专业综合理论、专业技能 3 个部分，比重设定为 4∶3∶3，与中等职业教育文化、专业、技能课时比例相对应，全面客观考察学生的综合职业能力。三是突出公办院校招生，扩大本科比例，提高职教升学制度的吸引力。2014 年安排普通高校对口单独招生计划 2.68 万人，其中公办职业院校招生计划达 2.5 万人，本科招生计划达 0.6 万人。四是突出高等院校办学自主权，形成职教升学制度的良性循环机制。招生院校参与制定对口单独招生专业综合理论考试大纲，负责专业技能考试标准的制定和专业技能考试的组织实施，选拔适合高职人才培养的生源。五是突出教育公平，增强职教升学制度的包容性。将往届中职毕业生纳入招生范围，使职业学校毕业生也和普通高中毕业生一样，可以多次参加属于自己的高考；把来苏就读的外省学生纳入招生范围，使符合条件的外省学生和本省学生享有同等参加高职考试录取的待遇，支持职业教育东西部合作办学。在此基础上，2011 年我们进一步扩大高等院校办学自主权，启动中职毕业生注册进入高职院校学习制度。学生完成中职阶段学习，获得毕业证书和相应的职业资格证书后，向高职院校提供申请，高职院校依据自身招生要求，直接注册录取，为中职毕业生直接入学、高职院校录取适合学生开通了新的渠道。2011 年以来中职毕业生注册入学达 1.48 万人，2014 年预计注册达 1 万人以上。

（2）稳步发展五年制高等职业教育。五年制高职是融中、高等职业教育于一体，实施五年一贯制连续培养高技能人才的学制创新。2010年，我们研究制定了关于进一步加强五年制高职规范管理、促进科学发展的若干意见，对五年制高职办学定位、发展原则、办学主体、布局安排、内涵建设、规范管理等进行了明确规定。一是明确办学定位。五年制高职以专科学历层次高素质高技能人才为培养目标，文化、理论素质达到专科层次，实践达到高技能人才标准。二是规范专业设置。坚持发挥五年制高职优势与特色，选择设置一批能力培养要求周期长，学生年龄起点要求比较小的专业，编制《江苏省五年制高等职业教育专业目录》。按照高等职业教育办学条件及办学要求，对每个申报设置专业进行严格评审，保证专业办学质量。三是统筹设计课程体系。根据职业岗位素质技能要求和五年制高职学生特点，发挥五年一贯的学制优势，系统设计、科学制订五年一贯的人才培养方案。建立五年制高职专业教学协作组，集体研究、修改审定各学校人才培养方案。四是加强办学质量评估。对照高等职业教育办学要求，制定五年制高职办学水平评估标准和办法，制定五年制高职品牌特色专业建设标准，组织办学水平评估和专业建设评估，对办学质量较低的学校和专业限期予以整改，对办学质量优秀的学校和专业给予支持和推广。全省五年制高职年均招生5万多人，在校生26万多人，毕业生高级工获证率达60%以上，就业率多年保持在98%以上。

（3）积极开展现代职业教育体系建设试点。2012年，我们紧紧抓住国家职业教育体制改革的契机，组织开展现代职业教育体系建设试点，以学制贯通为突破、以课程衔接为根本、以提高质量为核心，积极探索系统培养技术技能人才的新模式、新机制。优选国家示范中等职业学校、高等职业学校、应用型本科院校进行分段联合开展4个形式的试点，一是中等职业教育与高等职业教育"3＋3"分段培养试点；二是中等职业教育与应用型本科教育"3＋4"分段培养试点；三是高等职业教育与应用型本科教育的"3＋2"分段培养、五年制高等职业教育与应用型本科教育的"5＋2"分段培养；四是高等职业教育与应用型本科教育的联合培养。使试点覆盖到每个阶段、每种形式的职业教育，构建中等职业教育—高等职业教育—应用型本科教育的学制框架。试点院校紧密合作，高等职业教育发挥示范引领作用，中等职业学校发展基础作用，联合开展产业人才需求、专业设置调研，开发中高等职业教育相衔接的课程体系。明确人才培养目标，中等职业教育主要培养中级技术技能人才，高等职业教育主要培养高级技术技能人才，应用型本科教育主要培养知识型、复合型、创新型技术技能人才。明确课程改革思路,保持前段教育课程的相对独立与完整,加强前段教育基础知识、基础技能和继续学习能力的培养,增强后续教育课程的衔接性、实践性和职业性。明确职业资格证书要求,中等职业教育应取得相关中级职业资格证书,高等职业教育阶段应取得相关高级职业资格证书,应用型本科应取得"准技师"职业资格证书或达到"准工程师"技术水平。2012 年开展 71 个项目的试点,实际招生 4 885 人。2013 年,在 29 所本科院校、43 所高等职业技术学院、83 所中等职业学校开展 215 个项目的试点,招生规模达 1.2 万人。2014 年开展 422 个项目的试点,招生规模 2.2 万人。

三、深化教育教学改革,立德树人,全面提高职业教育教学质量

江苏职业教育始终把提高质量作为核心任务,全力推进职业教育创新发展。2012 年,召开全省职业教育教学质量提升工作会议,省政府办公厅转发省教育厅提高职业教育教学质量的意见,进一步明确将发展重点转向内涵建设和提高教学质量。

(1)尊重人才成长规律,推进学制分段改革。2005 年以来实施的中等职业教育"2 +1"的分段培养模式,存在的顶岗实习时间长、优质岗位落实难、教学内容少、实习质量难以保证等问题。2013 年起,我们明确从 2013 年新生入学起,中等职业教育实行"2.5 +0.5"、五年制高等职业教育实行"4.5 +0.5"分段培养模式。组织研究开发了 36 个中等职业教育、44 个五年制高等职业教育人才培养方案,指导职业学校调整设置。加强校内文化基础教学、实训教学和校外认识实习、教学实习,优化校外顶岗实习,顶岗实习时间原则上不超过半年。公共基础课程与专业技能课程课时比例调整为 4:6。

(2)创新校企合作模式,优化人才培养模式。进一步完善政府主导、行业指导、企业参与、学校主动的校企合作运行机制,全省建立 1 200 个由行业企业专家和学校专业教师组成的专业建设指导委员会,依据企业需求设置专业,按照企业"订单"组织招生培养,吸引企业参与职业教育全过程,每年"订单培养"规模占招生总量的 20% 左右。推进"引企入校""办校进厂""企业办校""校办企业"等深度校企合作模式,全省建成 50 多个技术先进、管理规范、满足实习实训教学要求的校内工厂。强化职业学校与企业之间人员双向交流,互派互聘,每年有 1 万专业教师赴企业实践锻炼。全省建立 20 个省级职业教育集团,联结起 500 家职业院校、1 000 多家行业企业,形成校企合作战略联盟,协作开展技术技能型人才培养。

(3)改革课程实施模式,推行"做中学、做中教"。全省成立 23 个职业

教育教科研中心组，分专业统筹推进中高等职业教育课程改革。丰富德育教学内容，改革德育教学模式，提高德育针对性和实效性。大力推进因材施教，培养学生文化基础课程学习兴趣，增强学生学习信心。坚持"做中学、做中教"，构建以能力为本位、以职业实践为主线、以项目课程为主体的模块化专业课程体系，推进项目教学、场景教学、主题教学和岗位教学。建立课堂教学质量分析、评比和反馈制度，开展示范课、研究课评比，提高课堂教学质量和效率。全省建成 264 个课程改革专业实验点和 133 所课程改革实验学校。逐步控制职业学校班额，推进小班化教学，明确 2013 年起新招班级原则上不超过35 人。

（4）完善培养培训制度，加快教师队伍专业化步伐。全省依托高等院校、行业企业建立 12 个职业教育师资培训基地，建立覆盖所有类别、所有专业、所有教师的培训网络，省财政每年安排 4 200 多万元，用于支持 5 000 多名教师参加出国培训、高校培训和企业培训，基本做到职业学校教师每 5 年轮训一遍。进一步完善专业教师赴企业实践制度，兼职教师聘任制度，每年聘请社会能工巧匠、工程技术人才 6 000 多人赴职业学校任教，省财政厅每年安排 500万元用于支持兼职特聘教师。2013 年，全省职业学校教师本科达标率达 95%，专业教师中获得高级以上职业资格证书的比例达 60%，获得技师以上职业资格证书的比例达 18%。

（5）对接生产服务现场，优化实践教学环境。我们紧跟经济结构调整与产业升级，依据课程改革及实施需要，加快建设融教学培训、技能鉴定、生产与技术服务于一体的实训基地，推动实训基地覆盖所有专业，全省职业学校生均教学仪器设备值达 4 800 元。实施三轮省级实训基地建设计划，省财政累计投入 9 亿元，引导地方和职业学校共同建设高水平示范性实训基地，模拟生产服务真实场景，营造现代企业文化，开发和运营"实习产品"，推进学生实训与企业生产紧密结合。全省建成国家级实训基地 118 个、省级实训基地 317个，高水平示范性实训基地专业覆盖面达 25%以上。

（6）加快信息化建设步伐，以信息技术改造传统教学。2012 年对江苏职业教育网站进行改版，突出教学资源平台建设，组织开发了一批网络课程、虚拟仿真实训平台、通用主题素材库等多种形式的数字化教学信息资源。每年组织全省职业学校信息化教学大赛，全省形成了"人人参赛、逐级竞赛"机制，推进信息技术改造职业学校传统教学。在"宽带网络校校通"的基础上，逐步实现职业教育"优质教学资源班班享""教、学、管人人用"。2013 年，省教育厅专门召开职业教育信息化建设工作会议，研究制定关于加快推进职业教育信息化建设的意见。明确提出加快职业学校智慧校园建设、数字化教学资源建设、完善信息化教学大赛制度、深化信息化环境下人才培养模式改革。计划到 2020 年，江苏职业教育信息化能力达到发达国家水平。

（7）建立技能大赛制度，全面提高实践教学水平。将技能大赛作为职业教育制度的重大设计与创新，作为高素质技能型人才培养选拔的重要途径，推动技能大赛覆盖所有职业学校、覆盖所有专业、覆盖所有专业教师、覆盖所有学生。将技能大赛与校企合作紧密结合起来，吸引多家行业协会、重点企业参与技能大赛和教学改革。将技能大赛与师资队伍建设紧密结合起来，每年组织所有学生项目的教师组别的技能大赛，每年暑假组织千名教师参加技能大赛专项培训。将技能大赛与课程改革紧密结合起来，研究制定 24 个项目的技能大赛分析报告，剖析技能大赛中的重点难点与教学盲点，指导各级各类职业学校改进实践技能教学。将技能大赛与信息化教学紧密结合起来，省教育厅与人民教育出版社合作，研究开发了 10 个技能大赛项目综合实训课程辅助教学资源，把企业生产现场、工艺流程、技术要领直接传输到学校课堂。2014 年，全省职业学校技能大赛设有 15 个大类、70 个单项，5 052 名师生共同参加比赛，形成以赛促学、以赛促教的"比学赶帮超"的局面。

四、推进体制机制创新，统筹协调，健全职业教育发展支撑体系

遵循职业教育规律、技术技能人才成长规律，协调职业教育内、外部关系，探索建立内生、互惠、长久的发展机制。

（1）创新政府管理机制。将发展职业教育摆上全局工作的重要位置，统筹发展规划、资源配置、条件保障和政策措施，为职业教育发展提供强有力的公共服务和良好的发展环境。省政府成立了职业教育工作领导小组，协调全省职业教育工作。各市、县级政府也成立了相应机构，研究解决职业教育发展中重大问题。2011 年，全省启动职业教育创新发展实验区建设，省政府办公厅先后两次公布确定 19 个省级实验区，着力在办学体制、发展方式、教学模式等六个方面进行创新突破。2007 年，政府办公厅转发省教育厅和省劳动保障厅《关于进一步加强职业教育统筹管理意见的通知》，明确省教育厅负责全省职业教育的统筹规划、综合协调、宏观管理，具体负责职业学校学历教育；省劳动保障厅具体负责以职业技能为主的职业资格培训和管理。形成分工负责、优势互补、资源共享、通力合作的职业教育工作格局。目前，全省县域内技工教育已基本归口教育部门管理。

（2）创新队伍建设机制。完善职业学校教师管理制度，坚持培养与培训并举、专职与兼职结合，提升职业学校教师专业水平和整体素质，建设高水平"双师型"教师队伍。一是建立职业学校教师职称评价体系。2009 年，制定《江苏省中等职业学校教师职务资格条件》，启动职业学校教师职务单独评审。二是明确职业学校教师"双师型"标准。2012 年研究制定《江苏省职业学校"双师型"教师非教师系列专业技术证书目录》，规定各专业大类主要专业非教师系列专业技术证书名称、级别、发证部门，明确到 2015 年中级以上教师晋升职称，应取得核心技能证书技师以上等级证书。三是建立职业学校教师专业成长体系。2012 年开展中等职业学校特级教师评选，2013 年组织开展首届职业教育教学成果奖评比，启动中等职业学校正高级讲师的评审，实施领军人才培养工程，逐步实现职业教育专家治校、教学。四是创新职业学校教师编制管理。在省级职业教育创新发展实验区建立"固定编制"与"流动编制"相结合的人事管理与财政保障制度，总量范围内支持职业学校面向社会聘请兼职教师，流动管理，财政补贴。

（3）创新经费保障机制。贯彻落实国家加大职业教育经费投入的政策措施，逐步提高职业教育经费在教育经费中的比重。一是建立中等职业教育经费保障机制。2010 年年底，省财政厅、教育厅、人社厅联合印发了建立健全中等职业教育经费保障机制的通知，确定公办中等职业学校生均财政拨款最低标准为 2 800 元（不含离退休人员经费），其中生均公用经费基本拨款标准不低于 500 元。各市、县在省定标准之上，建立地方生均拨款标准和生均公用经费标准，并逐年提高。目前全省职业学校生均预算内教育经费支出达 6 200 元。二是落实中等职业学校免学费政策，省财政明确全日制学生按每生每年 2 200 元标准、非全日制涉农专业学生按每生每年 1 200 元的标准补助职业学校。对实行"2 +1"学制分段的学生补助 2.5 年，对实行"2.5 +0.5"学制分段的学生补助 2.75 年，保障了中等职业学校正常运转、健康发展。三是积极拓宽职业教育经费筹措渠道，明确要求各地政府教育费附加用于职业教育比例不低于 30%，积极鼓励各地政府统筹职工工资总额的 0.5% 部分用于发展职业教育，保障职业教育办学运转、内涵发展和质量提升。

（4）创新职业教育督导评价制度。完善职业教育督导检查制度，加强职业教育过程和结果的督导与评价。一是建立职业教育督政制度，印发《江苏省县域中等职业教育督导标准》及办法，2011 年首次面向全省开展对县域政府中等职业教育工作的督导检查。二是健全职业学校管理工作督查制度。印发职业学校教学、学生、后勤管理规范视导标准，连续两年面向全省开展职业学校教学、学生、后勤三项管理规范检查。2014 年我省将根据新颁《江苏省中等职业教育德育工作督导评价标准》开展德育工作督导检查。三是完善职业教育教学质量监测制度。2013 年在南京、常州、南通三市试点进行中等职业学校学业水平测试，到 2015 年覆盖全省所有职业学校、所有专业、所有学生。四是健全职业教育质量评估机制。将就业质量与社会评价作为职业教育质量评价的重要指标，研究制定中等职业教育和五年制高等职业教育毕业生就业质量跟踪调查方案，计划 2014 年在全省实施全面调查。

推进中高等职业教育协调发展，构建中国特色的现代职业教育体系是贯彻落实国家中长期教育规划纲要的重要举措，对于促进我国职业教育改革发展、开创新的局面具有重要而深远的意义。我们将不断学习兄弟省市的先进理念与成功经验，创新体制机制、模式方式，完善职业教育体系，提高职业教育质量，努力服务经济社会发展对技能型人才的需求，努力办好让人民满意的职业教育。

（作者单位：江苏省教育厅职业教育处）

目 录

代序 加快建设江苏现代职教体系 ……………………………………………… （1）

代序 现代职业教育要突出强调转型发展 ………………………………… （5）

前言 江苏现代职业教育体系建设的实践与探索 ……………………… （1）

第一章 江苏社会生态中的现代职业教育体系 ……………………… （1）

　　第一节 江苏社会生态与现代职业教育体系 ………………………… （1）

　　第二节 江苏社会生态推进现代职业教育体系的构建 ………… （14）

　　第三节 江苏社会生态在促进现代职业教育体系发展中的

　　　　　 有效机制 ……………………………………………………… （22）

　　本章小结 ……………………………………………………………… （27）

第二章 江苏现代职业教育体系的发展现状与趋向 ……………… （28）

　　第一节 江苏现代职业教育体系的发展现状 ………………………… （28）

　　第二节 江苏现代职业教育体系建设的问题分析 ……………… （34）

　　第三节 构建江苏现代职业教育体系的基本趋向 ……………… （40）

　　本章小结 ……………………………………………………………… （45）

第三章 江苏现代职业教育体系的目标与架构 ……………………… （47）

　　第一节 江苏现代职业教育体系的基本特点 ………………………… （47）

　　第二节 江苏现代职业教育体系的目标定位 ………………………… （54）

　　第三节 江苏特色现代职业教育体系的主要内涵 ……………… （57）

　　第四节 江苏现代职业教育体系的空间结构 ………………………… （69）

　　本章小结 ……………………………………………………………… （72）

第四章　江苏现代职业教育的专业结构与产业结构 ……………………（74）
　第一节　职业教育体系中的专业结构与产业结构 ………………（74）
　第二节　江苏现代职业教育的专业结构与产业结构吻合度 ………（79）
　第三节　江苏现代职业教育专业结构的调整策略 ………………（86）
　本章小结 ………………………………………………………（91）

第五章　江苏现代职业教育体系的终身化取向 ……………………（93）
　第一节　终身化现代职业教育的解读 …………………………（93）
　第二节　终身化现代职业教育体系的构建 ……………………（99）
　第三节　江苏构建终身化现代职业教育体系的实践 ……………（106）
　本章小结 ………………………………………………………（115）

第六章　江苏现代职业教育体系的师资队伍建设 …………………（116）
　第一节　江苏职业教育体系与师资队伍专业化建设 ……………（116）
　第二节　江苏职业教育体系与师资队伍法治化建设 ……………（132）
　第三节　江苏现代职业教育体系与师资队伍制度化建设 ………（136）
　本章小结 ………………………………………………………（145）

第七章　江苏现代职业教育体系人才培养模式的创新 ……………（146）
　第一节　江苏职业教育培养技能型人才的现状与问题 …………（146）
　第二节　江苏现代职业教育体系人才培养模式的理论 …………（152）
　第三节　江苏现代职业教育体系人才培养模式的创新 …………（162）
　本章小结 ………………………………………………………（174）

第八章　江苏现代职业教育体系的中高职课程衔接 ………………（175）
　第一节　江苏中高等职业教育课程衔接的反思 ………………（175）
　第二节　国内外中高等职业教育课程衔接的借鉴 ………………（178）
　第三节　江苏中高等职业教育课程衔接的策略 ………………（185）
　第四节　江苏中高等职业教育课程衔接的案例 ………………（194）
　本章小结 ………………………………………………………（210）

第九章　江苏现代职业教育体系的学分制管理 ……………………（211）
　第一节　现代职业教育体系的学分制管理机理 ………………（211）
　第二节　现代职业教育体系的学分制管理任务 ………………（220）
　第三节　现代职业教育体系建设中的学分制探索实践 …………（226）

本章小结 ………………………………………………………………（232）

第十章 江苏现代职业教育体系的制度设计与政策创新 ……（234）

第一节 江苏现代职业教育体系的制度探索 ………………（234）

第二节 江苏现代职业教育体系的制度设计 ………………（239）

第三节 江苏现代职业教育体系建设的政策创新 …………（242）

本章小结 ………………………………………………………………（251）

第十一章 江苏现代职业教育体系的质量提升与行动导向 ……（252）

第一节 育人为本：江苏现代职业教育创新变革的核心理念 …（252）

第二节 质量至上：构建江苏现代职业教育体系的发展模式 …（260）

第三节 行动导向：构建江苏现代职业教育体系的教学范式 …（265）

本章小结 ………………………………………………………………（276）

第十二章 江苏现代职业教育改革创新发展实验区建设 ………（277）

第一节 江苏推进职业教育创新发展实验区的系统建设 …（277）

第二节 江苏深化职业教育创新发展实验区的综合改革 …（284）

第三节 构建以学制分段衔接为载体的现代职业教育体系试点 …（289）

本章小结 ………………………………………………………………（295）

第十三章 江苏现代职业教育体系建设的区域实践

　　　　　　——以常州市为例 …………………………………（297）

第一节 常州高等职业教育发展形态 ………………………（298）

第二节 常州中高等职业教育衔接模式 ……………………（308）

第三节 常州开展现代职业教育体系建设项目试点 ………（312）

本章小结 ………………………………………………………………（320）

第十四章 江苏现代职业教育体系建设的集团化办学实践 ……（322）

第一节 行业资源联盟型职业教育集团化发展形态 ………（322）

第二节 政府主导型高等职业教育集团化发展模式 ………（328）

第三节 学院主导型五年一贯制高等职业教育集团化发展创新 …（333）

本章小结 ………………………………………………………………（337）

第十五章 江苏现代职业教育体系建设的探索实践 ……………（339）

第一节 江苏理工学院现代职教体系建设试点项目的概况 ………（340）

第二节 江苏理工学院现代职业教育体系建设试点项目的成效 …（351）

第三节　江苏理工学院现代职业教育体系建设试点项目的推进 … (359)

本章小结 ……………………………………………………… (367)

第十六章　江苏现代职业教育体系建设的比较研究 ……… (368)

第一节　美国建设现代职业教育体系的经验

　　　　——以加利福尼亚州为例 ……………………… (369)

第二节　德国建设现代职业教育体系的经验

　　　　——以巴伐利亚州为例 ……………………………… (377)

第三节　我国台湾地区建设现代职业教育体系的经验 ……… (382)

第四节　建设现代职业教育体系的世界经验 ………………… (386)

本章小结 ……………………………………………………… (397)

第十七章　江苏现代职业教育体系建设的国际经验 ……… (398)

第一节　确立构建现代职业教育体系的基本框架和运行机制 …… (398)

第二节　适应社会经济发展对江苏现代职业教育的基本要求 (403)

第三节　着力增强江苏现代职业教育体系的育人功能 ……… (412)

第四节　科学推进江苏现代职业教育体系的协调发展 ……… (423)

本章小结 ……………………………………………………… (431)

参考文献 …………………………………………………… (433)

后　记 ……………………………………………………… (439)

江苏社会生态中的现代职业教育体系

江苏现代职业教育体系的形成离不开江苏特定的社会生态，特定的江苏的社会生态催生了江苏特色的现代职业教育体系。深入研究江苏社会生态与江苏现代职业教育体系的内在关联与作用机制，将有助于更好地形成江苏社会生态合力，不断完善江苏现代职业教育体系，促进江苏现代职业教育事业的优化发展。

第一节　江苏社会生态与现代职业教育体系

江苏现代职业教育体系构建的社会生态涵盖政治、经济、文化诸领域，这三大领域的相关要素相互作用、形成合力，为江苏现代职业教育体系的构建与完善创造了必要的和不可替代的条件。

一、社会生态概述

社会生态是相对于自然生态的社会学概念，是指在人类社会生活中影响社会事件形成、变化和发展的社会要素。社会生态涉及政治、经济、文化等诸领域，在影响社会事件过程中通常是通过诸要素的协同作用，驱动并催化社会事件的形成、变化与发展。社会生态诸要素的协同作用亦是恩格斯历史发展合力理论在社会事件形成、变化与发展中的实践体现。1890 年，恩格斯在致约·布洛赫的信中提出："历史是这样创造的：最终的结果总是从许多单个的意志的相互冲突中产生出来的，而其中每一个意志，又是由于许多特殊的生活条件，才成为它所成为的那样。这样就有无数互相交错的力量，有无数个力的平行四边形，由此就产生出一个合力，即历史结果，而这个结果又可以看作一个作为整体的、不自觉地和不自主地起着作用的力量的产物。因为任何一个人的愿望都会受到任何另一个人的妨碍，而最后出现的结果就是谁都没有希望过的事物。所以到目前为止的历史总是像一种自然过程一样地进行，而且实质上也是服从同一运动规律的。但是，各个人的意志——其中的每一个都希望得到他的体质和外部的、归根到底是经济的情况（或是他个人的，或是一般社会性的）使他向往的东西——虽然都达不到自己的愿望，而是融合为一个总的平均数，一个总的合力，然而从这一事实中决不应作出结论说，这些意志等于零。相反地，每个意志都对合力有所贡献，因而是包括在这个合力里面的"。❶社会事件的形成、变化与发展与社会生态的各相关要素密切相关，作为社会事件的形成、变化与发展离不开社会生态各相关要素的影响，社会生态相关要素的存在与互动驱动着社会事件的形成、变化和发展。

社会生态各要素的合力现象亦从社会学视野解读了马克思社会有机体思想。马克思认为人类社会是由各部分组成的且经常处于变化的有机体，他在《资本论》序言中明确指出："现在的社会不是坚实的结晶体，而是一个能够变化并且经常处于变化过程中的有机体。"❷ 1847 年《哲学的贫困》发表，是马克思主义公开阐述的重要文献。马克思在这部著作及致巴·瓦·安年柯夫的信中，对蒲鲁东唯心主义、形而上学错误观点进行了毫不留情地批判，明确提出社会是一切关系在其中存在而又相互依存的有机体。马克思批判性地指出蒲鲁东用形而上学的观点认识复杂的社会构成即有机体，将社会关系简单化、机械化、抽象化了。在马克思看来，社会生活一切关系同时并存、交错和依赖的有机性乃是一个前提，这是一个不言而喻的事实。为此，马克思说"谁用政治经济学的范畴构筑某种意识形态体系的大厦，谁就是把社会体系的各个环节割裂开来，就是把社会的各个环节变成同等数量的依次出现的单个社会。其实，单凭运动、顺序和时间的唯一逻辑公式怎能向我们说明一切关系在其中同时存在而又互相依存的社会机体呢？"❸ 在这里，马克思站在唯物主义角度、运用辩证的方法彻底批判了蒲鲁东唯心、形而上学的错误观点，明确提出了人类社会所具有的有机体这一根本特性。在马克思理论视阈中，社会有机体是一

---

❶ 马克思恩格斯选集（第4卷）［M］. 北京：人民出版社，1995：679.
❷ 马克思恩格斯文集（第5卷）［M］. 北京：人民出版社，2009：10.
❸ 马克思恩格斯文集（第1卷）［M］. 北京：人民出版社，2009：603 - 604.

个囊括全部社会生活领域包含着多类要素、多个领域、多种现象的层次性的、系统性的、总体性的关系范畴。"社会有机体理论是用以说明整个社会发展全貌及社会机体中整体与部分、部分与个体、部分与部分、个体与个体的各种关系、各种联系方式以及它们的历史演变过程的。在马克思恩格斯看来，实现这些联系、构成社会有机体及其运动的环节和中介，就是人的需要和社会实践这两个历史范畴。"● 由此，社会之所以被视为一种有机体，有特殊的内涵。一是社会与生命有机体一样，具有多层次性、系统性、整体性以及似生命的成长性。二是社会有机体又具有自己特殊的方面，社会有机体有人的参与，不是机械的统一体，而是充满矛盾运动的活的机体，其系统性、层次性、整体性以及似生命的成长性都是基于实践性的基础而展开的。三是由于人类社会生产的实践性，社会有机体具有其独特的动态性、矛盾性、历史性、发展性、总体性。社会生态是人类生存和发展的社会环境和必要条件，在社会有机体结构中通过各相关社会要素的协同作用影响社会事件的形成、变化和发展。因此，社会生态对社会事件的形成、变化和发展的作用具有催生、催化性及协同、驱动性。

江苏现代职业教育体系的构建与完善是江苏特定的重大的社会事件，自然也必然会受到江苏社会生态各要素的影响，江苏政治、经济、文化各要素的协同作用，催生并驱动着江苏现代职业教育体系的构建与完善，开辟江苏现代职业教育事业发展的新天地。

二、政治生态与江苏现代职业教育体系

在江苏社会生态诸要素中，政治生态是首要之要素，它体现政府的意愿与谋划、意志和决心，在政府功能十分强大的江苏，政治生态对江苏现代职业教育体系构建的作用同样十分强大。江苏政治生态要素通常体现在政府的关注度、政策法规和管理体制、运行机制方面。

1. 政府关注度要素

我国政府最早提出现代职业教育体系这一概念是在 2002 年，即在《国务院关于大力推进职业教育改革与发展的决定》中提出，要力争在"十五"期间初步建立起适应社会主义市场经济体制，与市场需求和劳动就业紧密结合，结构合理、灵活开放、特色鲜明、自主发展的现代职业教育体系。2005 年，《国务院关于大力发展职业教育的决定》中又进一步提出："进一步建立和完

● 杨思基. 社会有机体理论新论［J］. 齐鲁学刊，1991（5）：112－114.

善适应社会主义市场经济体制，满足人民群众终身学习需要，与市场需求和劳动就业紧密结合，校企合作、工学结合，结构合理、形式多样，灵活开放、自主发展，有中国特色的现代职业教育体系。"❶ 2010 年，中共中央、国务院批准印发的《国家中长期教育改革和发展规划纲要（2010～2020 年)》中进一步完善了对现代职业教育体系的解读，即"职业教育要面向人人、面向社会，着力培养学生的职业道德、职业技能和就业创业能力。到 2020 年，形成适应发展方式转变和经济结构调整要求、体现终身教育理念、中等和高等职业教育协调发展的现代职业教育体系，满足人民群众接受职业教育的需求，满足经济社会对高素质劳动者和技能型人才的需要。"

江苏省政府对构建现代职业教育体系始终高度关注、大力推进，从而为江苏省现代职业教育体系的构建提供了坚实的政治生态。江苏省政府明确提出："要'健全中、高等职业教育协调发展的现代职业教育体系'，包括探索特殊领域和专业五年制高职发展，支持高级技工教育发展，2011 年起试行中职学校毕业生注册进入高职院校和高级技校、技师学院学习的制度；完善五年制高职专升本制度，扩大专升本招生规模；实训基地、课程和师资向普通中学开放，建立普通高中与中职学校互通的高中阶段学籍管理平台；促进职业教育终身化，推行学历教育与职业培训并举，全日制与非全日制并重；根据国家职业资格技能标准和岗位规范建立专业建设标准和课程标准，形成理论实训一体化教学课程体系，实现中高职课程、培养模式和学制衔接贯通。"❷

2012 年 5 月 11 日，江苏省政府在常州召开全省职业教育创新发展实验区建设现场推进会，会上副省长曹卫星强调指出："建立现代职业教育体系，是新时期新阶段职业教育创新发展的主要目标。各地各有关部门要准确把握现代职业教育体系适应需求、终身发展、有机衔接的内涵特征，加快构建具有江苏特色、高水平的现代职教体系，推进职业教育创新发展。要强化政府统筹管理职业教育机制，为职业教育创新发展提供优质公共服务和良好环境条件；强化职业教育与产业联动发展机制，进一步加强行业指导能力建设与校企合作；强化中高职沟通协调机制，推进中高职在专业设置、课程教学、评价机制等方面的无缝衔接；强化教育教学质量提升机制，推动职业教育发展从规模为主向质

---

❶ 十六大以来重要文献选编（下）[M]. 北京：中央文献出版社，2008：34.
❷ 范唯，郭扬，马树超. 探索现代职业教育体系建设的基本路径. 中国高职高专教育网，2011（12）.

量规模并重转变；强化职业教育创新发展保障机制，探索职业学校用人制度，千方百计扩大职业教育经费占教育支出的比例，使职业教育投入与其自身特点、发展规模和实际需求相适应。"❶曹卫星副省长的讲话展示了江苏省政府在构建现代职业教育的现实意义、建设要求、实现路径及经费投入等方面的高度重视及推进决心。

2013 年，江苏省人民政府办公厅关于推进教育现代化建设的实施意见（苏政办发［2013］85 号）中提出了构建江苏现代职业教育体系的时间表和线路图，提出要"稳步发展中等职业教育，大力发展高等职业教育，探索举办应用型科技大学。推进校企一体化办学、中高等职业教育联合培养，推行中等职业教育'2.5＋0.5'、5 年制高等职业教育'4.5＋0.5'人才培养模式，建设中高等职业教育相衔接的课程体系。深化职业教育创新发展实验区、高水平现代化职业学校和专业建设，完善职业学校、技工学校毕业生直接升学制度，拓宽职业学校、技工学校毕业生继续升学渠道。到 2015 年，建成 100 所高水平现代化职业学校、20 所高水平现代化技工院校；到 2020 年，建成 180 所高水平现代化职业学校、30 所高水平现代化技工院校，中高等职业学校 95% 左右的专业课内容与国家职业资格标准要求衔接，现代职业教育体系基本建成。"❷

在 2014 年初的江苏省教育工作会议上，沈健厅长提出要创新发展职业教育，"要适应经济发展方式转变和产业结构调整要求，构建中、高等职业教育协调发展的现代职业教育体系，稳步发展中等职业教育，大力发展高等职业教育，建立中职、高职、应用型本科衔接贯通机制。"并提出江苏省要召开职业教育工作会议，出台《关于加快推进现代职业教育体系建设的实施意见》。

在经费保障方面，江苏省政府舍得投入，一是体现在政府大幅度提高中等职业学校投入，2011 年，江苏省政府在中等职业教育上投入 131.82 亿元，普通中等职业学校生均预算内教育事业费为 5 926.79 元，比上年增加 1 706.04 元，增长 40.42%，其中职业高中生均预算内教育事业费为 7 058.30 元，比上年增加 2 502.95 元，增长 54.95%。❸。二是政府大幅度高职院校生均财政拨款标准，2013 年，一般高职院校生均财政拨款标准由普通本科的 0.7 上升到

❶　江苏加快建构现代职业教育体系. 江苏招生考试网 2012 - 5 - 14 17：11：15.
❷　江苏省人民政府办公厅关于推进教育现代化建设的实施意见. 中国法律信息网，2013（06）.
❸　2011 年江苏教育发展报告. 南京：江苏教育出版社，2012：96.

0.8；省级示范院校由 0.75 上升到 0.9；国家示范性（骨干）院校执行普通本科标准；在此基础上理科再乘以系数 1.1，工科乘以系数 1.2，农村乘以系数 1.5，医药乘以系数 2。❶ 三是"十一五"期间，中央和江苏省级财政共投入专项建设资金 10 亿元，建设了 500 个职业院校实训基地，其中用于中等职业学校建设 6.13 亿元，建设了 372 个省级实训基地，用于高等职业技术学院建设 3.87 亿元，建设了 128 个省级实训基地。另外，中央和江苏省级财政还投入 4.3 亿元建设资金，用于 9 所省级示范高职院和 15 所国家示范高职院的建设。❷ 四是为引导高职院校特色发展，2012 年，江苏省级财政投入高职院校实训基地建设经费 7 200 万元，示范校建设经费 5 000 万元，学生技能大赛经费 800 万元，老师培训经费 1 000 万元，专业群建设经费 4 000 万元，大学生创新训练计划 300 万元等。❸

江苏省长期以来高度重视和大力推进现代职业教育体系构建的态度与决心，为江苏省现代职业教育体系的构建与完善奠定了坚实的领导与组织基础，为江苏省现代职业教育事业的发展提供了良好的政治生态。

2. 政策法规要素

任何社会事件的良性培育与社会实践的顺利推进需要有相关政策法规的保障，否则难以为继、难有作为。江苏现代职业教育体系的构建与完善之所以取得成效，在一定程度有赖于江苏省相关政策法规的形成和完善。

1999 年 8 月，江苏省颁布了《江苏省实施〈中华人民共和国职业教育法〉办法》。2010 年 9 月，江苏省第十一届人大常委会第十七次会议对《江苏省实施〈中华人民共和国职业教育法〉办法》进行了修正，修正后的实施办法明确规定："职业教育应当适应本省经济发展和社会进步的需要，改革办学体制和运行机制，重点发展中、高等职业学校教育，广泛开展各种形式的职业培训，促进初、中、高等职业教育相衔接，建立、完善与其他教育相互沟通、协调发展的职业教育体系和制度。"并确定"高等职业学校可以采取多种方式招收中等职业学校和普通高中毕业生以及具有同等学力的人员。高等职业学校直接招收初中毕业生的，学制不得低于五年。高等职业学校专科毕业生，经过一定的选拔程序可以进入高等职业学校或者普通高等学校的本科阶段继续学习。""地方各级人民政府和有关部门用于举办职业教育的财政性经费必须逐

---

❶ 江苏高职：政府给力职教发展的样本. 中国青年报 2013 年 5 月 6 日.
❷ 江苏教育年鉴（2012）. 南京：江苏教育出版社，2013：49.
❸ 江苏高职：政府给力职教发展的样本. 中国青年报 2013 年 5 月 6 日.

步增长。"❶《实施办法》将江苏省发展职业教育的任务与措施法规化，明确了政府和社会各界在发展职业教育中的责任，规定了职业教育经费筹措的渠道，为职业教育发展提供了有力的法律保障。

2013 年 1 月，江苏省政府办公厅颁发《江苏教育现代化指标体系的通知》，其中明确提出了构建现代职业教育体系的政策要求，通知要求各类教育要协调发展与互通衔接，并确定其目标为"普通教育与职业教育、成人教育的比例和规模规划合理，职业教育与普通教育横向互通，中等教育与高等教育纵向衔接；学分制、弹性学制等建立健全，形成开放灵活、选择多样的人才培养'立交桥'。"

2014 年 1 月，在江苏省教育改革推进会上提呈的《关于深化教育领域综合改革的若干意见》（征求意见稿）中明确提出：在职业教育阶段，要"深化产教融合、校企合作，大力推进'做中学、做中教'。加强公共基础课程、校内实训课程教学。中等职业教育实行'2.5 + 0.5'培养模式，五年制高等职业教育实行'4.5 + 0.5'培养模式。健全中职、高职、应用型本科衔接贯通机制，深化高职与普通本科'3 + 2'分段培养，构建技术技能型人才培养立交桥。"并且要试行普通高校、高职院校、成人高校之间学分转换，拓宽终身学习通道。

诸如此类的政策法规为江苏推进现代职业教育体系的构建和职业教育事业的发展提供了有力的政策保障。

3. 体制机制要素

近年来，江苏省遵循职业教育发展规律，不断完善职业教育体制与机制建设，加快构建现代职业教育体系，推动职业教育持续健康发展。

在构建现代职业教育体系的体制建设方面，江苏省重点加强了宏观管理体制的建设。2006 年，江苏省政府颁发了《江苏省人民政府关于大力发展职业教育的决定》，成立了江苏省职业教育工作领导小组，宏观管理全省职业教育工作。印发了《关于进一步加强职业教育统筹管理意见的通知》，明确省教育厅负责全省职业教育的统筹规划、宏观管理，具体负责职业学校学历教育，省劳动保障厅具体负责以职业技能为主的职业资格培训和管理。全省县级范围内技工教育也已基本归口教育部门管理。从而完善和加强了职业教育统筹管理力

---

❶　江苏省人民代表大会常务委员会关于修改《江苏省实施〈中华人民共和国职业教育法〉办法》的决定》，新华日报 2010 年 10 月 8 日第 5 版。

度。2010 年，江苏省在全国率先成立了职业教育教学改革创新指导委员会，印发了《江苏省职业教育教学改革创新指导委员会章程》，深化校企合作制度。此外，江苏省还创建了职业教育督导检查体系，2010 年印发了《江苏省县域中等职业教育督导标准》，着重对县级政府职业教育工作进行督导，确保政府发展职业教育的重要责任得到落实。

江苏不断加强对职业院校管理制度的建设，有力地推动了江苏现代职业教育体系的构建与职业院校质量与水平的提高。一是江苏制定了《关于推进中等职业教育持续发展的意见》，科学规范学校设置，进行布局合理调整，对达不到教育部《中等职业学校设置标准（试行）》的学校，采取合并、撤销等方式进行调整。职业学校数由 2000 年的 880 所，调整至 2010 年的 482 所，校均规模由 900 人提高到 2 800 人。同时，突出骨干学校建设，组织高水平示范职业学校创建，全省建成 101 所高水平示范职业学校，17 所中等职业学校立项为国家中等职业教育改革发展示范学校；二是建立健全了现代学校制度，完善了职业学校社会合作制度，推动建立职业学校二级管理体制；三是建立健全学生和学籍管理制度，2011 年修订了《江苏省中等职业学校学生学籍管理规定》，全省统一学籍管理表格式样，确保招生数据和学籍信息真实可靠；四是建立健全了办学经费保障机制，2010 年印发了《关于建立健全中等职业教育经费保障机制的通知》，全省确定公办中等职业学校生均财政拨款最低标准为 2 800 元，其中生均公用经费基本拨款标准不低于 500 元。此外，2010 年，印发《江苏省中等职业学校农村家庭经济困难学生和涉农专业学生免费实施办法》，明确国家助学金和免费的审批发放流程，设立了专门助学管理机构，严格审核资助对象，组织检查和审计，确保国家资金规范使用。

在构建现代职业教育体系的机制建设方面，江苏省创新了中高职及应用型本科的沟通衔接机制，构建了诸如 "3 + 3" "5 + 2" "3 + 2" "3 + 4" ❶ 等一系列中高职、应用型本科甚至专业学位研究生的直通车、立交桥；2011 年试点高等职业院校注册入学制度，2013 年试点注册的高职院校达到 37 所，15 家国家示范性（骨干）高职院校试点单独招生。此外，江苏省建立和完善了教学管理制度，印发了《江苏省职业学校教学管理规范》和《中等职业学校实习管理办法》；建立和完善了专业管理制度，印发了《中等职业学校专业设置管

---

❶ "3 + 3" 为 3 年中职 + 3 年高职；"5 + 2" 为 5 年高职 + 2 年本科；"3 + 2" 为 3 年高职 + 2 年本科；"3 + 4" 为 3 年中职 + 4 年本科。

理实施办法》《江苏省五年制高等职业教育专业设置办法》，对职业学校专业设置的条件、程序、指导与管理提出明确要求。并先后 3 次制定示范专业建设意见，调整专业结构，提高专业建设水平。"十一五"期间，全省建成 452 个中职、100 个五年制高职示范专业；建立和完善了教师管理制度，组织职业学校教师职务单独评审、开通正高级职务评审；建立和完善了技能大赛制度，印发了《关于在全省职业学校建立和完善技能大赛制度的意见》，研究制定 24 个项目的技能大赛分析报告，着手开发 10 个大类项目综合实训课程信息资源，推动实践技能教学水平不断提高。❶

三、经济生态与江苏现代职业教育体系

在江苏社会生态诸要素中，经济生态要素是基础性要素，它体现发展社会事业、构建现代职业教育体系的经济实力和物质基础。在经济高度发展的江苏，经济生态对江苏现代职业教育体系构建的作用亦十分明显。江苏经济生态要素通常体现在江苏经济发展成果和江苏经济社会发展诉求方面。

1. 经济发展成果要素

江苏省是我国沿海的经济大省，也是全国经济快速发展的排头兵，改革开放以来，江苏省的经济发展取得了巨大的成就。从 1978 年到 2012 年，江苏省的 GDP 从 0.249 24 万亿元急剧升至 5.405 8 万亿元，人均 GDP 从 430 元大幅升至 68 347 元，人均 GDP 超过 1 万美元。在仅占 1.06% 的国土面积和 5.87% 全国人口的省份上创造出了全国 10.41% 的经济总量，经济总量长期位列全国第二。在全世界经济体中，江苏省经济总量已跃居国家和地区经济总量的第 19 位❷；2013 年，江苏省 GDP 更是达到了 59 162 亿元，人均 GDP 增至 74 607 元（超过 1.2 万美元），分别比上年增长 9.6% 和 9.3%；公共财政预算收入 6 568.5 亿元，增长 12.1%。城乡居民人均收入预计分别达到 32 500 元和 13 550 元，增长 9.6% 和 11%。

此外，实体经济是江苏经济发展的根基和优势所在。江苏实体经济基础雄厚，占比达 80% 以上，这是江苏化危为机的有力支撑，也是稳定增长的最大优势。国际金融危机发生后，江苏依靠坚实的实体经济基础，有效抗击了国际市场波动，在加快转型升级中保持了经济平稳较快发展。近年来，江苏坚持以

---

❶ 《江苏完善制度构建现代职教体系》，《中国教育报》2011 年 3 月 1 日第 7 版。
❷ 《江苏经济总量跃居国家和地区经济总量的第 19 位》，人民网江苏视窗 http：//js. people. com. cn 2012－08－18。

科学发展观为统领，坚定不移地走新型工业化道路，积极推动重点产业调整和振兴，以工业经济为主体的实体经济保持了良好运行质态和平稳较快增长，产业竞争力显著增强，发展水平全国领先，走出了一条实体经济支撑强劲、具有一定示范效应的科学发展、创新发展、率先发展之路。"十一五"期间江苏规模以上工业增加值年均增长 17%，2011 年工业主营业务收入超 10 万亿元、利税突破 1 万亿元，实现增加值 2.5 万亿元，总量位居全国榜首；产业转型升级步伐加快，高新技术产业产值突破 3.6 万亿元、占工业比重达 35% 以上，新兴产业销售收入增长 30% 以上，占工业比重超过 25%。❶ 2011 年，江苏作为制造业第一大省，电子信息、纺织服装、装备制造、冶金、石化等 8 大工业行业中 6 个跃升"万亿级"。服务业增加值占 GDP 的比重达 42.6%，近 5 年年均提高 1.1 个百分点，在东部沿海省份中提升最快，成为经济转型升级的重要标志。❷ 实体经济的发展需要科技的推动，据《中国区域创新能力报告 2011》显示，江苏省专利申请量和授权量、企业专利申请量和授权量、发明专利申请量继续保持全国第一，发明专利授权量突破 1 万件，增长 53.2%。❸ 另据《中国区域创新能力报告 2013》显示，与 2012 年相比，2013 年区域创新能力综合排名的总体格局略有变动，但是前 7 名地区的排名稳定，没有变化，依次是江苏、广东、北京、上海、浙江、山东和天津。2001～2013 年，北京、上海、广东、江苏一直位列区域创新能力的前 4 名。在创新能力的构成要素中，苏、粤、京、沪又各具特点。江苏凭借卓越的商业氛围、企业创新环境和长三角经济体的联动，巩固了企业创新的主体地位，在 2009～2013 年连续五年保持在第 1 名。❹

江苏省经济保持长期高速增长、实体经济的发展与优势、科学技术的支撑与推动、区域创新能力的不断提升，为江苏的各项社会事业的发展包括现代职业教育体系的构建提供了厚实的物质基础。

2. 经济社会诉求要素

江苏省经济的高速增长、实体经济的稳步发展、科技水平的不断提升，对

---

❶ 《江苏省工业和信息化"十二五"规划新闻发布暨省企业转型升级签约仪式》，江苏经济与信息化委员会网站，www.jseic.gov.cn。

❷ 《为江苏实体经济发展鼓劲添力》，新华日报 2012 年 5 月 11 日，第 1 版。

❸ 《江苏经济总量跃居国家和地区经济总量的第 19 位》，人民网江苏视窗 http://js.people.com.cn 2012 - 08 - 18。

❹ 《中国区域创新能力报告 2013》，中国网新闻中心 2013 - 12 - 04。

江苏的各类人才资源提出了更新更高的要求，大力发展职业教育，构建现代职业教育体系，培养更多更好的技术技能人才，便成为江苏经济社会发展的必然诉求。事实上，党中央对高素质的劳动技术大军的培养早就有深刻的认识和诉求，1985 年出台《中共中央关于教育体制改革的决定》指出："社会主义现代化建设不但需要高级科学技术专家，而且迫切需要千百万受过良好职业技术教育的中、初级技术人员、管理人员、技工和其他受过良好职业培训的城乡劳动者。没有这样一支劳动技术大军，先进的科学技术和先进的设备就不能成为现实的社会生产力。"❶ 随着江苏省经济社会的发展，对培养劳动技术大军的诉求日益迫切，对发展职业教育事业的关注度和推进度日益增强。

江苏省是制造业大省，江苏省对技术技能人才的需求随着江苏省制造业的发展而不断提升。2005 年 5 月，江苏省蓝领技术人才的需求首次超过营销类人才，跃居需求榜首位。"江苏省职介中心共举办招聘活动 13 场，有 1 000 多家用人单位提供就业岗位 12 136 个，进场交流 23 458 人次。与一季度相比，4 月份人才市场需求状况发生了重要变化：蓝领技术人才首次超过了营销类人才。排在岗位需求榜前三位的分别是技术类、服务类、销售类岗位，这三大紧俏岗位的需求占到总需求量的 67.7%。其中技术类岗位的需求占到总需求量的 28.6%，服务类占到 24.3%，贸易销售类占到 14.8%。"❷

江苏省的经济发展也对不同层次的人力资源提出了诉求，对各级各类职业教育提出了要求。据朱新生教授对职业教育发展与劳动力市场的契合度分析的调研报告，中职毕业生流向行业的情况：流向制造业、旅游商贸业、财会金融业、信息服务业、交通建筑业、IT 业、创意业行业、医药卫生业及其他行业分别为 47.5%、13.4%、11.5%、8.1%、5.4%、5.2%、2.5%、1.4%、5.0%，而高职毕业生流向这些行业则分别为 29.2%、10.2%、9.5%、15.3%、2.6%、3.9%、8.7%、2.5%、18.1%；中职和高职毕业生流向岗位的情况：中职毕业生流向操作岗位、技术岗位、营销岗位、管理岗位、其他岗位分别为 66%、10.6%、6.8%、6.4%、10.2%，而高职毕业生流向这些岗位则分别为 36.6%、19.8%、15.2%、13.9%、14.5%。❸ 调研结果说明，社会经济发展

---

❶ 《十二大以来重要文献选编（中）》，北京：人民出版社，1986：728.

❷ 《4 月份江苏省技术类人才需求跃居首位》，http：//www.jmnews.com.cn 2005 - 5 - 9 17：46 新华社。

❸ 朱新生：《职业教育发展与劳动力市场的契合度分析—基于江苏省苏南地区的调查》，《教育发展研究》2010 年第 9 期。

对中职和高职毕业生在行业与岗位需求上是有差异性的，因此，要适应江苏省社会经济的发展要求，必须构建完整的中职、高职、应用型本科直至专业学位研究生教育的现代职业教育体系，完善各个层次和各种类别的职业教育，更多更好地培养各级各类劳动技术大军和管理人才队伍，同时，充分地打通职业教育体系内在的立交桥、直通车，以更好地满足江苏经济社会的发展诉求，贡献江苏省经济社会的发展。

现代经济发展的实践证明，技术技能人才和应用型人才资源不仅是地区经济发展的前提，更是地区经济增长的重要源泉之一。江苏省经济又好又快发展的因素离不开各级各类劳动技术大军的支撑、各级各类应用型人才的贡献，而各级各类技术技能人才和应用型人才的培养则得益于江苏省职业教育事业的发展，得益于江苏省现代职业教育体系的构建与完善。

四、文化生态与江苏现代职业教育体系

在江苏省社会生态诸要素中，文化生态要素是关键性要素，它体现着发展社会事业、构建现代职业教育体系的社会心理和价值取向。在注重人文环境营造的江苏，文化生态对江苏省现代职业教育体系构建的作用亦十分重要。江苏省文化生态要素通常体现在促进社会和谐、顺应社会心理方面。

1. 促进社会和谐要素

构建社会主义和谐社会，努力实现中华民族伟大复兴之中国梦，促进国家强盛、社会和谐与人民幸福，是当下我国社会的主流价值导向和文化生态。构建社会主义和谐社会，离不开坚持中国共产党的正确领导，离不开坚持社会主义方向，离不开坚持以经济建设为中心，离不开坚持改革开放。同时，离不开心系民生、聚焦民生、关注民生、以民为本，切实解决民生问题这一中国特色社会主义建设事业的核心与方向问题。"职业教育是一项涉及面极广、关乎社会、经济各领域、并直接关系到民生的教育"。❶ 构建现代职业教育体系，大力发展职业教育事业，正是以民为本、切实解决民生问题的一条重要途径。如我省和我国中等职业学校的学生约 80% 来自农村，对他们进行系统的职业教育，使他们成为各类技术骨干，拓展了劳动技术大军，这既有利于促进农村产业结构调整，实现城乡统筹发展，解决"三农"问题，推进农业现代化，又可加快农村劳动力的合理转移，加快城镇化进程，为解决江苏省民生、民富问

---

❶ 夏东民. 我国职业教育发展战略优化路径论析 [J]. 职教论坛，2011（1）：82 − 85.

题创造良好的人力资源条件与物质条件。同时，职业院校的学生多为贫困家庭的子弟，需要政府的更多关爱。2009 年，温家宝在政府工作报告中明确指出：要"大力发展职业教育，特别要重点支持农村中等职业教育。逐步实行中等职业教育免费，今年先从农村家庭经济困难学生和涉农专业做起。"❶ 并承诺要"向中等职业学校中来自城市经济困难家庭和农村的学生提供助学金，每人每年 1 500 元，惠及 90% 的在校生。"❷ 也就是说，在党和政府的关心关怀下，职业教育事业的发展既有利于江苏省经济的发展、社会的进步、"两个率先"的实现。同时，又保障和解决了困难学生尤其是农村学生的受教育权，使江苏广大中等职业学校学生得以免费就学，免费接受职业技术教育。并且鉴于江苏经济社会发展对应用型人才需求量较高的现实，使得接受职业技术教育的学生在就业上有更多的机会，这既满足了江苏省社会经济发展的需求，又帮助了相当一批接受职业技术教育的学生尤其是来自农村的学生通过免费接受职业技术教育和扩大就业渠道来解决家庭困难的问题，从而在一定范围内解决了部分群众尤其是困难家庭的民生问题，这对构建社会主义和谐社会、实现社会的公平与正义，具有十分重要的现实意义和历史价值。因此，构建现代职业教育体系，大力发展职业教育事业，是江苏省推进中国特色社会主义事业，实现"两个率先"，构建江苏社会主义和谐社会的重要路径，是江苏经济提升与发展的推进器、社会建设与治理的稳定器。

2. 顺应社会心理要素

人的全面而自由的发展是马克思主义的重要人学观、历史观和价值观，亦是共产主义运动所追求之目标。马克思、恩格斯在《共产党宣言》中明确提出，取代资产阶级社会的，"将是这样一个联合体，在那里，每个人的自由发展是一切人的自由发展的条件。"❸ 随后，在《资本论》中又指出，社会生产力的发展，将为未来的社会奠定现实的基础，未来社会将是"一个把每一个人都有完全的自由发展作为根本原则的高级社会形态"。❹ 马克思关于人的全面发展思想大致包含两个层面：就逻辑内涵而言，人的全面发展就是指"人

---

❶ 十七大以来重要文献选编（上）. 北京：中央文献出版社，2009：908.
❷ 十七大以来重要文献选编（上）. 北京：中央文献出版社，2009：890.
❸ 马克思恩格斯选集（第 1 卷）. 北京：人民出版社，1995：294.
❹ 马克思恩格斯全集（第 23 卷）. 北京：人民出版社，1972：649.

以一种全面的方式，也就是说，作为一个完整的人，占有自己的全面的本质"❶ 这也就是人的自律状态的真正实现。在此意义上，人的全面发展就是人的真正自由和人的彻底解放。就历史内涵而言，人的全面发展则是一个自然历史过程，是历史的充分展现，即历史本身的最后完成。在这个意义上，人的全面发展是一个历史生成的过程，是"人的本质的客观地展开的丰富性"❷ 从理想和终极目标的价值判断，人的全面发展的逻辑与历史的双重内涵只有在共产主义中才能达到完全统一。然而，从唯物史观的视阈解析，人的全面发展的逻辑与历史的双重内涵的统一是需要在社会主义社会发展阶段进行积累的，而不是在共产主义社会一蹴而就的，而是渐进和积累、发展和完善，是社会主义社会迈向共产主义社会的历史必然轨迹。因此，人的全面发展既是未来共产主义社会元素之构成，也是当下社会主义社会追求之目标、社会主义运动实践之内容。

在当下中国特色社会主义社会，人民群众同样存有人的解放意识和愿望，同样关注人的全面而自由发展，尤其是关注子女的发展机会，人民群众子女的受教育问题及就业问题直接关乎家庭的幸福安康、稳定和谐。江苏省在全国率先构建现代职业教育体系，大力发展职业教育事业，构筑江苏省各层次职业教育的立交桥、直通车，为江苏省的广大人民群众子女提供了不同层次职业教育的选择权，拓展和增加了发展的机会，在一定范围内促进了人民群众子女全面而自由的发展，在一定意义上实现了人民群众子女受教育选择权的解放，在职业教育领域彰显了江苏以人为本的科学发展理念，体现了在推进经济社会现代化进程中注重推进和实现人的现代化、促进人的全面而自由发展的后现代精神实质。这对江苏的人民群众及其子女无疑是一个福音，是一种莫大的人文关怀，是一项切实的为民惠民利民措施，它顺应了江苏社会文化心理的诉求，顺应了江苏以人为本、尊重人的权利、关爱人的成长、服务人的发展、实现人的价值的现代人文精神。同时，也顺应了江苏推进经济政治社会文化及生态文明全面发展、实现"两个率先"的发展理念。

第二节　江苏社会生态推进现代职业教育体系的构建

江苏现代职业教育体系构建的社会生态是综合政治、经济、文化各相关要

---

❶ 马克思恩格斯全集（第42卷）. 北京：人民出版社，1979：123.
❷ 马克思恩格斯全集（第42卷）. 北京：人民出版社，1979：126.

素的社会有机体，这一有机体释放出来的合力，即江苏各级政府的巨大引领力、经济社会发展的强大推动力及江苏社会民众的认同凝聚力形成的合力，推动江苏现代职业教育体系的构建与完善。

现代职业教育体系是指适应经济发展方式转变和产业结构调整要求、体现终身教育理念、中等和高等职业教育协调发展，满足人民群众接受职业教育的需求，满足经济社会对技术技能人才需求的职业教育系统。现代职业教育体系以各级各类职业院校和职业培训机构为主要载体，具有适应需求、有机衔接、多元立交的特点。适应需求是指适应经济发展方式转变、现代产业体系建设和人的全面发展要求，遵循技术技能人才成长规律，实现各级各类职业教育的科学定位和布局；有机衔接是指统筹协调中等、高等职业教育发展，以课程衔接体系为重点，促进培养目标、专业设置、教学资源、招生制度、评价机制、教师培养、行业指导、集团化办学等领域相衔接，切实增强人才培养的针对性、系统性和多样化；多元立交是指推动职业教育与普通教育、继续教育相互沟通，实行全日制教育与非全日制教育并重，搭建职业教育人才成长"立交桥"。江苏省现代职业教育体系构建的社会生态正是围绕江苏省现代职业教育体系构成要素发挥着巨大的引领力、推动力和认同凝聚力。

一、各级政府的引领力

在江苏省推进现代职业教育体系构建与完善进程中，江苏省社会中的政治生态要素的功能主要体现在江苏省各级政府的巨大引领力。

早在 2002 年，江苏省政府就明确要求："为保证高等职业教育的健康发展，重视搞好中、高等职业教育的衔接，支持中等职业学校毕业生对口升入高校学习，并探索实施高职专科升入本科的有效途径，今后几年，全省高校招生计划的增量部分主要用于发展高职；鼓励社会力量举办高等职业教育，全省民办或公有民办高等职业学校已有 10 所，促进了我省现代职业教育体系的形成和发展。"❶

鉴于江苏省人多地少、资源匮乏的实际省情，江苏省的经济社会发展必须依靠科技进步和人力资源开发。特别是进入 21 世纪，要适应加入世界贸易组织后的新形势，实现富民强省、率先基本实现现代化的战略目标，迫切需要加快发展教育尤其是职业教育，尽快把沉重的人口压力转变为丰富的人

---

❶　江苏省人民政府：构建现代职教体系［N］. 中国教育报，2002 – 7 – 1（3）.

力资源优势。因此，江苏省坚持把职业教育摆在十分重要的位置。21 世纪以来，中共江苏省委、省政府更加注重职业教育，坚持"发展是硬道理"，更新思想观念，创新发展思路，着力在现有资源整合上下功夫，在扩大优质资源上做文章，在加强薄弱地区建设上求突破，逐步建立起主动适应市场经济体制和终身学习需要、并与劳动就业紧密结合、结构合理、灵活开放、特色鲜明、自主发展的现代职业教育体系。具体措施：一是积极推进区域职业教育共同发展。各级政府通过增加财政转移支付，重点加强市、县职教中心建设，夯实苏北职业教育发展基础。江苏省政府组织省属高校对口援建相应系科，联合办学，苏北地区职业教育得到迅速发展，建成了一批办学条件较好、教育质量和办学水平较高的中等职业学校，省辖市均设置了独立建制的高等职业学校，初步形成了比较完整的职业教育体系，为高起点构建现代职业教育体系做出了贡献。二是整合现有职业教育资源。江苏省政府结合正在实施的农村乡镇和城区行政区划调整，打破部门、行业和所有制界限，注重区域内整合、总体上优化。以骨干职业学校为龙头，吸纳行业、企业职业教育资源，组建产、学、研一体化的职业教育集团，实行师资、设施等资源共享，有效地提高了社会职业教育资源的配置效益。三是加快组建高等职业学校，2001 年全省有 15 所普通高校或高职院以及 52 所重点中等职业学校举办五年制高职，年招生数 2 万人，在校生规模 6.3 万人，2002 年全省独立设置的高等职业学校达 42 所。同时，鼓励综合性大学举办高等职业教育，这些综合性大学坚持把高职教育纳入学校事业发展的总体规划，以准确的定位、鲜明的办学特色，培养了大批技术应用型人才。❶ 2011 年，江苏省高职院校已达到 80 所，新立项建设 11 所省示范性高职院校，新入选 110 个国家高职重点建设专业，建设国家高职专业教学资源库 4 个，位列全国第一。❷ 2013 年，独立设置的高职院校达 82 所，其中国家示范（骨干）院校 15 所。❸ 同时，中等职业教育也发展迅速，截至 2011 年，江苏省中等职业学校达 435 所，招生42.09 万人，在校生达 123.03 万人，分别占高中阶段教育的 50.73% 和 48.86%。全省共有国家示范中职校 38 所，占全省中等职业学校总数的 8.7%，比重为全国第一。❹ 进入 21 世纪的江苏省，正是在江苏省政府的高度关注、大力引领

---

❶ 江苏省人民政府：构建现代职教体系［N］. 中国教育报，2002 - 7 - 1（3）.

❷ 2011 年江苏教育发展报告［M］. 南京：江苏教育出版社，2012：7 - 8.

❸ 江苏高职：政府给力职教发展的样本［N］. 中国青年报，2013 - 5 - 6.

❹ 江苏教育年鉴（2012）［M］. 南京：江苏教育出版社，2013：217 - 218.

下，职业教育事业取得了显著成绩，现代职业教育体系的构建起点早、措施实、见效快、影响大。

2014 年 1 月 7 日，在召开的江苏省教育改革推进会上，江苏省人民政府副省长曹卫星在总结江苏省职业教育改革方面成果时指出：目前江苏的"中高职之间、中高职与应用型本科之间的衔接进一步畅通，技术技能型人才成长'立交桥'基本形成，现代职业教育体系加快建设。19 个省级实验区在创新发展方式、改革办学体制和人才培养机制等方面积累了不少经验。建成 22 个省级职业教育集团，工学结合、校企合作、顶岗实习的人才培养模式普遍实行，中职、五年制高职学制分段改革有序推进。职业院校技能大赛制度逐步完善，毕业生就业率连续 7 年保持在 95% 以上，职业教育吸引力得到增强。"这充分显示江苏省的现代职业教育体系的构建与职业教育事业的发展取得了显著成效。

2014 年 1 月 27 日召开的江苏省教育工作会议上，江苏省教育厅厅长沈健系统总结了江苏省构建现代职业教育体系的成果，他指出：江苏省的"现代职业教育体系建设迈出新步伐，215 个项目启动试点。58 所中职学校创建国家中职教育改革发展示范校，首批 17 所通过国家验收。113 所省高水平现代职业学校、302 个国家和省级中高职实训基地启动建设，新增 110 个省级中职品牌特色专业，80 个中职和五年制高职专业人才培养指导方案完成开发。2 所高职院校以优秀等级通过国家示范性（骨干）高职验收。职业院校种类比赛全面开展，在全国职业院校技能大赛中，中职、高职金牌数双双获全国第一，实现'五连冠'。在全国职业院校信息化教学大赛中，中职组实现金牌总数和总分'三连冠'。"这充分表明：江苏省的现代职业教育体系的构建与职业教育事业的发展走在了全国的前列，为江苏省科教强省、人才兴省奠定了雄厚的基础。同时，从江苏职业教育事业发展和构建现代职业教育体系进程中取得的显著成效中也清晰可见江苏省各级政府的引领力所在、功能所在、责任所在、价值所在、作为所在。

二、经济社会发展的推动力

江苏省的经济社会发展为江苏的职业教育事业发展和构建现代职业教育体系奠定了坚实的物质基础。

根据西方经济学中关于就业弹性系数的定律公式计算，当经济增长率高于

2.25%时，经济增长率每增加一个百分点，失业率就会下降半个百分点。❶ 江苏长期以来经济发展保持持续、高速的水平为江苏创造了更多更好的就业需求和就业机会，这种需求一方面需要通过新增劳动力来解决，另一方面则通过从农村转移富余劳动力来完成，而在这两大实现路径中，江苏的职业教育均发挥了其他教育形式无法取代的作用，直接发挥着技术技能型人才和应用型人才的培养培训功能。从而江苏的经济高速发展促进了江苏职业教育事业的发展，促进了江苏现代职业教育体系的构建，奠定了江苏省职业教育快速发展的基础。同时，江苏职业教育事业的发展也助推了江苏经济的快速发展。

江苏经济的蓬勃发展为职业教育事业的蓬勃发展及构建和完善江苏现代职业教育体系创造了十分有利的条件，发挥了强大的助推作用。据报道："截至2007年，江苏中、高等职业学校就已达600多所，在校生人数超过200万，居全国首位。"❷ 2010年，全省中等职业教育招生47.8万人，在校生达137万人，连续6年保持中等职业教育与普通高中结构大体相当，带动全省高中阶段毛入学率由2005年的71%提高至2010年的96%。"十一五"期间累计培养输送了近200万高素质劳动者和技能型人才，为全省统筹城乡建设、推进经济发展方式转变、建设更加美好江苏做出了巨大贡献。❸ 江苏省大量高素质劳动者和技术技能型人才的培养依托江苏的职业教育事业的发展，而江苏省职业教育事业的蓬勃发展得益于江苏经济的支撑、保障和推动。

江苏省最早贯彻中央关于"逐步实行中等职业教育免费，先从农村家庭经济困难学生和涉农专业做起"及"向中等职业学校中来自城市经济困难家庭和农村的学生提供助学金，每人每年1 500元，惠及90%的在校生"的有关决策决定，并且是全面、超额贯彻中央的决策。国务院财政部、国家发展改革委、教育部、人力资源社会保障部联合颁发的《关于中等职业学校农村家庭经济困难学生和涉农专业学生免学费工作的意见》（财教［2009］442号）文件中明确规定："免学费补助资金，由中央财政统一按照每生每年平均2 000元标准，与地方财政按比例分担。其中，西部地区，不分生源，中央与地方分担比例为8:2；中部地区，生源地为西部地区的，中央与地方分担比例为8:2，生源地为其他地区的，中央与地方分担比例为6:4；东部地区，生源地为西部

---

❶ 夏东民. 论社会生态中的职业教育［J］. 职教通讯，2010（1）：5 - 9.

❷ 江苏：职业学校在校生人数超过200万，新华网，2007 - 5 - 19.

❸ 江苏教育厅：加强制度建设，构建现代职业教育体系. 教育部政务网站，www. jyb. cn 2011 - 2 - 28.

地区和中部地区的，中央与地方分担比例分别为 8:2 和 6:4，生源地为东部地区的，中央与地方分担比例分省（市）确定。免学费资金由省级财政统筹落实。"❶ 江苏省财政厅、江苏省发展和改革委、江苏省教育厅、江苏省人力资源和社会保障厅联合印发《江苏省中等职业学校农村家庭经济困难学生和涉农专业学生免收学费实施办法（试行）》（苏财规［2010］3 号）的通知明确规定："从 2009 年秋季学期起，对公办中等职业学校全日制正式学籍一、二、三年级在校生中农村家庭经济困难学生和涉农专业学生（艺术类相关表演专业学生除外），以及在政府职业教育行政管理部门依法批准的民办中等职业学校就读的一、二、三年级符合免学费政策条件的学生免收学费。"通知并阐明"在中央财政分担我省免学费补助资金的基础上，由省财政统一按照每生每年平均 2 200 元标准，与市、县财政按比例分担免学费补助资金。具体为：省属学校由省财政全额承担。市、县（市、区）属学校和民办学校由省财政与所属地财政按一定比例分担。"❷ 在分担学费补助资金上，江苏省的标准高于国家标准（国家 2 000 元/生/年，江苏省 2 200 元/生/年），江苏省的这一措施使中等职业学校的受益更大，学生的利益也得到了更多的保障。

在向中等职业学校中来自城市经济困难家庭和农村的学生提供助学金方面，江苏省更是大力推进此项政策。2009 年，温家宝在政府工作报告中报告并强调"向中等职业学校中来自城市经济困难家庭和农村的学生提供助学金，每人每年 1 500 元，惠及 90% 的在校生。"❸ 而江苏省不仅在 2008 年全面实行此项政策，而且将惠及面扩大到了 100% 的中等职业学校在校生。江苏省教育厅、江苏省财政厅、江苏省劳动和社会保障厅关于下达 2008 年中等职业学校国家助学金省补助经费指标的通知（苏教财［2008］57 号、苏财教［2008］176 号、苏劳社培［2008］65 号）中明确规定：2008 年江苏省"中等职业学校国家助学金资助对象为学校中具有全日制正式学籍的在校一、二年级学生。2007 年前入学并已享受省职业教育助学金资助的学生，按原资助政策执行；中等职业学校国家助学金的资助标准为每生每年 1 500 元，主要资助受助学生

---

❶ "关于中等职业学校农村家庭经济困难学生和涉农专业学生免学费工作的意见"财教［2009］442 号，财政部网站，2009 - 12 - 23.

❷ 江苏省财政厅、江苏省发展和改革委、江苏省教育厅、江苏省人力资源和社会保障厅联合印发《江苏省中等职业学校农村家庭经济困难学生和涉农专业学生免收学费实施办法（试行）》的通知，江苏教育网站，www. ec. js. edu. cn. 2010 - 03 - 10.

❸ 十七大以来重要文献选编（上）［M］. 北京：中央文献出版社，2009：890.

的生活费开支。"❶ 通知还明确要求助学金的面要涵盖江苏省的全体中职在校生，即要确保每一位中等职业学校的学生都能享受国家助学金。"各市、县（市、区）财政要严格按照苏财教［2007］138 号文件规定的资助范围、资助对象、资助标准认真测算本地区中等职业学校国家助学金所需经费，足额安排除省补助经费之外须由本级财政承担的经费，确保每一所学校、每一位学生都能享受国家助学金。"❷ 通知同时还明确了财政分担机制，明确"省属职业学校国家助学金由省财政承担，市、县（市、区）属、地方民办学校及其他中等职业学校（包括高等职业技术学院附属中专部一、二年级学生）按属地原则由同级财政承担。省财政统筹中央补助经费并参照农村义务教育免学杂费补助的范围和比例，对部分地区安排补助经费。各地各有关部门要严格按照这一要求，认真安排中等职业学校国家助学金所需经费。"❸

江苏省的经济发展和经济实力支撑和推动着江苏省职业教育事业的发展，促进着现代职业教育体系的构建。如果没有江苏省强大的经济支撑与推动，江苏省职业院校的蓬勃发展、江苏省的中等职业学校学生免学费、全额全员享受助学金均难以实现或难以为继。

三、社会民众的认同凝聚力

在江苏构建与完善现代职业教育体系中，江苏社会民众的认同凝聚力亦是一股强大的正向作用力，这一作用力与政府的引领力、经济的推动力协同，助推江苏现代职业教育体系的构建与完善。

首先，社会民众的认同凝聚力体现在人民群众及子女对接受职业教育的认同与需求上。现代职业教育体系构建与完善的价值目标之一就是要满足人民群众接受职业教育的需求。随着江苏经济的发展、"两个率先"的推进和社会文明的进步，江苏人民群众与子女接受各级各类职业教育的愿望日益增强，一是在观念上发生了嬗变，江苏的人民群众在观念上已逐渐将技术工人、技术技能型人才、应用型人才、蓝领阶层置于白领同等的社会地位，享有同样的社会尊

---

❶ 江苏省教育厅、江苏省财政厅、江苏省劳动和社会保障厅关于下达 2008 年中等职业学校国家助学金省补助经费指标的通知 110 法律咨询网 ，copyright@ 2006 – 2010 110. com。2008 – 10 – 16.

❷ 江苏省教育厅、江苏省财政厅、江苏省劳动和社会保障厅关于下达 2008 年中等职业学校国家助学金省补助经费指标的通知 110 法律咨询网 ，copyright@ 2006 – 2010 110. com。2008 – 10 – 16.

❸ 江苏省教育厅、江苏省财政厅、江苏省劳动和社会保障厅关于下达 2008 年中等职业学校国家助学金省补助经费指标的通知 110 法律咨询网 ，copyright@ 2006 – 2010 110. com。2008 – 10 – 16.

严，绵延了几千年的"劳心者治人，劳力者治于人"等歧视体力劳动、技能劳动的旧观念已逐渐失去市场，关注职业教育、支持职业教育、选择职业教育已成为相当一部分江苏人民群众的观念自觉和行动自觉，民众的价值取向和行为选择自然且必然地促进了江苏职业教育的发展和现代职业教育体系的构建。仅以"十五"期间为例，我省中等职业教育招生以年均 6 万～7 万人的速度递增，2007 年达到 53.5 万人，比"十五"初期的 2001 年增加了 30 万人；在校生 160 万人，比 2001 年翻了一番；高职院校则从 1996 年的 29 所增加到 2007 年的 75 所，招生数和在校生数分别达到 17 万人和 60 万人，占据了高等教育的半壁江山，基本形成了以独立设置的高职院校为主体，其他院校广泛参与，三年制高职、五年制高职与应用型本科相衔接，具有江苏特色的高中等职业教育体系。❶ 二是江苏省对应用型人才的需求增大，应用型人才在就业市场中日趋看好，近年来，江苏职业学校毕业生就业率一直保持在 97%。❷ 高职院校毕业生连续 8 年就业率保持在 92% 以上。❸ 专科生、职校学生高于研究生、本科生的就业率，让职业教育通过就业率这个支点走进了人们的视野。通过中职、高职、本科立交桥的构建，曾经被称为"断头桥"的职业教育之路，目前已经成为半数初中毕业生的选择，❹ 职业教育正从"边缘化"的支流逐渐走向教育体系的主流。各级各类职业教育水平与质量日益提升，各层次职业院校之间、职业院校与普通院校之间的衔接有机打通，应用型人才就业率持续保持高位，政府大力度的关爱与支持诸如对中等职业学校在校生免学费与全额全员生活补助等因素，均吸引着广大江苏民众，使江苏各级各类的职业教育成为江苏人民群众及子女接受教育与发展的一项重要选择。而广大江苏民众的认同与选择也有力地支持与促进了江苏职业教育事业的发展和现代职业教育体系的构建与完善。

其次，社会民众的认同凝聚力还体现在各级各类职业教育院校、应用型大学的认同与参与。现代职业教育体系构建和完善的价值要求是要适应经济发展方式转变和产业结构调整要求、体现终身教育理念、中等和高等职业教育协调发展，满足经济社会对技术技能人才的需求。为满足这些价值要求，江苏的各

---

❶　江苏职业教育发展概况 . 滨海教育，www. bhe. cn. 2008. 2. 21.

❷　《江苏省职业学校推进"引企入校"，就业率 97%》，人民网（www. people. com. cn）2013 - 4 - 18.

❸　江苏高职：政府给力职教发展的样本［N］. 中国青年报，2013 - 5 - 6.

❹　江苏：让职业教育从边缘跨入主流［N］. 中国广播网，2013 - 5 - 10.

级各类职业教育院校和应用型大学出于贯彻国家和省政府的战略部署和顺应潮流、发展自身的主观要求，积极参与现代职业教育体系的构建与完善，主动适应经济发展方式转变、现代产业体系建设和人的全面发展要求，遵循技术技能人才成长规律，实现各级各类职业教育的科学定位和布局，有机衔接中等、高等职业教育及职业院校与普通院校之间多元立交通道，搭建职业教育人才成长"立交桥"，以课程衔接体系为重点，促进培养目标、专业设置、教学资源、招生制度、评价机制、教师培养、行业指导、集团化办学等领域科学衔接，切实增强人才培养的针对性、系统性和多样化，同时，强化终身教育理念，实行全日制教育与非全日制教育并重。诸如此类措施，充分发挥了现代职业教育主体和相关载体的作用，有力地推进了江苏的现代职业教育体系构建与完善。

综上所述，江苏现代职业教育体系构建的社会生态正是围绕江苏现代职业教育体系构成要素发挥着巨大的引领力、推动力和认同凝聚力，推进着江苏现代职业教育体系构建，促进着江苏职业教育事业的发展。

第三节　江苏社会生态在促进现代职业教育体系发展中的有效机制

江苏现代职业教育体系的形成离不开江苏特定的社会生态，特定的江苏社会生态催生了江苏特色的现代职业教育体系。江苏的社会生态在构建江苏现代职业教育体系中发挥了积极的作用，产生了良好的效果，有力地促进了江苏现代职业教育体系的构建和江苏职业教育事业的发展。然而，相伴而来的一些理论问题需要我们进行深入探讨和系统梳理，如社会生态内涵的规定性、江苏社会生态与江苏现代职业教育体系构建互动性命题，在江苏现代职业教育体系构建中政府引领力、经济推动力与社会心理凝聚力的有机统一性命题，江苏社会生态与全国、国际社会生态的关联性命题等诸多理论问题需要我们进行系统分析、深入研判、科学界定与正确破解，通过发现问题、分析问题、解答问题，进一步完善社会生态与构建现代职业教育体系相关的思想理论体系，为运用发展的理论指导我们发展的社会实践奠定科学的理论基础。

一、社会生态内涵的规定性

笔者认为，社会生态是相对于自然生态的社会学概念，是指在人类社会生活中影响社会事件形成、变化和发展的社会要素。这一看似简单的概念却涵盖着三大基本元素，赋予了社会生态概念特有的规定性。一是人类社会生活。人类社会生活是指相对于自然存在的人类社会存在、社会交往和社会关系。需要强调的是，在构建江苏现代职业教育体系中运用社会生态概念时，其中的人类社会生活主要是指当下社会中人们的社会实践与交往、存在与发展。既不着力追溯过去，也不刻意指向未来，而是立足于当下。因此，本概念在实际应用中，人类社会生活之内涵具有历史发展阶段或时段的规定性。二是社会事件。社会事件是指人类社会生活中出现的对人们社会生活和心理产生较大影响的社会活动、社会变化。人类社会每天都存在着社会实践与社会活动，不时发生着一些程度不同的社会变化，然而，只有对人们社会生活产生较大影响的社会活动和社会变化，才能定性为社会事件。因此，在界定社会事件时要充分考量社会活动和社会变化在人们社会生活中产生的影响度，正是影响度赋予了社会事件这一事物对象的规定性。三是社会要素。社会要素是指对社会事件产生影响的社会性关键因素，它涉及政治、经济、文化、军事、国际环境、社会道德、社会心理等诸领域，但其中最重要的是政治、经济、文化三大要素，这三大要素对社会事件的影响通常最直接、最有力、最广泛。本书中对社会生态与江苏现代职业教育体系构建的相关论述也正是把握重点，从核心要素出发，从政治、经济、文化要素展开的。对社会事件产生影响因素的社会性关键性特征赋予了社会要素特有的规定性。我们在理解和把握社会生态概念时，要准确把握概念内涵的规定性，从而为进一步研究与应用社会生态概念提供必要的科学前提和学术保障。

需要强调的是，社会生态要素是社会事件形成的重要因素，有时甚至发挥着不可或缺的强大作用，作为社会生态要素的外因与现代职业教育体系形成与发展之规律的内因在事物的形成发展过程中共同发挥着作用，但外因毕竟不是决定因素，决定因素是事物本身，是事物本身的内生因素、内在发展规律。也就是说现代职业教育体系形成的内在规律最终决定着现代职业教育体系的构建与完善，社会生态要素只是发挥着助产与催生、促进与催化之功能。正如毛泽东所说："唯物辩证法认为外因是变化的条件，内因是变化的根据，外因通过内因而起作用。"❶ 因此，在建设现代职业教育体系进程中，我们既要高度关注与积极培育社会生态，充分发挥社会生态的催生、催化功能，同时，也应当注重与科学把握现代职业教育体系形成与完善的内在规律，以更好地实现现代

---

❶ 毛泽东著作选读（上册）．北京：人民出版社，1986：141.

职业教育体系的构建与完善。

二、社会生态与现代职业教育体系构建的互动性

辩证唯物主义认为，任何事物的变化、发展与事物的内在要素互动相关，各内在要素相互联系、相互影响、相互作用，决定着事物的变化与发展。同样，任何事物的发展与外在关联要素在一定范围和一定程度上也形成互动，既受外在关联要素的影响、制约、催化，又反作用于外在关联要素，对外在关联要素产生一定的影响。因此，通过事物内、外要素的互动，既决定着事物的形成、变化与发展，又影响着外在要素的走向与变化。

江苏的社会生态与江苏现代职业教育体系的构建同样如此，江苏的社会生态是构建江苏现代职业教育体系的重要条件与核心要素，其功能的表现形式为政府的引领力、经济推动力与社会心理凝聚力，江苏现代职业教育体系的构建及出场离不开这些要素的合力作用。然而，通过这些合力作用而形成的江苏现代职业教育体系的在场也必然会对江苏的社会生态产生相应的反作用，影响着这些社会生态要素的变化与发展、走势与走向。在现实中，江苏社会生态各要素催生了江苏现代职业教育体系的形成与不断完善，而形成与不断完善的江苏现代职业教育体系也在一定范围和一定程度上改善了江苏的社会生态，为江苏的社会生态优化创造了有利的条件，如江苏现代职业教育体系的成功构建，一是为江苏各级政府推进江苏的职业教育事业积累了经验、增添了信心、坚定了决心，从而更优化了政府的功能；二是为适应江苏经济社会发展、培养江苏各级各类技术技能人才和应用型人才创造了更好的条件，从而有利于江苏经济发展方式的转变和产业结构的调整，促进江苏经济社会更好更快地发展；三是更好地满足了江苏人民群众及子女接受职业教育和终身教育的发展愿景，促进了江苏社会和谐、民众幸福的社会生态营造。因此，无论从逻辑层面推论还是从社会实践层面验证，江苏的社会生态与江苏的现代职业教育体系的构建与完善具有显著关联性，在理论研究和社会实践中必须注重两者的互动性。

三、政府引领力、经济推动力与社会心理凝聚力的有机统一性

在构建江苏现代职业教育体系的江苏社会生态要素中，政府的引领力、经济推动力与社会心理凝聚力是江苏社会生态功能发挥的表现形式。然而，这三大要素中什么是核心要素，即什么要素在形成推进构建江苏现代职业教育体系之合力中发挥着统领功能，起到决定性作用？这可能会引起深入的探讨、热切

的商榷与广泛的争鸣。

观点之一：各级政府的引领力是核心之要素。其论点依据是：基于我国的社会性质、社会制度及社会治理模式，我国和我省的政府构成是属于强政府类型。政府在重大社会事件的形成与发展中发挥着强大的引领和推动作用。在中国在江苏，没有政府的参与、支持、推动，要想办成大事几乎是不可能的，社会实践中也很少有此先例。因此，政府的引领力是核心之要素。

观点之二：经济发展推动力是核心之要素。其论点依据是：经济基础决定上层建筑。任何重大社会事件的形成和发展需要相应的物质基础支撑，需要经济发展成果作为后盾。教育系上层建筑之范畴，江苏现代职业教育体系的构建对江苏来说是一件重大社会事件，其形成与发展自然离不开经济的支撑，诸如各种职业教育资源的优化、各级各类职业教育院校的发展、中等职业教育的免学费、全员补助等，都离不开强大的经济支撑。因此，经济发展推动力是核心之要素。

观点之三：社会民众的认同凝聚力是核心之要素。其论点的依据是：人心向背决定着重大社会事件的走向，顺民心者昌，逆民心者亡。构建江苏现代职业教育体系关乎江苏广大人民群众及子女的发展利益，关乎社会和谐、人民幸福，关乎民生民意。因此，构建江苏现代职业教育体系是顺应民心民意、满足人民需求，得到社会民众的认同，赢得人民群众的支持，从而能保障这一重大社会事件得以顺利发展。从任何重大社会事件如果得不到社会民众的认同与支持，都难以为继这一视角来审视，社会民众的认同凝聚力应是核心之要素。

笔者认为，以上的观点与争论难免有失偏颇，过于机械，过于形而上学，缺乏整体观、系统论之辩证思维。在构建江苏现代职业教育体系的江苏社会生态要素中，政府的引领力、经济推动力与社会心理凝聚力要素及其作用力难分伯仲，也无需去分伯仲。理由十分简单，事物总是变化发展的，各要素的作用及作用强度都不是一成不变的，在不同发展时段各要素发挥的作用也会不同。在江苏现代职业教育体系的构建初期可能各级政府的引领力功能发挥的较为突出、较为充分，彰显出我国我省强政府的特质。而在江苏现代职业教育体系的构建进程中，经济推动力及社会民众的认同凝聚力的作用发挥得会更明显、更极致一些，显现出江苏的经济实力支撑和社会民众的认同支持之功效。因此，在考量江苏社会生态中政府的引领力、经济推动力与社会心理凝聚力要素作用力时，无须机械地划分各要素孰轻孰重、孰优孰劣，而应当以马克思社会有机体思想、恩格斯历史发展合力理论及科学发展观的整体思维方法论为指导，科学地认识与把握江苏社会生态各要素的有机结合、有序协同，重点把握各要素构成合力的整体性、协同性功能，科学把握合力的形成、协同和作用发挥的机制，全面把握要素之合力在构建现代职业教育体系中的实际作用。我们不仅要"解释世界，更要改造世界。"❶

四、江苏社会生态与全国、国际社会生态的关联性

江苏社会生态在江苏构建现代职业教育体系中发挥着积极和重要的作用。然而，江苏社会生态并不是孤立地发挥作用，而是与国家的社会生态、国际的社会生态遥相呼应，互为影响，具有一定的关联性。

江苏社会生态与国家社会生态的关联。构建现代职业教育体系不仅是江苏的发展战略、江苏的重大社会事件，而且是全国的发展战略，是国家意志在江苏的体现。因此，江苏的社会生态必然会与国家的社会生态相关联相呼应，江苏各级政府的引领力功能发挥是江苏省政府贯彻国家意志的具体实践和相应作为；江苏经济发展推动力功能的发挥则是江苏作为国家经济发展的一个省份利用本省的经济实力和优势来推进现代职业教育体系的构建；江苏社会民众认同凝聚力功能的发挥亦代表着全国民众的愿景与诉求，是全国人民的利益诉求在江苏的具体表达。因此，江苏社会生态与全国社会生态具有也必然具有一定的关联性。另外值得一提的是，江苏现代职业教育体系成功构建的社会实践，亦对全国现代职业教育体系的构建与完善提供相应的经验，而全国各地现代职业教育体系构建的成功经验也必然对江苏构建与完善现代职业教育体系提供有益的借鉴与启示。

江苏社会生态与国际社会生态的关联。当今世界已迈入新全球化时代，各国间联系交流、互通互动日益频繁，经济全球化、政治全球化、文化全球化日趋明显，世界已成为地球村，中国离不开世界，世界同样也离不开中国。尽管当今世界仍存在意识形态领域的分歧，尽管局部地区战争与冲突不断，尽管存在南北发展的差异，但世界人民追求和平、渴望发展的愿望日益强烈，和平与发展成为当今时代的主题。在此国际大背景下，各国人民交流、各国政府的合作日益广泛，国际职业教育事业的发展、现代职业教育体系的构建及国际社会生态在其中的功能发挥必然会影响到中国，给中国以借鉴与启迪；而中国和江苏职业教育事业的发展、现代职业教育体系的构建及中国和江苏社会生态作用

---

❶ 马克思恩格斯选集（第 1 卷）[M]．北京：人民出版社，1995：61．

的发挥，也会给世界以示范和借鉴。在当今世界，国际间的借鉴学习、互补共进成为必然。我们要重视江苏社会生态与国际社会生态的关联性，善于把握机会，充分利用国际平台，在学习借鉴国际成功经验的基础上，科学合理地吸收与消化国际范例，以全球宽广的视野、历史发展的眼光、科学负责的态度、开拓创新的精神，不断开创江苏省乃至我国职业教育事业的新天地。

本章小结

社会生态是相对于自然生态的社会学概念，是指在人类社会生活中影响社会事件形成、变化和发展的社会要素。江苏现代职业教育体系的形成离不开江苏特定的社会生态，特定的江苏的社会生态催生了江苏特色的现代职业教育体系。在催生江苏特色的现代职业教育体系的江苏社会生态中，相关政治生态主要体现在政府关注度、政策法规和体制机制诸要素，相关经济生态主要体现在经济发展成果和经济社会诉求诸要素，相关文化生态主要体现在促进社会和谐和顺应社会心理诸要素。江苏各级政府的引领力、经济发展的推动力和社会民众的认同凝聚力有机协同，形成催生江苏现代职业教育体系的强大合力，推进着江苏现代职业教育体系的构建与完善，推进江苏职业教育事业的优化发展。

（本章执笔人：夏　莹　夏东民）

江苏现代职业教育体系的发展现状与趋向

改革开放以来，江苏职业教育以服务为宗旨，以发展为目标，以改革为主线，不断探索，努力实践，走出了一条与江苏经济社会发展相协调的创新之路，为提高劳动者素质、促进区域共同发展、满足经济和社会发展对人才类型和层次的多样化需求做出了贡献。虽然江苏省职业教育发展较为迅速，但是由于历史、体制和观念等原因，现代职业教育体系尚未完全建立，各市县、职业院校对职业教育的发展方向还比较困惑，这些都成为江苏职业教育改革发展亟待解决的问题。构建现代职业教育体系不仅对江苏职业教育发展具有现实的需求性和紧迫性，同时对于提高全省职业教育质量，促进地方经济和社会发展具有极大的推动作用。

第一节　江苏现代职业教育体系的发展现状

江苏经济发达，技术技能型人才需求量大，为区域职业教育发展提供了坚实基础和巨大发展空间。"十二五"以来，江苏省认真贯彻落实国家和省中长期教育改革发展规划纲要，坚持以需求为导向、以育人为根本、以改革为动力，深化布局结构调整，基本形成对接现代产业体系、中高等职业教育协调发展、体现终身教育理念的现代职业教育体系。

一、江苏现代职业教育体系发展概况

"十一五"以来，江苏职业教育始终把服务地方经济社会发展、服务学生

全面发展作为根本任务，坚持科学规划、统筹推进，努力实现规模、结构、质量、效益的协调发展，目前以独立设置的中、高等职业院校为主体，职前职后教育并举，中高职协调发展，三年制、五年制高职与应用型本科相衔接，品牌和优势明显，体现终身教育理念的现代职业教育体系初步形成。

截至 2010 年，全省有中等职业学校 521 所，在校生 138.69 万人。2013 年全省中等职业教育招生 33.8 万人，略高于普通高中的 33.3 万人，为江苏普及高中阶段教育做出了重要贡献。教育系统内公办中等职业学校全部达到三星级（国家级重点）以上职业学校标准，其中省高水平示范职业学校 114 所，三星级以上职业学校吸纳了 80% 的中职在校生。全省重点建设了 200 多个省级中职实训基地和 500 个中职省级示范专业。❶

1978 年以来，江苏在首创职业大学及二级学院、扩大招生、探索五年制高职等方面开全国之先河。1995～2013 年，江苏高职院校由 29 所增加到 82 所，占普通高校总数的 64%；在校生由 9.85 万人增长到 70 万人，占全日制普通高校本专科在校生总数的 42%。江苏高职的各项指标在全国均处于领先地位。有国家级示范性高职院校 15 所，省级示范性高职院校 20 所，省级示范性高职教育园区 1 个，国家级实训基地 81 个，国家级重点建设专业 265 个，国际合作机构和项目 235 项。高职院校数量、在校生人数、人才培养规模等方面均居全国首位。

二、“十一五”期间江苏现代职业教育体系构建举措与实施效果

“十一五”期间，江苏省大力贯彻《国务院关于大力发展职业教育的决定》（国发〔2005〕35 号）的文件精神，加大对高中阶段教育发展的统筹，同时积极推进中高职沟通，完善职业学校毕业生升学制度，满足人民群众接受高层次职业教育的需求，切实增强职业教育的吸引力和发展能力。

（一）　加强统筹，稳定中等职业教育招生规模

“十一五”以来，我省在初中毕业生生源逐步下降的情况下，坚持大力发展中等职业教育，成立了省教育厅高中阶段教育工作领导小组和省教育厅高中阶段学校及五年制高职招生委员会，每年招生稳定在 50 万人以上，保持普职规模大体相当。据江苏省教育厅厅长沈健在 2012 年度全国职业教育与成人教育工作视频会议上介绍，截至 2012 年年底，江苏全省有中等职业学校 435 所，

---

❶　尹伟民. 江苏现代职业教育体系建设的实践与探索［J］. 中国职业技术教育. 2013（36）: 5－9.

2011年全省中等职业学校招生42.09万人，在校生123.03万人，分别占高中阶段教育的51%和49%。"十一五"期间，全省整体搬迁职业学校近百所，占地均在200亩以上。中职学校校均规模达到2 600多人，其中在校生5 000人以上的职业学校达53所，整体上实现了职业学校的规模效益。

（二）发挥高职引领作用，促进中高等职业教育协调发展

在整个职业教育体系中，高等职业教育下连中等职业教育，上接应用型本科和专业学位研究生教育，在现代职业教育体系建设中起着非常重要的引领作用，同时在培养目标、专业设置、课程体系、招生制度、评价机制、行业指导等方面发挥引领带动作用。"十一五"期间，江苏省充分发挥高职引领作用，促进中高等职业教育协调发展。一是高职院校对口支援中等职业学校。组织高水平示范高职院校对口支援苏北中职院校，高职院校每年向中职院校捐赠资金、设备、图书，并指导专业和实训基地建设；二是高职院校参与指导中职校教学改革。2010年成立江苏省职业教育教学改革创新指导委员会，邀请部门和行业企业代表以及6所骨干示范高职院校的专家和领导，指导中等职业教育改革创新；三是高职院校带动中职校集约化发展。以专业为纽带，由高职院校或行业牵头，中职校和企业积极参与，成立了19个省级职业教育集团。

（三）树立终身教育理念，拓展高职学生学习发展空间

高职教育作为高等教育的一种类型，具有职前教育和职后教育两大功能，尤其在强化职后教育、推进中高职衔接、促进技术技能人才的可持续发展等方面承担更多的职责。多年来，江苏省强调树立终身教育理念，通过改革高职学生"专转本"招生考试制度、组织高职学生"专接本"参加自学考试、拓宽高职学生"专升本"继续教育渠道、为高职学生提供出国学习交流的机会等措施更好地服务终身教育体系和现代职业教育体系建设，努力推进高职教育现代化发展。

（四）推进"质量工程"，提高高职社会认可度

（1）高职评估工作取得新实效。2005～2007年江苏省高职院校人才培养工作水平评估计划，进一步强化高职评估指标体系，在此期间共有65所高职高专院校接受评估，全面完成了第一轮评估任务，极大地促进和规范了高职院校的发展。评估提高了教育质量，提升了办学水平，为办让人民满意、社会认可的高等职业教育打下了基础。

（2）示范性高职院校取得新成就。在"十一五"期间，实施"国家示范性高等职业院校建设计划",这对江苏高等职业教育来说又是一个发展机遇。2006 年 12 月、2007 年 8 月和 2008 年 7 月,教育部、财政部遴选出第一批 28 所、第二批 42 所以及第三批 30 所国家示范性高职院校。江苏共有 7 所院校先后成为国家示范性高职院校,入围数为全国之首。与此同时,2007 年 7 月和 2008 年 6 月,江苏分两批遴选出省级示范性高职院校共 13 所。此外,将常州高等职业教育园区(包括 5 所高职院校)整体列为省级示范性高职园区进行建设。示范性高职院校建设,促进江苏高等职业教育整体实力的提升,更引领了全国高等职业教育的发展方向。

(3)强化内涵建设取得新进展。江苏在 2008 年 4 月同时下发《关于进一步加强高等职业教育人才培养工作的意见》《关于江苏省高等职业教育课程改革与建设的实施意见》两个"强化内涵"的文件,要求深入实施高职院校教学质量与教学改革工程,加强专业建设和结构调整,探索以能力培养为核心的教学模式,切实提高高等职业教育质量。

三、"十二五"以来江苏现代职业教育体系构建的创新举措

进入"十二五"以来,江苏职业教育紧紧围绕贯彻落实国家和省中长期教育改革发展规划纲要,以改革为动力,以创新为统领,全面提高教育质量,加快推进中高职协调发展,探索系统培养技能型人才制度,探索中高职协调发展的"江苏模式",切实增强服务经济社会发展和学生全面发展的能力。

(一)改革招生考试制度,构建人才成长立交桥

《国家中长期教育改革和发展规划纲要(2010~2020 年)》明确将中等和高等职业教育协调发展作为建设现代职业教育体系的重要任务。其中,实现人才成长途径的有效衔接,拓宽职业学校应届毕业生升学渠道一直受到广泛关注。近年来,江苏积极推进高等学校招生考试制度改革,完善职业学校毕业生升学制度,拓宽毕业生继续学习渠道,满足人民群众接受更高层次职业教育的需求。

(1)完善中等职业学校毕业生直接升学制度。江苏省于 2008 年对普通高校对口单独招生政策进行了重大改革,建立起注重技能、综合考试、全面评价、择优录取的中职毕业生对口升学考试制度。2012 年江苏省组织了 2.5 万人参加普通高校对口单独招生考试,实际录取本科生 4 600 人,专科生 1.47 万人。2013 年有 3 万人报名参加对口单独招生考试,计划招收本科生 5 700 人,专科生 19 877 人。

（2）启动中职毕业生注册进入高职院校学习制度。2011 年江苏省进一步扩大高等院校办学自主权，启动中职毕业生注册进入高职院校学习制度，为中职毕业生直接升学、高职院校录取适合的学生开通了新的渠道。2012 年，4 400 名中职毕业生注册进入高职院校学习。2013 年注册入学招生中等职业学校毕业生 8 900 人。

（3）完善高职毕业生"专转本"招生考试制度。江苏省每年安排 1.2 万名本科招生计划主要用于招收高职毕业生，打通高职毕业生升入本科阶段学习的通道。2013 年起，江苏探索安排部分应用型公办本科院校接收"专转本"学生，改变了专科生"专转本"只能就读普通民办高校的状况。

（二）深化课程教学改革，实行中高等职业教育深度衔接

促进中高等职业教育协调发展是建立现代职业教育体系的基础性工程，而促进中高职课程体系的有效衔接是实现中高职有效衔接的基础，它在实现中高职有效衔接中发挥核心和纽带作用。"十二五"期间，江苏全面落实《国家中长期教育改革和发展规划纲要（2010～2020 年)》，采取多种措施深化教学改革，实现中高等职业教育的深度衔接。

（1）稳步发展五年制高等职业教育。五年制高职是融中、高等职业教育于一体，实施五年一贯制连续培养高技能人才的学制创新。2010 年，江苏研究制定了《关于进一步加强五年制高职规范管理、促进科学发展的若干意见》。《意见》对五年制高职办学定位、发展原则、办学主体、布局安排、内涵建设、规范管理等提出了明确要求。近两年，全省五年制高职毕业生高级工获证率都达 60%，就业率均保持在 95% 以上。

（2）深化对口单招高职班级课程改革。落实单招班级单独编班、单独教学、单独评价的"三单独"制度。加强单招班级的课程改革及课改指导、深化中高职课程的沟通与衔接。2010 年成立了江苏省职业教育教学改革创新指导委员会和 23 个职业教育教科研中心组。通过指导委员会和教科研中心组研究推进校企合作，深化课程改革，探讨课程的衔接，共同提高教学质量。❶

（3）改革课程实施模式，推行"做中学、做中教"。江苏省积极推进中高等职业教育课程改革，坚持"做中学、做中教"，构建以能力为本位、以职业实践为主线、以项目课程为主体的模块化专业课程体系，推进项目教学、场景

---

❶ 沈健. 深化改革，不断创新，加快推进中高等职业教育协调发展［J］. 中国职业技术教育，2012（19）：42－46.

教学、主题教学和岗位教学。全省建成 264 个课程改革专业实验点和 133 所课程改革实验学校。逐步控制职业学校班额，推进小班化教学，明确 2013 年起新招班级原则上不超过 35 人。❶

（三）创新人才培养体制，加速建设现代职业教育体系

2012 年 7 月，《教育部关于印发〈国家教育事业发展第十二个五年规划〉的通知》强调："完善高等职业教育层次，建立高级技术技能人才和专家级技术技能人才培养制度。"2012 年江苏省启动现代职业教育体系建设试点工作，公布了《2012 年江苏省现代职业教育体系建设试点工作实施方案》（以下简称《江苏方案》），实施中高等职业教育联合办学，以学制贯通为突破、以课程衔接为根本、以提高质量为核心，整体设计技术技能型人才培养方案，构建中等职业教育—高等职业教育—应用型本科教育的学制框架。试点内容主要包括四个方面。

1. 中等职业教育与高等职业教育"3 + 3"分段培养试点

学生在中等职业学校学习 3 年后，通过注册入学方式直接进入高等职业院校继续学习 3 年。6 年间，由对口试点的中职学校和高职院校，统筹制定对口专业中高职理论知识课程和技能训练课程衔接贯通的教学体系，系统培养具有专科素质的高级技能型人才。

2. 中等职业教育与应用型本科教育"3 + 4"分段培养试点

学生在中等职业学校学习 3 年后，通过对口单招进入普通本科院校继续学习 4 年。7 年间，由对口试点的中职学校和本科院校，统筹制定对口专业理论知识课程和技能训练课程衔接贯通的教学体系，系统培养本科层次的应用型人才。对口单招的考试内容以专业技能和中职教育学业水平测试为主，其标准由本科院校与对口中职学校共同制定，报省教育考试院审定。

3. 高等职业教育与应用型本科教育的"3 + 2"分段培养

学生在高等职业院校学习 3 年（五年制高职学习 3 年）后，经过资格考核，进入普通本科院校继续学习 2 年。由对口试点的高职院校和本科院校，统筹制定对口专业理论知识课程和技能训练课程衔接贯通的教学体系，系统培养本科层次高端技能型人才。该项目本科招生可纳入"专转本"渠道，"专转本"选拔方式由本科院校与对口高职院校共同制定，报省教育厅审定。

---

❶ 尹伟民. 江苏现代职业教育体系建设的实践与探索［J］. 中国职业技术教育，2013（36）：5 - 9.

4. 高等职业教育与应用型本科教育的联合培养

高职院校与应用型本科院校合作，按应用型本科院校招生计划在本二批次联合招生，培养 4 年制本科层次应用型人才。期间，由对口试点的高职院校和本科院校，按照本科应用型人才培养标准和高端技能型人才要求，联合制定专业理论知识课程和技能训练实践课程教学体系，确定学生在高职院校和本科院校灵活多样的学习方式，培养具有高级技能的本科层次应用型人才。

2012 年全省确定了 71 个项目，在 13 所本科高校、32 所高职院校和 47 所中等职业学校进行试点，当年招生人数为 4 885 人。2013 年，在 29 所本科院校、43 所高等职业技术学院、83 所中等职业学校开展 215 个项目的试点，招生规模达 1.2 万人。

第二节　江苏现代职业教育体系建设的问题分析

进入 21 世纪以来，江苏省高度重视职业教育，把大力发展职业教育作为繁荣经济、促进就业、改善民生的一项重要举措，把发展职业教育放在了更加重要的位置，使教育的社会化进程大大提速，并初步形成了具有江苏特色的职业教育体系框架。尽管如此，我省当前的职业教育体系仍然存在不少问题，主要体现在如下几个方面。

一、高职教育发展不平衡，亟待整体提高

作为教育大省，江苏省在各阶段教育上都取得了令世人瞩目的成绩，同样江苏省的职业教育在全国也处于领先地位，但由于苏南（含苏州、无锡、常州、镇江、南京等 5 个地级市）、苏中（含扬州、泰州、南通等 3 个地级市）、苏北（含徐州、淮安、宿迁、盐城、连云港等 5 个地级市）三大区域之间经济、社会、文化发展水平存在着明显差异，高职教育发展与地区社会经济发展尚未形成协调发展态势，区域内高职教育发展并不平衡，苏北地区高职教育在质和量上都落后于苏南地区。这种不平衡主要体现在院校数量、经费投入、发展水平、专业设置等方面。

（一）区域院校分布不均衡

目前，在我省现有独立设置的 82 所高等职业院校中，苏北 12 所，苏中 15 所，苏南 55 所。仅苏州市的高职院校就达到 12 所，数量接近苏北五市高职院校的总和。苏南每百万人拥有高职院校数为 2.05 所，苏中每百万人拥有高职

院校数为 0.73 所，苏北每百万人拥有高职院校数为 0.53 所。❶ 由此可见，江苏省虽然每个地级市都有高职院校，但在区域分布上并不均衡。

（二）财政预算支出不均衡

《2011 江苏统计年鉴》数据显示，2011 年江苏省三个区域地方财政一般预算支出分别为：苏北地区 1 194.88 亿元，苏中地区 734.15 亿元，苏南地区 2 297.04亿元。地方财政一般预算支出中教育经费分别是：苏北地区 217.87 亿元，苏中地区 140 亿元，苏南地区 349.54 亿元。❷ 有学者从苏南、苏中和苏北分别遴选了一所高职院校进行了比较分析，数据表明：一是苏南、苏中地区的高职院校的生师比小于苏北地区；二是苏南、苏中地区高职教师拥有高职称高学历的比例大于苏北地区；三是苏南地区的生均仪器设备远远高于苏中尤其是苏北地区；四是苏南、苏中地区生均用房、生均占地面积都大于苏北地区。❸ 这说明，在办学条件上，苏南地区高职院校优于苏中地区，苏中地区又好于苏北地区，梯度差距明显。

（三）发展水平不均衡

由于各种原因，当前我省高职院校发展水平是有差异的，有的院校已经着手建设全国性示范性院校，而有的院校办学基础能力还相当薄弱。截至 2011 年年底，江苏省国家示范性（骨干）高职院校（含在建的）共计有 15 所，其中苏南地区 10 所，苏中 3 所，苏北 2 所。在苏南地区，每个地级市最少有 1 所国家示范性（骨干）高职院校；而在苏中地区，扬州市没有国家示范性（骨干）高职院校；苏北地区的连云港市、宿迁市和盐城市这三个地级市都没有国家示范性（骨干）高职院校。由此可见，三个地区的高职院校在数量上、政府财政投入上、在办学水平上存在较大差距，这种差距在一定程度上制约了全省职业教育整体水平的提升。因此，重点建设国家和省级示范性院校不仅必要，而且还要加大建设力度，以便于带动全省高等职业院校办出特色，提高整体水平。

（四）专业设置与经济社会发展的需求不协调

江苏省高职院校以市场需求为导向，为地方区域经济和社会发展培养了大量高素质技能型人才，为江苏实现"两个率先"发挥了重要作用。但是，专业设置的趋同化、滞后性现象也日益严重，在一定程度上造成了教育资源浪

---

❶ 王武林，王万川. 苏中高职教育发展状况的对比分析 [J]. 职教通讯，2013（8）：5－6、9.

❷ 江苏省统计局. 2011 江苏统计年鉴 [M]. 北京：中国统计出版社，2011：8.

❸ 谢勇. 江苏高职教育区域均衡化发展研究 [J]. 职教通讯，2012（13）：52－56.

费、专业特色难以凝练、招生竞争加剧、就业压力加大等。

1. 专业设置趋同

高职专业设置趋同主要有几种情况：一是"需求型"。片面或孤立地强调市场需求，忽视自身传统优势和办学条件，盲目追求热门专业所致。例如，江苏省超过半数的高职院校重复开设的专业有 14 个，招生规模比例达 34%；超过 2/3 院校重复开设的专业有物流管理、机电一体化技术、计算机网络技术、计算机应用技术、商务英语和电气自动化技术等 6 个专业，规模比例达 17%（即一年招生人数超过 3 万人）。二是"成本型"。选择投入少、教学成本较低的"短平快"专业，而忽视自身办学定位和市场需求所致。例如，近年来，商务英语、会计、市场营销等专业在专业设置重复率和招生规模持续处于高位，与逐年加大的就业难度形成反差。三是"综合型"。由于合并重组等历史原因，专业设置数量大，这类院校主要是一些地方职业大学。例如，江苏省专业设置数量最多的前十所院校中，"职业大学"占了 4 所，平均专业数达 56个/所。专业设置这种"大而全"的综合化，往往对学校内部专业之间的关联性、专业主线与专业功能定位形成一定影响。❶

2. 专业设置滞后

随着社会和市场人才需求的快速变化，专业设置的滞后性越来越明显地影响高职院校人才培养与社会需求的一致性。高职院校专业设置滞后性的主要表现：当市场需求发生变化，一些专业的市场热度明显降低时，部分高职院校调整速度迟缓，不能及时减招或适时停招，造成这些专业设置陈旧；一些地方经济和社会发展所需的专业在高职院校专业结构中的比例很少，造成专业设置与地方经济建设的人才需要类型不匹配，人才的培养和供给赶不上社会需求的变化；社会需求复杂多变，加上专业调整迟缓，使得高职院校部分专业的学生"热进冷出"，凸显出热门专业后续发展中难以克服的滞后性。❷

二、中职教育面临严峻挑战，应走特色发展之路

（一）定位不明，特色不清

从目前来看，很多中职学校对自身的定位还不够明确，对人才培养在江苏

---

❶ 邓光，傅伟，杨晓燕，等. 江苏省高职院校专业设置状况分析［J］. 职业教育研究，2012（6）：7 - 8.

❷ 张清雅. 高职院校专业设置滞后性之应对策略［J］. 江苏高教，2012（5）：154 - 155.

产业结构调整下的具体定位不是非常清楚，容易混淆中职教育与高职教育的人才培养定位，这既不利于中职教育的可持续发展，也不利于江苏产业结构的调整和转型升级。

（二）专业设置不平衡

江苏中职学校专业设置在主导产业方面内涵建设明显缺乏创新，如加工制造大类专业中以传统机电、数控专业为主，出现了扎堆现象；新兴产业专业设置量尚低，亟待提高。江苏学校之间专业设置同构性较明显，信息技术类、加工制造大类中的数控技术应用、机械加工技术专业、财经大类专业设置比例过高，而其余专业设置比例偏低。这可能造成相对热门专业就业竞争压力大，相对冷门专业人才供应不足的问题。如何办出不同于高等职业教育且在职业技术教育体系中发挥自身不可替代作用的中等职业技术教育，较好地适应江苏产业结构调整的需求，是中等职业教育面临的首要难题。

（三）生源下降，规模收缩

全国中等职业教育经过"十一五"期间的大发展之后，开始进入巩固和保持职业教育规模走内涵发展的关键阶段。江苏中等职业教育招生规模从"十一五"起始之年的50万人开始下滑，到"十一五"末下降到36.25万人，随着"十二五"江苏高中教育阶段生源数的下降，招生市场中的普职大战、职业学校之间的招生竞争愈演愈烈，中等职业教育招生困难的现实矛盾凸显，成为当前推进中等职业教育在新时期谋求科学发展的紧迫而重要的课题。

三、职教与普教以及职教内部缺乏有效衔接

（一）职业教育与普通教育之间仍然坚持着较强的计划性和封闭性

国家较早就提出了普教、职教沟通，构建普职"立交桥"，建立职业教育体系的构想。目前初、中、高职教体系基本形成，中、高职立交桥也已基本建立，但职教体系的层次并不完整，职业教育与普通教育之间仍然坚持较强的计划性和封闭性，这种计划性和封闭性主要体现在学制、专业设置、招生与就业、教学管理、学籍管理、学位制度、人事管理乃至政府行政管理等方面，它使学生在不同层次、不同类型的教育之间转换存在较大困难。职业教育最高只到专科层次，对口升学时中职上普通本科的比例还是很少，高职专升本大部分只能到民办本三院校，且都有比例限制。这些限制显然违背了普教、职教之间构建立交桥的初衷。

（二）中职教育和高职教育脱节、重复、断层

高职教育既然作为高等教育的一种类型，就应有不同层次的完整体系。只有健全从专科、本科到研究生教育不同的层次结构，职业教育才能与普通高等教育并驾齐驱，普教、职教之间的"立交桥"才能真正畅通。江苏省2012年启动首批中高职衔接试点建设了71个包括"3＋2""3＋3""3＋4"等多种模式在内的中高职衔接试点项目。试点院校面对招生、人才培养目标与规格、课程设置与衔接及转段考核、职业资格证书考核安排等诸多新的具体问题，解放思想，积极探索，不断提高试点质量，为推进中高职衔接、构建现代职业教育体系提供了宝贵经验。但从整体来看，中高职衔接在实践过程中，人才培养的规格、专业设置、课程内容以及办学质量方面仍存在明显的不协调，这成为制约职业教育整体优化的瓶颈。笔者认为，中高职教育的脱节、重复、断层具体表现为专业上的脱节、课程上的重复和学制上的断层。

（1）中高职专业上的脱节。首先是专业设置管理部门分属两个部门，名称难以统一，也缺乏一定的层次。其次是数量不对等。2010年教育部修订的《中等职业学校专业目录》中，中职专业数由原来的270个增加到321个，而高职院校的专业共分19大类、78小类、532个专业。在目前的对口单招等考试中，中职专业和高职专业无法完全和直接对接，许多有升学愿望的中职学生找不到对口或相近专业而不能报考，只能选择放弃。

（2）中高职课程上的重复。学校办学要由多种要素构成，如师资、学生、校舍、设备设施、课程、管理体系等，而在这些要素中，处于核心的是课程，所有办学要素均是以课程为核心而展开的。中高职在办学实体衔接中存在的大量裂痕现象多因缺乏可依据的统一课程体系所致。在目前的中职和高职衔接的制度设计上，更多的还是考虑学历的衔接，中高职院校在各自的课程设置上均有相当大的自主权，且各自为政，出现理论教学和实践教学重复现象在所难免。以对口单招为例，虽然要求高职院校对中职升学的学生要独立组班，但由于人数、教学管理等方面的原因，执行并不到位。

（3）中高职学制上的断层。在中高职衔接方案研讨过程中，学制争论一直是中高职院校长纠结的问题，那就是"3＋2""2＋3"之争。高职院校希望中职两年、高职三年，顶岗实习安排在高职阶段，中职校长希望中职三年、高职两年，顶岗实习安排在中职最后一年，学生通过实习发现不足能够到高职院校进行补救，这些争论，站在各自的立场上都有一定的道理，但其实质一定程度上是经济利益和方便管理之间的博弈。

《国家中长期教育改革和发展规划纲要（2010—2020 年）》和教育部《关于推进中等和高等职业教育协调发展的指导意见》的指导下，各地中高职衔接在实践层面取得了一定的进展。但中职教育与高职教育是两个不同层级的职业教育，两者之间要真正实现互通互融，还有相当长的路要走，还有许多问题需要实践探索。

（三）高职教育"层次"拓展的政策制约

职业教育在政策和实践层面往往被看成是高等教育的一个层次，而不是一个发展方向明确的职业教育类型。目前，虽已形成中、高等职业教育组成的体系，但是高等职业教育只有专科层次，在其内部并没有形成本科、硕士乃至博士层次的高等职业教育。因此，还不能说已经形成独立的与普通教育体系平行的职业教育体系，这种结构性矛盾成为制约江苏高等职业教育健康协调持续发展的最大"瓶颈"。近年来，高等职业教育紧紧围绕"专科与本科学历学制衔接"这个重点，探索了联合培养模式（普职之间"专升本"）、分段培养模式（跨类之间"专升本"）以及自考一体化模式（自考分段"专转本"或"独立本科段"）等，取得了初步成效。但是限于"学制"和"招生"等制度体系层面和政策法规层面的制约，在高等职业教育"层次"和"类型"的整体拓展和转型提升上还远远不能适应经济社会发展对高层次专业技能型人才的需求以及人们对接受高端职业教育的需要。❶

四、职业教育管理职能分割

现行的职业教育管理体制存在着条块分割、职能交叉、多头办学等问题，致使教育资源得不到优化配置和充分利用。

在教育内部，江苏中等职业教育和高等职业教育虽然都属于职业教育的范畴，但是中等职业教育属于中等教育系列，高等职业教育属于高等教育系列，中等职业教育由教育行政部门或者人力资源和社会保障部门负责，高等职业教育由高等教育职能部门管理。这样的管理体制一方面容易造成政出多门、政策缺位或者矛盾性政策可能造成的内耗现象，另一方面，中高等职业教育分属于不同的部门，不利于中、高等职业教育的有效衔接与统筹规划，造成专业设置、课程设计以及业务管理的不一致。中、高等职业教育人才培养的目标和模

---

❶ 顾坤华，赵惠莉. 高等职业教育体系建设与社会协同发展——七议江苏"高职强省"［J］. 高校教育管理，2013（2）：33－40.

式以及与之相适应的课程设计、教学设计、实训设计、师资队伍建设和管理理念需要在进一步的探索中修正和调整，以实现中、高等职业教育量与质的平衡发展。

在教育外部，学历教育与技能培训、职业资格证书考核与鉴定分属教育与劳动社会保障两个系统；教育主管部门对职业教育管理时，又缺乏相关部门、行业协会等协同。这种封闭性既导致了职业院校吸纳行业、企业要素参与不多的问题，又导致了职业学校教育与职业培训之间相互割裂，职业培训功能弱化的问题，不适应构建现代职业教育体系的要求。

第三节　构建江苏现代职业教育体系的基本趋向

《国家中长期教育改革和发展规划纲要（2010～2020 年)》提出构建"现代职业教育体系"，教育部于 2011 年 6 月召开了促进中等和高等职业教育协调发展座谈会，8 月发布《关于推进中等和高等职业教育协调发展的指导意见》。2012 年 2 月，江苏省发出《关于组织申报 2012 年江苏省现代职业教育体系建设试点项目的通知》，公布了《2012 年江苏省现代职业教育体系建设试点工作实施方案》（以下简称《江苏方案》），从发展规划、思想发动到实施方案，两年三大步，步步都在构建现代职业教育体系中具有里程碑意义，而《江苏方案》则率先在构建现代职教体系方面迈出了坚实的一步，不仅试点项目多，覆盖面广，而且对试点专业、试点学校和试点区域都作了明确要求。现结合《江苏方案》，提出构建现代职教体系应考虑的三大问题。

一、满足"两个更高需求"是构建江苏现代职教体系的逻辑起点

《国家中长期教育改革与发展规划纲要（2010～2020 年)》提出，要形成适应经济发展方式转变和产业结构调整要求、体现终身教育理念、中等和高等职业教育协调发展的现代职业教育体系，满足人民群众接受职业教育的需求，满足经济社会对高素质劳动者和技能型人才的需要。从江苏的实际看，构建现代职教体系要满足的不是"一般需求"，而是"更高需求"。

首先，如何"满足人民群众接受更高层次职业教育的需求"。

随着江苏省初中后招生市场放开、中职后注册进入高职院校、对口单独招生等政策的实施与完善，初中毕业后进入职业院校学习的通道是宽阔和畅通的，是能够满足人民群众接受职业教育一般需求的，但人民群众接受更高层次

职业教育的需求还不能完全满足。据江苏省教育考试院的统计数据，江苏省 2009—2012 年"专转本"报名人数分别为 43 342 人、40 589 人、40 130 人、39 173 人，约占高职可以报考人数的 20%，而每年安排的专转本计划则在毕业生总数的 5% 以内。另外，"对口单招"本科计划需求旺盛。2009~2012 年四年中本科计划分别占总计划的 17.4%、27.7%、25.1%、23.7%，但还是不能满足需求。❶ 笔者还调查了某个试点项目中职学校的 2010 级和 2011 级的 94 名学生，想进入本科的占 70.2%，高职的 29.8%。从这些数据看，人民群众对接受本科教育仍处于"饥渴"状态。

其次，如何"满足更高素质的技能型人才的需求"。

目前我国仍处在工业化进程中，从业人员在第一、二、三产业中的分布结构为 38∶28∶34，适应这一产业结构特征，我国职教体系今后一个时期仍将是中等与高等职业教育并重。❷ 江苏作为"经济大省"、"高教大省"和"职教大省"，中等职业教育和专科层次高等职业教育的规模多年来一直位居全国首位，但其目前经济较为发达地区和中心城市的高新技术产业已成为主导和支柱产业，对本科及以上层次高等职业教育的需求十分迫切。"十一五"期间苏州市加快产业结构调整，部分低端制造业转移到苏北和中西部地区，这样苏州将减少 100 万低端产业工人，增加 50 万本科及以上人才。因此，苏州市提出"十一五"末新增劳动力的受教育年限要达到 15.5 年，平均已达到了本科层次。❸ 据常州市人民政府《常州市中、高职衔接创新工程实施方案》，目前，常州职工队伍中，高技能人才占 15% 左右，而发达国家高技能人才占 35%，该市产业的国际竞争力受到制约，单靠传统的在生产实践中培养高技能人才的方式已不能完全适应经济社会快速发展的需要。从目前看，为现代产业体系建设提供强有力的人才支撑还显得不够。

"满足两个更高需求"是构建现代职教体系的逻辑起点，只有提升现有高职教育的层次与质量，培养数以亿计的高素质技能型人才，才能满足加快发展现代农业、提高制造业核心竞争力、推动服务业大发展的更高需求，才能满足人们对更高层次高职教育的需求。

---

❶ 根据江苏省教育考试院公布的数据整理而成。

❷ 韩民. 有机衔接是体系构建的核心 [N]. 中国教育报，2012 – 3 – 21 (5).

❸ 马树超，范唯，郭扬. 构建现代职业教育体系的若干政策思考 [J]. 教育发展研究，2011 (21)：1 – 6.

二、中高职衔接是构建江苏现代职教体系的关键点

2011 年 6 月教育部召开的促进中等和高等职业教育协调发展座谈会强调：要对中等职业教育和高等职业教育科学定位，尽快解决中职教育和高职教育脱节、重复、断层的问题。笔者认为政府统筹力度是解决中高职衔接存在问题的关键。逐步理顺和规范中高职专业名称，加强中高职课程的对接，加大省级政府的统筹力度，《江苏方案》明确要求，中高职衔接所选试点专业必须是试点学校的优势专业或特色专业；试点学校必须为国家中等职业教育改革发展示范校，国家示范性高职院校、教学应用型本科院校；试点地区则在省职业教育创新发展实验区和地方政府促进高等职业教育发展综合改革国家试点市的范围内开展。

一是统筹中高职专业的对接。统筹中高职专业目录是一项长期的任务，作为过渡措施，《江苏方案》明确提出，在试点项目中，原则上低层次院校的专业服从高层次院校的专业名称。中高职衔接的专业以高职为主，中高职与普通本科衔接的专业以普通本科为主。

二是统筹中高职课程的对接。《江苏方案》要求，在衔接试点的院校中，由高一级学校牵头召集参与学校，在培养目标、课程计划、教学安排、实践环节等方面共同制订培养方案。课程对接要融入校企合作、实践导向和双证融通三大要素，建立统一的课程组织机构，制定统一的课程标准，使用统一的教材，构建"中职为基础、高职为目标"的内部有效衔接机制。

三是统筹学制的相对稳定。为形成中职、高职、本科三阶段的一体化教育体系，《江苏方案》共设计了 3 个大类的衔接学制：中职与高职"3 + 2"或"3 + 3"分段培养学制，即中等职业教育学习 3 年，通过注册入学方式进入高等职业教育学习 2 年或 3 年，获得高等职业教育学历；中职与普通本科"3 + 4"分段培养学制，即中等职业教育学习 3 年，进入本科教育学习 4 年，获得本科教育学历；高职与普通本科"3 + 2"或"5 + 2"分段培养，即完成 3 年制高职和 5 年制高职学习后，再进入普通本科学习 2 年，获得本科教育学历。在政府的统筹下，各层次院校的学制都得到了规范，给中高职衔接奠定了良好的基础。

三、积极试点高职本科是构建江苏现代职教体系的切入点

（一）曲折而艰辛的"三条路"

教育部副部长鲁昕 2009 年在重庆市教育工作情况汇报会上表示，上中职

中专的孩子今后有望继续学到本科甚至专业硕士。以江苏省目前的制度安排来看，中职中专毕业生要读到专业硕士大致有三条路可走。

第一条路：通过对口单招（注册入学、提前单招）进入普通本科学校，再通过研究生入学考试，进入学术型硕士或者专业硕士阶段学习，中职对口单招一般在总计划安排30%左右的本科计划，因此，能够走通这条路是比较幸运的。第二条路：通过对口单招（注册入学、提前单招），进入高职院校，通过专转本考试进入本科院校，再通过研究生入学考试，进入学术型硕士或者专业硕士阶段学习。江苏每年专转本总计划控制在毕业生的5%以内，高职二、三年级的学生可以报考，但从2014年开始，高职三年级的学生才允许报名参加专转本考试，在录取率提高的同时，对于想走这条路的学生来说，机会又少了一次。第三条路：通过对口单招（注册入学、提前单招），进入高职院校，再通过成人高等教育的"专接本""专升本"进入本科，再通过研究生入学考试，进入学术型硕士或者专业硕士阶段学习。但是"'专接本'自学考试或'专升本'则均属成人高等教育，其含金量被认为与普通本科不能相比。"❶ 因此，这类教育难以形成规模。

对于中高职学生来说，虽然有三条路能够让他们实现专业硕士的梦想，但这三条路条条都是曲折而艰辛的路，并且他们是以放弃原来的教育体系和技能学习经历为代价而获得接受本科教育机会的，他们实践动手能力较强的优势没有得到发挥，而薄弱的文化基础却屡屡给他们带来学习上的困难。这里显性的是个人资源的浪费，隐性的却是国家教育资源的浪费。

（二）理想而不现实的"第四条路"

除了上述三条路，使"上中职中专的孩子"能够读到专业硕士外，教育部在《关于推进中等和高等职业教育协调发展的指导意见》中又设计了第四条路，即：完善高端技能型人才通过应用本科教育对口培养的制度，积极探索高端技能型人才专业硕士培养制度。从理想来看，这条路应该没有问题，但从现实看，有两大问题需要讨论，一是应用本科院校自身是否认同这一制度？具体讲就是"不愿意"和"不容易"两大问题。

首先是"不愿意"。应用型本科教育是普通教育体系的重要组成部分，已经形成自身的办学定位和学术人才培养目标，现在要他们回到职业教育体系

---

❶ 范唯，郭扬，马树超. 探索现代职业教育体系建设的基本路径［J］. 中国高教研究，2011（12）：62－66.

来，他们自身恐怕"不愿意""宁当凤尾不做鸡头"的观念根深蒂固。其次是"不容易"。应用型本科教育在教育理念、课程设置、教学模式、师资特色等方面已经形成了自身的特色，难以与职业教育实现全方位的对接，另外在招生计划的安排上也有难度，因此这种衔接可能会造成既达不到学术型人才的培养要求，又形成不了技术技能型人才培养特色的尴尬。

《江苏方案》虽然也安排了中职与普通本科"3＋4"分段培养试点项目，但明确要求"该项目学生通过对口单招进入本科阶段学习"，体现了对"第四条路"的审慎态度。

（三）充满希望的"第五条路"

中国高等教育在校生规模居世界第一，但其中专科层次学生所占比例偏大。2009 年，中国高等教育在校生规模已经超过 2 929 万人，位居世界第一，成为名副其实的高等教育大国，并且远远超过位于第二名的美国，2009 年美国的高等教育在校生数为 1 910 万。但与世界发达国家和发展中国家相比，中国在校生中专科生比例明显偏高，研究生所占比例略高，本科生所占比例相对较低。2009 年中国本科生、专科生和研究生人数所占百分比分别为 49.63%、44.51%、5.86%；同年发达国家的本科生所占比例平均值为 79.24%，专科生所占比例平均值为 20.72%，研究生所占比例平均值为 3.47%。发展中国家对应的平均值分别是 77.73%、25.20% 和 1.81%。中国高等教育人才培养的层次还不够高，重心较低。当然，重心的偏重并不是以层次高而论，还需要结合该国经济社会发展的需求进行深入分析。❶

按照联合国教科文组织"国际教育标准分类"，各级（层次）教育分为 A、B 两类，也就是说，从中学教育阶段开始，教育就划分为普通教育和职业教育两种类型，从而确定了职业教育与普通教育并列、平等的地位。从目前我国的教育体系看，普通教育体系比较完备，而职业教育还是"断头"体系，且普职互通的"桥梁"太少。职业教育的"直通车"怎么通、"立交桥"应该怎样架、"最后一公里"怎么修是构建现代职业教育体系应该回答的问题。《江苏方案》对此进行了有益的探索与安排。

《江苏方案》积极探索开展"高职与普通本科联合培养项目"试点工作，率先确定 2 所国家示范性高职院校分别与 2 所普通本科院校联合培养 4 年制高

---

❶ 王春春，张男星. 中国高等教育发展呈现七大趋势——寻找中国高等教育的世界坐标［N］. 中国教育报，2013－12－16（8）.

职本科专业人才，这也是江苏省与教育部共建的"高等教育综合改革试点区"的试点项目之一。目前，联合培养的教学计划、教学大纲等已由两校共同制定完成。新生入学后，4 年学业在高职院校完成，教学质量监督、毕业资格审查和学位授予由本科大学负责。❶

"高职与普通本科联合培养项目"，可以被称为探索完善职教体系的"标杆"项目，具有"破冰"的意义。首先，这是实现"上中职中专的孩子"能够读到专业硕士的"第五条路"，使中高职学生看到了能够"坐上直通车"的希望。其次，这是完成职教体系"最后一公里"的探索，使普职教体系由原来的"h"型变成了两纵三横的"日"型。"两纵"是指普通教育和职业教育双轨体系，"三横"是指在义务教育后、高职专科后、本科教育后搭建三座互通的"桥梁"，从而使普通教育、职业教育"自然上升、阶段互通"的目标得以实现。

在未来的现代职业教育体系中，双轨运行不仅是符合中国国情的主要制度，双轨中的互通桥梁会逐步增多，但"由职向普"的单向流动要比"普职双向"流动的比例要高得多，在职业教育体系中，"最后一公里"终将被打通，目前的高职专科教育发挥"主体作用"，中职教育发挥"基础性作用"，而发挥"引领作用"的将是"高职本科教育"。

本章小结

江苏职业教育应需而生，按需发展，事业规模不断扩大，布局结构日趋合理，优质教育资源正在形成，现代职业教育框架基本形成。按照构建现代职教体系构建的要求，还存在着职业教育与普通教育割裂、中等职业教育与高等职业教育之间割裂、专科层次的高职教育与更高层次的高职教育之间割裂等问题。这种问题已成为影响职业教育健康、协调、持续发展的最大"瓶颈"。如何进一步满足"两个更高"的需求（满足江苏区域先导产业和高新企业对"更高"素质高端技能型人才的需求，满足各类人员接受"更高"层次优质高等职业教育的需求），建设具有江苏风格的现代职业教育体系，是"十二五"时期推进职业教育改革与发展的中心任务，也是职业教育体制机制创新的重要亮点。为此，江苏全方位、宽领域、深层次地启动现代职业教育体系建设试

---

❶ 钟伟，刘登明. 江苏试点高职院校招收本科生［N］. 中国教育报，2012－6－8（1）.

点，率先在全国探索构建中职、高职、应用型本科、专业学位教育衔接贯通的现代高等职业教育体系，受到了社会各界的广泛关注。现代职业教育体系的构建是一个长期和不断改进完善的工程。在观念上，要进一步树立"体系意识"；在实践中，要把握全局并从政策高度加以引领，做好现代职业教育体系的顶层设计，明确职业教育的定位和发展方向，突破高等职业教育仅限于专科层次结构的限制，着眼于高职体系内部"专升本"，着力在整个国民教育体系内建立职业教育与普通教育"自然上升、阶段互通"的"双轨制"。

（本章撰写人：壮国桢）

江苏现代职业教育体系的目标与架构

　　构建富有特色的江苏现代职业教育体系，是中国特色现代职业教育体系应有之义，亦是面向 21 世纪江苏教育改革与发展的一项重要战略任务。2010 年《国家中长期教育改革和发展规划纲要（2010～2020 年)》提出："到 2020 年，形成适应发展方式转变和经济结构调整要求，体现终身教育理念，中等和高等职业教育协调发展的现代职业教育体系。"2013 年《中共中央关于全面深化改革若干重大问题的决定》要求："加快现代职业教育体系建设，深化产教融合、校企合作，培养高素质劳动者和技能型人才。"2014 年《国务院关于加快发展现代职业教育的决定》明确："到 2020 年，形成适应发展需要、产教深度融合、中职高职衔接、职业教育与普通教育相互沟通，体现终身教育理念，具有中国特色、世界水平的现代职业教育体系。"江苏作为一个在社会发展上走在全国前列率先实现现代化省份，贯彻《纲要》，落实《决定》，打造"中国模式"，关键是建立富有特色的江苏现代职业教育体系，率先走出江苏强教之路，展现中国梦之江苏篇章。

第一节　江苏现代职业教育体系的基本特点

　　江苏现代职业教育体系是一个区域性概念，萌生于江苏腹内，带有不可改变的基因记忆和形象特征。因此，"面向现代化，面向世界，面向未来"，建设富有特色的江苏现代职业教育体系，根本是要从国情与区情（江苏）实际出发、突出职业教育特点、走自己发展道路。这是体系建设的基本点和出发点。

一、区域性

所谓区域性，是一个"天人合一"时空概念，在地理学上，泛指特定的空间范围和类型，是江苏职业教育本色和形象特征。就内容而言，包括自然、社会、经济、政治、文化和生态等要素，是自然与社会、客观与主观、共性与个性的统一，而且因自然禀赋、经济方式与人文传承不同，还历史性地形成了地域的特殊性和差异性。从这一意义而言，区域性也指一个地区的特殊性和差异性。它是区域性形成的逻辑起点、内涵特征和显著标志，具有不可低估的理论与实践意义。不仅有助于深入把握区域社会经济改革发展阶段与有效路径，而且有利于深化职业教育改革与发展，深刻认知江苏职业教育特点、发展基础和竞争优势，更好地规划未来与发展战略，更合理地调配资源与结构，更快地走出江苏特色现代职业教育发展之路。

（一）江苏职教区位优势

区位优势，是区域研究的战略重点。江苏职教根系本土，独特的地理条件、优越的区位优势与战略重要地位，为快速发展奠定了坚实的客观基础和条件，使江苏职业教育在全国谱系中成为一个独特类型，具有鲜明的地方特色和优越的发展条件。

1. 优越的地理条件

江苏位于我国东部沿海，通江达海，又内含腹地，系长三角主要板块之一。得天独厚的自然环境和条件，成就了江苏改革开放好局面，也为江苏职业教育蓬勃发展提供了一方热土和优越的生态环境条件。

2. 高水平经济发展

据《中国经济与社会发展统计数据库》显示，江苏 2012 年 GDP 总值 54 058.22亿元，位列全国第二，仅次于广东；全省人均 GDP 达10 888.04美元，名列全国前茅，在全国经济发展格局中显示了经济强省地位，也为全省职业教育快速发展奠定了坚实的物质基础。

3. 发达的文化资源

文化是民族血脉、经济灵魂和地方丰碑，也是竞争软实力。江苏地跨南北，纵贯中原、淮扬、吴和金陵四大文化圈。这种文化的跨越性和多元性及交融性，培育了江苏独特的精神风貌，成为推动社会发展的文化力量，也深刻影响了职业教育发展，提供了不竭的精神动力。

4. 先行现代化引领

现代化是世界发展的潮流。江苏率先基本实现现代化，是中国特色社会主义在江苏的伟大实践与创新。2012 年，《江苏基本实现现代化指标体系》起到了先行区和示范区的作用，提出经济发展、人民生活、社会发展、生态环境四大类 30 项指标，体现了江苏现代化建设发展的特色与内涵，有力推动了全省职业教育现代化发展。2013 年江苏相继提出《关于推进教育现代化建设的实施意见》和《江苏教育现代化指标体系（至 2020 年)》，加速了江苏职业教育新一轮现代化建设的新旅程。

（二）江苏职教发展趋势

"推动科学发展、建设美好江苏"，是《江苏省国民经济和社会发展第十二个五年规划纲要》确立的主题思想和战略目标，也是江苏职业教育发展前行方向，必将展演出全新的发展姿态和趋势。

1. 行政指导转向战略导向

历史表明，一个地区职业教育发展，归根结底，是社会经济文化综合实力与利益协调以及效能集聚释放的结果，政府管理方式和能力建设起着至关重要的作用。江苏特色现代职业教育体系构建，离不开政府指导和支持。但也要看到，今日世界已进入战略发展的新时代，在传统观念习惯影响下长期形成的行政（工作）指导型思维模式和发展方式已不能适应今天江苏职业教育跨越式发展的新情势新需要，退位于战略导向，重构服务型方式已成不可逆转的趋势。关键是"加快转变政府职能"，"政府要加强发展战略、规划、政策、标准等制定和实施。"❶江苏职业教育适应这一发展变化，迫切需要转变观念，创新思维，增强战略意识，加强战略谋划和治理，形成长效机制，为全省职业教育更好更快发展，提供政策引导与决策保障。

2. 职教大省转向职教强省

加快发展，实现教育现代化，率先建成教育强省，是江苏中长期教育改革和发展的战略目标。江苏职业教育由职教大省向职教强省跨越，是一个重大的战略转型和升级，不仅要转变观念，解放思想，树立"先"字当头的发展意识，而且要满怀信心地做好"强"字为纲江苏职教发展的大文章。当前，初步形成的现代职业教育体系，已为实现江苏"职教强省"之梦打下了坚实基础，但距职教强省和国际水准还有差距。关键是加快教育现代化步伐，面向国

---

❶ 中共中央关于全面深化改革若干重大问题的决定［N］. 光明日报，2013–11–16.

际化办学，全面提升教育质量与水平，创建特色优势品牌，构筑先进优质教育资源高地，培养高素质技术技能人才，形成综合发展优势和核心竞争力。

3. 内涵建设转向体系构建

深化内涵建设，是江苏职业教育发展主题。建设江苏现代职业教育体系，是江苏职业教育改革发展之根本，"成为当前与今后一个时期最为紧迫的重大任务。"❶ 2010 年《江苏省中长期教育改革和发展规划纲要（2010~2020 年)》提出"适应经济发展方式和产业结构调整要求，健全中、高等职业教育协调发展的现代职业教育体系。"2012 年《江苏省现代职业教育体系建设试点工作实施方案》全面启动。2013 年教育部现代职业教育体系建设国家专项编制座谈会在江苏召开，推进了《江苏省关于现代职业教育体系建设若干意见》制定实施，标志江苏现代职业教育进入了体制建设与发展的历史新阶段。

4. 多元开放转向科学发展

改革开放，是一项基本国策和发展战略，也是促进职业教育又好又快发展的根本保证。新时期以来，江苏职业教育坚持走改革开放发展之路，呈现出多元开放繁荣发展的新局面。社会在发展，改革无止境。科学发展观开启了江苏职业教育科学发展新阶段。要义是发展，核心是以人为本，关键是统筹协调，根本是可持续发展。一是坚持发展先导性。发展是硬道理，但需要科学理论指导。江苏职业教育由多元开放走向科学发展，需加强理论创新，始终引领职业教育发展的方向；二是遵循发展规律性。既要遵循市场经济与社会发展的规律，又要合乎职业教育自身的特点，关键是要结合国情与江苏实际，深化改革，形成特色，推进又好又快发展；三是加强发展协调性。江苏职业教育是一个有序发展的生态体系。要求在宏观上与社会政治经济文化生态相适应，在微观上形成良好的内在组织结构、运行模式等，也就是说从内容到形式、从理论到实践，全面构建江苏现代职业教育的新体系。

（三）江苏职教强省形象

区域形象，泛指一个地区的整体面貌和标志。是一个相对概念，是量与质的统一。江苏职业教育无论从纵与横看，不仅基础好、规模大，而且具有潜在发展优势和竞争力。诚然，苏南、苏中、苏北三大板块发展还不平衡，存在一定差距，但在总体上不失"先行""典范""强省"风范。

---

❶ 鲁昕. 把握趋势　明确任务　推动我国职业教育科学发展 [J]. 中国职业技术教育，2013 (6)：213.

1. 发展规模居上

改革开放以来，适应社会经济快速发展对人力资源的新需求，全省中高等职业教育稳步发展。现有中等职业学校 521 所，2012 年江苏省国民经济和社会发展统计公报公布"全省中等职业教育在校生达 88.45 万人（不含技工学校）"，2012 年江苏教育年鉴显示"中职招生规模与普通高中大体相当"；全省现有高职高专院校 78 所，在校生人数达 72.44 万人，已占半壁江山。

2. 办学水平居高

江苏坚持教育"三个面向"指导思想，积极推进教育现代化进程，不断加大职业教育办学能力建设，办学水平跃居新高。2012 年，"全省新建 10 所省级高水平示范性职业学校，重点建设好 100 所省级高水平示范性职业学校，创建一批国家级示范性职业学校和国家级优质特色学校，重点建设 50 个高水平示范性实训基地。"现有国家级示范性高职院校 7 所，省级示范性高职院校 13 所，省级示范性高职园区 1 个，国家示范性软件职业技术学院 2 所；国家级高职实训基地 32 个，省级实训基地 56 个。省级品牌特色专业 204 个，国家级精品课程 55 门，省级精品课程（优秀课程）254 门，省级精品教材 223 部。

3. 教育质量领先

江苏职业教育"坚持把发展重心转到更加注重内涵建设和提升教学质量上来"，不断深化教育教学改革，实施质量提升工程，取得明显成效。自 2008 年全国职业院校技能大赛以来，在 2009 年在天津国展中心举办第七届职业教育现代技术装备及教材展览会和 2012 年全国职业院校学生技能作品展洽会等重要赛事中，连续取得优异成绩。中职、高职金牌数双双获全国第一，实现"五连冠"。在全国职业院校信息化教学大赛中，中职组实现金牌总数和总分"三连冠"等。

二、产业性

产业性，是职业教育的重要内涵与外延特征。因此，《国家中长期教育改革和发展规划纲要（2010~2020 年）》要求"把职业教育纳入经济社会发展和产业发展规划，促进职业教育规模、专业设置与经济社会发展需求相适应。"江苏职业教育与区域经济发展特点与产业结构需求密切联系，呈现出鲜明的产业特征。

（一）产学对接专业体系

职业教育与产业不可分割，关系到专业设置、规模控制、结构布局、技术技能人才培养。改革开放以来，江苏经济发展历经三次历史性的蜕变发展，所形成的良好产业基础和发展空间以及南北互动协调发展的产业体系，为江苏职业教育可持续发展奠定了坚实基础。同时江苏职业教育也主动对接产业发展，适应国际制造业基地建设、推进新型工业化进程、构建沿沪宁线高新技术产业带、沿江基础产业带和沿东陇海线加工产业带以及大力发展现代农业和现代服务业需求，因势利导，因地制宜，不断调整优化专业结构，增强了产学吻合度和适切性，如苏南职教加强了对接"二三一"产业专业结构体系建设，苏北职教构建了面向"一二三"产业专业结构体系，为满足地方产业发展需求，培养了一大批能用管用实用的技术技能人才。

（二）就业导向服务体系

关注就业，服务就业，是职业教育的重要社会使命。但现实不容乐观，大中院校毕业生就业难，职业院校亦难，成为制约发展的一大瓶颈。唯有深化改革，创新体制，才是破解这一难题的根本出路。2002 年，国务院下发《关于大力推进职业教育改革与发展的决定》，提出"要推进职业教育办学思想的转变，坚持以就业为导向，深化职业教育教学改革"。其实质就是努力构建以就业为导向的服务体系，提高学生就业能力，为经济发展和产业升级培养高素质技术技能人才。在教育理念上转变传统"升学导向"与"学科导向"观，树立适应社会经济发展和行业岗位需要的"就业导向"观；在人才培养模式上对接企业生产需求，满足职业岗位需要，增强学生综合素质和专业能力，不断提高学生就业创业能力，为充分就业提供可能，为胜任岗位工作打下基础，从而保证毕业生就业率稳步提高。"十一五"期间，江苏职业院校累计培养输送了近 200 万高素质劳动者和技术技能人才，为全省统筹城乡建设、推进经济发展方式转变、建设美好江苏提供了人才支撑。

（三）能力为重教学体系

以能力为重，是职业教育核心价值观体现，是改革之重点，也是职业教育服务地方社会经济发展不断提高贡献率的根本所在。2005 年《江苏省职业教育课程改革行动计划》全面启动，在教学理念上倡导"以能力为重"根本思想；在教学改革中坚持从实际岗位需要出发，突出实践与实训环节，加强技术技能培养培训，"着力构建以能力为本位以职业实践为主线以项目课程为主体的模块化专业课程体系"；在管理制度上注重对实践教学指导，把学生能力培养纳入教学考核评估重点；在条件保障方面不断增加投入。"十一五"期间，省财政每年安排专项经费 2 亿元，支持实训基地建设，每年安排专项经费 1 000万元，支持职业教育师资培训工作，不断加强教师队伍建设。

（四）校企合作培养体系

校企合作，是江苏职业教育改革和体系构建的重点领域。德国"双元制"是这方面成功的实践典范。江苏职业教育深得其奥秘，结合行业企业实际和职业教育办学特点，鼓励行业企业兴办职业教育，并以多种方式参与职业教育发展和技术技能人才培养，走联合办学道路。如开展订单式培养、联合培养等校企合作办学。另外，调研制定《江苏省职业学校校企合作指导性意见》，确定了一批校企合作模式创新试点学校。尽管改革尚需深化，但为江苏职教产教融合、校企合作、工学结合进行了有益探索，提供了经验。

三、开放性

改革开放，是江苏各项事业快速发展的根本道路和成功经验，也是江苏职业教育改革发展的一个重要特征。

（一）江苏职教开放办学体制

在一个高度开放的社会环境中，江苏职业教育走向开放是一个必然趋势。历史表明，一个单一封闭恪守传统的办学体制是没有生机活力的，极不利于职业教育发展。不仅束缚源自社会责任人、受益者与预期者参与职业教育发展的责任感和积极性，而且也影响职业教育自身改革发展的进程和效率。江苏职业教育反思历史，走向开放，不断深化办学体制改革，集聚社会资源，吸收社会能量，博采社会众长，初步形成了政府履行责任、行业企业参与职教、院校依法办学的多元开放办学体制。

（二）江苏职教集约发展方式

在区域发展战略视野下，各地区都有自己的发展优势和道路。关键是从善于自身实际出发，走自己发展道路。集约化是江苏职业教育发展的方式和成功经验。一是集群式发展模式。如常州、苏州、无锡、盐城、连云港等市专门规划建设了职业教育园区，形成了统一规划、共同参与、资源共享，统筹协调、共同发展模式，其中比较典型的有常州高职城已成为江苏省示范性高职园区；二是集团化发展模式。全省已经组建了商贸、农业、建筑、现代服务业、财会、信息、纺织、旅游、化工、交通、机电、美容美发等10多个职业教育集团，促进了职业教育与市场经济深度融合，加强了学校与企业密切结合，实现了互利共赢发展的预期目标；三是集成化发展模式。加强了院校之间、城乡之间、校企之间、学校和科研院所之间的交流合作，促进了优质资源集成与共享，推进互动协调发展，增强职业教育集成创新发展能力。

（三）江苏职教创新教学体系

创新是不竭动力。正如联合国教科文组织所指出的"有越来越多的人希望职业技术教育与培训不仅要做到顺应要求，还应做到创新。"江苏职业教育积极推进教育现代化进程，从技能型人才培养实际需要出发，不断深化教学改革，创新教学模式，优化教学体系。主要体现在：确立"以德为先""能力为重""全面发展"教学理念；改革以学校课堂为中心的人才培养模式，以职业实践为主线，以项目课程为主体，构建模块化专业课程体系，采取灵活多样的教学形式，建立以产教对接、校企合作、工学结合为主导的人才培养新模式。如"订单式"和"联合式"人才培养模式等；统筹全省职业教育资源，集中教育教学优势，开发优质数字化教学资源，包括网络课程、虚拟仿真实训平台、工作过程模拟软件及专业群落网站，打造江苏职业教育的品牌特色；探索现代教育教学管理模式和方法，促进了全省职教改革与发展。

第二节　江苏现代职业教育体系的目标定位

江苏现代职业教育体系，是一项立足本土、面向全局、前瞻未来、着眼发展、致力创新的战略规划和系统工程，需要战略导航，整体构思，重点把握，具体部署，确立发展目标和改革任务。

一、江苏现代职业教育体系总体目标

《江苏省国民经济和社会发展第十二个五年规划纲要》提出"把发展职业教育放在更加突出位置，以服务为宗旨、就业为导向，统筹发展中等职业教育与高等职业教育，协调推进学历教育与职业培训。"《江苏省中长期教育改革和发展规划纲要（2010～2020年）》要求"适应经济发展方式和产业结构调整要求，健全中、高等职业教育协调发展的现代职业教育体系。"《2012年江苏省现代职业教育体系建设试点工作实施方案》强调"推动我省职业教育以科学发展观为指导，积极探索系统培养技能型人才制度，增强职业教育促进学生全面发展、服务经济社会发展的能力，加快形成现代职业教育体系。"这些都为建设富有特色的江苏现代职业教育体系提供了重要指导思想和理论依据。

建设富有特色的江苏现代职业教育体系，是江苏职教改革发展的总体目标关键是基于对规律认知、时代把握，从国（区）情实际和职业教育特点出发，进行顶层设计，总体规划，系统构建。

总体目标，是到 2020 年，形成与江苏现代社会经济文化生态发展相适应、特色鲜明、优势突出、质量领先、中高衔接、南北均衡、终身一体、具有国际水准的现代职业教育体系。

践行服务宗旨。与江苏实现"两个率先"奋斗目标相适应，与建设美好江苏实践相结合，贴近社会经济转型与产业结构调整升级需求，大力培养高素质技术技能人才，积极开展现代技术服务，满足对各级各类技术技能人才需求，满足人民群众对职业教育与培训的需要。

完善服务体系。形成布局合理协调发展高效运行的职业教育资源网络体系；建立适应市场经济发展的具有职业教育特点的现代办学体制和教育教学体系及运行机制；提供开放灵活优质高效的社会职业教育与培训服务；改革招生就业制度，把江苏职业教育真正办成技术技能人才和高素质劳动者培养培训基地和科技开发、文化交流、产学交融、校企合作的咨询服务中心。

增强服务能力。全面增强为社会、经济与公民服务的能力，建好一批有江苏特色职教特点的特色专业、精品课程、重点示范性院校和省级名师。"到2015 年，建成 100 所高水平现代化职业学校、20 所高水平现代化技工院校；到 2020 年，建成 180 所高水平现代化职业学校、30 所高水平现代化技工院校，中高等职业学校 95% 左右的专业课内容与国家职业资格标准要求衔接，现代职业教育体系基本建成。"❶

二、江苏现代职业教育体系重点目标

（一）特色化

所谓特色化，即本色化，就是从江苏实际和职教特点出发，构建现代职业教育体系。历史证明，"愈是民族的愈是世界的"，愈是本色的也是最具竞争力和生命力的。江苏职业教育在全国职业教育谱系中拥有自己的个性特点。因此，形成"江苏特色"，是体系建设之根本。一是结合江苏实际。目前，江苏社会经济发展总体处在工业化中后期，社会发展方式转型和产业调整升级，建设学习型、创新型、经济强省和人才强省，都离不开职业教育支撑。同样职业教育发展也离不开江苏基础，必须从江苏省情民情社情教情出发，始终不偏离所依存的历史传统和客观基础，走出一条自己的前行道路；二是体现职教特点。重点是坚持"三特"办学本色：一是办学有特色，即面向市场，以就业

---

❶ 江苏省政府办公厅关于推进教育现代化建设的实施意见（苏政办发［2013］85 号）.

为导向，以能力为重点，走产教链接、校企合作、工学结合一体化的办学道路；二是专业有特点，即满足江苏产业结构不断调整升级的需要，构建灵活柔性的专业动态型构建机制，加强与生产、职业岗位和终身教育的链接；三是学生有特长，即按照技术技能人才培养的规格要求，"重点加强职业道德教育和职业技能培养，使学生树立正确的职业理想，养成高尚的职业道德，具备娴熟的职业技能。"❶

（二）现代化

现代化，是当今世界发展的潮流。欧美发达国家职业教育已进入现代化阶段。而江苏职业教育仍处在由传统向现代转化的历史交替阶段。在转型中，需要学习借鉴国外发达国家职业教育现代化经验与成果，但关键是走出一条江苏特色现代化发展道路。一是教育理念现代化。确立大职教观，树立全民职教观，增强现代信息教育技术意识，形成终身职教理念；二是教育体系现代化。纵向上加强中高等职业教育衔接，完善办学层次，提高人才培养质量；横向上多元立交，形成职业院校学历教育、社会成人职业教育、国际远程职业教育、继续教育和终身教育协调发展的新体制；三是教育内容现代化。面向江苏高新科技发展和产业转型升级需要，突破传统学科教育束缚，立足技能型人才培养，从职业岗位实际需要出发，深化教育教学改革，构建以价值观为核心、以职业技能教育为支点、以专业综合素质为平台的专业、课程、教学、实训、管理体系；四是教育技术现代化。在当前网络云计算技术浪潮兴起以及移动技术（智能手机、电子书阅读器等）日趋丰富的新时代，加快教学信息化建设与发展，包括教育信息化基础建设、数字化教学资源开发等，全面提高教育现代信息技术运用水平。

（三）一体化

一体化，是江苏现代职业教育体系重要目标，是内含逻辑性和系统性有机统一。在系统论视野下，职业教育众多要素与环节，虽各具相对独立性，但彼此却始终保持生态共生性和一体性。这种自然形成的内含性、同构性、互动性和制约性，必然要求江苏职业教育加强一体化建设，运用统筹协调法则，沟通各方预期目标，调节彼此合作利益关系，形成合力，最大限度地产生集聚综合效能。宏观上增强职业教育与区域社会经济文化生态的联系，使社会经济文化

---

❶ 鲁昕. 在全国中等职业教育教学资源信息化建设现场会暨农村职业教育改革发展座谈会上的讲话［J］. 中国职业技术教育，2010（1）：13－20.

生态为职业教育提供就业市场、发展空间和环境条件，职业教育为社会经济文化生态发展培养输送合格的建设者、服务者和劳动者，并提供科技服务；中观上协调职业教育与政府、行业、企业的关系；微观上加强职教与普教、成教以及城乡职业教育统筹，打造人才培养立交桥。重点加快农村职业教育发展、缩小城乡差别、促进均衡发展。同时整合优化职业教育自身各要素和关系，形成一体化，推进可持续发展。

（四）终身化

终身化，是人类适应社会发展的客观需要，也是江苏教育现代化发展的必然趋势。历史表明，人类步入信息社会和知识经济时代，"知识爆炸"、科技创新和产业发展日新月异，都直接改变着社会经济发展模式和劳动力资源生成方式。社会的每一个都无一例外面临转岗转业并重新获得新职业资格的挑战，终身不断学习成为现实需求。现代职业教育贯穿人人职业生涯始终。选择职业教育，可以使社会每个成员在生产劳动和职业周期的各个阶段接受职业教育和技术培训，不断获得提升与发展职业能力的机会。江苏现代职业教育体系适应社会发展的客观需要，在理念上树立终身化发展观，在目标上以服务为宗旨、以就业为导向，在体制上构建多教（职教、普教和继续教育）立交沟通衔接的终身化发展新体系，持续提供全程职业教育和技能培训服务，促进职业能力与职业生涯可持续发展。

（五）国际化

国际化，是世界经济全球化的产物，也是江苏现代职业教育体系建设的重要战略目标。首先，国际水准，是江苏职教体系层次提升的目标定位。尽管尚未形成一个统一标准和办法，但观念现代化、办学制度民主化、人才培养国际化和教育资源合作化是约定俗成的基本要求和方法；其次，开放体系，是江苏职教体系结构建设的根本道路。本土化是"根"，国际化是"源"。在教育国际化趋势下，江苏体系建设只有坚持改革开放，立足本土化，加快国际化进程，走中西合璧创新发展之路，才能更广泛引进吸收借鉴国外先进的职业教育经验与成果，不断提高自主创新水平，更好更快发展。

第三节　江苏特色现代职业教育体系的主要内涵

体系，对于江苏现代职业教育而言是一个具有丰富内涵和鲜明特点的有机系统，包含独特的地方元素、多元教育要素和个性化类本质。其中，江苏特色是本色，现代化是方向，理论构建是指导，体制创新是关键，教育改革是核心，人才培养是根本，资源供给是保障。这一切构成了江苏现代职业教育体系的基本内涵。因此，厘清分析，对于"建设什么样的江苏职业教育体系"和"怎样建设江苏职业教育体系"具重要的理论意义和实践价值。

一、特色理论构建

（一）苏派风范

"苏派"之风格，是江苏职业历史积淀和时代产物。它源自江苏职教理论与实践，体现江苏职教特色和气派。从发展阶段看，目前尚处在形成发展阶段。当下，江苏特色现代职业教育体系建设，为"苏派"职教理论全面建设与创新发展提供了重要的契机，开启了历史新进程。一是尊重规律性。既要合乎市场经济与社会发展外部规则，又要遵循自身发展内在法则。这是体系建设的客观依据和基本原则；二是体现特色性。区域特点和地方特色堪称是"苏派"理论与实践赖以生存发展的基础。因此，坚持从江苏实际和职教特点出发，进行自主创新，形成区域特色，是开创"苏派"职教理论发展新气象的必由之路；三是加强实践性。构建江苏特色现代职业教育体系，发展是硬道理，实践是着力点。这是由职教属性所决定的。因此，不仅要在理论有所创新，更要在理论转化上下功夫，在探索未来发展战略和破解发展瓶颈方面有作为，始终引领江苏职业教育发展方向。这是"苏派"风范应有的品质价值和形象魅力。

（二）错位竞争

错位竞争，是市场经济的必然产物，也是江苏职业教育面临挑战的战略抉择。就其本质而言，指的是在市场竞争夹缝中谋求生存与发展的一种发展理念和策略。这一理念和策略运用于江苏特色现代职业教育体系同样具有积极意义。事实上在教育生态圈里，各类之间差别是客观存在的，不仅存在于不同类型、层次和地区之中，即使在同一类型、层次和地区中也会表现出差别。但从发展战略来看，差别即区别，在一定程度上表现为与众不同，独具个性。江苏职业教育拥有得天独厚的天时地利人和的优势条件，关键是善于从中发现比较优势，全面辩证利用比较优势，走出一条错位竞争的发展之路，开辟出一片属于自己的发展空间。一是解放思想，打破常规，形成超常发展的思维与举措；二是运用比较优势方法，坚持有所为、有所不为，走错位竞争的发展之路，在日趋激烈的竞争中占据有利优势地位，为自己赢得空间，力戒从各个方面参与全面竞争。

（三）创新发展

传统是发展的历史依据，而创新则是发展的必要条件，所产生的影响力是深刻而巨大的。江苏特色现代职业教育体系是一个持续开发创新发展不断完善的历史过程，而且没有现成直接可资移植套用的经验和范式，唯有创新之道，别无选择。关键是结合江苏创新型省份建设、促进经济社会转型和实现"两个率先"的实际，深化改革，融通世界，促进国际化与本土化及现代化协调发展，提高自主创新能力。在理论上赋予时代精神，突出体系的"江苏特色"和"现代品质"；在实践上勇于探索，创新发展，形成与国家改革体制相一致的具有江苏现代职教特点的教育体制、办学体制和管理体制。

二、教育制度改革

这是一个广义概念，泛指教育体系结构或体制机制。制度问题是现代职业教育改革的根本内容。2005 年《国务院关于大力发展职业教育的决定》提出"从计划培养向市场驱动转变，从政府直接管理向宏观引导转变，从传统的升学向就业导向转变。"2010 年《国家中长期教育改革和发展规划纲要（2010～2020 年）》要求"建立健全政府主导、行业指导、企业参与的办学机制。"2013 年《中共中央关于全面深化改革若干重大问题的决定》提出"加快现代职业教育体系建设深化产教融合、校企合作、培养高素质劳动者和技能型人才"，为江苏职业教育体制改革指明了方向。

（一）教育体系构建

江苏现代职业教育体系应有自己的内涵和结构形态。目前，"基本形成了以独立设置的中高等职业院校为主体、职前职后教育并行、中高职协调发展、具有江苏特色的职业教育体系"❶ 横向上改变传统精英教育教育方式，走大众（全民）化发展道路，使职业教育成为改变生存状态通向人生理想与社会福祉之桥梁。不仅使"无业者有业，有业者乐业"，而且要为人人走向全面小康过上幸福生活创造条件，真正实现教育"面向人人""以人为本"、服务社会民生的宗旨；纵向上转变应时阶段性与谋生工具性教育方式，打通技术技能人才培养通道，从中职到研究生层次，为接受职业教育的学生提供完整学习过

---

❶ 沈健. 深化改革 不断创新 加快推进中高等职业教育协调发展 [J]. 中国职业技术教育，2012 (19)：42–46.

程，同时加强与普通教育及成人教育沟通。使职前教育与职后继续教育有机结合，共享教育资源，形成"人才培养立交桥"，使职业教育不再是一次性终结型的过程，而是始终贯穿于终身学习和持续发展，特别要服务于农村劳动力转移需要，促进学习型社会及和谐社会建设。

（二）办学体制改革

深化办学体制改革，是江苏现代职业教育体系构建的重要内容，需要建立一个与之相匹配的制度和方法，即政府宏观调控、行业企业参与、教育机构依法自主办学和科学民主管理、社会评估监督的办学体制。一是做好顶层设计。地方政府在促进职业教育发展方面负有主导责任，要从区域社会经济发展对技术技能人才和劳动者素质需求出发，对职业教育规模布局结构做出科学合理有效规划和部署，加强指导、统筹协调；二是加强合作办学。行业企业是办学主体，要以高度社会责任，投身于职业教育，共同撑起技术技能人才培养天空；三是规范办学行为。职业院校与培训机构是教育实体，应全面贯彻党和国家教育方针，依法治教，走校企合作、工学结合的办学道路，正确处理数量与质量、规模与效益关系，培养高素质技术技能人才和劳动者，为江苏更好更快发展提供人才支撑和技术支持；四是促进民办职业教育健康发展。

（三）管理制度创新

党的十八届三中全会把推进国家治理体系和治理能力现代化确立为全面深化改革的总目标，昌明了建党治国理政的新政，也为深入推进江苏现代职业教育体系管理制度改革与创新指明了方向。一是改变管理方式。跳出单一封闭的传统管理框框，真正从当前职业教育发展实际和特点思考制度建设与改革问题，破除重形式轻效率、重办学轻合作的弊端，进一步协调地方管理与行业企业生产与学校教学关系，形成和谐共处，优势互补，协调发展格局；二是提高治理能力。核心是健全教育民主决策机制。首先，转变决策方式。既要加强决策针对性，从目前管理实际和存在问题入手，解决投入与产出不均和效率偏低的突出问题，又要保证制度执行可行性，形成从实践中来到实践中去的职教改革发展方案，还要突出制度操作性和实效性。

（四）招就制度调整

招生就业是教育的头等大事，关系到社稷民生和自身生存发展。而且不同类型教育应有不同的考试招生就业制度。但长期以来，沿袭统一考试招生就业制度，不利于职业教育发展，必须加以改革与完善。一是改革考试招生制度。借鉴国外发达国家经验，从职业教育实际出发，采取学术与专业分流考试招生方法，实行专业技能＋综合科目考试相结合考试制度，突出职业教育特点与技术技能人才培养重点，从根本上突破传统考试与人才选拔模式，为职业院校学生打通升学继续学习深造的通道，形成具有职业教育特点的考试招生制度；二是完善就业制度。江苏人口众多，劳动力资源丰富，但人才资源短缺，就业压力依然巨大。因此，加强人才培养，促进充分就业，是江苏职业教育改革发展的长期目标。一方面根据江苏经济发展方式改变、产业结构调整和城乡发展一体化需求，深化改革，调优专业，不断提高人才培养质量，增强社会适应性；另一方面拓宽就业途径，增强灵活多样性，同时兼顾公平与效率，建立健全具有江苏特点的社会保障体系，形成预防失业与帮扶就业常态化机制，促进职业院校毕业生充分就业。

三、结构体系完善

（一）南北均衡

南北均衡发展，是江苏现代职业教育体系空间布局和战略部署。经过多年努力，目前，全省南北两极职业教育发展较历史有了较明显改善，有些领域的差距在逐步缩小。据 2011 年江苏教育统计资料显示：全省中等职业学校（含普通中专、职业高中、成人中专）308 所，苏南 5 市（南京、无锡、苏州、常州、镇江）130 所，苏中 3 市（扬州、泰州、南通）53 所，苏北 5 市（徐州、连云港、淮安、盐城、宿迁）125 所。但由于历史社会经济多种原因，地区差距依然存在，总体呈现由南而北、由城市向乡村递减的梯度状态，与江苏社会经济发展不相适应。借鉴“苏南转型发展、苏中融合发展特色发展、苏北在‘四化’同步中振兴发展和打造沿海经济升级版”发展思路，推进南北均衡发展战略。一是加强对苏南苏中苏北职业教育发展统筹协调，重点扶持苏北包括苏中欠发达地区的职业教育发展，缩小区域差别；二是抓住江苏“三沿”（沿江、沿海、沿线）发展战略契机，从地方优势产业和特色经济发展实际需要出发，加快苏北苏中包括盐城、连云港、淮安、宿迁等地区的职业教育发展，逐步缩小与南京、苏锡常等地区差距，推进区域互补、跨江融合、南北联动，加快形成均衡协调南北共荣的新格局。

（二）中高衔接

“建立中职、高职、应用型本科衔接贯通机制”，是 2014 年江苏教育工作会议提出的改革发展重点任务。但受传统教育意识和习惯影响，在较长时期里中职与高职人才培养尤其在课程方面各自独立自成体系，缺乏内在有机衔接，而且到高职后似乎已濒"天涯海角"，尚未继续提供接受更高层次教育的人才培养立交桥。这种独立封闭、各自为政、缺乏沟通的教育体系，严重影响学习连续性，阻碍了学生学业成长，压抑了生命发展诉求，与建设学习型社会和终身教育相去甚远。职业教育是面向人人、面向经济产业、以就业为导向的劳动力教育。坚持这一定位，就要突破人为分割式教育局限，应"从中职层次到研究生层次，为接受职业教育的学生提供一个完整的继续学习通道，"❶ 关键是学习借鉴国外发达国家发展职业教育经验，加强中高职业教育课程沟通衔接，探索职业学生升学制度，构建一体化教育体系，为培养高素质技术技能人才奠定基础。这是江苏特色现代职业教育体系必须着力破解长期困惑影响职业教育发展和技术技能人才培养的一大瓶颈。

（三）城乡一体

"城乡一体"，是挺进"两个率先"目标、建设美好江苏的需要，也是江苏现代职业教育体系统筹发展的重要内容。2013 年《中共中央关于全面深化改革若干重大问题的决定》要求"必须健全体制机制，形成以工促农、以城带乡、工农互惠、城乡一体的新型工农城乡关系，让农民平等参与现代化进程、共享现代化成果"。《江苏省城镇体系规划（2012～2030 年）》提出"城乡发展一体化"新型城镇化战略。目前，江苏省已初步形成城乡协调发展体系结构和"三圈五轴"（即南京、苏锡常、徐州三大都市圈和徐连、宁通、沪宁、新宜、连通五个城市聚合轴）城镇空间结构。但根据发达国家城市发展的经验，江苏城镇化率应在 70% 以上。"加快发展面向农村的职业教育"，推进城乡教育一体化发展是必由之路。一是在教育价值取向上，应"把加强职业教育作为服务新农村建设的重要内容"，大力实施城乡教育一体化发展战略，积极推进反哺与帮扶农村职教发展的城市教育体制改革与创新；二是在教育资源配置上，加大对经费、设备、设施、技术等城乡职教的统筹、协调力度，为加快发展农村职教提供必要的资金物质支持；三是在教育方式上，要从农业农村农民实际出发，以县级职教中心为龙头，以各类中等职业学校和培训机构为基础，建立灵活多样的城乡职业教育与培训网络体系，推进教育信息化现代化建设；四是在人才培养模式上，要以服务农村经济和社会发展为宗旨，

---

❶ 鲁昕. 深化中等职业教育改革创新提升技能型人才培养能力和水平 [J]. 江苏教育，2010（6）：7.

以就业为导向，以能力为根本，创新农民职业教育和培训模式，着力解决城市化过程中农民的职业技术教育，为推进农村劳动力转移、培养合格产业工人和各类技能型人才服务；五是在师资队伍建设上，要建立适合农村职教需要的制度，提高农村学校编制标准，统筹城乡师资资源，建立交流互动机制，提高农村职教教师待遇，提升整体素质与专业水平。

四、发展方式转变

一定的教育发展方式，是由一定的教育观念、习惯、体制、机制所决定的，而且直接影响制约着教育质量效益提高。江苏现代职业教育体系需加快转变发展方式，建立质量为先、人才为本、能力为基的发展新模式。

（一）提升教育质量

质量是生产力体现，素有"生命线"之称。新时期以来，江苏职业教育进入了历史发展的黄金时期。中职回暖和高职崛起，是江苏改革开放以来职业教育发展的历史丰碑。目前，全省职业教育已进入转型发展新阶段。由量变到质变，由规模到内涵，开启了新一轮改革旅程，展示了江苏职业教育跨越式发展的新图景。"坚持把发展重心转到更加注重内涵建设和提升教学质量上来"，已是江苏职业教育发展的热点、重点和难点，必须摆到战略的核心位置，予以解决。因为没有质量的教育是无可信赖的教育，也是没有前途与希望的教育。因此，转变发展方式，关注质量提高，是江苏现代职业教育体系改革的重要任务。

1. 转变教育观念

质量，是教育转变发展方式立足点，是江苏现代职业教育体系生命线。偏重数量规模发展时代已经过去，注重内涵和提高质量已是当今教育发展的趋势。对于江苏职业教育而言，关键是提高技术技能人才培养的质量，根本是转变教育教学观念。

2. 深化内涵建设

这是江苏现代职业教育体系建设的主题。核心是立德树人，根本是质量立教，重点是大力实施创新驱动战略，以内涵建设促质量水平提高。关键是正确处理数量与质量、层次与水平、规模与效益关系以及学术与行政、教学与科研、教师与学生、物质与精神等关系，形成优化整合、优势集聚、友好互动、合力推进的体制机制，促进又好又快发展。既要保持中等职业教育稳步发展，也要"探索举办应用型科技大学"发展路径和方法。

（二）优化人才培养

培养技术技能人才和高素质劳动者，是江苏新型工业化、新型城镇化和建设社会主义新农村对职业教育提出的根本任务。目前，江苏技能型人才和劳动者素质还不能满足社会经济发展和产业转型升级的需要，无论数量和能级都需要再提高和完善。"大力实施科教与人才强省战略"，关键是"构建系统培养技能型人才制度"。这是江苏职业教育改革和体系建设的关键环节。

1. 优化专业建设

在现代社会发展中，产业结构往往决定着职业教育专业规模与结构。适应经济发展方式转变和产业结构调整，加强与产业对接，成为职业教育专业建设的基本要求和方法。应贴近市场需求和地方产业行业企业需要，按照"革新传统、增强特色、提升精品、扶持新兴专业"基本思路，设置调整拓宽专业，积极发展面向地方现代农业、新型工业和现代服务业的专业，形成对接互动发展的格局。

2. 深化教学改革

核心是构建适应经济发展、科技进步、个性发展的具有职业教育特色的课程体系。按照"精理论、扶基础、强实践、优特色、善开发"改革思路，创新课程体系。课程内容充分反映新知识、新技术、新工艺、新方法，体现实用性和先进性；课程形式根据社会经济需求、就业市场变化和专业实际要求，构建以能力为重点、以职业实践为主线、以项目课程为主体的模块化专业课程体系，形成一批综合化和专题化课程，从而增强课程设置与教学活动灵活性、针对性和适应性。

3. 创新人才培养

关键是要突破改变传统学科型教学模式，与产业行业企业密切合作，走校企合作与工学结合的办学之路，沟通课堂（理论）教学与车间（实践）教学，使人才培养与岗位生产过程和技术装备紧密结合，形成与市场经济发展相协调、充分适应社会经济发展对技术技能人才的需求和行业发展的特殊要求、又充分满足职业教育改革和学生个体发展需求的人才培养新模式。

4. 架构人才立交

形成终身教育体系，是当代职业教育制度改革发展要求，体现了以人为本、服务职业、造福就业、着眼终身发展的改革定位。2010 年《江苏省职业教育创新发展实验区建设方案》提出了积极推进中高职贯通、一体办学、建立现代职业教育体系改革发展思路。2012 年《江苏省现代职业教育体系建设试点工作实施方案》规划了中职与高职"3＋3"、中职与应用型本科"3＋4"分段培养两条衔接中高职教育通道以及高职与应用型本科"3＋2"分段培养模式和五年制高职与应用型本科"5＋2"分段培养模式，为形成衔接贯通的现代职业教育学制框架体系奠定了基础。同时把江苏开放大学纳入现代职业教育体系试点，实现全日制职业教育与非全日制教育之间的沟通衔接，进一步推动了职业教育体系与终身教育体系融合。

（三）增强服务能力

"能力建设"是指国家、地方及社会团体基于特定价值预期所进行的智能建设和整体实力提升过程，处于体制核心层，是深化江苏职业教育体制改革的关键。

1. 提高行政决策力

当前江苏社会发展方式出现重大转变，经济产业结构进行全面调整升级，职业教育面临发展的新机遇与新挑战。关键是善于把握时代发展大势，回应社会变革主潮，凝练发展思路，做好顶层设计，为区域职业教育发展提供科学指导和创造良好政策环境。

2. 增强社会贡献力

社会赋予了江苏职业教育重要地位。江苏职业教育应不负重托，以实实在在的业绩和成果回报社会，充分发挥职业教育人才培养优势，为江苏经济社会发展方式转变、产业结构调整升级和特色经济、主导产业以及城镇化发展、社会就业提供技术技能人才支撑和科技服务，为江苏建设和发展做出贡献。

3. 提升持续发展力

俗语：打铁先要本身硬。毋庸置疑，能力建设是江苏特色现代职业教育体系的首要任务。当前与未来，江苏职业教育仍然处在发展机遇与竞争挑战的并存时期。江苏现代职业教育体系应以科学发展观为指导，与时俱进，把握机遇，化危为机，不断开创可持续发展新境界。

4. 扩大社会影响力

影响力决定吸引力。这是江苏特色现代职业教育体系建设的重要目标。关键是要为每个接受职业教育的人提供稳定就业、持续发展，美好生活的能力和机会。这是江苏现代职业教育体系赢得社会影响力和增强吸引力的根本所在，也是"能力建设"的根本和归宿。

五、办学机制创新

（一）产教工学结合与校企合作

1. 产教行企联盟，打造合作办学新体制

面向产业，开放办学，是职业教育的重要特点。借鉴国外的经验，加强与产业结合与行业校企联盟，是成功的发展道路。建设江苏特色现代职业教育体系，迫切需要与"三业"（产业行业企业）构建"协同发展"联盟机制，形成一种资源共享，利益分享，风险共担，互动发展格局。其中，政府需从行政经济法律层面明确规范各方的权利义务，加大政策扶持力度，促进产、教、行、企联盟的形成与发展，为体系体制构建夯实基础，创造必要条件。

2. 工学结合联手，构建人才培养新模式

实践证明，传统的"学科为中心"教学模式和"校本化"人才培养模式因实训资源短缺，尤其是专业技能实训师资匮乏，不可能培养高素质生产一线的技术技能人才，必须经过实地实际操作训练方能形成。工学结合是培养高素质技术技能人才的有效途径和方法，是不可替代的环节，也是江苏特色现代职业教育体系不可或缺的内容。必须意识到它的重要性、必要性和不可或缺性，切忌走过场。

（二）国际交流与区域联盟

1. 教育国际化与本土化发展

教育国际化与本土化发展，是当今世界全球化的产物，是构建富有特色的江苏现代职业教育发展体系的必然要求。一是开拓国际化视野，强化本土化意识。国际化与本土化，是江苏职业教育发展的两大主题，犹如车之两轮、鸟之两翼，缺一不可。需按照"引进来"和"走出去"思路，推进国际合作与交流进程；二是确立融通创新观，完善人才培养模式。无论德国"双元制"、美国社区学院、澳大利亚 TAFE 体系和新加坡 ITE（技术教育学院）等，都为学生自由成长和个性塑造提供了良好的教学服务。借鉴国外技术技能型人才培养经验，关键是增强教学的灵活性和适应性，切实提高学生适应产业转型和劳动力市场变化的能力；三是顺应国际化发展，增强江苏职教竞争力。核心是培养面向世界、应对不同文化和市场竞争、具有国际化素养和应变能力，尤其是创新与创业能力，为人才参与国际市场竞争提供人才的支撑。

2. 区域合作促进联盟化发展

借鉴战略同盟发展思路，推进区域合作，加强互动互补合力发展，对江苏

现代职业教育体系具有十分重要的战略和现实意义。一是确立联盟发展新理念。由单一封闭的内生发展型向多元开放的外向合作型转变，既保证区域职业教育纵向深入发展，更增强区域之间横向合作，最大限度地发挥合作共同体的整体功能和集聚优势；二是加强区域职教联盟制度建设。体制改革与制度建设在区域合作联盟中起着关键作用。目前，正在发展中的长三角、珠三角等区域职教合作发展模式具有借鉴意义。其中，政府的作用是举足轻重的，借助行政、经济和法律等优势，有利于理顺合作关系，加强统筹协调，解决合作体制障碍和政策制约问题，形成各尽所能、各得其所、优势互补、共同发展的生动局面；三是探索多种形式合作方式。突破地区分割的壁垒、在整合优化共享教育资源、搭建合作平台、发挥整体联动综合发展效能等方面进行跨区域跨行业跨领域合作，促进资源共享、多元合作、一体联动、均衡发展。

六、保障体系完善

（一）依法治教

体系与法制属于不同的范畴，但在职业教育系统中却是不可分割的。因为只有将体系建设纳入法制轨道，两者和谐统一，协调发展，职业教育方可走上制度化、法制化的道路。世界发达国家（如德国、日本、瑞典等）都十分重视职业教育制度化、法制化建设，在不同的历史阶段，都相继制定出台了一系列有关促进职业教育发展的制度和法规，产生了重要社会影响。如德国《联邦职业教育法》等。历史证明，发展职业教育，不能没有相应的法律法规制度的支撑和保障。构建富有特色的江苏现代职业教育体系，必须建立与社会主义市场经济相适应、以政府为主导、面向市场、多元化办学的现代职业教育体制和相关制度。一是建立健全制度体系。在教育体制、学制、教育政策法规和教育管理行为规范及运行机制等方面建立健全法律、规章和制度；二是加强制度的执行力。真正将"依法治教""以法治校"，落到实处，形成以制度管事管人管物的局面，保障职业教育健康快速发展。

（二）保证投入

资源是职业教育的物质基础，包括办学资金、教育教学设施设备、环境条件和人员（管理、师资和后勤）素质等，在一定意义上决定着职业教育的数量质量和发展。因此，建设富有特色的江苏现代职业教育体系，不能没有资源物质基础的支撑和保障。改革开放以来，在中央财政和地方政府及社会的合力支持下，江苏职业教育办学条件总体上得到了历史性的改善和提高，人才培养和社会服务能力有了进一步的增强。但随着教育现代化的快速发展，资源不足，设施设备陈旧，条件落后等问题依然突出，必须加大投入，提供保障。一是深化体制改革，强化投融资力度。保持财政拨款主渠道，同时面向社会多渠道筹措教育经费，为提升职业院校办学条件提供足够的经费支持，确保职业教育发展的需要；二是提高管理能力、增强办学效益。在目前教育资源紧缺和经费尚不充足的条件下，应突出重点领域、环节和项目，加以重点投入，更有效地利用和提高教育资源的效益，如：高水平示范职业院校建设、县级职教中心建设、特色专业与精品课程构建、实训中心和实践基地建设以及师资培训等。同时提高现有资源使用率，尤其应最大限度地发挥基础性教学资源作用，为高素质技能型人才培养提供有力保障。

（三）优化队伍

走新型工业化道路，从"江苏制造"走向"精品制度""江苏创造"，需要培养千百万高素质技术技能人才，但基础在教育，关键在教师。构建富有特色的江苏现代职业教育体系，师资队伍建设是重点。新时期以来，在各级政府支持帮扶下，江苏职业教育师资队伍整体建设取得了长足进步，学位、学历、职称和年龄结构等都有了明显改善和提升，保证了教学改革与人才培养的需要，但与建设教育强省目标还有差距。一是高度重视师资队伍建设。教育是一项面向未来的事业，未来是一个现代化、全球化、信息化、知识经济的新时代。面对江苏社会经济发展和产业结构调整升级、建设创新型社会、走新型工业化道路的新目标，江苏特色现代职业教育体系应从全局战略高度出发，尊重知识、尊重人才，加强职业教育师资队伍建设，制定相应积极政策措施，为打造一支高水平富有创造精神的职教师资队伍创造优越的环境条件；二是全面深化教师专业发展。江苏是一个极具开放度并充满创新创造的空间。新知识、新技术、新工艺、新方法层出不穷，职业教育面临新挑战，对教师专业发展提出了新的更高要求。当前，应抓住教育现代化发展契机，结合职业教育特点和职教师资实际，以打造"双师型"素质为目标，以优化知识能力结构与提升专业化水平为重点，全面深化教师专业化发展。通过省级"四新"与骨干教师培训等方式，提高教师专业素质和能力，尤其要加大对实训教师引进与培养力度，促进"双师型"教师队伍建设；三是提高师资国际竞争力。积极开展教师国际交流与合作，参与跨国教师专业化培训项目，开阔教师学术眼界，活跃学术思想，广泛学习吸收国外先进的职教理念和教育技术，促进教师队伍建设和教育国际化进程。

第四节　江苏现代职业教育体系的空间结构

空间是科学与哲学的基本命题。本义是指一种客观存在、即主（精神）客（物质）观统一，是点线面层关系的综合，运用于职业教育领域，呈现出这一类教育独特性质、关系与形态。在空间视域下，江苏现代职业教育体系是一个横跨时空、内涵丰富、形式多样、结构开放的多维立交网络系统。研究体系的空间结构，有助于从整体布局和运动方式中更好地构建发展富有特色的江苏现代职业教育体系。

一、内外合力双向驱动形成复合动力空间体系

所谓内外合力，即指内外结合，形成聚力；所谓双向驱动，即指内外同向，互动推进。其中，内因是根本，外因是条件。只有两者和谐相处，互动发展，才能形成合力，保证动力。这是江苏特色现代职业教育体系空间架构要义和特征。

（一）内外合力支撑动力空间

职业教育有史以来就与社会经济民生保持着血脉联系，是一种直接对接生产力发展提供技能型人才和高素质劳动大军的教育。两者天然结合，合力推进，形成江苏现代职业教育体系集约发展复合动力空间。一是内外结合。社会性因素与江苏现代职业教育体系是"源"与"流"关系。前者是后者的外部动因和力量，科技经济是基础，政府主导是关键，行业企业参与是条件，意识形态是氛围，共同为江苏职业教育发展和体系构建创造必要的外部环境。后者是前者的历史产物和人才来源。一方面职业教育发展需要社会物质与精神条件支撑，另一方面社会经济发展和民生改善也需要职业教育支持，提供高素质技能型人才和技术信息来源。两者是你中有我，我中有你，谁也离不开谁；二是双向互动。关键是形成常态化互动机制，各尽所能，各负其责。社会各条块应躬身履行支持与发展职业教育职责，职业教育院校包括培训机构也应主动适应社会需求，以人才培养和技术服务为载体，服务社会与民生，办适应经济发展与社会满意的教育。

（二）双向驱动推进互动空间

双向驱动，是江苏现代职业教育体系和谐发展的重要方式和空间特征。关键是协调关系，建立联动机制。一是加强顶层决策与统筹。目前，我国职业教

育实行的是中央统一领导，地方分级管理、社会参与、教育机构办学的综合管理体制。其中，地方各级政府在区域职业教育中尤为重要，是政策决策者、法规执行者和教育管理者，居于主导地位，起着决定性作用。建设江苏特色现代职业教育体系，迫切需要建设服务型政府，建立起与我国社会管理体制和基本公共服务体系相匹配的现代职业教育体系，包括政策法规体系、组织管理体制，发展保障制度和质量监控机制等；二是提升行业企业参与度。这是江苏现代职业教育体系的内在需求。但目前参与投入的积极性还不高，成为影响江苏职业教育发展、制约行业指导与校企合作的突出瓶颈，应通过政策调整（兼顾责任与利益），推进社会责任型企业建设进程逐步解决；三是提高职教综合服务能力。这是"江苏制造"向"江苏创造"转型的客观需要，也是真正把"体系空间"建成"中国梦江苏篇"，即高素质技术技能人才培养基地和知识劳动者培训中心惠及全民职业成长发展高地的必由之路。

二、纵横立交一体同构建设和谐发展空间体系

结构方式，即发展空间，对体系形成发展是至关重要的，不仅决定总体框架战略性、可行性和有效性，而且直接影响制约着内涵建设与外延发展。江苏现代职业教育体系需要建设一个合纵连横、整体构架的发展空间体系。

（一）纵横立交架构发展空间

江苏特色现代职业教育体系是纵横立交的空间系统。一是在纵向上，体现为教育分阶段但"不断头"，是一个连续发展的历史空间。纵观今昔职教空间演化史，从"田间作坊学徒式言传身教"原生态到"以技为本、谋求生计"生存型、再到"以人为本、和谐教育"发展型，历史证明"所谓绝对的、纯粹的空间理论或绝对的、纯粹的算子理论，其实是不可能、不足道的。"❶ 未来教育必定是一个面向人人贯通职业生命的终身型教育。江苏特色现代职业教育体系，在加强中高职教衔接同时，基于江苏发展和需要，应在条件成熟前提下启动应用技术本科教育乃至筹划专业学位研究生教育，不断完善职业教育体系，拓展教育服务空间，更好满足社会经济发展需求。但也要注意防止另一种倾向，即浮夸攀比，无序竞争，一哄而上；二是在横向上，沟通普教与成教，采取灵活多样的方式，促进人才培养层次高移化，构筑技能型人才培养"立交桥"，同时加快农村职业教育发展，促进民办职业教育发展，形成纵横立交

❶ 钟怀杰. 巴拿赫空间结构和算子理想 [M]. 北京：科学出版社，2005：3-120.

发展空间。

（二）一体同构和谐发展空间

一体同构，是江苏特色现代职业教育体系发展空间的重要特征之一。主要体现在教育性质与形式两个方面：一是个性与共性统一。文化是整体的，教育是系统的。但就个体而言也是有差别的，这种现象犹如"世界上没有两片完全相同的树叶"不可改变，也正是这种"差别"存在，才使世界更精彩。从宏观看，江苏特色现代职业教育体系相对于中国特色现代职业教育体系是个性与共性关系，是特殊性与普遍性统一；从微观看，江苏中等职业教育与高等职业教育、中等职业人才与高等职业人才处于不同办学层次，各具自身特殊性，即个性，不可忽略，正是这种特殊性适应了社会需求，成就了他们各自办学特色和竞争资本。同时他们个性又统一于职业教育共性之中，即面向需求、导向职业、服务就业、能力为重、终身发展，培养技术技能人才，体现了职业教育类规律，纳入国家职业教育等级证书制度和国家职业资格制度；二是多样与统筹整合。这是江苏特色现代职业教育体系发展空间的重要形式和方法。一般而言，内容决定形式，形式为内容服务。但在职业教育发展空间视域中，多样性是形成灵活办学机制、更好培养社会需要人才的重要途径和方法。没有多样性，就没有灵活性，没有灵活性，也就没有职业教育发展空间的丰富性。但多样性又与统一性密切相连，不可分离。反思历史，分析现状，目前江苏职教办学方式和人才培养模式还需进一步调整优化，主要表现为：政策导向偏重宏观轻微观指导，办学资源偏重"城市"轻"乡村"，人才培养偏重"高级"轻"中级"，总体空间结构缺乏高度的统筹平衡。因此，加强多样与统筹整合，对于江苏特色现代职业教育体系发展空间构建显得重要和必要。重点是加强统筹协调，促进多样化健康发展，建立和谐发展空间体系。

三、点面结合整体优化均衡资源空间体系

资源空间，是江苏现代职业教育体系空间构建的物质基础和条件。就其结构而言，点与面结合，是基础，整体优化是关键。

（一）点面结合建设资源空间

所谓点，在资源层面，是指江苏现代职业教育体系空间支撑点，即重点领域和重点项目。所谓面，是指体系的系统性和整体性。两者统一，形成生态化资源空间。一是突出重点领域，形成区域发展优势。结合江苏职业教育改革发展实际，"探索系统培养技能型人才制度"，是江苏特色现代职教体系构建关

键工程。目前，需加快各项试点项目进程，形成标志性成果；二是加强统筹协调，形成区域发展生态。正确处理好点与面关系，既要突出重点，又要兼顾全局。如在加大对直接为区域支柱和新兴产业服务的职教专业建设与投入力度的同时，也应兼顾长线传统专业实际需要，特别要确保"农"字头专业建设和人才培养。前者重在形成特色，打造优势，后者旨在促进区域职业教育均衡发展，彰显整体水平。两者结合，为江苏特色现代职业教育体系资源空间提供支撑。

（二）整体优化均衡资源空间

整体优化，是发展的需要。江苏特色现代职业教育体系空间必须建立在资源整体优化的基础之上。相对而言，江苏职教在资源积累与发展上具有比较优势，不仅数量多而且质量优。但要形成最佳的效应，唯有整体优化，才能凝聚全部合力，发挥出最佳效能。一是实施均衡发展战略，促进区域资源布局均衡化。重点是促进南北均衡发展，扶持传统特殊职教，推进地区及院校交流合作；二是创新体制机制，培育区域资源结构优势。江苏在这方面探索起步较早，从 2003 年形成第一个行业性职教集团"江苏商贸职教集团"，到目前已成功组建了众多的职教集团，实现了行业指导、校企合作、资源集成、产学对接、工学结合、互利共赢的预期，促进了社会资源与职教资源优化整合，增强了职教办学与服务能力，为体系建设提供了重要经验和启示。

本章小结

构建富有特色的江苏现代职业教育体系，是一个需要不断探索发现创新发展的历史过程，也是一个总揽全局、精心构建、深化改革、致力发展的系统工程。在指导思想上，坚持教育"三个面向"，践行科学发展观，把服务"两个率先"和"建设美好江苏"作为体系建设与发展的出发点和根本点；在构建思路上，坚持辩证法，以开放开发开创的视野，正确处理好体系内涵与外延的纵横关系，保证体系结构科学化系统化生态化品质；在目标原则上，立足国情区情实际，遵循职教特点，坚持理论与实践结合、历史与现实统一、传统与现代交融、职教与多教统筹原则，确立特色化、现代化、国际化、一体化、终身化发展目标，办社会需要和大众满意的教育；在体系内容上，立足体系本体，协调纵横关系，着眼发展战略，突出服务中心，确保改革重点，兼顾平行要素，彰显江苏特色，适应区域社会经济发展方式转型，与地方产业结构调整升级相吻合，满足人力资源的需求；在体制改革上，更新观念，开掘智慧，转变方式，加强治理，建立健全现代办学体制、教育体系和管理机制，推进产学对接、校企合作与工学结合，不断提升制度贡献率；在人才培养上，构建系统培养高素质技术技能人才体系，打通职业教育与职业人才培养通道，形成一体化终身化发展的格局；在经费投入上，继续加大公共财政支持力度，建立多方参与合作的多渠道投融资的体制机制，提供人财物和资金保障。总之，一个体系构建的新时代已经到来，富有特色的江苏现代职业教育体系也必将脱颖而出，圆强教之梦、建美好江苏的春天也必将到来。

（本章执笔人：蒋旋新）

江苏现代职业教育的专业结构与产业结构

江苏省作为职业教育大省，长期以来一直注重结合自身产业发展情况，推进职业教育稳步前进，同时，江苏省职业教育也不断地推动了产业的快速进步。但是，由于内外部发展环境不断变化，江苏省职业教育专业结构与产业结构之间关系也在持续变化。研究分析当前江苏省职业教育专业结构与产业结构之间吻合情况，既是职业教育自身发展、促进社会经济进步的必然需要，同时也是江苏构建现代职教体系的本质要求。

第一节　职业教育体系中的专业结构与产业结构

著名语言学家谢弗勒在《教育的语言》中，曾将社会科学的概念界定分为三类：规定性定义（the stipulative）、描述性定义（the descriptive）和纲领性定义（the programmatic）。规定性定义是一种创制性定义，就是作者所下的定义，要求这个被界说的术语在后面的讨论中始终表示这种规定的定义，也就是逻辑性不违反同一律。描述性定义是尽可能地包括所要讲述的内容的全部。而纲领性定义则带有一种应然的取向。在纲领性定义中，作者会隐含告诉我们，事物应该怎样。纲领性定义包含是（is）和应当（ought）两种成分，是描述性定义和规定性定义的混合。❶ 所以，任何研究的开始都必须界定清楚相关概念，职业教育专业结构与产业结构及其吻合度是本章的核心概念，对其进

---

❶ ［美］索尔蒂斯. 教育的定义［J］. 沈剑平，等，译. 瞿葆奎. 教育学文集·教育与教育学［C］. 北京：人民教育出版社，1993：31 –37.

行界定是开展研究的前提。

一、职业教育专业结构与产业结构的基本内涵

（一）职业教育专业结构与产业结构的界定

专业是高等学校或中等职业学校根据社会分工、经济和社会发展需要以及学科的发展和分类状况而划分的学业门类。职业教育专业结构是指各级各类职业院校的学科专业（种类、规模和质量内涵）所构成的比例关系和组成方式。合理的专业结构要求人才群体内具有各种专长的人才有一个合理的比例。只有形成合理的专业结构，才能达到人才培养效益的最大化，满足人力资源配置的最优化，实现"人—职"匹配的科学化。

产业是社会发展和社会分工的产物。产业是指由利益相互联系的、具有不同分工的、由各个相关行业所组成的业态总称。❶ 产业结构是经济结构的重要组成部分，是构成一个国家或地区经济发展的核心内容。根据社会生产活动历史发展的顺序，如果将产品直接取自自然界的部门称为第一产业，对初级产品进行再加工的部门为第二产业，为生产和消费提供各种服务的部门是第三产业，那么产业结构就是第一、第二和第三产业部门之间及其内部的构成比例关系和结合状况，一般以产业增加值在 GDP 中的比重来表示。

产业结构不仅反映国家或区域经济发展的状况和水平，而且通常也是人才需求结构的主要决定因素。职业教育作为培养技术技能型人才的教育类型，其发展的状况（规模、质量）影响着人才供给的变化，其专业结构的优化通过培养人才的配置间接影响着产业的发展和产业结构的变化。

（二）职业教育专业结构与产业结构的吻合度

所谓"吻合度"，顾名思义就是指职业教育专业结构与产业结构之间的吻合程度。衡量职业教育专业结构与产业结构的吻合度一般可以从产业、行业和工作岗位三个不同层面来考察。首先，职业教育的专业结构要与经济社会的产业结构要相匹配。而专业结构与产业结构的结合点在于社会就业结构。因此，职业学校在校生（培训学员）所学专业的三次产业分布要与所在区域社会就业结构中三次产业的比例大体相当；其次，专业大类的毕业生规模应当与相关行业对技能人才的需求大体平衡；再次，各个专业的毕业生质量要能够满足就业岗位的专业需求。具体的衡量指标可以三次产业比例、三次产业从业人员比

---

❶ http://baike.so.com/doc/6072567.html

例、职业学校专业培养规模、职业学校毕业生就业率、社会用人单位人力需求满足状况等有关调查统计数据为依据进行考察。作为具体的量化指标有以下三个:

一是专业—产业结构偏离度。主要是指面向某产业的专业培养规模比重与该产业就业人员比重之差。假设职业学校毕业生在三产就业人员中所占的相对比重一致,此时如果差值为正(正偏差),则说明该专业培养人数大于产业或行业实际需求人数。反之,如果为负值(负偏差),则为不足。差值的绝对值越大,则反映偏离度越大,越不吻合。

二是毕业生就业率。参照 1998 年的《国际统计年鉴》颁布的标准,即失业率在 2.9% 以下为无警区,3% ~ 4.9% 为轻警区,5% ~ 8.9% 为中警区,9% ~14% 为重警区,15% 以上为巨警区。我们以就业率 95% 作为临界点,即就业率≥95% 视为吻合,反之就不吻合。偏离度越大,不吻合程度越高。

三是毕业生对口就业率。≥80% 视为比较吻合,反之就不太吻合。把毕业生对口就业率是否达到 80% 作为衡量标准则是基于以下两点考虑:首先,职校一般允许本校的专业人数可以有 20% 以内的调整空间,这说明学校、政府和社会能够接纳 20% 以内的专业设置误差;其次,霍利斯特对地中海区域规划的研究证明,"职业与教育的关系是灵活多样的,允许人力替代的大学毕业生高达 20%",职业教育可以一样看待。❶

二、职业教育专业结构与产业结构相吻合的必要性

职业教育专业结构反映了职业教育内部学科专业的构成状况,产业结构则体现了国家或区域经济发展的关键特征,两者分属社会教育和经济系统的现实并不影响其间的天然联系。无论从本质属性还是从现实基础来看,职业教育专业结构都必须和产业结构相吻合。

(一)现代职业教育的本质属性要求其专业结构与产业结构相吻合

职业教育(vocational education)通常是指使受教育者获得从事相关职业所需要的知识、技能和道德的教育。一般包括普通教育中的职业入门教育、准备从事某项职业的职业准备教育以及职业继续教育。与普通教育相比,职业教育的"职业性"和"实践性"特点十分显著。职业教育的"职业性"和"实

❶ 江苏省教育厅,江苏省发改委组编. 江苏省职业学校专业结构与产业结构吻合情况预警报告[M]. 南京:江苏教育出版社,2011:152 – 153.

践性"特点首先体现在它的培养目标上，就是培养能够掌握从事社会一定职业必需的科学文化知识、专业理论知识和实践技能的应用型人才。其次，职业教育的"职业性"和"实践性"特点还体现在培养过程中，也就是职业教育的专业设置要考虑其与社会经济发展相协调，要关注社会职业的客观现实性和发展可能性；职业教育的教学过程，既要讲解理论知识，更要学技能，提倡"手脑眼并用"，强调"教学做合一"；职业教育的教学场所，不仅在课堂内，而且要到社会生产实践中。一言以蔽之，职业教育是与社会经济发展联系最为紧密的一种教育。

职业教育与社会经济紧密关联的本质属性必然要求其发展规模要与经济社会对人才需求相协调、发展质量要与经济社会发展水平相匹配，尤其是在中国这样一个发展中大国，发展现代职业教育更应关注其专业结构与社会经济相吻合问题，以便最大限度地节约资源、提高效率、满足需求。《国家中长期教育改革与发展规划纲要（2010～2020年）》（以下简称《教育规划纲要》）明确指出，"发展职业教育是推动经济发展、促进就业、改善民生、解决三农问题的重要途径，是缓解劳动力供求结构矛盾的关键环节，必须摆在更加突出的位置"，"政府切实履行发展职业教育的职责。把职业教育纳入经济社会发展和产业发展规划，促使职业教育规模、专业设置与经济社会发展需求相适应。"国务院总理李克强在2014年2月26日主持召开国务院常务会议，部署加快发展现代职业教育时明确提出要"大力推动专业设置与产业需求、课程内容与职业标准、教学过程与生产过程'三对接'"。时任国务院总理的温家宝同志也曾在2009年国家科技领导小组会议上指出："现在我们要注意的是职业教育的规模、学科的设置，需要和社会需求相吻合，因为它是面向整个社会的，所以又应该和社会发展相协调"；同年4月，教育部前部长周济在《国务院关于职业教育改革与发展情况的报告》中提出，当前职业教育发展中存在的突出问题是专业设置和教学内容与实际需求和就业联系不够紧密，强调必须处理好职业教育发展和经济社会发展的关系，促进职业教育与我国经济社会发展紧密结合。

（二）构建江苏现代职教体系的目标要求专业结构与产业结构相吻合

江苏省职业教育经过改革开放30多年的发展已经取得规模上的积累和突破，进入提高质量、内涵发展的新阶段，要实现这一转变，必须构建与之相适应的现代职教体系。《江苏省中长期教育改革和发展规划纲要（2010～2020年）》指出，优化发展中等职业教育和高等职业教育，引导职业院校面向经济社会发展调整优化专业结构，设置职业技能人才紧缺专业或方向，适应经济发展方式和产业结构调整要求，健全中、高等职业教育协调发展的现代职业教育体系。要有效适应经济发展方式转变和产业结构调整要求，必然要求职业教育的专业结构与社会经济产业结构相吻合。教育经济学相关理论认为，经济结构与教育结构有着相互依存的关系，经济结构决定着教育结构，教育结构又反作用于经济结构，"教育结构体系同社会发展的关系，就是不断的由不适应到适应，再由新的不适应到新的适应过程"。江苏区域经济的新发展迫切需要职业教育因时应变，针对产业结构的新变化及时调整职业教育专业结构，只有形成较为合理的职业教育专业结构，才能有效地为江苏国民经济发展培养和输送质量合格、数量及层次种类相当的专门人才，优化的职业教育专业结构同时会有力促进产业结构的进一步升级调整，进而推动江苏省经济发展和社会进步。

（三）大力发展现代职业教育的历史机遇必然要求其专业结构与产业结构相吻合

进入 21 世纪，职业教育在我国不仅受到了前所未有的重视，而且承载了重大的历史使命。"大力发展职业教育，加快人力资源开发，是落实科教兴国战略和人才强国战略，推进我国走新型工业化道路、解决三农问题、促进就业再就业的重大举措；是全面提高国民素质，把我国巨大人口压力转化为人力资源优势，提升我国综合国力、构建和谐社会的重要途径；是贯彻党的教育方针，遵循教育规律，实现教育事业全面协调可持续发展的必然要求。"同样，江苏省委省政府也高度重视职业教育发展，紧紧抓住发展的历史机遇，强调建立以就业为导向的职业教育办学方针，要求职业学校专业设置要以社会需求为导向，以产业结构为基础，从职业岗位对人才需求的数量和素质要求设置专业。因此，只有加强江苏省职业教育专业结构与产业结构吻合度的研究，根据产业结构发展的变化及时调整专业设置，提升职业教育对江苏社会经济发展的适应性与服务性，才能保证学生的充分就业，最终实现职业教育以就业为导向的办学宗旨，发挥职业教育为江苏走新型工业化道路，调整经济结构和转变增长方式服务、为农村劳动力转移服务、为建设社会主义新农村服务、为提高劳动者素质特别是职业能力服务的功能，才能不断增强自身的吸引力，实现职业教育健康可持续发展。❶

---

❶ 江苏省教育厅，江苏省发改委组编．江苏省职业学校专业结构与产业结构吻合情况预警报告[M]．南京：江苏教育出版社，2011：150.

第二节 江苏现代职业教育的专业结构与产业结构吻合度

江苏是经济发达、社会进步、教育领先的沿海大省，近年来为了实现"两个率先"的战略目标，江苏加大了产业结构调整和升级的力度，确立了走新型工业化之路，积极利用本省生产制造业和信息产业发展的优势，以信息化带动工业化、以工业化促进信息化，优先发展电子信息、生物工程和新医药、新材料等高新技术产业，努力促进经济发展从低层次向高层次转移。在江苏这种经济发展的新形势和新的要求下，必然要求其职业教育发展与之相适应、相协调，因此，研究江苏职业教育的发展现状，实证分析其专业结构与产业结构的吻合状况，无论对于江苏社会经济的发展，还是对于江苏现代职教体系的构建，都具有重要意义。

一、江苏现代职业教育专业规模与产业人才需求吻合情况

近年来，随着江苏经济社会的快速发展，对于职业教育所培养人才的需求也越来越大，要求也越来越高。与此同时，江苏职业教育也积极适应经济结构调整、产业升级和技术进步的要求，主动调整专业结构，开设了涵盖三大产业的多个重点专业与新兴专业，优先确定了汽车运用与维修、现代农业、护理、工业与民用建建筑、数控技术应用、计算机应用与软件技术、电子技术应用、商贸、纺织服装、旅游服务等十个专业领域，同时，江苏全省重点建设 500 个省级重点中职示范专业和 80 个五年制高职示范专业，职业教育全面构筑技能型人才培养的新优势，全力加速推进江苏产业转型升级。与此同时，江苏省紧紧把握对于职业教育专业设置的宏观调控，坚持专业建设与产业结构调整贴近，教学内容与职业岗位需求贴近的原则。全省职业院校建立了专业建设指导委员会制度，邀请企业领导和技术专家指导专业建设，目前全省职业学校共设有专业指导委员会 1 000 多个，保证了职业教育专业设置与经济建设的密切结合，形成了专业与产业相互促进共同发展的局面，有力推动了相关产业的发展。

但是另一方面，江苏职业教育人才培养规模还是不能很好地适应产业人才的迫切需求，以 2009 年的一份统计数据为例，该年度第二、三季度人力资源市场需求总人数分别为 1 118 717 人和 1 290 217 人，其中文化程度要求高中学历（含职高、中专、技校）的人数为 444 428 人和 499 205 人，分

别占到需求总人数的 39.73% 和 38.69%，而每年的第二、第三季度为职业学校学生毕业实习时间，2009 年江苏职业教育的中职毕业生分别为 316 500 人，仅占据二季度需求总量的 71%，三季度需求总量的 63%，如图 4-1 所示。

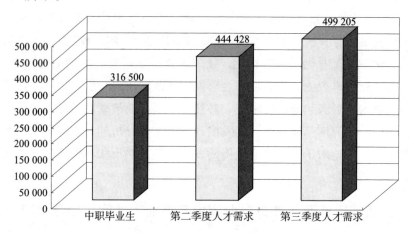

图 4-1　江苏中职毕业生与相应人才需求情况（单位：人）

（数据来源：江苏省教育厅，江苏省发改委组编．江苏省职业学校专业结构与产业结构吻合情况预警报告［M］．江苏教育出版社，2011：35）

因此可以看出，江苏省职业教育所培养的技能人才还是低于江苏人力资源市场需求的人才总数，人才培养规模还不能满足全省经济产业发展对技能型人才的需求，缺口的补全只能依靠大量从外省引进人才。尽管近几年情况有所改善，但是着眼于长远来看，江苏省三大产业对从业人员数量要求是逐步提高的，江苏职业教育人才培养规模与全省产业发展用人需求差距有可能进一步加大，尤其是发展高新技术产业所需要的各种高技能型人才尤为紧缺，因此，江苏职业教育必须增加内涵建设，提升自己的服务范围，以不断满足江苏产业发展所需的大规模技能型人才。

二、江苏现代职业教育专业结构与三大产业从业人员吻合情况

对三大产业从业人数和相关专业的职业教育在校生数进行比较，也能够在一定程度上反映职业教育与产业的吻合情况。有一项关于 2009 年度江苏职业学校在校生所属专业分布情况的调查，见表 4-1。

表4-1 江苏三大产业从业人数与职业教育在校生数对比

三次产业	从业人数		在校生人数	
	（万人）	构成（%）	（人）	构成（%）
第一产业	1 173.33	25.10	33 196.00	3.49
第二产业	1 668.85	35.70	343 161.00	36.10
第三产业	1 832.46	39.20	574 260.00	60.41
合计	4 674.64	100.00	950 617.00	100.00

（数据来源：江苏省教育厅，江苏省发改委组编．江苏省职业学校专业结构与产业结构吻合情况预警报告［M］．江苏教育出版社，2011：39）

如表4-1所示。该调查数据表明，江苏职业教育专业结构与一、二、三产业的分布结构基本相符。尽管面向第一产业的专业在校生数占比仅为3.49%，小于第一产业从业人员数，但考虑第一产业吸纳职业教育毕业生能力偏弱，专业培养规模总体是适当的；第三产业职业教育在校生人数比例高于从业人员比例。整体来看，江苏职业学校专业设置的三次产业分布与所在区域社会就业结构中三次产业的比例大体相当，尤其是第二产业吻合度最高。但是这一相对吻合状况只是暂时的，因为江苏三大产业发展趋势是不断变动的，目前，江苏已经进入工业化中后期，2012年，江苏地区总产值54 058.22亿元，其中，第一产业产值3 418.29亿元，第二产业产值27 121.95亿元，第三产业产值23 517.98亿元。从1978~2012年三大产业比重发展趋势可以看出，第一产业比重下降，第三产业比重稳步增长。1978年第一产业比重为27.6%，2012年第一产业比重下降为6.3%，1978年第二产业比重为52.6%，2012年第二产业比重为50.2%，1978年第三产业比重为19.8%，2012年第三产业比重上升为43.5%❶。

如图4-2所示，江苏现已经形成了以第二产业为主导，第三产业为次，第一产业为末的产业格局。因此，从江苏省三大产业生产总值变化情况来看，江苏职业教育专业结构调整范围应该继续强化第二、第三产业，尤其聚焦于第三产业领域。这一结论也可以从江苏三大产业吸收就业人口数量变化上得到进一步支持。

---

❶ 江苏省统计局，国家统计局江苏调查总队编．江苏统计年鉴-2013［EB/OL］．http://www.jssb.gov.cn/2013nj/nj01/nj0103.htm，2013.

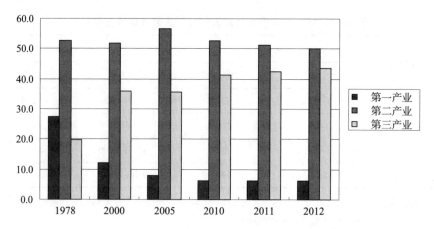

图 4 – 2 1978 ~ 2012 年江苏三产比重变化趋势图

（数据来源：江苏省统计局，国家统计局江苏调查总队编．江苏统计年鉴 – 2013 ［EB/OL］．http：//www. jssb. gov. cn/2013nj/nj01/nj0104. htm，2013）

从 1978 ~ 2012 年三大产业的就业人口变化情况来看，第二、三产业承担着提供就业机会的重要职能，具有强劲的就业吸纳能力，尤其是第三产业增长的幅度最大。1978 年第一产业就业人口比重为 69.7%，2012 年第一产业就业人口比重下降为 20.8%，1978 年第二产业就业人口比重为 19.6%，2012 年第二产业就业人口比重上升为 42.7%，1978 年第三产业就业人口比重为 10.7%，2012 年第三产业就业人口比重上升为 36.5%，变化幅度最大，如图 4 – 3 所示。

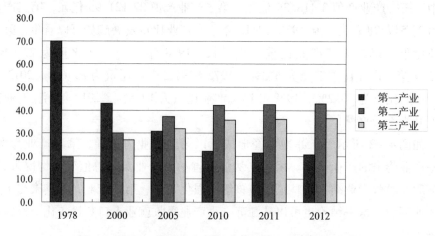

图 4 – 3 1978 ~ 2012 年江苏三产就业人口比重变化趋势图

（数据来源：江苏省统计局，国家统计局江苏调查总队编．江苏统计年鉴 – 2013 ［EB/OL］．http://www. jssb. gov. cn/2013nj/nj01/nj0104. htm，2013）

比较而言，第二产业吸纳就业的能力增长缓慢，但第三产业仍保持着强劲的吸纳就业能力的态势，在吸纳劳动力就业方面的作用更加明显突出。所以，针对这一情况，江苏省通过调整优化职业教育专业结构等措施，积极予以应对。

三、江苏职业教育专业设置与重点、新兴产业的吻合情况分析

近年来，在省委省政府正确领导下，江苏坚持走新型工业化道路，利用苏南现代化示范区建设的契机，大力推进产业结构战略性调整，积极发展战略性新兴产业，明确提出重点发展生物技术和新医药、节能环保、新能源、新材料、软件和服务外包、物联网等六大重点产业。同时，江苏着力构建以高新技术产业为主导、服务经济为主体、先进制造业为支撑的现代产业体系。表4-2为江苏职业教育专业结构与重点、新兴产业的吻合情况。

表4-2 江苏职业教育专业结构与重点、新兴产业的吻合情况

类型	产业名称	招生专业	招生专业数	占比（%）
重点产业	船舶工业	船舶电气技术	5	7.35
		船舶机械装置安装与维修		
		船舶驾驶		
		船舶水手与机工		
		船舶制造与修理		
	电子信息产业	电子技术应用	18	26.47
		电子与信息技术		
		微电子技术与器件制造		
		计算机动漫与游戏制作		
		计算机应用		
		计算机平面设计		
		计算机速录		
		计算机网络技术		
		计算机与数码产品维修		
		软件与信息服务		
		客户信息服务		
		数字广播电视技术		
		数字媒体技术应用		
		通信技术		
		通信系统工程安装与维护		
		通信运营服务		
		网络安防系统安装与维护		
		网站建设与管理		

续表

类型	产业名称	招生专业	招生专业数	占比（%）
重点产业	纺织工业	纺织技术及营销	5	7.35
		染整技术		
		服装制作与生产管理		
		丝绸技术		
		服装设计与工艺		
	钢铁产业	金属热加工	1	1.47
	汽车产业	汽车车身修复	6	8.82
		汽车电子技术应用		
		汽车美容与装潢		
		汽车运用与维修		
		汽车整车与配件营销		
		汽车制造与检修		
	轻工业	制浆造纸工艺	2	2.94
		纺织技术及营销		
	石化产业	高分子材料加工工艺	5	7.35
		工业分析与检验		
		化学工艺		
		精细化工		
		生物化工		
	物流业	物流服务与管理	1	1.47
	有色金属产业	金属热加工	1	1.47
	装备制造业	焊接技术应用	10	14.71
		机电技术应用		
		机电产品检测与应用		
		机械加工技术		
		模具制造技术		
		机械制造技术		
		数控技术应用		
		电机电器制造与维修		
		电气运行与控制		
		电气技术应用		

续表

类型	产业名称	招生专业	招生专业数	占比（%）
新兴产业	新能源	风电场机电设备运行与维护	2	2.94
		太阳能与沼气技术利用		
	新材料	高分子材料加工工艺	2	2.94
	生物技术和新医药	生物技术制药	2	2.94
		制药技术		
	节能环保	环境管理	4	5.88
		环境监测技术		
		环境治理技术		
		生态环境保护		
	软件和服务外包	软件与信息服务	2	2.94
		计算机动漫与游戏制作		
	物联网	计算机网络技术	2	2.94
		网站建设与管理		
合计			68	100

（数据来源：江苏省教育厅，江苏省发改委组编．江苏省职业学校专业结构与产业结构吻合情况预警报告［M］．江苏教育出版社，2011：55－57）

通过表4－2可以看出，当前江苏职业教育专业设置与电子信息、装备制造等重点产业吻合度较高，专业个数占比分别为26.47%、14.71%。江苏目前定位重点建设的主干专业有：机械机电类、计算机类、电子类，主干专业建设与主导产业发展趋势基本吻合。同时，全省职业教育专业结构与部分重点产业结构不完全适应。职业教育在有色金属、纺织、轻工业、钢铁、物流等产业方面只有一两个专业与之对接。从全省职业学校招生专业看，环保、新能源等新兴产业开设的相关专业较少，培养人数明显偏少，专业培养规模不能适应用人市场需求，尚需积极引导，加快开发新兴产业急需专业。❶

总体来看，江苏职业教育专业结构与电子、制造等重点产业吻合情况较好，但是，其他专业吻合情况一般，尤其是与新兴产业服务匹配的专业较少，难以满足新兴产业发展需求。

---

❶ 江苏省教育厅，江苏省发改委组编．江苏省职业学校专业结构与产业结构吻合情况预警报告［M］．南京：江苏教育出版社，2011：57－58.

四、江苏现代职业教育质量与产业发展要求吻合情况

职业教育质量反映了职业教育学生具备的知识、能力、素质与用人单位需求之间的关系，学生质量越高，越能满足用人单位的需求。根据"江苏省职业学校专业结构与产业结构吻合情况"课题组在 2010~2011 年期间对江苏境内部分用人单位开展的问卷调查与访谈的数据和结论可知，用人单位对学校毕业生质量从政治态度、遵纪守法、道德素质、专业知识、操作技能、工作表现、业务水平、身心健康等 8 个一级指标以及 20 个二级指标进行了总体评价。结果显示，用人单位对学校毕业生的整体素质、专业技能、信息技术应用能力这三个方面的表现较满意。这与学校长期重视专业素养教育、专业课教学、信息技术能力的培养分不开的。大多数毕业生在自己的工作岗位上，兢兢业业、努力工作，取得了很好的成绩。相当一部分毕业生已成企业或公司的生产、技术、销售、管理骨干或重点培养对象。然而，用人单位对学校毕业生的应变能力、耐挫力、沟通能力、外语实际应用能力、开拓创新能力等方面的表现还不是很满意[1]。由此基本可以判断，江苏职业教育质量与产业发展要求基本吻合，但是，也存在一定问题。

因此，从江苏职业教育规模与产业人才需求吻合情况、江苏职业教育专业结构与三大产业从业人员吻合情况、职业教育专业设置与重点产业、新兴产业的吻合情况和江苏职业教育质量与产业发展要求吻合情况等四个方面来看，江苏省职业教育专业结构与产业结构总体上基本吻合，但是，也存在局部不太吻合的问题，需要引起足够重视，采取措施加以调整改进。

第三节　江苏现代职业教育专业结构的调整策略

"要想考察任何有意义的人类行动的根本成分，首先应从'目的'和'手段'这两个范畴入手"，[2] 从这个角度而言，实证研究江苏现代职业教育专业结构与产业结构的吻合情况只是本研究的"手段"而已，而真正的"目的"则是通过研究找到使之相吻合的办法，使两者更好地吻合协调。

---

[1] 江苏省教育厅，江苏省发改委组编. 江苏省职业学校专业结构与产业结构吻合情况预警报告[M]. 南京：江苏教育出版社，2011：58.

[2] ［美］塔尔科特·帕森斯. 社会行动的结构［M］. 张明德，译. 上海：译林出版社，2012：7.

一、江苏职业教育专业结构调整的思路和原则

江苏现代职业教育专业结构的调整优化，不仅事关江苏现代职教体系构建的成效和水平，而且事关江苏技术技能型人才培养的质量和效益，具有十分关键的作用。

（一）调整思路

江苏现代职业教育专业结构的调整，要按照立足实际、适应发展、满足需求、引领未来的路径进行。立足实际就是指专业结构的调整要根据学校所在区域的状况、学校现有的现实状况进行，不追求时髦，不好高骛远，不人云亦云。适应发展就是要适应学生的全面发展，按照学生个体身心发展的规律，按照德智体美劳全面发展的要求进行，这是学校开展包括专业结构调整在内的各项工作的基本出发点。满足需求就是专业结构调整要满足地方社会经济对人才的规模、质量和素质需求，满足学校可持续发展的需求。引领未来就是通过专业结构调整要放眼长远和未来，正确处理好局部与整体、现实与未来的关系，既立足现实又适度超前，从而起到牵一发而动全身的引领作用：引领学校发展、引领地方产业转型升级、引领区域社会经济进步。

（二）调整原则

（1）适应需求，适度超前的原则。专业结构调整优化要主动适应区域经济发展和产业结构调整的需求，以服务为宗旨，以就业为导向，增强专业的适应性、服务性；能根据人才需求预测和培养周期，有针对性、有预见性地培养满足社会需求的高素质劳动者和技能型人才，力求做到"以明天的技术，培养今天的人才，为未来服务"。

（2）科学规划、突出特色的原则。专业结构调整要纳入经济社会发展规划和教育发展规划，紧密结合学校的办学优势和发展定位，扬长避短、实事求是地制定专业建设规划或优化实施方案。要发挥自身优势、突出校本特色，努力在各自的办学定位和服务领域内办出品牌、办出特色。

（3）区域统筹，城乡一体的原则。要根据城乡统筹发展和新农村建设的需要与趋势，以及整合资源、提升区域与城乡职业教育服务能力的需要，以全域理念、大职教理念，统筹规划辖市区域内城乡职业教育专业的调整与优化。

（4）持续协调，健康发展原则。专业结构调整要充分遵循职业教育发展规律和人才培养规律，妥善处理好教育与市场、近期与远期、局部与整体、可能与现实、数量与质量、规范与特色的关系，始终坚持规模与结构、质量和效

益的和谐统一，营造持续协调、健康发展的局面。❶

二、江苏现代职业教育专业结构调整的有效对策

（一）开展研究，明确江苏职业教育专业结构调整的方向和目标

职业教育专业结构的调整是一项专业性、技术性比较强的复杂工作，要做好这项工作需要科学谋划、合理安排，尤其是前期的科学研究非常必要。由于历史的原因，我们一度对发展职业教育不够重视，职业教育几经波折、数度起伏，直到 20 世纪 80 年代的改革开放国策确立后，对各级各类人才的迫切需求使我们不得不加快发展职业教育，追求速度的粗放发展方式使得包括职业教育专业结构调整在内的操作过多地依赖于经验与直觉，也出现了许多调整不科学、调整不到位的情况。究其原因，这里面既有经验不足的局限，更有理论薄弱的羁绊。实践表明，加强职业教育专业结构与产业结构吻合的理论研究和在理论指导下的实践探索，是做好这项工作的前提性条件。只有通过局部（县市）与整体（全省）的联动、通过学校和社会的协力、通过专家学者和一线实务人员的合作，把握江苏经济社会发展和现代职业教育发展的现状，围绕区域主导产业，解决职业教育专业结构的"失衡"问题，围绕区域新兴产业，解决职业教育专业结构的"缺失"问题，围绕传统产业，解决职业教育专业结构的"贫血"问题，加大薄弱而又必需专业的改造和升级，着力提升主干专业、优势专业、特色专业的辐射功能和拓展功能，才能从根本上整体提升江苏职业教育服务地方社会经济进步、服务人的全面发展的能力。

（二）加强沟通，建立省级职业教育信息服务体系

从某种程度上来看，专业结构与产业结构的吻合度问题实质上是职业教育与经济部门互动的问题，而不完全是专业发展一味配合产业发展的问题。在这个互动过程中，省内各地区职业学校有不少"信息盲点"，比如，不了解同类学校的专业发展现状、劳动力市场的实际需求、各产业的实际发展状况等，更多的时候，各职业学校以过去的经验决定专业发展的思路。但现实是毕业生就业是一个复杂的过程系统，毕业生们并不完全在一个劳动力市场中就业，他们还要与有一定经验的农民工、降低求职要求的本科生等竞争，有时还要与来自其他地区或省份的劳动者竞争。当然，本省的不少毕业生也会选择到其他地区

---

❶ 江苏省教育厅，江苏省发改委组编. 江苏省职业学校专业结构与产业结构吻合情况预警报告 [M]. 南京：江苏教育出版社，2011：70.

就业，比如去邻近的长三角地区的上海、浙江等地就业。而单凭各职业学校很难完全掌握这些信息。这就要求江苏教育部门、劳动部门、产业部门共同努力，建立一个全省范围的信息服务平台，构建涵盖教育、经济、社会等领域的、符合现代信息社会特点的综合服务体系，为职业学校在专业设置、专业发展上决策时提供参考，使设置更加合理，决策更加科学。

（三）创新机制，改变专业结构发展不平衡的现状

在专业设置上出现与当地产业结构出现偏离现象，有时也是学校不得已的选择。一些与当地经济发展十分密切的专业，学校即使想办，但招生却非常困难，从而迫使学校放弃这些专业。其中较为突出的是涉农专业，主要原因是招生困难。但事实上新农村建设所需要的农业转型正在发生，江苏也需要一大批新型农民，特别是不久前发布的《国家新型城镇化规划（2014～2020年）》，明确提出要提升现代农业发展水平，加快完善现代农业产业体系，发展高产、优质、高效、生态、安全农业。同时提高农业科技创新能力，做大做强现代种业，健全农技综合服务体系，完善科技特派员制度，推广现代化农业技术。这些都需要一大批有知识、懂技能、会管理的现代农业科技人才。一方面是急需，另一方面是不愿意，形成人才供求上的悖论。同样的情况也发生在第二、三产业的某些传统上认为脏、苦、累的专业上。这些专业实际上是产业发展的基础，需要大批受过理论与实践训练的劳动者。这种需求与供应上的落差，使得这些关键专业的技术工人只能在岗位上成长，但这种成长方式中往往是经验大于科学，人才成长的效率很低。为了解决市场失灵，地方政府必须承担起应有的责任，创新机制，根据当地的经济发展状况和产业结构现状，确立需要重点扶持的关键专业与特殊专业目录，在国家给予的各项政策之外，制定地方特殊政策，加大扶持力度，以便改变目前出现的专业结构发展不平衡的局面。❶

（四）加强指导，充分发挥各级政府部门的统筹作用

职业教育专业结构的调整主要依赖于各级各类办学主体的主动与自发，尤其是承担职业教育主要职能的职业院校的自愿与自觉，这也是落实学校办学自主权的有效保证。但是，这绝不意味着忽视政府行政部门的宏观调控与指导作用。由于存在着事实上的区域分割、存在着实际上的发展不均、存在着现实中

---

❶ 李德方，贺文瑾，孙健，等. 职教专业结构与产业结构吻合度实证研究［J］. 职教论坛，2010（30）：4－7.

的不同利益诉求，一味放任办学主体的自发行为，容易造成专业发展的失衡与跛足，这种局面一定程度已为历史所证实。由于专业建设是一个事关学校发展、牵涉多重因素、涉及利益格局的复杂工程，其调整绝不是简单地一个文件、一项指令和一个会议就能解决的。从职业学校内部来看，涉及专业教师的养成、实验实训设备的添置完善、教材教辅的购置撰写、实践教学基地的建设等，这些工作具有长期性、稳定性特征。从职业学校外部来看，其调整牵涉学校与学校之间的生源竞争、学校与企业之间的人才供给、学校与政府之间的资源配置，牵一发而动全身，因此，必须加强统筹指导，发挥政府部门独特的强力作用，妥善进行，审慎实施，这是做好这项工作的保障性条件。建议成立由省政府牵头、教育主管部门主导、计划、财税、经济等相关职能部门协调、行业、企业参与的省级职业教育专业建设指导委员会，以联席会议的形式，采取有效举措，正确处理需求与供给、调整与稳定、局部与整体、普适性与针对性的关系，统筹指导全省职业教育专业结构调整优化工作。同时，注重发挥各地方各级政府部门的能动作用，省市协调、政校企联动，构建网络，形成合力，共同开展人才需求调查，共同制定教育和人才发展规划，共同研究职业教育专业结构调整方案，形成有效可行、科学合理的职业教育专业结构调整优化机制。

（五）充分激励，发挥行业协会在职业教育与产业之间的桥梁作用

行业协会是由不同行业自发组织起来的社会中介机构，其根源于产业，又超脱于产业，与产业关系紧密。因此，职业教育想要保持与产业发展的节奏吻合，必须紧紧联合行业协会，发挥其产学桥梁纽带的作用，通过行业协会，完善产学结合机制，建立教育与产业对话协作制度，建立经常性的对话协商平台，加强职业教育专业设置的针对性和适应性。发达国家的行业协会一直在职业教育与产业关系协调中扮演重要角色，如美国、德国等国家的行业协会在其职业教育体系中发挥了至关重要的连接作用，行业协会参与到职业教育发展全过程，使得职业教育与产业发展无缝对接，澳大利亚行业协会具体参与了TAFE的职业资格标准的制定、专业设定、课程开发和教学过程，使得澳大利亚职业教育专业结构与产业发展基本保持吻合，这些有益经验都可以加以吸收与借鉴。当前，最大问题是行业协会积极性不够，参与度很低，所以，如何更好地激励行业协会参与职业教育，是政府部门必须解决好的问题，江苏省委省政府有必要出台相关政策法规，明确行业协会的法定职责，充分发挥行业协会的中介职能与协调职能，积极鼓励、支持各类行业协会参与职业教育，同时将行业协会发展纳入到江苏省职业教育发展规划之中。从根本上激励行业协会参与职业教育，发挥其在职业教育与产业之间的纽带桥梁作用。

职业教育专业结构与产业结构相吻合是我们发展职业教育过程的理想追求，职业教育专业结构与产业结构不相吻合也是一个普遍存在的现象，"教育结构体系同社会发展的关系，就是不断地由不适应到适应，再由新的不适应到新的适应过程"。进入 21 世纪，职业教育在我国不仅受到了前所未有的重视，而且承载了重大的历史使命，"大力发展职业教育，加快人力资源开发，是落实科教兴国战略和人才强国战略，推进我国走新型工业化道路、解决三农问题、促进就业再就业的重大举措；是全面提高国民素质，把我国巨大人口压力转化为人力资源优势，提升我国综合国力、构建和谐社会的重要途径；是贯彻党的教育方针，遵循教育规律，实现教育事业全面协调可持续发展的必然要求"。因此加强职业教育专业结构与产业结构吻合度的理论研究，根据实际情况适时进行职业教育专业结构的调整优化，既是实现职业教育重大历史使命的现实举措，也是保持职业教育可持续发展的有效路径，更是建设人力资源强国的可靠保障。

本章小结

职业教育专业结构是指各级各类职业院校的学科专业（种类、规模和质量内涵）所构成的比例关系和组成方式。合理的专业结构要求人才群体内具有各种专长的人才有一个合理的比例。产业结构就是第一、第二和第三产业部门之间及其内部的构成比例关系和结合状况。专业结构与产业结构的结合点在于社会就业结构。职业教育的本质属性、构建江苏现代职教体系的目标要求、大力发展职业教育的历史机遇都要求职业教育专业结构与产业结构相吻合。要做到职业教育专业结构与产业结构匹配吻合，一定区域职业学校在校生（培训学员）所学专业的三次产业分布要与所在区域社会就业结构中三次产业的比例大体相当、专业大类的毕业生规模应当与相关行业对技能人才的需求大体平衡，同时，各个专业的毕业生质量要能够满足就业岗位的专业需求。

从江苏职业教育规模与产业人才需求吻合情况、江苏职业教育专业结构与三大产业从业人员吻合情况、职业教育专业设置与重点产业、新兴产业的吻合情况和江苏职业教育质量与产业发展要求吻合情况等四个方面来看，目前江苏职业教育专业结构与产业结构总体上基本吻合，但是，也存在局部偏离的问题，需要从开展研究、明确江苏职业教育专业结构调整的方向和目标，加强沟通、建立省级职业教育信息服务体系，创新机制、改变专业结构发展不平衡的现状，加强指导、充分发挥各级政府部门的统筹作用和充分激励、发挥行业协会在职业教育与产业之间的桥梁作用等方面采取措施加以调整改进，以促进江苏现代职教体系的构建和完善。

（本章执笔人：李德方　孙　健）

江苏现代职业教育体系的终身化取向

在 21 世纪的今天，对教育的讨论再也无法脱离终身学习的语境，但在目前现代职业教育体系的讨论中，终身学习仍未得到应有的重视。江苏省作为全国经济社会发展较为先进的省份，在构建现代职教体系时应充分认识到终身学习与学习型社会建设的重要性，把职业教育与终身学习有机整合，构建具有江苏特色的终身职业教育体系，为江苏的经济社会进一步发展提供强大的人力资源支撑。

第一节　终身化现代职业教育的解读

职业教育体系是一个国家或地区各种类型、各种层次、各种形式的职业教育实施机构以及各级行政管理组织所组成的有机整体。它与基础教育体系、高等教育体系一起组成了一个完整的大教育系统。自 20 世纪 90 年代以来，我国政府就高度重视现代职业教育体系的构建，《中华人民共和国职业教育法》《关于大力发展职业教育的决定》《国家中长期教育改革和发展规划纲要（2010～2020 年）》等法律或政策文件，依据不同经济发展时期对终身教育的发展提出了不同的目标和内涵，其中自然包含终身职业教育发展的要求。

终身职业教育的理念形成有两个方面的来源：一是实践中职业教育体系的发展；二是对"终身教育"的"终身"理念的引进。目前，世界各国职业教育正逐渐融入终身教育体系，职业教育不再被看做是终结性教育，而那种认为只靠一次教育或职业教育就能享用终身的想法或做法已经过时了，因此，适用于各类经济形式、经济活动的终身职业教育体系应运而生。目前，世界许多国家尤其是发达国家已将终身职业教育体系整合进终身学习体系，并成为其中最重要的组成部分。

一、终身教育的概念与特征

保罗·郎格朗于 1970 年出版了其终身教育思想的代表作《终身教育引论》，他在该书中指出："教育不仅限于儿童和青少年，应贯穿于人的一生，即必须终身接受教育。政府应该有组织、有计划地为每一个人一生中的任何时候提供其所需教育和学习的机会。"❶ 这一教育新理论的提出，很快在世界各国引起反响。20 世纪 70 年代，联合国教科文组织发表《学会生存》，提出学习化社会理想和终身教育思想。经合组织提倡"回归教育"，对技术职业教育进行终身化改革。❷ 美国在 1976 年颁布了《终身学习法》，并在 1994 年签署的《目标 2000：美国教育法案》中特别强调并鼓励提供终身学习的机会。20世纪 90 年代，欧洲"终身学习年"召开了两个国际继续教育大会，提出"提高工业竞争力的关键在教育""努力创建学习型的企业和学习型的组织"等新观点，表明"工业已成为终身教育的先驱者，这是企业生存的需要"。

保罗·郎格朗指出，终身教育绝非是在"传统教育形态上添加一个新的名词而已"，也并非与"大众教育""成人教育"等完全等同，而恰恰是一个"更加广泛的概念"，是对它们的一种超越和升华。其含义主要是：（1）每个人都要实现自己的抱负，发展自己的可能性，也都要适应社会不断投向他们的课题，因而，未来的教育不再是由"任何一个学校毕业之后就算完结了，而应该是通过人的一生持续进行"；（2）现行的教育是"以学校为中心的"，而且是"闭锁的、僵硬的"，未来的教育则将对社会整个教育和训练的全部机构和渠道加以统合，从而使人们"在其生存的所有部门，都能根据需要而方便地获得接受教育的机会"。

联合国教科文组织专职研究员R. H. 戴维认为："终身教育应该是个人或诸集团为了自身生活水准的提高，而通过每个个人的一生所经历的一种人性的、社会的、职业的过程。这是在人生的各种阶段及生活领域，以带来启发及

---

❶ ［法］保罗·郎格朗. 终身教育导论［M］. 北京：华夏出版社，1988.

❷ 联合国教科文组织. 学会生存［R］. 北京：教育科学出版社，1996.

向上为目的，并包括全部的'正规的''非正规的'及'不正规的'学习在内的，一种综合和统一的理念"。❶

意大利学者埃特里·捷尔比是郎格朗在联合国教科文组织中的继任，他认为，终身教育"应该是学校教育和学校毕业以后教育及训练的统合；它不仅是正规教育和非正规教育之间关系的发展，而且也是（包括儿童、青年、成人）通过社区生活实现其最大限度文化及教育方面的目的，而构成的以教育政策为中心的要素"。他还表示：终身教育不仅"以达成作为本质的个人的自主性或文化的自律性为目的"，同时，还"作为社会的、政治的诸过程中一部分而存在"。

富尔等人在《学会生存》中表示："终身这个概念包括教育的一切方面，包括其中的每一件事情。整体大于其部分的总和。世界上没有一个非终身的而又分割开来的'永恒'的教育部分。换言之，终身教育并不是一个教育体系，而是建立一个体系的全面组织所根据的原则，而这个原则又是贯穿在这个体系的每个部分的发展过程之中的。"

日本学者持田荣一等人的定义表述则为：终身教育是教育权的终身保障，是专业和教养的统一，是不再产生未来文盲的途径。❷

通过以上的分析，可以发现终身教育有如下几个特征。

（1）终身教育是现行教育的超越和升华。终身教育绝非心血来潮的时髦名词，亦绝非对传统教育形式的替代或叠加，更不是一时所需的权宜之计，而是高屋建瓴，饱含可持续发展意识，旨在超越百年传统学校教育之"凡"，脱落现行教育及其各种形式之间壁垒森严之"俗"，实现教育彻底变革以及勾画其未来前景的一种创新思维和系统思考。

（2）终身教育是改革现行教育制度，构建未来教育体系的原则。现行教育制度改革迫在眉睫，但当以终身教育思想为指导；未来教育体系构建势在必行，但当以终身教育思想为指针。

（3）教育贯穿人的发展的一生。人永远是一个"未完成"的动物，教育则是保障每个人一生发展的"精神面包"。因此，人生决不能机械地被割裂成"学习期"和"劳动期"，而教育又绝不能人为地中断于人生的某个时期，相反必当伴随人的一生发展。

---

❶ 联合国教科文组织．教育——财富蕴藏其中［R］．北京：教育科学出版社，1996.
❷ 吴遵民．现代国际终身教育论［M］．上海：上海教育出版社，1999.

（4）教育覆盖人的发展的全部。人作为"未完成"的动物，其发展过程必然具有终身性特征；人作为身体、情感、性别、社会以及精神等的存在，其发展需求又必然具有多样化特征。因此，教育不仅要考虑给予其"精神面包"的终身保障，同时，还当关照其发展的全部需要，实现所给予的"精神面包"具有"营养平衡"的故障。

（5）教育必须成为有效而便捷的一体化体系。即希望把原来相互割裂的各种教育及其因素、资源加以统合化、一体化，实现社会整个教育机构和训练渠道能够使人们在其生活的所有部门都可根据需要方便地获得学习和教育的机会。这几乎是所有终身教育倡导者一种执着追求。郎格朗的"将多种因素加以体系化"；戴维的"包括全部正规的、非正规的及非正式的学习在内的综合和统一"；捷尔比的"是教育及训练的统合"；富尔的"包括教育的一切方面"，等等，无不为这一执着追求的重要例证。

（6）教育既作用于个人，又作用于社会。教育既为了促进个人的终身全面发展，又为了促进社会的持续发展和全面进步。戴维的"终身教育应该是个人或诸集团为了自身生活水准的提高"，以及捷尔比的"以达成作为本质的个人的自主性或文化的自律性为目的，同时，还作为社会、政治诸过程中一部分而存在"，尤是此要义的明确反映。

二、终身化职业教育的时代内涵

终身化是终身教育理念在职业教育领域的体现。职业教育的发展应当以终身教育作为指导。这是因为：首先，个人的发展需要通过接受职业教育来实现。人生 2/3 多的时间处于职业生涯当中。各种行业所需要的职业技能各不相同。职业技能不是天生的，而是后天通过接受教育习得的。一个人要想取得更好的职业发展，就需要系统的接受职业教育的培训。所以说，职业教育对人一生的发展非常重要。其次，职业教育应当贯穿个人职业生涯的全过程。个人在职业生涯的每个阶段都要面临不同的问题，需要应付各种不同的挑战。入职之前习得的职业技能远远不能解决职业发展的新阶段所带来的新问题。这就需要个人在其职业生涯中不间断地接受职业技能培训。所以说，职业教育不是阶段性的，而是具有连续性的。它将伴随个人职业生涯的全过程。最后，职业教育应当满足人的全面发展的需求。职业教育的目的不单是要提高个人的职业技能，还需要培养个人对职业的适应能力。职业适应能力的教育既有职业技术专业的教育，还有就业期前的准备教育和职业能力的可持续发展教育。也就是说，个体接受职业教育的内容是广泛的，既包括了职业发展所需要的技能，也包括个体职业规划，自学能力和职业道德修养，等等。

正因为终身教育与职业教育的理念高度契合，世界范围内的职业教育早已突破了学校的边界，职前职后的职业教育活动越来越频繁地结合起来，如美国80%的企业有科技人员培训计划，每年公司企业用于培养和再教育雇员的总经费达400亿美元左右，参加企业内教育的人数达800万人，相当于全美四年制研究生院大学中注册的总人数，经费的数额接近于上述学校的全年经费；在日本，企业职工技术培训并不是一次性完成，而是根据经济发展需要，不断进行。对全员实施培训教育的企业占93.6%，许多成功的企业都得益于企业的兴教办学。

既然终身化职业教育已成趋势，那么，到底什么是终身化职业教育？

我们认为，终身教育理念指导下的职业教育目的是培养劳动者顺利走向职业岗位，并在职业生涯中不断提高职业技能，始终适应岗位需求。它统合各种教育资源和培训手段，将职业教育贯穿于人的职业发展的各个不同的阶段。从受教育的对象上说，它的目标是针对全体的开放性的，不同性别，不同年龄，不同层次和水平个体都能在这一体系下满足其教育的需求。在时间上来说，它贯穿于受教育者的终身，表现为职业教育的连贯性，将学前教育，学校教育，学校后教育及老年教育看作是一个统一的连续的完整的系统，人的一生都是在不断地接受职业教育的培训的过程。从空间上说来，它打破了各种教育形式相互隔离的状态，将各种教育形式相互渗透，补充和结合，将各种教育形式组织成一张全面的网，个人将从职业教育、普通教育、正规教育、非正规教育、学校教育、企业培训及社会教育当中的各种途径上获得知识。

三、终身化现代职业教育的基本特征

根据以上分析，我们认为，在当前的中国提出终身化职业教育非常有必要，终身化职业教育应该具有以下一些基本特征。

（一）现代性与发展性：满足不同地域、不同时期经济发展对人力资本积累的需要

现代性指职业教育要体现不同时期的时代特征，满足当前我国经济增长方式转变、产业结构转型对技能型人才的需求，以增加人力资本优势，促进劳动生产率的提高、企业竞争力的提升、产业结构的转型升级及经济社会的全面发展。发展性是指职业教育体系的内容要根据经济发展和产业结构的变化趋势随

时做出调整，是一个动态的适应经济发展的过程。可以说，现代性是从横向的地域而言的，职业教育体系应该体现某一时期不同地域、不同经济发展阶段对技能人才的需要；而发展性则是从纵向的时间序列而言的，职业教育体系应体现不同时期、不同经济发展阶段对技能人才的需要。

（二）终身性与开放性：满足所有不同年龄、不同背景的人对自身技能积累的需要

现代职业教育体系的终身性指我国职业教育应是面向全社会、面向人人的教育，它为所有不同背景的人提供全方位、多元化的再学习、再教育的机会，共享教育资源，以满足广大人民群众日益增长的职业教育需求。现代职业教育体系的开放性是指职业教育应该在办学主体、学制、学历、培养对象、学习时间、学习地点等方面开放，无论什么年龄、什么时间，只要有需要，都可以参加技能培训。开放性是现代职业教育的重要特征，主要表现在现代职业教育体系向普通教育（基础教育和普通高等教育）和成人、继续教育的开放。现代职业教育体系的终身性和开放性是互相联系的，终身性就意味着开放性，而开放性不仅包括对人人开放，更包括对人的终身发展开放。

（三）衔接性与融通性：满足不同层级、不同类型教育协调发展的需要

现代职业教育体系的衔接性是针对其体系内部的概念，主要指的是中等与高等职业教育的沟通、高等职业教育与技术本科教育的衔接等，主要体现在专业设置、课程体系、教材建设、教学过程、招生考试、教师培养、评价方式、行业参与等方面。融通性主要是针对不同的教育类型而言的，指现代职业教育体系应该是一个职业教育和普通教育协调发展、相互融通的体系，能够通过一定的渠道相互衔接，构建起两种教育类型之间的"立交桥"。可以说，衔接性主要指纵向层面的职业教育内部各层级的衔接，融通性主要指横向层面的职业教育与普通教育体系的融通。

（四）公平性和公益性：满足低技能劳动者技能提升和生活改善的需要

职业教育公平是教育公平在职业教育领域的延伸和体现。尽管职业教育经济属性决定了其会因区域发展水平不同而导致不同地区教育收益的不同，但教育公平要求确保所有人员享受平等的受教育机会，获得均等的公共职业教育资源。公益性则是指职业教育可以使国家、社会、企业和个人等群体共同受益。公益性的潜台词是"公共利益"，所谓"公共利益"是指满足社会或群体中全体成员或大多数成员的需求、实现他们的共同目的、代表他们的共同意志、使其共同受益的一类事务。从经济、社会、教育角度来看，职业教育对经济增长、企业竞争力的提升、个人就业和生活的改善以及社会和谐稳定都具有非常重要的推动作用，能使国家、社会、企业和个人等全体受益。

第二节 终身化现代职业教育体系的构建

在我国，由于条块分割等因素，终身化职业教育到目前为止在很大程度上还仅是一个理念，在实践中遇到了各种各样的问题，因此，我们需要先确定职业教育终身化的困境，才能提出有益的解决方案。

一、现代职业教育体系具有较强的非终身化特征

目前，我国的职业教育仍难以称为终身化职业教育，仍存在许多不尽合理之处。

（一）断头的职业教育体系

经过多年的建设，我国已经基本形成了由初等、中等、高等三个层次组成，以中等职业教育为主、高等职业教育快速发展的职业教育体系。但是，高等职业教育的层次并不完善。我国绝大部分高等职业教育只限于专科层次，学制为 2~3 年。没有本科以上职业教育。专科高职学生只能升入普通本科院校，从此脱离职业教育体系。某种程度上，高职生是以放弃自己的教育经历为代价而获得接受本科教育机会的，这导致我国职业教育规模的隐性萎缩。因此，缺少更高层次的职业教育，尤其是技术本科教育，已经成为我国职业教育体系层次结构中的突出问题。

（二）不完整的职业教育过程

职业教育体系分为三个相互衔接的阶段：职业启蒙教育、职业准备教育和职业继续教育。其中职业启蒙教育渗透于基础教育之中。联合国教科文组织（UNESCO）在《修订的关于技术与职业教育的建议》（2001 年）中曾明确提出："初步了解技术和职业生活应是普通教育不可或缺的组成部分。由此可以形成对现代文化的技术本质的理解，并使他们尊重那些需要实际技能的工作。这种入门教育应成为教育改革和民主化过程所关心的一个主要问题，它应该成为初等教育直到中等教育头几年课程的必备内容。"然而，我国渗透于基础教育中的职业启蒙教育非常薄弱。在基础教育阶段，虽然一些学校象征性地设有劳技课、职业生涯规划课等，但对学生的职业启蒙教育还未有清晰的规划和设计，职业意识教育与一般的职业知识教育也未能充分渗透到各学科的教学中。

学生受到的职业启蒙教育是片断的、零碎的，甚至有时是反作用的。其危害：一是作为个体人，学生所受教育本身是不完整的，普通教育学生缺少对其生活在其中的社会（尤其是工作世界）的基本认识；二是未能为职业准备教育奠定必需的认知基础，学生进入职业准备阶段时的选择盲目性大。❶

（三）"步步设槛"的职业教育体系

职业教育体系应该是一个纵向相互衔接、横向相互融通的、立体的、灵活的体系。从纵向衔接来考察，当前我国的职业教育体系还未能实现纵向的顺畅流动。这体现在升学制度和课程体系两方面。在升学上，中职升高职、高职升本科、专升本考研究生，职业院校学生在每一个升学环节都要遭遇难关。❷ 中职毕业生虽然可以通过高职单招，对口升入高等职业院校，但目前受基本政策的限制升入高职的中职毕业生比例很小。高职专科毕业生中也只有很小比例的人可以升入本科院校，而且不是职业教育体系的技术本科。

从横向融通的角度考察我国职业教育体系，当前的主要问题是普职之间仍然存在较大的流动障碍，且融通性不足。这一缺陷使我国教育体系难以实现人的多元选择和全面发展。

我国普职分流主要有两次：初中毕业、高中毕业。普职可能沟通的机会主要发生在结束中等教育以及高职专科毕业时。然而，中等职业学校学生进入普通高校的比例被严格限制，而且可供选择的学校数量很少；高职毕业生可以通过考试进入普通本科院校，但同样比例很低，招生学校很少。普职之间的流动显示出较明显的单向性，即普通教育向职业教育流动容易，职业教育向普通教育流动困难。普通教育体系中未能充分融入职业教育内容也是问题之一。从大职业教育观来看，职业教育实际上已被拓展为"通过工作的教育（education through work）"、"关于工作的教育（education about work）"以及"为了工作的教育（education for work）"。❸ 我们关注"为了工作的教育"，却忽视了"通过工作的教育"和"关于工作的教育"，它们不仅应该发生在职业学校，还应该发生在普通教育学校。缺少这些教育，普通教育学生的知识、技能和态度培养无疑是不完整的。

（四）不统一的职业教育体系

在我国，职前教育主要依托职业学校的正规教育，而职后教育虽然也大规

---

❶ 贾涛. 论技师学院的高等教育属性［J］. 煤炭高等教育，2007，25（2）：100 – 102.

❷ 徐国庆. 职业教育原理［M］. 上海：上海教育出版社，2007：168.

❸ 张振元. 现代国民教育体系初探［J］. 职业技术教育（教科版），2003（16）：5 – 9.

模开展，如企业培训、社会培训、成人教育中的职业教育等，但目前，我国的职前和职后教育基本上处于相互不协调、不沟通的状态。也就是说，职业资格体系、学历职业教育以及职业培训三者之间还没有形成和谐统一的有机整体。一方面，我国职业资格证书体系还不完善，证出多门、互不认可的情况比较普遍；另一方面，虽然当前许多职业学校实施"双证"教育，但仍有许多地方未能与劳动力市场的真正需求接轨。其毕业生进入劳动力市场后，不能完全胜任工作岗位，需要继续接受培训。职业院校、企业培训、社会培训之间缺乏相互认可的机制，造成许多重复学习。总之，我国当前职业资格证书体系本身的不完善以及职前职后教育未能充分参照职业资格证书体系的情况，影响了职前职后教育的一体化，造成了教育资源浪费。

（五）单向的职业教育体系

职业教育体系的开放性不仅指对人人开放，还指对人终身开放。虽然在我国现行的职业教育体系中，所有人都有权利、有机会获得这样或那样的职业教育或培训，但体系的开放程度仍然不够，什么类型的职业教育或培训，对什么人、在什么时候开放，是受到明确限制的。例如，学历职业教育基本只面向适龄青少年，他们一旦离开学历教育体系，将难以重新回到这一教育体系，只能选择非学历职业教育或培训。

在我国目前的教育体系中，一旦脱离了学校教育体系，就难有机会重新回到学历教育体系中，也无法获得相应的学历。在职业教育中就表现为"受完教育再就业"。但在倡导终身学习的学习型社会中，将教育与就业截然分为两段的做法已经明显不能适应时代和人的发展要求。边工作边学习，或者工作一段时间再学习再工作，已经成为越来越多人的需要。因此，现代职业教育体系不仅要把职业培训纳入其中，还应该向已就业者开放重回学历教育体系的通道。

二、终身化职业职业教育发展进程中的主要问题

我国当前建设"学习型社会"还处于起步阶段，对构建终身职业教育与职业教育体系的认识还不够全面，缺少统一的规划和强有力的政策支持。我国终身职业教育在理论和实践中还有很多需要研究和解决的问题。

（一）管理体制条块分割

职业教育管理体制条块分割。我国万余所中等职业学校绝大多数都是由地方举办和管理的。这些学校分属省、市、县有关部门，近一半归教育部，其他

归行业部门及企业办和民办。这种条块分割的管理体制造成了职业学校在专业、地域分布上不合理，规模"小而全"、师资力量和教学设施分散等弊端。终身职业教育要求全国有统一的规划与专门的管理机构，引进优胜劣汰机制，培育高质量的职业教育与职业教育机构。我国职业技术教育证书包括学历证书和职业资格证书两种类型，分别由教育部门和人力资源和社会保障部门管理。由于职业资格证书种类繁多、标准不一，还远未形成统一的职业资格制度和体系。这种分割的管理制度，不利于职业技术教育的整体推进和健康发展，更不利于终身职业教育体系的建立。而且，我国在实施职业资格制度方面，国家职业资格的类型相对单一，主要适用于操作型工作岗位，这就急需我国建立一个涵盖全部职业，按层次等级分类的权威性职业资格制度和职业等级标准，以推动终身职业教育体系的建设。目前，我国职业教育还是以政府投入为主，企业参与相对较少，这种现状不利于终身职业教育的环境与氛围的协调，也不利于未来终身职业教育企业应该唱主角的趋势。

（二）职业学校教育发展滞后

我国现行的以职业学校教育为主的职业教育体系，在办学模式、课程设置、教学内容、教学方法等方面不适应市场变化的需要，这不利于调动学生学习的积极性，也不利于满足学生的个体差异、个性发展和对教育需求的选择。职业教育的职业导向功能不强，对社会经济发展的需要反应迟钝，产业发展与职业教育之间也缺乏良性互动机制。像国外的那种与普通高校打通，可以互相转学和承认学分的机制，在我国还没有建立，学生一经就读中职或高职院校，就要一读到底，然后走向就业岗位，这种现状不利于学生就业能力的培养。终身职业教育的未来必然是倡导学生的终身职业能力，这要求学生可以不断学习，不论是在普通高校、职业学校，还是企业的职业教育，都是其终身职业教育链条的一部分，而且应该是有连续性的，可以根据需要从一个职业教育场所随时转换到另一职业教育场所，这样才符合终身职业教育的要求。在课程和教学等方面急需建立面向市场、面向企业的灵活教学制度，并能实行面对不同学习对象的差异化教学与职业教育，满足终身职业教育灵活性和实用性的要求。目前，职业学校对市场信息反应滞后，造成人才供求很不匹配，一些职业学校毕业生"毕业即失业"。到目前为止，我国还没有建立起这方面的预测机制和信息平台。教育、人力资源和社会保障、商务等部门及各类行业组织在人才交流问题上各成系统，不能交流共享；人才市场、用人单位与人才职业教育机构没有建立起经常、稳定的联系；人才市场中介机构，还不能很好地发挥人才市场信息枢纽的功能。这必然影响终身职业教育体系的建设，终身职业教育体系要求有很好的信息平台，只有这样，才能发挥其科学、快速配置人力资源的作用。

（三）职业教育结构失衡

我国终身职业教育是以职业学校教育为主，企业职业教育较少。而在学校教育中，初等、高等职业学校比例、不同区域的职业学校比例失衡，优良的职业教育资源较少。举办初等职业技术教育的学校主要是职业初中；举办中等职业技术教育的有中等专业学校、职业高中、技工学校等多种类型；高等职业技术教育则是在理论准备不足、思想认识不一致、培养目标和模式不明确的背景下走上快车道的，这就导致了高等职业技术学校的良莠不齐。企业职业教育的发展不平衡：有的企业职业教育有声有色，对企业经营起到极大推动作用；而另外一些企业欠缺开展岗位技能职业教育意识。我国职业教育的区域发展不平衡表现在东部、中部地区职业技术教育发展相对较快，而西部地区发展相对较慢。终身职业职业教育应该具有灵活性，也就是说要与当时当地的经济发展配套，我国的职业教育就明显存在与经济发展脱节的问题，我国要建立终身职业职业教育体系，除了增加职业教育的灵活性、实用性和适应性，还应该增加企业职业教育的比例。

（四）职业教育发展环境较差

终身职业教育在我国还不受重视，职业教育被视为"二流教育"，教育类型的多样化被异化为等级化，行行出状元的思想被否定，往往认为失败的学生才进入职业教育学习。我国社会文化中"劳心者治人，劳力者治于人"的传统观念根深蒂固，存在"重普通教育，轻职业教育""重知识教学，轻技能培养"的倾向。我国"白领"工资收入普遍高于"蓝领"，技术工人的劳动得不到社会足够的承认。我国必须建立合理的技术技能型人才的使用评价机制，将全社会的所有类型的人才评价机制整合起来，这才有助于消除对技能型人才的歧视和对职业教育的歧视。在全社会树立终身职业教育的理念，认识到普通高等教育、职业教育都是终身职业教育体系的一部分，学生还应该可以在两者间自由流动，这也有助于这种传统观念的扭转。我国部分企业也不愿投资职工职业教育，也不利于终身职业教育的发展。在国外，企业在终身职业教育中都是唱主角的，而我国企业在培养技术技能型人才方面普遍没有发挥主体作用。企业对职业技术教育投入不足的原因有以下三个方面：（1）长期以来我国企业传统粗放式经营和管理方式没有改变，质量意识不强，不重视提高企业职工素质；（2）现代企业制度建设滞后，部分企业负责人忽视职工队伍长远建设；（3）引入市场经济体制后，企业担心员工接受职业教育后就跳槽，也不愿投资搞职业教育。

三、构建终身化现代职业教育体系的策略

在认识到目前我国终身化职业教育发展的问题后，我们认为，应从以下四个方面推进现代职业教育终身化进程。

（一）充分发挥政府在终身职业教育中的作用

政府在终身职业教育中要发挥好出台政策、提供经费、协调关系、统一标准的功能：（1）推行学历证书加职业资格证书相结合的"双证"就业制度，把就业与提高劳动者素质紧密结合起来，"先职业教育后就业"，完善就业准入制度；（2）抓住职业技能鉴定和发放资格证书两个环节，确保职业教育的质量；（3）鼓励和支持各种社会力量参与终身职业职业教育事业，发挥各方面积极性，实现职业教育资源的优化配置和有效利用；（4）建立整合教育、人力资源和社会保障、商务等部门的人才交流职业教育信息，建立人力资源综合职业教育平台，整合人才市场、用人单位与人才职业教育机构的信息需求，降低信息搜寻的交易成本，为各类用户提供个性化服务；（5）加大职业教育资金投入，加强职业职业教育的软硬件环境设施，尤其是示范性职业学校和实训基地建设，为强化高技能性和实用型人才培养创造条件。职业教育经费应采取政府、企业和个人三方共同负担。政府应出台鼓励措施，通过财政转移支付或税收优惠政策，鼓励企业成为终身职业职业教育体系的重要组成部分。政府必须建立相应财政和税收机制，鼓励企业参与到终身职业职业教育中来；（6）制定完善培养高技能人才的鼓励政策；（7）制定相关的法律法规，在政策上保障终身教育与职业教育服务在不同地区的均衡发展。

（二）建立与各类教育相互整合的终身职业职业教育体系

用终身教育和终身学习的理念对职业教育进行终身化改造。终身职业教育是终身教育体系的重要组成部分，是提升国民素质的重要手段。职业教育不仅满足了社会对各种差异化人才的需求，也满足大众提升自我、完善自我的愿望。打破当前各种类型教育之间的壁垒，构建统一的、相互衔接的教育体系，将职业学校、企业职业教育、社区职业教育进行有效整合，使得所有类型的职业教育均得到社会承认。把终身职业教育看做是学校、企业、社会教育职业教育系统的整合。终身职业教育不仅要传授职业的知识、技能以及从事某种职业

所具备的特殊态度、行为和特征，更重要的是在培养人的全面素质上的相互衔接。将实践中终身职业教育的各种办学体制、各种教学地点、各种学习时间、各种学历层次、各种职业教育内容整合成统一的体系标准，用统一的体系来满足职业教育社会化、终身化、个性化的需求。这样才能使不同年龄、不同岗位、不同需求的公民都有机会，比较容易地进出职业教育的大门，做到"学者有其校"。

（三）深化职业教育与职业教育的教学改革

终身教育不仅要求构建一个全新的职业教育体系，而且更为重要的是要进行教育教学的改革。深化教学改革，建立与终身教育制度相衔接的教学管理制度、课程体系、教学方法和教学手段。职业教育课程体系和教学管理制度的构建要以适应人的全面发展为根本原则，为学生提供多种类型的课程选择。全面进行课程改革、规范专业设置，要强调课程本身的综合性和整体性，而不是强调某一学科知识的系统性和完整性。树立大职业教育观，尽快建立国际化的现代学习制度。建立灵活的学习制度，实行"宽进严出"的原则，推行弹性学制，实施学分制和插班制度，为终身职业教育创造宽松环境和较好条件。职业教育和职业教育机构根据劳动力市场需求调整和把握职业教育方向，根据企业生产经营的实际需要合理调整职业教育计划、师资、设备和课程内容安排，与用人单位建立合作伙伴关系，实行"订单式"和"菜单式"职业教育，并主动加强与行业、企业和社会各方面的联系，紧密结合企业生产、经营、管理活动，引进先进的技术、设备，实现最佳办学效果。职业教育机构要向多功能、综合性方向发展，为受训者提供职业教育、技能鉴定、职业介绍、就业服务为一体的"一站式"服务。

（四）实现终身职业职业教育的信息化改造

现代远程职业教育具有学习资源丰富、学习时间灵活、学习手段多样以及学习费用较低等特点，还能使学习者学会自我评价和自我调节，不断修订学习的目标、内容、方法和进度，帮助学习者培养学习能力、学习方法和学习技巧，这不仅满足了学习者个性化的需求，也使学习者的主体地位真正得到确立，使学习过程达到整体的最优化。职业教育信息化是实现终身职业教育和职业教育现代化的基础，是职业教育、教学、管理、学习与现代信息网络技术的有机融合。我国可以建立以电子政务、信息交流、资源共享、远程职业教育等为主体功能的信息网络化平台，为终身职业教育的改革发展提供技术支撑。

第三节　江苏构建终身化现代职业教育体系的实践

从 2002 年起，江苏省就提出了建设"学习型社会"的目标，以苏南城市带头，全省创建学习型城市的活动从一开始就保持着良好发展势头，全省多层次的教育体系发展良好，全民学习和终身学习氛围逐步形成。目前江苏省部分城市学习型社会的创建活动已走在全国前列，并已形成以点带面、整体推进的良好局面。

一、江苏学习型城市建设与职业教育发展互动的个案分析

江苏学习型城市建设已取得令人瞩目的成就，在此，我们仅以南京和常州为例为说明江苏的学习型城市建设和职业教育发展的互动关系。

（一）来自南京市的经验

在学习型城市建设中，南京市提出了"打造世界教育名城、建设学习型城市、促进人的现代化"的目标，涵盖了基础教育、高等教育、职业教育、终身教育四大体系，明确到 2020 年，基本建成"历史积淀深厚、质量水平一流、名校名师众多、风格特色鲜明"的世界教育名城；基本建成"氛围浓厚、人才荟萃、充满活力、富有品位"的学习型城市。具体目标包括如下几个方面。

（1）形成高均衡度的教育新布局。到 2020 年，让绝大多数人有机会享受到与时代同步的优质教育；3～6 岁儿童毛入园率保持 98% 以上；义务教育毛入学率保持 100%，残疾儿童义务教育阶段入学率保持 99%；高中教育阶段毛入学率保持 100%；高等教育毛入学率达 70% 以上；教育的优质性、特色性、可选择性更加明显。

（2）形成高融合度的教育新体系。到 2020 年，教育发展主要指标率先达到发达国家水平，从业人员继续教育年参与率达到 70%，国家教育信息化标准达标率达到 100%。

（3）形成高开放度的教育新格局。到 2020 年，优质国际教育资源总量显著增加，教育在吸引和聚集国际化高端人才中的作用更加显著，普通高等学校在校生中留学生所占比例显著提升，基本建成来华留学生首选城市之一及在全国富有影响力的国际教育交流合作名城。

（4）形成高知名度的全民学习新平台。到 2020 年，市民终身教育学习网

络覆盖率达到95%，居民综合阅读率达到95%以上。

在职业教育方面，南京将推进职业教育资源整合，根据市场需求和产业发展趋向，优化职业教育专业设置。与此同时，转变职业教育办学模式，推进职业教育多元化办学、集约化发展，充分利用区域内各种教育资源，探索职业教育与行业、社会联合办学及集团化发展模式。到2020年，每万名劳动力中高技能人员数达680人。

设立"学分银行"鼓励终身教育。该市将建设"南京市民终身学习远程服务中心"，建立"学分银行"制度，设立市民学习账户，实现个人终身学习的信息储存和信用管理。学分银行，就是把市民平时分散、碎片化的学习积累集中起来，经过专业评估后可拿到一定学历认证。南大、南师大开设的具有学历支撑作用的专业课程，市民能够参与听课，通过考试的，就变成相应的学分，累计到一定程度，经认证后，就可以取得南京开放大学（南京电大）的相应文凭。形成开放大学与普通高等教育、成人高等教育和高等教育自学考试对接机制。

营利性培训机构也愿意拿出一部分教育资源向市民开放，为此，该市制定实施了"教育支票"和"学习资源券"等资源分配模式，比如一家培训机构拿出100个学习名额，相关部门将会向市民公示，接受申请，只要申请人达到参加培训所需的相应知识要求，就可以领到"学习资源券"，参加课程学习。

该市还健全了终身教育网络系统，建设市、区两级"学习型城市建设网站"，充分整合各种远程教育资源，搭建卫星、电视和互联网等为载体、多网合一的数字化学习系统平台。以国家开放大学、社区学院及各级图书馆、文化馆、博物馆、档案馆等为依托，逐步建立市、区（系统）、街道（镇）、社区（村）四级学习培训网络。

（二）来自常州市的经验

常州是一座具有2500多年历史、风景秀丽的江南文化古城，也是中国改革开放后迅速崛起、阔步前进的现代工业城市。常州崇文重教，人文荟萃；物华天宝，人杰地灵。作为长江三角洲对外开放地区和全国社会发展综合实验区，20世纪90年代以来，常州先后被命名为全国综合实力50强和投资硬环境40优城市、全国卫生城市、全国科教兴市先进市和全国优秀旅游城市等。

该市希望通过学习型城市建设实现四个目标：（1）确立先进的学习理念。确立"学习、学习、再学习""终身学习""全民学习"的理念，使学习成为整个社会的基本生存状态和运行准则，成为社会进步的主要推动力和生活的第一需要；（2）健全系统的学习体系。建立社会化的学习型组织，形成由基础教育、职业教育、高等教育和继续教育组成的、较为完整的、开放的、高质量的终身教育体系，为全市人民提供充足优质的学习资源和场所；（3）形成社会化学习网络。建立覆盖全社会开放式的全民学习教育网络，为知识多层次、多形式的教育需求开辟广阔的途径；（4）建立科学的人才培养机制。加强创新型、复合型人才的培养，形成育才、引才、荐才、聚才、用才的良好机制与环境，建设好高素质的各类人才队伍。

在整个目标中该市强调由基础教育、职业教育、高等教育、继续教育组成的终身教育体系建设，尤其重视终身职业教育体系建设。按照统一布局、集中建设、形成特色的思路，优化整合现有高校，大力建设了占地8平方公里、在校学生达6万~8万人的大学城，使常州成为在全省乃至在全国领先的高等职业技术教育基地。此外，还整合了现有职业高中、技工学校等职业教育资源；加强职业教育与产业、企业之间的合作，开展特色技能教育，努力提高职业教育水平；搞好毕业生就业指导和咨询服务工作，建设开放的毕业生就业市场，同时，推进职教招生制度改革，逐步实行自主招生、宽进严出、建立和健全学分制的管理方法，面向社会接纳初中、高中、大中专院校毕业生及成人接受职业教育，并根据劳动预备制度吸纳不准备升学的农村学生和其他求职人员接受职业教育，基本实现新增劳动力平均受教育年限达13年以上。

该市大力加强职工转岗和再就业的继续教育。其中包括如下四个方面。

（1）企业管理人员的继续教育。重点是开展工商管理职业资格培训，推进企业经营者工商管理职业资格认证制度和持证上岗制度。分期分批举办企业信息化知识培训班，推进企业上网工程和企业信息化进程。按照完善法人治理结构的要求，逐步开展企业高级管理人员分类培训，大力推进 MBA、EMBA 培训工作。

（2）科技人员和紧缺专业人才的继续教育。重点抓好中高级专业技术人员、优秀中青年学术技术带头人以"新理论、新技能、新信息、新知识、新方法"为主要内容的继续教育。

（3）企业职工的继续教育。主要是通过大力发展包括高级职业培训、上岗和转岗培训以及再就业培训在内的各类培训业，推进并实行劳动就业准入制度，使城镇职工全员培训率达55%以上，使全市企业技术工人初、中、高技术等级结构比例达2:6:2左右，全市从事技术工作的专业技术工人职能等级在现有基础上普遍提高一级，使全市职工队伍年平均接受培训和继续教育在30

学时以上。

（4）社区各类群体的继续教育。通过建立社区学校、开办老年大学、建立各种文体团队，满足离退休人员和社区其他不同人群渴望学习、追求新知的愿望，提高社区群众生活的质量。

因为在学习型城市建设方面的突出成绩，常州成为教育部推动、中国成人教育协会和中国联合国教科文组织全委会秘书处共同组织发起的"全国学习型城市建设联盟"的首批成员，该市在会上作了题为《学习，让城市更美好》的经验汇报。报告从"让每一个人都有学习的权利与机会""让每个人都能学得更便捷更自由""让每个人都能学有所依学有所变""学习让城市更美好"等四个方面，介绍了常州自 2001 年以来，把加快高素质人才培养作为学习型城市建设的重要目标，把增强城市创新能力作为学习型城市建设的现实追求，把构建和完善终身教育体系、创建学习型组织作为学习型城市建设的主要手段和途径，所持续、扎实开展的一系列工作和取得的成效，得到了领导和专家的一致好评。

二、江苏构建学习型社会和现代职业教育体系的实践

在区域性学习型社会建设和现代职业教育体系建设方面，江苏省的经验值得全国其他地区学习，主要经验包括如下三个方面。

（一）进一步构筑全民终身教育体系，奠定学习型社会的基础

构筑全民终身教育体系是建设学习型城市的基础，但江苏省目前的创建活动重点放在了各种学习型组织的创建，对全民终身教育体系的基础地位认识不够。建设学习型社会的目的是对教育资源和人才培养模式进行优化整合，达到"人人是学习之人，处处是学习之所"的要求。建设学习型社会不能为创建而创建，而必须有坚实的教育基础和实际的学习载体。从长远来说，建设学习型社会应在大力推进教育现代化的同时，整合、优化各类教育文化资源，打破目前的各类资源主体封闭、割据的局面，构筑社会化、开放式、多层次的全民终身教育体系。构建全民终身教育体系需要在信息化建设的基础上，规范学前教育，改革国民教育，发展继续教育和职业培训，通过加快全省远程教育系统建设、引进国内外优质教育资源、整合城市文化教育设施等措施，实现终身教育与终身学习双向强化、教育型社会与学习型社会双重组合。

（二）以创建学习型组织为抓手，推进学习型社会建设

（1）创建学习型县（市、区）。江苏省充分发挥政府在推进学习型社会建

设中的统筹作用，紧密结合区域经济建设、社会管理和教育发展实际，积极整合教育与学习资源，加快完善终身教育体系，统筹规划各类学习型组织建设，着力培育具有区域特点的学习文化，进一步激发区域创造力、增强区域凝聚力、提高区域竞争力。目前已建成约30个学习型县（市、区）。

（2）创建学习型社区。江苏省充分发挥社区在学习型社会建设中的基础作用，以提高居民素质和增进社区和谐为目标，整合社区教育资源，完善学习网络，组织开展适合各类人群特点的学习教育活动，引导居民在学习中增长知识、陶冶情操、提高能力，努力满足居民的精神文化需求，推动形成文明健康的行为方式和生活习惯。目前，全省学习型社区建成率约达50%。

（3）创建学习型机关。江苏省充分发挥各级党政机关在学习型社会建设中的示范带头作用，结合机关工作要求和实际，编制实施学习型机关创建规划，引导机关干部继续学习、终身学习。围绕提高干部队伍素质和依法行政能力，进一步丰富学习内容，创设学习载体，创新学习形式，健全学习制度，不断提升机关干部思想政治素质、科学文化素养、业务技能和学习能力，努力建设适应时代要求、人民群众满意的学习型机关。

（4）创建学习型企事业单位。江苏省充分发挥企事业单位在学习型社会建设中的主体作用，突出知识创新、技术创新和效能提高的要求，深入开展各类培训和学习活动，加快提高广大员工的专业能力和综合素质。推进组织变革与制度创新，倡导终身学习理念，调动员工学习积极性，培养员工的创新能力和团队精神，不断增强企事业单位的核心竞争力与综合实力。

（三）以现代职教体系建设为契机，增强教育与社会的互动

为了进一步建设终身教育体系，江苏省在2012年决定推动全省职业教育以科学发展观为指导，积极探索系统培养技能型人才制度，增强职业教育促进学生全面发展、服务经济社会发展的能力，加快形成现代职业教育体系，从实现中高职衔接入手，推动职业教育体系的贯通。中高职衔接的方式包括：①中高职3＋2或3＋3分段培养。即中等职业教育学习3年，进入高等职业教育学习2年或3年。②中职与普通本科"3＋4"分段培养。即中等职业教育学习3年，进入普通本科教育学习4年。③高职与普通本科分段培养。即高等职业教育学习3年（五年制高职学习5年），经过资格考核，进入普通本科教育学习2年。④高职与普通本科联合培养。高职与普通本科院校合作，以本科院校招生计划在本二批次联合招生，培养4年制本科层次高端技能人才。⑤"双专科"高职教育。为适应产业结构优化升级对高素质复合型技能人才的要求，增强学生就业竞争力和岗位迁移能力，减轻高职院校办学的结构性矛盾，恢复过去举办多年的"双专科"教育，学生学历电子注册实行"A 专业 + B 专业"，学制 4 年。

在实施过程中，江苏省要求试点工作在省职业教育创新发展实验区（宁、苏、锡、常、通）和地方政府促进高等职业教育发展综合改革国家试点市（苏、锡、常、通）范围内开展，并对试点单位提出了较为具体的增强校企合作、加强教育与社会互动的要求。要求各学校要根据市场需要、高端技能人才培养需求确定试点专业，并在人才培养方案中准确描述职业面向及岗位能力培养要求，对校企合作形式进行明确规划。

三、构建江苏终身化现代职业教育体系的建议

尽管江苏省在构建现代职业教育体系方面取得了一定的成就，但也应看到，现代职教体系仍然是一个相对封闭的系统，目前的主要建设任务仍然集中在职业教育内部的沟通与衔接上，这与建设终身化职业教育体系的要求还有一定距离。据此，我们提出以下一些建议，希望江苏省终身职业教育体系的建设取得更为显著的实效。

（一）整合开放教育与职业教育资源，构建开放职业教育体系

终身教育思想的建构需要现代切实可行的教育体系的支撑。开放教育是一种新的教育理念和教育手段，使建构终身教育体系和建设学习型社会成为可能。但要使之成为现实，我们应该遵循职业教育的发展规律，对现行的职业教育体系进行改造，科学地设计终身教育的构建方式。通过开放式职业教育，职业教育可以打破学校教育的藩篱，职业教育的体系就能更趋灵活多样，职业教育的规模得到扩展，能够最大化地满足人们终身教育、终身学习的多元化需求。

开放教育与职业教育的结合将催生崭新的终身教育体系。教育改革发展的趋势是终身教育体系的建立与学习型社会的建设，我国继续教育步入了力争与全球同步的快车道。加快发展继续教育是构建终身教育体系的有效路径，大力发展终身教育与继续教育离不开现代化的信息网络。我们要紧跟市场经济的发展步伐，扩大学校教育范围、拓展学校教育服务功能，职业教育应与开放教育密切沟通与融合，创造多种途径为终身学习、全民学习服务，增强人们的创业与创新能力。

职业教育和开放教育并重、共同发展。职业教育借鉴和利用开放教育的先

进办学理念、比较完备的信息化基础设施、较为丰富的远程教学资源和网络教育资源的开发应用能力，积极探索和实践网络及多媒体技术在职业教育中的广泛应用，努力打造以网络教学平台为主体的开放性职业教育人才培养模式。开放性的办学理念已成为职业教育发展的新视野。结合学科专业建设和教学实践，大胆尝试两类教育的结合，借助开放教育技术手段进行教学方式的改革与创新，鼓励学生通过网络资源自主学习，实现师生的交流与互动，通过网络教学平台，逐步形成知识与技能融会贯通的教学模式。坚持职业教育服务于经济社会发展，走与企业、农村、社区实际需要相结合的办学思路，多方面、多层次开展各类职业培训，将职业教育资源更广泛地传送到社会各个方面，发挥职业教育引领和带动作用，以期形成一种新的开放性职业教育模式。

（二）整合社区与职业教育资源，构建社区性职业教育集团

社区职业教育，是在具有社会特征的一定地域内，使职业教育和社会融为一体，相互促进、协调发展的教育模式，是使国民教育和终身教育相互融汇贯通的教育形式。社区职业教育的服务对象是社区内机关、企事业单位职工和社区居民。社区职业教育包括高等职业学历教育、中等职业学历教育以及大量的非学历社区职业培训。社区职业培训内容，主要包括以下项目。

（1）岗位技能培训。对机关干部，企事业单位职工、专业技术人员开展的旨在提高综合素质的培训。对下岗职工为上岗和转岗开展的职业培训。

（2）对残疾人的生存、生产技能培训。通过技术培训，使残疾人掌握一定的劳动技能，为其成为自食其力的劳动者奠定基础。

（3）对农村转移劳动力的职业培训。由区相关部门、劳动和社会保障服务中心、社区学院、各街道社区教育学校从区域经济需求出发，积极开展农村劳动力转移培训，提高其文化、道德和劳动技能，使其跟上当前农村城市化进程。培训内容包括生存技能、文化素养、生产技能培训等。

（4）对农民进行的促进农民增收致富的农业技术培训。紧紧围绕当地经济结构特点，开展各类创业引导性培训，包括经济果木、茶叶、花卉、大棚蔬菜、牲畜饲养、水产养殖等增值致富培训。对所有农民实施可持续发展的教育，改变传统发展观，树立起全面、协调、科学的可持续发展意识，帮助农民形成新的思维方式、生活方式和工作方式。特别是在提高农民环保意识和食品安全、无公害产品及标准化生产知识的能力方面的教育培训。

我们认为，这些教育功能可以集中在一个或几个教育机构中完成，最为理想的教育机构应该是社区职业教育集团。

　　职业学校因为办学实力、地区区位等因素往往无法单独完成以上所有的教育职能，学院在办学过程中，存在较大困难。因此各地应根据各自情况建设多功能社区性职业学院，联合几所社区学院组成社区性职教集团，有利于进一步整合资源。如天津于 2005 年率先建立了天津城市职业学院，成为了京、津、沪三市第一家社区性职业学院。同年，由天津城市职业学院与市内另外五区社区学院组建了天津城市职业学院职业教育集团。

　　这类集团的基本特征是社区性、综合性和职业性。所谓社区性，即集团内学校均坐落在各社区，为社区的经济社会发展以及和谐社区建设提供优质的教育服务，其教育资源和文化体育设施向社区全面开放。各学院以管理和推动本区社区教育为己任，是各区社区教育的重要载体和龙头。所谓综合性，即各学院紧紧围绕各区的政治建设、经济建设、文化建设、社区建设，为其提供多层次、多形式、多规格的各类教育服务。所谓职业性，即各社区学院以就业为导向开发职业教育，集团中不仅包含各类学校，更重要的是包含社区范围内的多家企业，使企业与学校形成紧密的互动关系。❶

（三）整合线上与线下职业教育资源，构建数字化职业教育平台

　　21 世纪，人类已经步入以计算机、多媒体和互联网络为标志的信息时代。信息技术的普遍应用有力地推动着全球经济社会的深层变革，深刻地改变着人们的生活、学习和工作方式，对教育改革和人才培养提出了全新挑战，为教育创新和跨越式发展提供了崭新空间，以信息技术特别是宽带网络和新媒体技术为强大支撑的新一轮学习革命已见端倪。

　　当前，我国工业化、信息化、城镇化、市场化和国际化深入发展，步入信息化与工业化融合发展的关键时期。各级政府正在围绕转方式、调结构，精细化、规模化地推进各行各业信息化深入发展，信息技术逐步深度融入企业生产、服务和管理的各个环节，产品工艺流程、生产设备设施和业务管理过程等方面的信息技术含量大幅度提高，对在职职工和新生劳动者的信息技术应用能力提出了新的更高要求。加快推进职业教育信息化，大规模培养掌握信息技术的高素质技能型人才，是适应国家信息化与工业化融合发展要求，提高在职职工和在校学生信息素养、岗位信息技术职业能力和就业创业技能的紧迫任务。

　　我们认为，整合线上与线下职业教育资源、建设数字化职业教育平台是当

---

❶ 郭来湖，赵桂芳，张增岭. 高等职业教育与区域经济发展关系探索［J］. 中国职业技术教育，2004（14）：42 −43.

务之急。

（1）努力提升职业教育信息化基础能力。建立和完善全省职业教育信息资源网，建立各地教育行政部门、职业院校、行业企业和科研机构相互协作的网络化职业教育服务体系和资源共享机制。地方教育行政部门要以加强省级职业教育网站建设为重点，创新运行机制和管理模式，建设泛在、先进、高效和实用的职业教育信息化基础设施。全面提高职业院校信息技术装备水平。职业院校要以标准化校园网建设为基础，实现多种方式接入互联网，加快信息技术终端设施普及，重点建设仿真实训基地、网络教室、远程教育培训中心、多媒体应用中心等数字化场所和设施。努力建成支持学生学习、学校办公和政府决策的职业教育信息化环境。

（2）加快开发职业教育数字化优质信息资源。开发包括网络课程、虚拟仿真实训平台、工作过程模拟软件、通用主题素材库（包括行业标准库、实训项目库、教学案例库、考核试题库、技能竞赛库等）、名师名课音像以及专业群落网站等多种形式的职业教育数字化信息资源。建成教学资源平台、电子阅览室、数字图书馆等综合资源平台。加快建立健全职业教育资源开发机制、认证体系和共享模式。加快建设国家职业教育数字化信息资源库。支持建设省级职业教育数字化资源开发基地。建立健全职业院校、行业企业、研究机构之间的资源共建共享机制。依托示范性职业院校和大型企业，建设一批省级示范性职业能力培养虚拟仿真实训中心。

（3）加快提高职业院校数字校园建设水平。制定职业教育数字校园建设标准，加快推进标准化数字校园建设。各地和职业院校要建设宽带、泛在、安全的网络基础设施，推广应用多媒体教室、数字化实验室、远程协作教室等职业教育信息化环境，促进常规装备和信息化装备协同融合；普及师生个人学习终端，创新数字化的专业学习工具、协作交流工具和知识建构工具，引导广大师生广泛运用信息化手段，创新人才培养模式，积极推进信息技术进校园、进课堂、进教材，促进信息技术与教育过程、内容、方法和质量评价的深度融合，提高教育教学质量；推进学校管理信息化应用，不断提高职业院校学生学员、教师队伍、办学经费、基本建设、条件装备、教务、校企合作等关键业务管理的信息化水平，提高管理工作效率。

（4）提升职业教育工作者的信息素养。制订职业院校教师教育技术能力标准；依托职业教育、高等教育教学和培训机构以及有关企业，支持建成信息技术职业能力培训基地，健全培训、考核和认证机制；重点推进职业院校信息主管培养，每所学校重点培养一名主管数字校园建设的行政领导、一名正高级信息技术专业教师和一名校园网网络主管。各地要鼓励学校组织在职人员学习、应用和创新教育信息技术，逐步将教育技术能力纳入职业院校教师资格认证与考核体系。

（5）大力发展现代远程职业教育。加快推进多层次互补、多模式共存和多样化发展的现代远程职业教育，逐步形成高度开放共享的职业教育培训网络。建成全省职业教育网络学习平台；按照有关规定支持和鼓励示范性职业院校、有条件的企业、行业组织及其他机构向社会提供现代远程职业教育培训。支持建成农村和城市社区数字化学习中心，为当地科技文化推广、实用技术培训、成人终身学习提供综合信息服务。多渠道创新远程职业教育培训模式，推动优质信息资源跨区域、跨行业和跨机构远程共享。

本章小结

由于历史的原因，我国诸多领域都存在条块分割的困境，在职业教育方面也是如此，表现在中职生难以升入高职、高职生难以升入本科院校、职前教育与职后培训脱节、社会无法有效利用职业教育资源、职业院校难以与企业形成良性互动，等等。因此，本章提出了终身职业教育的概念，希望将职业教育体系打造成纵向上中高等职业教育衔接、横向上教育与社会部门融通的一个开放式体系。这个体系建立在终身教育、终身学习与学习型社会的理念之上，将使江苏省技术技能型人才的培养更加高效，为江苏未来经济社会发展奠定更为坚实的基础。

（本章执笔人：谭　明）

江苏现代职业教育体系的师资队伍建设

构建现代职教体系，大力发展职业技术教育，需要一支高素质、专业化的教师队伍。职业教育的教师是职业教育事业的灵魂，如果没有高质量的教师队伍从事着、坚守着这项事业，将威胁到职教事业的生存与发展。因此，职教师资队伍建设是江苏现代职教体系构建、事业发展的重中之重。

第一节　江苏职业教育体系与师资队伍专业化建设

一、江苏职教师资队伍建设的专业化问题

从国际比较角度看，当前这支队伍在专业化建设过程中还存在许多问题需要研究与解决。

（一）师资队伍建设目标上的问题

针对师资队伍存在的种种问题，无论国家、政府，还是教育部门都非常重视，专门出台了许多政策文件予以保证。这些文件的制定对加强职教师资队伍建设起到了极大的促进作用。然而在执行的过程中还存在一些具体的问题。

1. 重学历达标轻教师综合素质

我国在确定师资队伍建设目标时，比较重视学历达标问题，几乎在所有的文件中，学历达标的描述是最清楚、可操作、有计划的，而对教师综合素质的描述则是笼统的、难以操作和把握的，没有一个可参照的、科学的、操作性的标准体系，或者是以学历或者是以职称进行规范，许多描述弹性很大，让教师

无所适从。这主要是由于我国没有关于教师职业的法定操作标准，因此也没有内容明确而具体的职业教师任职标准，这与国外重视教师标准的开发和制定大相径庭。如德国，对职教教师培养规格的规定，是通过严格的培养制度达成的，而没有太多务虚的描述。美国在职教师资培养标准方面，有全国性的，也有地方性的标准和要求。日本也有明确的职教师资标准。这些素质标准为职教师资培养及教师资格认定提供了相应依据和参照。

2. 重行政管理轻教师专业发展

我国在规划职教师资队伍建设目标时，多从行政管理角度出发，如侧重对教师业绩的考核、评聘、晋升、选优等，而忽视了教师的专业发展，特别是教师个性化的专业发展。这与重学历有着千丝万缕的联系。由于重学历，许多教师不顾专业发展避难就易，不管什么专业先完成学历达标目的。由于重行政管理，许多领导只强调学历达标、人数达标、培训率达标，而忽略每个教师专业发展的不同需求，常常为完成上级规定的指标而不顾每个教师的实际情况与特殊需要，搞教师的成批培训，这样一种师资队伍建设导向，只能导致活动轰轰烈烈，效果平平常常，劳而无功。

3. 重"工程"项目轻教师制度建设

在师资队伍建设的有关政策文件中，经常会出现浩大的"工程"项目，如培养"名师工程"、"名校长工程"、"学科带头人"等，这一方面反映了有关部门对师资队伍建设的重视，但同时也反映出在师资队伍建设方面缺乏规范化、制度化、常规化的建设，常常是缺啥补啥，应景之作过多。师资队伍良性而稳定的发展，离不开制度的督促与保障，包括教师标准的制定、教师的培养培训制度、教师职业资格证书制度、教师培养培训的投入机制等。只有加强完善制度建设才能使师资队伍建设有序稳步地进行。这一点应该借鉴国外的一些做法。如德国、美国等重视有关教育的法律法规制度建设，有比较完备的职教教师培养培训制度、任职资格制度、聘任制度等，甚至对新教师的培养也有很详细的规定，如美国的新教师入门指导计划是美国20世纪80年代"发展最迅速的运动之一"，英国有"新教师入职培训制度"等。

（二）江苏职业教育教师来源上的问题

1. 来源渠道广泛，但缺乏规范的准入

目前，职教师资来源渠道比较广泛，主要有普通师范、普通高校、职技高师毕业生，工矿企业技术人员，职业学校留校生，兼职教师等，体现出职教师资队伍组合的多样化、人员结构的日益合理化、质量地位的逐步提高，这一点与世界其他国家职教发展情况类似（见表6-1）。但是，由于缺乏规范的准入程序，来自各渠道的师源常常是各显神通，有时还要通过非常规的做法才能顺利进入职教队伍，特别是要引进一些素质较高的、专家型的能工巧匠时，常会遇到诸如人事制度等方面的阻力，妨碍了优秀师源的吸纳。特别是兼职教师的聘用，由于缺少政策依据，常引起与其所在单位的矛盾。而在国外由于人事体制的灵活性以及法律法规的完善，不大存在这类问题，职业学校容易聘请到高水平的教师。

表6-1　亚太部分国家或地区的职教师资来源

美国	日本	韩国	印度	中国台湾地区
职教师资毕业生 现任教师经培训 改行 从当地企业界聘请的有一技之长的专家	职业能力开发大学 文部省认可的高等院校 国立大学的工学院	师范学院 专门培养职业师资的技术大学 高等院校 企业人士担任实业科教师	师范院校或技术师范学院、师资培训学院 中央培训学院 地区性的技术师范教育学院	师范学院 大学院校教育学院、系、所 大学院校毕业修满教育学课程

（陈祝林：教育部全国教育科学"十五"规划重点课题《职业教育师资培养策略体系国际比较研究》19页）

2. 来源质量复杂，且缺乏严格的准入标准

实践表明，多渠道的师资来源丰富了职教师资队伍，增强了其活力，有利于职教质量的提高。然而，由于我国职教教师准入制度的不健全以及准入标准过低，难以保证师资的质量水平。如在我国取得教师资格证书只要通过三门课程考试，而对实际教学能力的考核是个空白，一些从企业等单位来的技术人员虽然实践能力很强，专业理论很扎实，但学科教学能力太差，难以有效地传授专业知识，指导学生。而在许多国家和地区，对职教教师的任职资格都有比较严格的专业规定，以确保职教师资的专业质量（见表6-2、表6-3）。德国对从事职业教育的教师不仅有一套完整的培养培训体系，而且采取严格的国家考试制度。德国联邦劳动和社会秩序部根据职业教育法的规定，制定了《实训师资资格条件》，对实训师资的要求作了明确而详细的规定，并且具体到某一行业，如《农业实训教师资格条例》等。澳大利亚的职业教育教师上岗前，必须参加为期1年的新教师上岗培训，培训结束时接受教育部门和学校的评估考核，不合格者不能颁发教师资格证书。丹麦职业教师上岗前必须在专门的职

业教师教育培训中心进行教师培训课程的培训，包括 14 周的理论学习和 4 周的在职培训。只有培训结束取得职业教育教师资格后才可正式成为职业学校的教师。

表 6 - 2　亚太部分国家或地区职教师资的任职资格

日本	韩国	澳大利亚	中国台湾地区
高中毕业后，在学校、研究所从事过有关的教育或研究、技术工作 4 年以上；短期大学或高等专门学校毕业后，在学校、研究所从事过有关的教育或研究、技术工作 2 年以上。	获得技能师一级资格证书，五年以上教育经验和业务经历的；持技师以及资格证书，并有五年以上培训经验者；劳动部所规定工种里有七年以上培训经验或业务经历者。	具有所授专业的大专学历；具有本专业实际工作 5 年以上经验；具有教育专业本科学历。	大学院校修毕师资职前教育课程者，经教师资格初检合格者，可取得教师资格。而取得实习教师资格者，应经教育实习一年，成绩合格，并经教师资格复检合格者，取得教师资格。

（陈祝林：教育部全国教育科学"十五"规划重点课题《职业教育师资培养策略体系国际比较研究》21 页）

表 6 - 3　欧洲部分国家职教师资的任职资格

法国	冰岛	瑞典	瑞士
学士学位；四年工作经验；中级教学证书或技术教学证书	拥有职教教师资格	达到大专或以上学历；具有 2～7 年的专业工作经验，掌握系统的教育学、心理学理论	对职教专业课教师的任职资格作了严格的规定，须有 4 年的学徒经历，毕业于工程师范学校，还要有 3 年以上的工程师实践经验，然后到职业技术教育学院学习一年教育学、心理学、教学法等方面的课程才能任教

（陈祝林：教育部全国教育科学"十五"规划重点课题《职业教育师资培养策略体系国际比较研究》21 页）

3. 来源数量不足，且缺乏强势的吸引机制

尽管职教师资已打破了由师范院校培养的来源单一的局面，但总的来说，

从其他渠道、尤其是从生产一线来的技术骨干还显不足，兼职教师的比例太小。职业教育需要大量既懂理论又有实践经验、既会教书又能操作示范的师资，而且由于专业的多样化以及多变性，需要一定比例的兼职教师，《职业教育法》对此也作了规定。但现实是，由于职业教育在我国的地位还没有得到应有的确立，职教教师的地位及待遇相对来说还比较低，发展环境不理想，对优秀人才的吸引力不够，因此这一状况一时难以得到彻底改善。而美国社区学院兼职教师由社区内的企业家、某一领域的专家以及生产一线的工程技术人员、管理人员等组成，数量超过了专职教师。澳大利亚职业教育教师主要有两个来源，一是通过高等院校培养，一是从社会专业技术人员中招聘兼职教师，其中兼职教师比重也比较大。

（三）职教教师职前培养中的问题

1. 培养目标不到位，学术性、师范性、技术性有待整合

职业教育教师教育的培养目标是要培养能胜任职业教育教学工作的教师，而这种教师的基本质量规格就是"双师型"，即教师+专业工程师，教育部《关于加强高职高专师资队伍建设的若干意见》要求"双师型"的教师数不低于学校专业课教师总数的80%，而实际培养中这一目标没能落实到位。在教师教育中学术性与师范性的关系问题一直是主要而又难以平衡的两难问题，而职教教师相对于普教教师而言，其素质构成更具复杂性。除了掌握本专业的学科理论知识体系、教育教学方法，还必须有本专业的实践经验，了解一线的技术应用现状，能为学生进行示范讲解，即使作为文化课教师，也应对学生的专业情况有所了解。为此，有的职技高师提出毕业生必须拥有三证，即毕业证、教师技能证、专业技能等级证，以此来达到学术性、示范性、技术性的统一。然而在实践中，这三者常有偏重，尤其是学术性与技术性，由于生源、学制、教师、教学条件、培养机制等因素的影响，两者很难实现共同发展。在此方面示范性由于课程设置的不完善、培养方式的局限性，也常常受到削弱，影响了职教教师职业的专业性。而丹麦政府要求所有在职教师必须同时是教授者、指导者和学习者，成为既能教授理论课，又能指导学生实训的"双师型"教师。职业教育教师必须首先是熟练工人，或是完成了第三级教育、具备专业技能和实际工作经历，经过教师培训课程的培训后才能成为职教师资。德国非常重视职业教育教师在职业界的实际工作经历，大学毕业生要成为职教教师，要有5年或5年以上的工作经验。美国社区学院的教师，除了必须具备州政府颁发的有关教师证书，特别强调具

有相应的实践经验。澳大利亚职业教育专业教师必须具有 3～5 年从事本行业工作的实践经验。

2. 培养模式不科学，职业性、实践性、情境性有待强化

在我国职教师资的培养仍然是沿用普通师资的培养模式，即学校本位培养模式，在大学课堂进行理论学习的时间占了绝大部分时间，到企业、学校实习一般只有一个月的时间，而从普通高校来的毕业生则缺少学校见习和实习，很多新教师上岗前对自己即将工作的环境、工作性质一无所知，缺少在实际工作场景中的训练，不仅从教后适应期较长，对新教师的心理也会产生影响。德国职业教育教师上岗前的培养分为两个阶段。第一个阶段是在大学师范教育阶段，通常为 9～10 个学期，学习结束后参加第一次国家考试或是硕士结业考试。第一次国家考试合格，并且证明已拥有与专业方向相应的职业经历，或完成了职业培训的学生，才能进入第二个阶段。第二个阶段是为期 4 个学期的见习期，见习生既要参加教育学、专业教学法方面的大学研讨班的活动，又要到职业学校去见习，从事每周 10 课时的教学，还要从事咨询、辅导、教育、"学校构建"（如革新、组织、评价和管理）等。见习期以第二次国家考试结束为终点。第二次国家考试要求撰写课外论文，同时在职业专业方向和基础课方向各上一堂公开教学实验课，还有有关专业教学法、教育学、学校法的口试。只有通过第二次国家考试才有资格成为职业学校的教师。这种典型的"双师型"职教师资培养模式值得借鉴。

3. 培养课程不合理，课程内容、课程结构、课程教学有待改革

无论是师范性大学还是综合性大学，由于长期以来我国教师教育的目标偏重于培养学科专家型的教师，因此在培养职教师资的过程中其专业课程都是向学术性看齐，过分追求学科的系统性与内容的专、精、深，忽视了应用性、实践性的技术知识，导致很多大学生到职业学校后不会教书，许多理论知识用不上。职业教育的培养目标是一线的技术工人，强调的是技术知识的实践转化与应用，与工程型人才在知识要求与结构上是不同的。职教教师的培养应充分认识到这一点。在课程结构方面，教育类课程设置比例偏低（见表 6-4），实践课程、选修课程较少，不利于师范生职业能力的形成、实践应用能力的提高以及全面素质的养成。在课程教学方面，也是以讲授、满堂灌的形式偏多，探究式的教学方式偏少。在提倡研究性学习的今天，如果教师本身不具备研究性学习能力，又怎能培养出合格的富有创新精神的学生？

表6－4 美、日、中三国教师教育课程结构比较

国　　别	美　　国	日　　本	中　　国
课程类型与占学时比例	文化知识课程 1/3	文化知识课程 37%	文化知识课程 20%
	学科知识课程 1/3	学科知识课程 46%	学科知识课程 70%
	教育知识课程 1/3	教育知识课程 17%	教育知识课程 10%

（刘捷《专业化：挑战 21 世纪的教师》教育科学出版社 2002 年 9 月 284 页）

（四）职教教师职后培训中的问题

1. 缺乏规范、长期性的培训规划

教师的培训是一项长期、甚至终身的任务，特别是职教教师，由于科学技术的迅猛发展，无论是学科知识体系还是技术应用，更新速度都非常迅速，据预测，职教教师的专业周期非常短，一般五年其掌握的知识体系就要彻底更新。因此，职后培训是职教教师教学保持先进性、生命力、竞争力的必要途径。然而现实却是只要学历达标了，职教教师的职后培训就成了可有可无、时有时无、无计划、无规范的"锦上添花"之事了，缺少不断促进教师职业成长的长远的、可持续发展的培训规划。而德国各联邦州的法律规定，职教师资需要不断进修，每年每位教师有 5 个工作日可脱产带薪参加继续教育，可以集中使用，也可以分散使用。美国社区学院教师的继续教育和培训工作实行的是"弹性多元进修计划"，培训形式多样。

2. 缺乏灵活、多样性的培训机构

长期以来我国教师的培养培训是分开的，由师范院校承担职前培养，教育学院、进修学校开展职后培训。随着高校结构调整以及教师教育体制改革的深入，教师教育一体化正成为改革的方向之一，越来越多的高等师范以及普通高校承担了教师职后培训的任务。但是对于职教教师而言，仍然存在不足。一方面，高校主要进行的是学历教育，且都在大中城市，对于教学任务繁重的一线教师不可能经常往返学习；另一方面，职校教师除了理论进修外，更重要的是要接触生产实际，了解企业，企业培训应是职教师资培训的重要方面，但这个培训资源还没有得到有效利用。此外，职教教师的相互交流探讨也是提高其素质的重要途径，因此职业学校自身也是很好的培训机构。我国虽然已批准了100 个以高校、中等职业学校为主体的重点职教师资培训基地，但针对教师有计划、有目的地开展培训还有待落实，中等职业学校之间互相开放进行教师培训还需加强。

3. 缺乏自主、个性化的培训内容

教师的职后培训应该是与教师的实际工作紧密联系，能帮助教师解决教学中的困难、提升其教学水平、促进其专业发展的。但在我国，教师对所培训的内容没有自主选择权，很多培训是作为任务、考核条件、评价标准必须完成的，至于每位教师各自需要什么内容的培训很少有人关注，甚至教师本人也逐渐淡漠了对自身专业发展的自觉性，缺少问题意识，对培训内容缺乏思考。有人总结到："教师进修的课程内容一方面存在着陈旧落后、缺乏新颖性、前沿性的问题，另一方面还存在着盲目超前性的问题。一为纯粹地以提高学历为目的的课程进修班。二是短期的教师进继续教育课程。这类课程常标以'现代化'、'跨世纪'、'最新'等名目，其盲目性不可避免。三是现代教育技术的培训。现代教育技术发展很快，一拥而上的办法可能造成教育投入的低效率甚至浪费；而且落后的教育思想观念驾驭现代教育技术，依然只是形式主义的现代化。"❶ 由于培训内容与教师工作实际脱节，导致教师缺乏参与培训的积极性，培训效果也很不理想，存在重形式、轻实效的倾向。而英国的教师培训非常注重教师的谈判权、参与计划权和选择权。教师在参加培训前，教师要和大学教师的培训机构进行谈判（谈判一般由地方教育部门专职人员做中介进行）。谈判中教师提出自己的受训目标、适合的学习时间、地点、学习内容和方法，以及希望要什么样的教师等要求，培训机构根据教师的不同要求制定可供教师选择的培训草案。草案先交教师讨论，提出修改意见，再由负责培训的大学修改，直至教师同意才最后确定。在这个过程中，教师有充分的话语权。通过这样的程序制定出的培训方案针对性很强，能真正起到服务教育、服务教师的作用。

4. 缺少激励、发展性的培训评价

导致职教教师培训积极性不高、培训效果不理想的另一个重要原因是缺少有效的培训评价机制。所谓有效的评价，即评价活动、评价结果不仅仅是对被评价事物给出一个结论，而是能通过评价促进其更好地发展。长期以来，对职教教师的培训评价主要是从管理与考核角度出发，有的甚至把培训当作考勤，不管培训内容、培训效果如何，造成教师对培训的消极态度甚至抵触情绪。而且，由于评价观念、内容、方法的落后，评价的结果不能说明教师培训的实效

---

❶ 教育部师范教育司组织编写．教师专业化的理论与实践［M］. 北京：人民教育出版社，2003：78.

以及被评价教师的素质实况，其效度、信度较差。为此，必须提出激励性、发展性的培训评价，即从管理为导向转向促进教师专业发展，评价注重教师专业成长的过程，并及时给以激励性的措施。

二、现阶段江苏职教师资队伍建设的专业化对策

（一）坚持专业化发展方向，提高职教教师的职业待遇和职业声望

1996 年，联合国教科文组织召开了以"加强在变化着的世界中的教师的作用之教育"为主题的第 45 届国际教育大会，提出"在提高教师地位的整体政策中，专业化是最有前途的中长期策略。"我国著名教育家顾明远指出，"社会职业有一条铁的规律，即只有专业化，才有社会地位，才能受到社会的尊重。如果一种职业是人人可担任的，则在社会上是没有地位的。教师如果没有社会地位，教师的职业不被社会尊重，那么这个社会的教育大厦就会倒塌，这个社会也不会进步。"

由于传统文化观念以及职业教育自身存在的一些问题，职业教育在我国经常被看作二流教育，职教教师在教师队伍中的地位也不如普通教育教师那么受人尊敬，感到光荣，严重影响了职教教师队伍的稳定，也很难吸引优秀人才。教师如果没有社会地位，得不到社会的尊重，后果将不堪设想。为了提高职教教师的职业地位和声望，政府以及有关部门采取过各种各样的措施，然而要从根本上解决教师的社会地位，必须强调职教教师职业的专业性，走职教教师的专业化发展之路。这一点有新加坡的经验为鉴。20 世纪末，新加坡政府认识到，长期以来尽管政府采取了诸如提高教师起点薪水等措施，但并不能从根本上改变教师职业地位不高的局面，而只有不断提升教师的专业水平，才能从根本上确保教师这一职业在社会中的地位，也才能获得更多的社会认可与尊重，经济待遇也才会相应提高。

坚持专业化发展，才能凸显职教教师职业的专业技术含量。作为职业学校教师，必须有严格而独特的职业任职资格与条件，有专门的培养制度与考核管理制度，有专职的从业人员。强调职教教师的专业化，也即强调了其职业的高技术含量，不是任何人都能担当的，不是任何具备了某学历的人就可从事的，它有其特殊的训练与教育要求，唯有如此，才能维护职教教师地位的职业地位与职业声望，赢得社会的尊重。

坚持专业化发展，才能吸引优秀人才进入职教教师队伍。专业化发展规定了职教教师的任职标准与要求，体现了职教教师的专业水准与专业地位，提高

了职教教师的入职门槛，表明了只有具备较高素质的专业人员才能进入职教这支队伍。专业要求的提高，必将带动职业地位、职业待遇的提高，增加职业的吸引力与竞争力，从而选拔到高素质的职业人才。

坚持专业化发展，才能提高我国职业教育的质量和水平。教育的质量取决于教师的质量，如果没有一支素质精良、乐于奉献的职教师资队伍，就不能培养出满足现代化生产的高技能、高技术人才。遗憾的是，现在许多职业学校重视基础设施的建设，花费重金购置了很多实验实习设备，但却不重视教师职后培训，不重视教师专业素质的提高，使得很多设备的利用效率及开发潜力受到了限制，培养的人才质量也无法达到社会生产的要求。相反，如果教师的质量提高了，教师可以利用、甚至改造陈旧的教学设备与仪器，变废为宝，不仅节约办学经费，还可以培养出更多动手能力强、富有创新精神的高技能人才。因此，只有加强职教教师的专业化发展，大力提高职教教师的专业素质，才能打造高质量的职业教育品牌。

（二）构建科学的职教师资培养课程体系，造就新型职教师资

所谓新型职教师资，是具有丰富内涵的"双师型"职教师资，可以概括为"一全""二师""三能""四证"。"一全"是指"双师型"教师具有全面的职业素质，如科学人文素质、专业理论素质、专业技能素质、教师道德素质以及良好的身心素质。根据职业教育的特点，专业技能素质、就业指导能力、人际交往能力等是"双师型"教师职业素质的主要特色。"二师"是指职教教师既能从事文化课或专业理论课教学，又能从事实践技能教学而指导；既是职业教育教学活动的"经师"，又是引导职校生成才成人的"人师"。也就是说，"双师型"教师既要做"人类灵魂的工程师"，又要成为专业领域的工程师，既要是传道授业解惑的"经师"，又要是堪称人格楷模的"人师"。"三能"是指"双师型"教师具有全面的能力素质，能进行专业理论课或文化课的教育教学能力、能进行专业技能训练指导的能力、能进行科学研究和课程开发建设的能力。"四证"是指职教教师必须具备的合格的学历证书、技术（技能）等级证书、教师资格证书、继续教育证书。

造就这样的"双师型"职教师资，需要相应的课程体系作支持，传统教师教育课程亟待改革。

（1）调整课程结构。在课程科类方面，应该增加人文学科课程与教育学科课程。作为职业学校的教师，掌握精深的专业知识是必需的。但是，这还远远不够。教师的工作对象是学生，要把学生培养成身心健康、素质全面的人才，教师首先需要完善自身的素质，而丰富的人文素养有助于教师更好地开展工作，教师教育应该把人文教育与科学教育并重。其次应该加强教育学科课程，尤其是学科教学课程。职教教师不仅要知道教什么，还要知道怎么就教，舒尔曼把这种知识称为学科教学知识，它是教师被视为专业所必须具备的知识。在不同性质的课程方面，应增加选修课程，为职前教师提供内容丰富、形式多样的课程，尽量地开发他们的潜力，拓展视野，让他们获得充分自由的发展。

（2）强化实践性课程。教师职业是实践性很强的职业。强化培养职教教师的实践性课程包括两个方面：一是加强专业实践课程。职教教师"双师型"专业发展目标，需要职前教育改变学术型人才的培养方式，加强专业实践教学。不仅要让师范生多到企业，多接触生产实际，培养他们的动手实践能力，而且可以通过产学研结合，或为社会提供技术服务等方式，培养师范生的专业实践能力，将来他们才能有效指导职业学校学生的实训。二是加强教育实践课程。教师的教育教学能力需要通过具体的教育活动习得，在职前培养阶段可以采取增加教育见习、实习时间，开展案例教学、模拟教学，或者建立大学与职业学校的合作关系，提供类似于临床教学等多种方式进行培养。

（3）优化课程内容。当今时代，知识更新频繁出现，技术发展日新月异，新的职业不断涌现，而职业教育是与社会经济、职业发展联系最为密切、直接的教育类型，职业教育课程内容必须及时反映当今科技发展的最新成果。为此，职教教师培养培训课程也必须打破呆板的学科知识体系，课程内容的选择要遵循先进性，关注社会生产一线的实际需求，以实践为导向，对社会需要、科技发展作出即时反映。

（三）改革教师教育传统方式，建立三元职教师资培养模式

延长职教教师职前培养年限，实行"专业教育 + 师范教育"模式，提高职教教师学历层次。教师的专业包括学科专业与教育专业，国际教师教育发展历史表明，仅仅用四年时间很难达到学科与教育专业的完善，教师教育年限延长是世界教师教育发展趋势之一，尤其是职业学校教师，不仅要学习专业基础课、专业课、专业实践课，师范类课程、尤其是专业课教学法课程更是亟待加强。特别是随着我国高职教育的快速发展，对高学历、高素质的教师需求激增，现在的本科层次教师教育已很难满足职业教育事业发展的需求。师范生用四年时间先学习专业知识，取得专业学士学位，再到师范大学或者综合大学的教育学院接受两年的师范教育，取得教育硕士学位，将成为职教教师主要的养成方式。

针对现行职教师资培养模式的弊端，借鉴美国专业发展学校的成功经验，我们提出职教师资培养应采取大学、职业学校、企业三元合作的培养模式。美国教育专家、霍姆斯小组成员古德莱德极力推崇大学与中小学之间的"共生关系"或"平等伙伴关系"，认为"学校若要变革进步，就需要有更好的教师。大学若想培养出更好的教师，就必须将模范中小学作为实践的场所。而学校若想变为模范学校，就必须不断地从大学接受新的思想和新的知识，若想使大学找到通向模范学校的道路，并使这些学校保持其高质量，学校和教师培训学院就必须建立一种共生的关系，并结为平等的伙伴。"而对职教教师的培养还应该要求企业的参与。

三元的合作，不是传统的教育见习、实习方式，而是大学、职业学校、企业共同培养合格职教师资、相互利用优势资源共同发展的新型职教师资培养模式。大学要合理安排、组织好学生到企业、职业学校。师范生在企业不是一般的参观，而是亲临生产现场，熟悉整个生产流通过程，并且亲自实践，企业要派有经验的技术人员制定学生在企业的活动计划，指导学生的学习过程，负责他们的专业成长，还必须为学生开设一定的专业课程。师范生在企业里不仅要完成专业理论与实践的全面整合，而且应该利用所学的专业知识，与大学老师一起为企业提供技术服务、科研服务，促进企业的发展与繁荣。与职业学校的合作也如此。职业学校不仅要选派优秀教师进行指导，也要为师范生开设教学法之类的课程，提供案例分析、观摩教学。师范生要参与学校教育教学活动的全过程，熟悉各个年级的状况，并承担一定的工作量，享受全面系统的教学专业实践经历。更为重要的是，在实践过程中，要与导师（大学导师、职业学校导师）共同分享实践的经验，不断反思，在实践反思中促使自己的教育专业不断成熟。大学也要为职业学校教育教学质量的提高开展研究和指导，为职业学校教师提供职后培训，只有这样才能使合作长期持续下去，为师范生的专业成长、为职业学校教师的再发展提供专业化的环境。因此，三元合作职教师资培养模式的运作机制还有待建立，三方合作的基础、职责与权利需要有法律法规或合同的保障。

（四）加强职教教师的在职培训，促进教师的专业成长

1. 制定职业生涯发展规划，倡导终身培训

首先，教师的专业成熟有一个漫长的过程，从新手到专家不是一个自然的过程，每一个阶段都有面临的新问题、呈现的新特点、发展的新需求、达到的新目标，教师的专业成长是贯穿于职前培养与职后培训的全过程的，这就要求

教师有自觉的专业发展意识，能够结合自己的素质特点与教育教学实际，制订适合自己发展的职业生涯规划，规划每个阶段职业发展的目标，并通过持续不断的学习努力实现。

其次，随着终身教育思想的发展，终身学习理念深入人心。对于职教教师而言，这种学习尤为迫切。科学技术的发展日新月异，其应用于生产实践的周期越来越短，作为培养直接就业于生产一线的技术工人的职业教育，必须紧密结合社会生产实际，传授给学生最先进的技术知识与技能。因此，作为职业学校的教师，需要不断更新自己的知识，正如福特公司首席专家罗斯所讲："在知识经济时代，对你的职业生涯而言，知识就像鲜奶，纸盒子贴着有效日期。工程技术的有效期大约是 3 年，如果时间到了，你还不更新所有的知识，你的职业生涯很快就会腐掉。"终身培训对于职教教师已不仅仅是一种理念，而应切切实实转化成行动了。

2. 立足校本培训，重视专家指导

长期以来教师的培训都是把一大批教师集中起来，到大学课堂听教授们的讲课。这种培训既费时又费力，又脱离教师的实际工作经验与问题。而所谓校本培训是指在教育行政部门和有关业务部门的规划与指导下，以教师任职学校为基本培训单位，以提高教师教育教学能力为主要目标，把培训与教育教学、科研活动紧密结合起来的一种继续教育形式。可见，校本培训是以职业学校为本、以教师为本、以教师的教学为本、以教师的自我培训为本的一种培训方式，校本培训克服了以往培训脱离实际、培训内容笼统的弊端，着重解决教师在教育教学、专业发展中遇到的问题，能够促进教师尽快地改进教学，提高能力。校本培训也改变了以往教师被动接受培训的局面，强调教师的自我反思、自我探究，使教师走上自觉的、自立的、自控的专业发展道路。当然，由于教师本身素质的限制，校本培训的质量、效果都很难保证，因此需要重视专家指导。专家的指导是对问题"把脉诊断"，从更高的层次提出解决问题的方案，并带领教师从中共同寻找优质方案，在解决问题的过程中提升教师的专业认识水平和实践水平。

3. 建立学习共同体，关注教师群体发展

职业学校教师在学校中形成了各种组织，如年级组织、学科组织、或专业组织等，这些组织的学习、社会活动、文化、舆论等会对教师的专业发展产生重要影响，因此，关注教师群体发展，建立教师学习共同体，成为职教教师专业化的重要内容。研究表明，当学习发生在众多学习者构成的学习共同体中时，学习效果显著，为此，构建学习型的教师组织，鼓励同学科、同专业的教师一起开展学科教学研究，通过新老教师之间的传、帮、带活动，教师之间的讨论、合作备课、合作科研、交流探讨、争论等形式，教师们能相互学习、相互启发，学到对方很多成功的经验。长期在一起开展教研活动，通过潜移默化，通过自身对实践的不断反思，优秀教师的许多实践知识、不可言传的默会知识也能逐渐渗入其他教师的教学风格之中。学习共同体的所有成员都能在学习过程中获得对方的帮助，教师群体发展得以实现。

4. 选择适宜内容，开展行动研究

每个教师对职后培训的内容需求不同，或为了提高学历、或为了补充新知识，或为了改善教学，或为了扩大知识面，培训课程日益显示出多样化与系统化。总的说来，教师职后培训更贴近工作实际，培训强调内容的实用性，对改进教师教育教学实践的指导，对教师职业发展的促进。因此，无论是教师个人还是职业学校都应该根据教师的专业发展规划，制定长远的课程内容培训计划，不是缺啥补啥，而是按照职业发展目标，进修系列课程，以建构完整的知识技能结构。

教师的专业不仅通过学习培训获得发展，研究也是职教教师专业成长的重要途径。教师即研究者、教师即反思的实践者的观念正受到全世界教师的认可，行动研究正是基于教师在实际教育教学过程中遇到的实际问题，通过教师的自我探究与反思，寻求解决方案的方法。"这意味着，在传统上对教师的专业特性（professionalism）的界定——对学科内容的掌握、必要的教学技能技巧之外，教师还必须拥有一种'扩展的专业特性'（extended professionalism），它的内容可能包括：①把对自己教学的质疑和探讨作为进一步发展的基础；②有研究自己教学的信念和技能；③有在实践中对理论进行质疑和检验的意向；④有准备接受其他的教师来观察他的教学，并就此直接或间接地与他进行坦率而真诚的讨论。总而言之，扩展的专业特征就是：有能力通过系统的自我研究、通过研究别的教师和通过在课堂研究中对有关理论的检验实现专业上的自我发展。"教师的行动研究唤醒了职教教师专业发展的自觉意识，缩短了理论与实践间的距离，强化了研究结果对教育教学实践的指导，提高了教师专业发展的能力，正成为教师专业化发展的重要内容与途径。

5. 提供必要的进修福利，激励教师培训积极性

很多国家都为教师的在职进修与培训提供了较好的福利待遇，以鼓励和

奖励教师的参与积极性。例如,为保证教师有时间和条件进行专业化发展,新加坡政府教育部规定,自 1998 年起中小学教师每年必须接受不少于 100 个小时的培训,教师可以根据需要选择脱产或在岗学习,也可以在国内或国外接受培训。在资金支持方面,教育部为攻读硕士或博士的优秀教师提供奖学金;对其他种类的教师计划,则根据相关规定予以资助。1998 年,新加坡教育部实施了专业化发展脱产计划(Professional Development Leave,PDL),使更多的教师能够更好地参加专业化学习与培训。按照计划规定,每工作完 6 年,教师就可以申请参加半年的 PDL,学习期间享受半酬待遇。英国经过进修,提高实际能力的教师可以去交涉增加自己的工资,也就是说,通过进修增强专业化能力的教师能自主自力地改善工资待遇。而在我国,除了学历达标进修外,对在职教师的进修没有强制性的规定,也没有把进修看作是一种福利和专业化发展途径,甚至还要以影响工作扣除教师的奖金等待遇,造成教师失去参加各种专业进修的积极性。因此,必须把进修当作职教教师的一项工作进行要求,并给予必要的进修补贴,鼓励教师参加旨在提升专业水平的各类培训,为教师的专业化发展创造良好的环境。

(五)建立健全职教师资制度体系,保障教师的专业化发展

1. 严格教师资格证书制度,强化职教教师职业的专业性

我国《教师法》规定:国家实行教师资格证书制度,不具备本法规定的教师资格学历的公民,申请获取教师资格,必须通过国家教师资格考试。教师专业化建设,其根本措施之一即在于通过资格认定,提高入行标准,体现教师职业的专业性、技术性和规范性。职业教育教师相对于普通教育教师而言,其专业性更加突出,对从业人员的素质要求更加全面,不仅要有一定深度与广度的学科知识与教育教学知识,而且要达到一定要求的实践水平,要有指导学生职业生涯发展的能力等,因此其资格证书就不仅仅是学历资格的问题,应该根据双师型职教师资的要求,全面反映职教教师的专业资格,以吸引更多优秀人才进入职教师资队伍(见表 6 - 5)。

表 6 - 5   各国"教师资格证书"与学习年限

	教师资格证书名称	职前学习年限	实习试用期
美国	《教师认可证书》	初级学院 2 年 文理学院 4 年 综合大学 4 年	1 年

续表

	教师资格证书名称	职前学习年限	实习试用期
英国	《教师合格证书》	教育学院 4 年 综合大学 4 年 专业大学 4 年	1 年
法国	《教师证书》 《教学能力证书》	师范学校 4 年 综合大学 3~4 年	1~2 年
德国	《教师资格证书》	教育学院 4 年 综合大学 4~5 年	1.5 年
日本	《二级教谕证书》 《一级教谕证书》	短期大学 2~3 年 教育大学 4 年 综合大学 4 年	1 年
苏联	《教师资格评价鉴定证书》 《教师资格证书》	师范学校 3~4 年 师范学院 4~5 年 综合大学 4~5 年 专业大学 4~5 年	未规定实习试用期， 但毕业后义务服务 3 年

(教育部师范教育司编写《教师专业化的理论与实践》人民教育出版社 2003 年 1 月 88 页)

2. 完善职教教师评聘制度

教师职务评聘制度是对教师工作的肯定，是激发教师积极性、创造力，稳定教师队伍，激励教师持续专业化发展的重要保证。职务评聘不是限制、考核，而是鼓励、引导教师的专业化发展，是给教师提供持续发展的平台。我国职业教育教师职称评审工作已开展多年，但还存在许多问题，如中等职业教育、高等职业教育教师的职称评审分别与普通中学普通高校在一起，没有单独的系列，没有反映职教特色的评审标准，特别是专业教师和实习指导教师，由于没有单独的系列，只能参照其他学科教师的评审标准，无形中损害了某些教师的利益，也误导了职教教师的专业化发展方向，导致很多老师朝着这些目标努力而放弃了职教自身的追求。特别值得引起关注的是，教师与工程师职称评审分属不同的部门管理，给"双师型"教师的职称评审带来极大的困难，影响了"双师型"教师建设工作。因此，急需研究开发职教教师的职称评审标准以及晋升制度，并与相应的工资待遇挂钩，引领教师在工作中不断进取，朝着专业化发展方向持续努力。

3. 重建职教教师评价体系

评价活动既是对已有工作的总结和鉴定，更是对未来发展的激励与指向。对职教教师的评价应该实现以下几个转变：从对教师工作任务完成的评价转向促进教师专业发展的评价。以往的评价仅仅是到学期中或学期末对教师的工作情况作一简单考核，并以此作为物质和精神奖励的依据，评价忽视了评价本身在促进教师专业发展中应该发挥的作用，变成了单纯对教师进行奖惩考核的一种手段。以专业化发展为目的，对教师的评价内容应该包括专业化的各个方面，尤其是对职业学校教师的评价绝不能仅仅用学生的考试成绩作为唯一尺度。评价还应该结合每个教师的特殊情况区别运用，为每个教师的专业化发展提出适合他的路径。从教师被动接受评价转向教师主体性评价。传统评价活动中，教师是被评价的对象，只能接受上级主管部门甚至是学生的评价，重建评价体系，要求教师能够作为评价主体，对自己及团队中的其他教师作出客观评价。我们认为，这不仅不会影响评价的公正性，反而会变被动为主动，激发教师自觉地树立专业发展意识，主动调节自己的教育教学行为，关注自己的成长过程，从而真正成为掌握自己职业生涯发展命运的人。

第二节　江苏职业教育体系与师资队伍法治化建设

师资队伍建设是职业教育发展的生命力和原动力，法制建设则是职教师资队伍建设的基础，没有法制的"保驾护航"，就没有师资队伍的数量、质量和结构保障。因而，从法学的视角探讨职教师资队伍建设，对于加快职业教育发展、提高职业教育质量具有重要的意义。

一、当前江苏职教师资队伍建设的法理审视

改革开放以来，我国职教师资队伍建设取得了明显的成效。教师队伍不断壮大，素质结构有了较大改善，培养培训体系初步形成，国家和政府也相继出台了一系列有关职业教育的法律、法规和政策，为促进师资队伍建设起到了积极的推动作用。但从法理角度看，职教师资队伍建设的现状与快速发展的职业教育仍存在一定的差距，职教师资队伍已成为当前制约职业教育发展、影响职业教育质量最为薄弱的一个环节❶。

---

❶　鲁昕. 必须把职教师资队伍建设摆在更加突出的位置［J］. 职业技术教育，2009（15）：38－40.

1. 职教师资相关法律法规的"滞后"

以中等职业学校教职工编制标准为例，到目前为止，普通中专学校、成人中专学校和技工学校仍按 20 世纪 80 年代制定的《全日制普通中等专业学校人员编制标准（试行）》和《技工学校机构设置和人员编制标准暂行规定》执行编制管理❶。事实上，当前绝大多数的中专、技校在校生规模已经翻番，但教职工编制却没有相应增加。教师绝对数量的不足，生师比例过高，必然影响到教师外出进修学习、接受培训和到企业事业单位实习、实践，从而严重制约了职教师资队伍的发展，并将最终影响到中等职业教育教学质量的提高。此外，高等职业教育发展的实践表明，高等职业教育已经成为我国职业教育体系的重要组成部分之一，其作用和意义日益彰显。而现行的职业教育法律法规只是简略提及："高等职业教育由高等职业学校或普通高等学校实施"，没有对高等职业教育的师资队伍建设作出明确规定。

2. 职教师资相关法律法规的"缺位"

作为职业教育基本法的《中华人民共和国职业教育法》明确规定职业学校的设立，必须要有"合格的教师"，但却没有规定合格教师的标准和资质，这在很大程度上造成了职教师资准入门槛低，素质不高等问题。虽然《教师资格条例》中规定了初中等职业学校教师的学历要求，但学历并不能代表资质，更不能体现职业教育的特色和要求。对于职教师资培养、培训的承担主体《职教法》中也缺乏明确的规定。《教师法》第十八条规定："师范学校应当承担培养和培训中小学教师的任务"，在该法中，"中小学"的概念只包含职业中学，未包含普通中专、技工学校。同样，《中小学教师继续教育规定》（1999 年 9 月 13 日教育部发）第二十条规定"本规定所称中小学教师，是指幼儿园，特殊教育机构，普通中学，成人初中，职业中学以及其他教育机构的教师"，传统意义上的中专学校、技工学校则不在此列。这使得职教师资的培养培训缺乏法律保障，得不到很好地贯彻。

3. 职教师资相关法律法规的"抵代"

教师职称是评价教师教学业务水平的重要依据之一，更是引导教师业务水平提高的"指挥棒"。现行的职称评审制度中，职业高中与普通高中教师职称评审采用相同的职称系列与统一标准，高职院校与普通高校教师职称评审采用同一标准，这种用普通教育标准"抵代"职业教育的做法，抹杀了职业教育

---

❶ 李栋学. 制度建设：职教师资队伍建设的保障（上）[J]. 职教通讯，2006（9）：38–43.

的特色，既不科学，也不合理。因为除了教学质量和教学能力之外，职业学校更注重就业水平、而普通高中则注重升学水平；高职院校注重教师的实践能力和技术水平，而普通高校更注重教师的学术研究水平，他们之间的评价标准应当有所不同。同样用高校教师资格制度"抵代"高职院校教师资格制度也不能满足高等职业教育发展的实际需求。

4. 职教师资相关法律法规的"柔化"

从逻辑上分析，法律规则都是由假定、处理和法律后果三部分构成。❶但在《职业教育法》中，关于职教师资队伍建设的规定却只有假定和处理而无法律后果，存在"权、责、利"的不对应，而且对执法监督主体规定不明确，也缺乏相应的执法监督程序。如该法规定，"县级以上各级人民政府和有关部门应当将职业教育教师的培养和培训工作纳入教师队伍建设规划，保证职业教育教师队伍适应职业教育发展的需要，""职业学校的设立必须有合格的教师"，但如果违反上述规定，该如何处理，则没有相应的法律依据和监督程序。从实践来看，教育行政管理部门常常集执法监督主体和义务主体于一身，他们既是运动员又是裁判员的角色尴尬，决定了其很难切实起到执法监督的作用，这也是师资队伍建设存在失范问题的原因之一。而世界发达国家都重视对执法程序的规定，如德国职业教育法规定，主管机构负责监督教育机构及其人员的专业资质。一旦发现资质缺陷，如其缺陷可以弥补且对受教育者不造成危害，主管机构应要求教育提供者限期弥补其缺陷。如资质缺陷不可弥补，或可能对受教育者造成危害，或规定期限内未能弥补，主管机构应将有关情况通报州法律确定的主管当局。法律确定的主管当局一旦确定不具备相应专业资质，可以禁止其招收受教育者，禁止其教学活动。主管当局做出禁止决定前应听取当事者及主管机构意见。❷

二、加强江苏职教师资队伍建设的法治策略

现行职教资队伍建设的法律法规，是 20 世纪八九十年代社会发展的产物。社会的快速发展与转型，使得这些法律法规存在的问题日益凸显。因此，加强我国职教师资队伍法制建设，应该立足实际问题，着眼于社会和人的发展需求，依据国家发展的状况及有关政策，在尊重职业教育发展规律，充分借鉴国

---

❶ 王重高，徐蓉，等. 法理学 [M]. 北京：中国人民大学出版社，2002：208.

❷ 姜大源.〔德国〕联邦职业教育法（BBiG）[J]. 刘立新，译. 中国职业技术教育，2005，(32)：49 – 57.

际相关经验，体现法律功能的基础上进行。

1. 加强职教师资立法的完整性

职教师资队伍建设是一项包括教师培养、选聘、培训、晋升等多方面因素的系统工程。欧美等西方国家非常重视职教师资建设的法制化，对师资建设做了系统的规定。以德国为例，早在1869年政府就颁布了《强迫职业补习教育法》，在20世纪50年代颁布了《实践训练教师资格条例》，1969年颁布了《职业教育法》，1973年颁布了《高等教育、职业教育专业培训及考试细则》等，2005年联邦德国颁布了修订后的《职业教育法》等。❶ 这些法律法规的部分内容对职教师资的培养培训、入职资格等都有明确系统的规定，使职教师资队伍在建设过程中有法可依、有章可循。为此，可以借鉴国外发达国家职教师资立法的有益经验，建立一整套从教师培养培训到入职资格、职称职务评审，从"双师型"教师到兼职队伍建设的系统规范，从而为职业教育的全面、规范发展奠定坚实的法律基础。

2. 提高职教师资立法的针对性

职业教育作为一种类型，有自己的本质属性，这些属性通过职业教育要素而体现出来❷。针对职教师资立法中的"抵代"现象，建议在职教师资立法及修订过程中要体现职业教育的特色，不能再以普通教育教师的标准来"抵代"职教师资的资质。为此，首先要在《职教法》修订中增加职业教育实行教师资格制度的条款，并配套出台符合职业教育发展要求的职业教师资格条例，严把职教师资入口关，确保师资队伍的质量；其次要加快制定职业学校教师编制标准，尽快缓解职业学校师资短缺的现状，同时也为教师的培养和输送提供科学、准确的政策依据；再次要制定统一的职业教育教师职称系列，建立独立的职务评审体系，并在中等职业学校教师职称中增加正高职称，切实提高教师工作的积极性，促进教师的专业成长和发展。

3. 彰显职教师资立法的灵活性

虽然法律的稳定性、威严性要求法律规范不能朝令夕改，这在一定程度上造成了法律规范的滞后性，但是职业教育是以职业为导向的一种教育类型，涉及多种行业、多个部门，职业技术的不断更新必然要求职教师资立法呈现一定的动态性、灵活性。在这方面，可以充分借鉴澳大利亚职业教育立法的经验。

---

❶ 邢云. 职教师资队伍建设国际比较研究 [J]. 成人教育，2009（1）：28–29.

❷ 刘育锋. 对《中华人民共和国职业教育法》修订的若干思考 [J]. 职教论坛，2010（16）：50–52、61.

自 1992 年起，澳大利亚具有专门的职业教育与培训拨款修订法案。之后，每年一修订，称为"某年职业教育与培训拨款修订法案"。后一年的法案针对前一年法案的内容进行修订。❶ 同时，澳大利亚职业立法将国家层面的职业教育法与地方制定的职业教育法实施条例相结合，不仅体现了联邦政府的引导，而且也体现了州或领地的特殊性。基于澳大利亚的相关经验，一方面，可以立法规定定期修改职业教育法中的具体内容或者针对某一具体的职业教育问题出台个别职业教育法案，以弥补立法的滞后性；另一方面，注重国家和地方立法的协调配合。国家层面的职教师资立法可以原则一些，主要体现方向引导；各省市以国家职教师资立法内容为依据，制定适合地方实际需要的具体职业教育法实施条例，增强立法的实效性和可操作性。

4. 增加职教师资立法的强制性

针对现行职教师资立法中的"柔化"现象，立法部门应着力提高表述语言的严谨性、确定性和法规结构的统一、协调性，做到整体结构逻辑完整、总体一致、条文设置合理、语言简洁规范、内容明确具体。建议在立法中增加法律责任条款，明确规定违法职教师资建设的处罚规定，尤其要对目前难以划分责任主体的行为作出具体的责任规定。同时要明确监督与执法主体，规定它们要承担的监督与执法的具体任务和职责，使教育行政部门、人力资源部门等相关部门在规定的范围内承担各自的职能。充分发挥人大的监督职能，使监督结果与职业教育相关机构与人员的发展及获得支持的机会挂钩。另外，注重发挥社会中介机构和职教机构自身在监督过程中的功能。

第三节　江苏现代职业教育体系与师资队伍制度化建设

2009 年 12 月，江苏省教育厅颁发《江苏省中等职业学校教师专业技术资格条件（试行）》（苏职称［2009］27 号，以下简称《条件》），规范了各类中等职业学校教师的专业技术资格评定，为全省普通中等专业学校、成人中等专业学校、职业高级中学（职业教育中心）、师范学校、教师进修学校、成人教育中心校等各类中等职业学校的教师提供了专业化的成长路径。虽然 2002 年

---

❶ 刘育锋. 论澳大利亚职教法对我国职业教育法修订的借鉴意义［J］. 职教论坛，2011（1）：86-91.

《国务院关于大力推进职业教育改革与发展的决定》中指出："职业学校教师职务资格评审要突出职业教育特点，改进评审办法。"然而，实际上，除了针对技工学校、中等专业学校教师国家专门颁发过相关文件（1986 年 4 月 2 日，中央职称改革领导小组转发劳动人事部《技工学校教师职务试行条例》、《关于技工学校教师职务聘任试点工作安排意见的报告》；1986 年 5 月 17 日，中央职称改革工作领导小组转发了国家教委《中等专业学校教师职务试行条例》及《实施意见》）外，职业中学、职教中心校等的教师资格评审仍然没有详细的规定，只是出台了一些原则性的意见，仍然参照或照搬普通教育教师职称，甚至"教师资格条例"中规定"高级中学教师资格与中等职业学校教师资格相互通用。"（见《教师资格条例》第五条）。因此，《条件》的推出，打破了长期以来我国中等职业教育教师专业技术资格评定主要参照普通教育教师专业技术资格标准、缺乏职教特色的传统，结束了各类中等职业学校教师专业技术资格名称不规范、评定标准不统一的混乱局面，是职业教育事业发展的重要进步，是职业教育师资队伍建设的重大举措，是职业学校教师专业制度建设的历史突破。

一、彰显职业教育特色，促进教师专业发展

文件的主要内容是把职业学校教师专业技术资格分为正高级讲师、高级讲师、讲师、助理讲师四个层级，并着重从学历资历、教育教学工作、专业课教师专业实践、教科研成果等几个方面对每个层级的资格作了具体规定，这些规定力求还原职业教育的本质特征，遵循职教教师专业发展规律，着力彰显职业教育发展对职教教师提出的时代要求。

（一）重视综合专业素养，体现职业教育教师专业素质的全面性

当今社会，一个不争的事实是，如果仅仅只能做一个"教书匠"，是无法胜任教师职业的，也不能反映教师职业的专业化。当代教师职业已经成为一项挑战性很大的专业，教师的任务大大拓展，学历的提升或知识技能的增加已不足以提升教师的专业素养与专业权威，因为，随着知识更新速度的急剧增长与知识传播途径的大量扩展，人们获取知识的方式越来越多，"教师的职责现在已经越来越少地传递知识，而越来越多地激励思考；除了他的正式职能以外，他将越来越成为一位顾问，一位意见交换者，一位帮助发现矛盾论点而不是拿出现成真理的人。他必须集中更多的时间和精力去从事那些有效果的和有创造

性的活动：互相影响、讨论、激励、了解、鼓舞。"❶ 这要求教师的职业素养越来越多元化，教师的专业工作方式必须进行彻底的变革。作为职教教师，面对的是充满活力与创造力的青年学生，从事的是与社会经济发展密切联系的职业教育教学工作，面临的是日新月异的学科发展与科技进步，扮演的是既要从事理论教学又要从事实践教学的"双师型"教师、职业指导者、与企业合作的谈判家、教学团队成员、课程教学研究者等多重角色，仅仅强调其掌握的专业知识与技能的多少已远远不够，教师的综合职业素养发挥着越来越重要的作用。在这次颁布的《条件》中，着重反映了这样的理念与趋势，对中等职业学校教师专业技术资格条件的规定，既有重点又较全面，关注教师整体素质的提升。如在教育教学要求方面，既强调师德修养，也注重师生间的交流与沟通；既强调教学能力，也强调教师在指导学生社团、兴趣小组、校园文化建设等方面的能力；既强调日常教学工作，也强调教师的教育教学改革实践。充分反映了教师专业发展的内容日益丰富，教师的专业工作日益复杂，教师的专业要求日益提高。

（二）加强专业实践要求，体现职业教育教师专业本质的"双师"性

尽管当前对"双师型"教师的内涵和标准的界定，理论界与实践界众说纷纭，但多样化的理解并没有妨碍人们达成这样一个共识，即具备"双师"素质，是职教教师的本质特点，是职教教师专业化发展的基本目标，我国政府多次在正式文件中提出进行"双师型"职教师资队伍建设，以就业为导向的职业教育实践也迫切需要既能从事理论教学、又能从事实践教学的"双师型"、复合型教师。然而长期以来，中等职业学校教师的专业技术资格评审与普通中学教师在一起，评审条件中没有明确的专业实践能力要求，既缺乏对职教教师专业发展的有效引领，又缺乏对"双师型"教师的激励与促进作用，导致职教教师的专业实践素质得不到发展，"教师队伍整体素质与实施素质教育以及职业教育就业导向的要求不相适应，学历水平偏低，专业技能水平和实践教学能力偏弱，专业化程度不高。"❷ "双师型"教师成为我国职教师资队伍建设的重中之重。为此，《国务院关于大力发展职业教育的决定》提出，"建立职业教育教师到企业实践制度，专业教师每两年必须有两个月到企业或生产服务一线实践"；"加强'双师型'教师队伍建设，职业院校中实践性较强的

---

❶ 联合国教科文组织国际教育发展委员会．学会生存——教育世界的今天和明天［M］．北京：教育科学出版社，1996：180.

❷ 教育部关于"十一五"期间加强中等职业学校教师队伍建设的意见（教职成［2007］2 号）.

专业教师，可按照相应专业技术职务试行条例的规定，申请评定第二个专业技术资格，也可根据有关规定申请取得相应的职业资格证书。"2006 年，教育部专门下发了《关于建立中等职业学校教师到企业实践制度的意见》，对职教教师到企业实践做出了规定。

这次颁布的《条件》，充分强调了职教教师的专业实践能力，对专业课教师的专业实践要求，有了更加具体的、可操作性较强的规定，既有专业实践时间上的要求，也有专业实践质量的要求；既有相对统一的规定，也有根据专业技术资格等级所作的差别化要求。它不仅是对国家有关职教师资队伍建设制度、政策的贯彻落实，而且是建立在职教教师职业的特殊性及发展规律基础上，对不同来源、不同类型的教师制定了不同的标准，是职教师资队伍制度的重要创新。如重视从企业来的教师的企业实践经历，强调非企业来源教师对本行业的了解与行业相关证书的取得，提出了师范类学校教师的教育实践要求。可以说，这些规定充分体现了职业教育对教师的特殊要求，丰富了职业教育教师的专业发展内涵，彰显了职教教师的专业特色，为建立健全"双师型"职教师资队伍建设制度做出了积极的探索。

（三）建立四个专业技术资格等级，体现职业教育教师专业成长的阶段性

教师专业发展是一个持续终身的过程，随着教师研究的深入，教师研究者们不仅认识到教师的专业成长要经历由不成熟到成熟的长期发展过程，而且对教师专业发展规律有了更科学的把握，并根据这些规律与特点，把教师的专业成长分为相互联系、相互衔接的发展阶段，从富勒的教师关注阶段论、费斯勒等的职业生命周期阶段论、利思伍德的心理发展阶段论、莱塞等的教师社会发展阶段论等❶，都从不同角度揭示了教师专业发展的一般规律，描述了教师职业生涯的整个发展历程。这些研究成果有助于指导教师规划专业发展道路，为不同发展水平的教师提供相应的专业教育。教师专业发展阶段的基本理论是教师专业技术资格评定的理论基础之一，不同的专业技术资格等级标志着教师不同的专业发展阶段与水平。这次颁布的《条件》，把中等职业学校教师的专业技术资格分为助理讲师、讲师、高级讲师、正高级讲师四个层次，不仅体现了职业教育教师专业成长的阶段性，为教师每个阶段的专业发展提出了要求、指明了方向、明确了责任，而且四个阶段的划分，更加细化了教师专业发展过程，从教师整个职业生涯来说，时间分布上较均匀，符合职教教师的专业生涯

---

❶ 教育部师范教育司. 教师专业化的理论与实践［M］. 北京：人民教育出版社，2003：68－71.

发展规律，也为不同时期的教师制定不同的继续教育政策、提供不同的专业支持提供了更加精确而科学的依据。同时，采用这样的技术等级称谓，既与高校教师有区别，又与之接近，进一步突出了中等职业学校教师的专业权利与社会地位，特别是正高级讲师的设立，能够调动广大教师的积极性，吸引大批高水平人才从事中等职业学校教育教学工作，体现了社会对中等职业学校教师的支持与重视。

（四）强调课程改革与教学改革，体现职业教育教师专业工作的实效性

无论是教书还是育人，教师都要以课程为中介，通过实施有计划、有目的、有组织的教学活动，有效地传递知识、传授技能、发展能力、培育人才。课程是教师专业工作的主要载体，教学是教师专业工作的主要方式。长期以来，由于我国课程管理体制的局限，我们的教师习惯于使用上级指定的课程教材，按照别人设计的课程目标、课程内容，依靠传统教学经验，忠实地把教科书上的内容原封不动地传递给学生，很少关注实际教学情境中的需求与问题，课程与教学改革只是教育家们的事，似乎与教师无关。正因为如此，课堂教学效果不佳，教育与实践脱节，人才培养质量不高，成为教育的一个顽疾，教师的工作业绩也因此缺乏有效评价，只能以学生的分数作为唯一指标。在职业教育领域，这个问题显得尤为突出。职业教育是为社会经济发展培养直接面向生产、服务一线的应用型人才，以就业为导向的职业教育，必须紧跟社会经济发展脉搏，紧贴社会生产实践，及时吸取新知识、新技能、新方法、新工艺，才能培养出符合社会经济发展需要的高素质人才。

教师的劳动具有创造性。赞可夫在《和教师的谈话》中指出，"所谓创造性，就是一种不断前进，向着更完善、更新鲜的事物前进的志向，并且实现这种业已产生的志向。明天一定要比今天做得更好——这是一个创造性地工作的教师的座右铭。"❶ 具有创造性的教师，不会把教学工作看成一成不变的常规工作，而是必须研究学生、研究不断发展的学科体系、研究社会经济发展对人才的不同需要，及时调整课程内容，选择教学方法，不断探索课程与教学改革，这是教师职业专业性、独特性、不可替代性、创造性的重要方面。因此，课程与教学改革是教师专业成长的核心内容，也是衡量教师教育教学质量与有效性的重要指标。处在教学第一线的教师，不仅应该对课程与教学最有发言权，而且应该自觉成为课程与教学改革家，在所教课程与教学领域中有自己的

---

❶ ［苏联］赞可夫. 和教师的谈话［M］. 北京：教育科学出版社，1980.

专业主张和话语权，确立专业权威。新颁布的《条件》，突破了以往专业技术资格评定中只强调教师教学工作量的量化局限，把课程与教学改革作为一个重要因素，强调教学的有效性，鼓励教师"积极参与课程与教学改革，不断探索有效的课堂教学形式"，并且在编写中职教材、开发职业教育课程产品、教学示范等方面提出了要求，这不仅是对教师发展提高了标准，更是对职教教师专业性的深刻理解与发展。

（五）提供多种成长路径，体现职业教育教师专业成就的多样性

虽然所有教师的专业发展都遵循教师专业发展的一般规律，经历从不成熟到成熟的发展过程，但是教师的专业发展是有差异性的。由于教师的专业成长与发展受到教师个人、教育、社会、学校、文化等多方面因素的影响，每个教师专业发展的水平、时间、经历的阶段、专业发展需求、显现出来的问题与特征等都不尽相同，具有自身独特的规律性。教师的专业发展应该因人而异，每个教师有权利选择适合自己的专业发展方式，取得自己所能达到的最理想的专业发展成就，教师职业专业性的一个重要特征就是教师拥有专业自主权。这要求评价教师专业发展水平的标准应该是多样性的，能为不同的教师提供不同的成长路径与支持，让每位教师都能根据自己的专业特长，实现最充分的发展。这就给教师专业技术资格标准的制定带来挑战，既要保证所有教师都能达到一个相对稳定、统一的高标准，保证职教师资队伍的整体质量，又要观照到每个教师的特长与个别差异，为其提供适合的成长空间。新颁布的《条件》充分考虑到了职教教师专业发展的多样性，在每一个评价指标中都提供了多种评价标准，允许教师根据自己的特长、条件、学科等，选择适合自己发展的方式。如关于专业课教师专业实践要求、教科研成果要求等，都为教师的专业发展提供了相当大的自由度，让教师能够根据自己的实际情况，选择最适合自己的、最佳的发展路径，把专业发展自主权还给了教师，让教师在专业领域中各展身手、各显其能，彰显了职业教育的开放性、多样性、实践性。

（六）突出科研成果要求，体现职业教育教师专业发展的可持续性

自20世纪60年代英国课程专家斯腾豪斯提出"教师即研究者"的理念后，教师角色的内涵获得了极大的提升，教师当研究者或鼓励教师开展行动研究，已被视为实现教师专业成长的重要环节和必由之路。作为职教教师，科学活动研究也应该成为其专业活动的重要组成部分。职教教师成为研究者，首先，是职业教育发展的必然要求。我国职业教育正处于快速发展时期，面对急剧变化的社会经济发展，职业教育如何发展，才能担当历史赋予的重任，仍有许多理论和实践问题需要研究。作为职业教育主体之一的教师，有责任有义务通过研究，提高人才培养质量，推动职业教育健康发展。其次，是职教教师专业化的必然要求。职教教师要成为受人尊敬的职业，享有自己的学术地位与专业权威，必须走出只是知识传递者的教书匠的困境，走向教育研究，建构独立的教育理念与教育实践框架，实现专业自主与自治。第三，是职教教师专业可持续发展的必然要求。苏联教育家苏霍姆林斯基在《给青年校长的一封信》中写道：如果你让教师的劳动能够给教师带来乐趣，使天天上课不至于变成一种单调乏味的义务，那你就应该引导每一位教师走从事研究的这条幸福道路上。研究不仅能让教师不断领略到教育的意义，享受到研究给教育教学带来的成功体验，更是教师坚持专业学习，提高专业发展水平，促进专业可持续发展的有效方式。

这次颁布的《条件》，明显提高了教师在教科研方面的要求，不仅在每个层级的资格要求中所占文字篇幅最多，而且提供的科研成果形式丰富多样，尽量让教师能够根据自己的能力水平、专业所长选择适合的科研方式与道路。《条件》准确反映了社会经济发展、职业教育变革对教师素质要求的变化，倡导职教教师成为专家型、研究型教师，引领教师通过科研促进教学，重塑职教教师的专业形象，激发教师的发展潜能，提升教师的可持续发展能力。

二、契合职业教育形势，追求教师卓越发展

无论是其框架，还是内容，《条件》都较好地遵循了职业教育发展规律，彰显了江苏职业教育特色，有利于促进江苏中等职业学校教师专业发展。那么，如何进一步完善《条件》、更好地落实《条件》呢？这里提出以下几点建议。

（一）进一步完善有关内容，增强《条件》的前瞻性，引领教师的专业发展

《条件》对职教教师各个等级的专业技术资格提出了比较全面、系统、客观的要求，对于教师专业素质的全面发展起到了积极的引领作用，但相对于快速发展的职教形势，有些内容还应该进一步充实与完善。如《条件》比较重视教师的专业知识与专业能力素养，对教师专业品质的要求略显单薄，一些体现时代特征与现代教育理念的教师素质未能及时得到反映。比如，当代教师的职业道德要求已不仅仅表现为传统的热爱学生、关心学生、教育学生，更重要的是善于尊重学生、研究学生、发展学生，保持与学生畅通、有效的沟通，了解学生的学业需求，为学生的学习乃至整个生涯发展作出专业指导，更好地体

现教师专业的服务性，一切为了学生的发展服务。此外，教师的专业发展也不仅指教师个人的发展，"教师职业发展极为重要的是与同事合作，要成长为一个专业人员，教师必须想办法克服课堂上和学校中存在的隔离状态。"❶ 职业教育的教育教学实践突出强调教师合作的重要，无论是专业课程教学、学生的实习实训、就业指导等，都需要教师团队的努力，需要教师群体的专业发展。教师能否顺利融入专业共同体，与同事分享个人实践成果，并在其中与团队成员一起成功，不仅是教师专业品质的重要方面，专业成长的重要平台与途径，更是优质教育教学的重要保证。因此，对职业学校教师的职业素质要求不仅日益全面，而且更加多元化、情境化，更加着力于学生与教师的共同发展。

（二）进一步贴近教育实践，提升《条件》的可行性，维护教师的专业发展

制定职业学校教师专业技术资格条件的根本目的在于严格规范教师职业资格制度，确保教师队伍质量，促进教师专业发展，而不是盲目提高要求，限制教师的职称晋升与专业发展。因此，专业技术资格条件的制定，应该本着以人为本的原则，立足教师专业工作的实际情况，把握教师专业发展的实际脉搏，做到严格要求与教育教学实际紧密结合，激发教师专业发展的自觉性与积极性，为教师专业发展成功提供最大的可能性，从而起到既引领教师专业发展，又能真正促进并维护教师专业发展的作用。从这个意义上讲，新的《条件》还需要对教师的职业现状作更进一步深入的研究，解决教师专业发展的困难，了解教师专业发展中的实际需求，制定出适合不同类型教师、不同层次教师的专业技术资格标准，让每个教师都能通过自己的努力，获得专业发展的成就。例如，对教师科研成果的要求，虽然新的《条件》，已经提供了多种途径，但不外乎三种：发表著作类（包括论文与著作）、获奖类、技术创新类（尤其是企业生产技术），这些方面对教师的专业成长与教育教学来说确实很重要，但作为教师来说，其最本质的工作是教学，体现其专业水平的也是教学，因此，考察教师科研水平最重要的是能否有效地进行教学研究，提高教学质量与效益。提倡教师从事科学研究，并不是要求教师像专职科研人员，从事深奥的纯理论研究，而是强调教师从个人的教育教学实践出发，积极开展教学实践研究；职教教师的科研成果也不仅仅是学术成果与技术创新，更多地应该是以自己或他人的教育教学活动为研究对象，以解决问题或改进、提供教育教学效果

---

❶ ［美］Lynda Fielstein & Patricia Phelps. 教师新概念——教师教育理论与实践［M］. 王建平，等，译. 北京：中国轻工业出版社，2002：224.

为目的，从这个意义上讲，职教教师的研究是教育教学实践研究、行动研究、校本研究和叙事研究。而这些不一定能通过上述三个方面表现出来，而是通过对培养学生的质量、对教师平时教学工作进行有效评估，只有这样，才能更好地鼓励教师参与教育教学改革，引导他们投入专业研究，而不是急功近利，忙着发表论文、编书、得奖，以至于很多教师不安心教学，热心于从事所谓的科研。此外，关于教师的专业实践，在《条件》中也提出了较高的要求，在当前我国中等职业教育师生比超标的情况下，在不影响教师休息与工作的前提下，如何保障这一规定的切实可行，仍需作进一步明确规定。

（三）进一步健全相关制度，保障《条件》的可操作性，激励教师的专业发展

职教师资队伍的健康发展，离不开完善的相关政策制度的保障，《条件》的制定，不能仅仅只是对教师提出要求，而且要积极创造条件，探索有效途径，为教师达到这些要求提供制度保障。从《条件》的规定及中等职业学校教师的实际出发，当前急需建立完善的制度主要有：

（1）完善中等职业学校教师继续教育制度。"今天，世界整体上的演变如此迅速，以致教师和大部分其他职业的成员从此不得不接受这样的事实，即他们的入门培训对他们的余生来说是不够用的：他们必须在整个生存期间更新和改进他们的知识和技术。"❶ 当前，我国非常重视职业学校教师的继续教育，为此，专门制定了中等职业学校教师素质提高计划。然而，很多继续教育的制度设计都只是针对骨干教师、新教师等特定群体制定的临时性政策，缺乏延续性。广大教师希望的是有一个完善的教师继续教育制度，能够针对不同类型、不同层次的教师，开展有计划、有重点、形式多样的终身性继续教育，为教师提供适当的继续教育时间、经费资助、工作支持、专业帮助，这样才能持续深入地促进教师专业成长的顺利实施。

（2）落实中等职业学校教师企业实践制度。《条件》对教师下企业实践、提高专业实践水平提出了明确的要求，力求从根本上解决中等职业教育重理论、轻实践的问题，积极打造"双师型"教师队伍，满足以就业为导向的职业教育对师资的要求。然而，教师下企业实践，并不是靠教师个人努力就能实现的，涉及学校的工作实际、与企业的协作联系、教师的时间安排等，因此，需

---

❶ 联合国教科文组织国际 21 世纪教育委员会. 教育——财富蕴藏其中［M］. 北京：教育科学出版社，1996：142－143.

要建立更完善更详细的规章制度，督促学校与企业、教师共同努力，切实落实这一制度，让教师有充分的时间与精力，真正融入到企业中，学有所得，学有所长。

（3）不断提高中等职业学校教师的经济待遇与社会地位。职教教师的经济待遇与社会地位是职教师资队伍建设的主要内容，是稳定职教教师队伍的重要保障，是职教教师专业地位的重要体现。职教教师不仅从事着一般的课堂理论教学工作，许多专业教师还承担着繁重的实践教学任务；职教教师不仅要搞好校内的教育教学工作，还要指导学生校外的实习、见习、就业工作；职教教师不仅要继续深造，努力提高学历层次，还要不断深入企业生产一线，从事生产技术的改造与创新。可以说，职教教师扮演角色之多、工作范围之广、专业压力之大，是其他类型教师不可比拟的。提高职教教师的经济待遇与社会地位，不仅是保护广大职教教师的工作积极性，更是对职教教师专业地位与权威的无比尊重，应该让职教教师成为人人羡慕、尊敬的职业。

本章小结

职教师资队伍建设是构建江苏现代职教体系的重中之重。从专业化视角分析现阶段江苏职教师资队伍建设存在的问题，提出促进江苏职教师资队伍建设专业化发展对策。法制建设是职教师资队伍建设的保障。从法理角度审视和考量当前江苏职教师资队伍建设的现状，分析职教师资相关法律法规存在"滞后"、"缺位"、"抵代"、"柔化"等现象，并从职教师资立法的完整性、针对性、灵活性、强制性等方面提出加强江苏职教师资法制建设的相关策略。《江苏省中等职业学校教师专业技术资格条件（试行）》，规范了各类中等职业学校教师的专业技术资格评定。

（本章执笔人：贺文瑾（第一、三节），崔景贵、郝永贞（第二节））

江苏现代职业教育体系人才培养模式的创新

构建现代职业教育体系是《国家中长期教育改革和发展规划纲要（2010～2020年)》提出的重要课题。江苏省现代职业教育体系的构建是顺应中国以及国际现代职业教育体系构建大趋势的，也是适应江苏省经济社会发展、科技进步的，更是江苏省职业教育体系不断发展与完善的自身诉求。

第一节　江苏职业教育培养技能型人才的现状与问题

江苏省经济的发展一直走在全国前列，全省致力于走新型工业化道路，工业化水平比较高。当今世界任何一个国家工业化的发展都离不开一大批复合型的高技能人才。职业教育承担着技术技能人才培养的重任，大力培养高素质的技术技能型人才是当今江苏职业教育发展的重点方向。

一、江苏经济社会发展对技术技能型人才的需求

江苏位于我国大陆东部沿海中心，地理位置优越，经济发展水平远远领先于内陆省份。党的十八大以来，江苏继续以科学发展观统领全局，着重推动产业结构优化升级，形成新兴产业的先发优势，服务业的配套优势，传统产业的品牌优势。

2012年，江苏省战略性新兴产业蓬勃发展，新能源、新材料、生物技术和新医药、节能环保、软件和服务外包、物联网等新兴产业全年销售收入达40 059.9亿元，比上年增长19.6%。高新技术产业快速发展，全年实现高新

技术产业产值 45 041. 5 亿元，增长 17.4%，占规模以上工业产值比重达 37.5%，比上年提高 2.2 个百分点。服务业发展水平提升。全年实现服务业增加值 23 676 亿元，比上年增长 9.6%，占 GDP 比重为 43.8%，比上年提高 1.1 个百分点。服务业税收总额 3 934.8 亿元，增长 13.9%，占国地税收入的比重达 45.2%。主要服务行业收入保持较快增长，软件业、研发和科技交流及推广服务业、航空运输业、银行业、商务服务业、物流业实现总收入同比分别增长 34.6%、37.6%、14.5%、15.5%、17.2%、11.3%。❶

　　2013 年江苏国民经济和社会发展统计公报显示，江苏省 2013 年全年实现地区生产总值 59 161.8 亿元，比上年增长 9.6%。其中，第一产业增加值 3 646.1 亿元，增长 3.1%；第二产业增加值 29 094.0 亿元，增长 10.0%；第三产业增加值 26 421.7 亿元，增长 9.8%。全省人均生产总值 74 607 元，比上年增长 9.3%。全社会劳动生产率稳步提高，全年平均每位从业人员创造的增加值达 124 297 元，比上年增加 10 703 元。产业结构不断优化。三次产业增加值比例调整为 6.1∶49.2∶44.7。全年实现高新技术产业产值超过 5 万亿元，比上年增长 15%；占规模以上工业总产值比重达 38.5%，同比提高 1 个百分点。新兴产业销售收入比上年增长 18%。❷

　　由以上统计数据可以看出，以信息技术产业为首的新兴产业增幅极快，高新技术产业正在聚集，逐步形成集约化的生产方式，区域产业链和产业群落不断发展；现代服务业不断发展；走新型工业化道路，努力把江苏省建设成为现代化国际制造业基地。如果对接江苏省现代产业体系目标，按照中等发达国家高技能人才占整体人才总量 40% 的数字来测算，江苏省目前高技能人才缺口达 230 万。当前江苏省的人才就业结构与产业结构的矛盾比较突出，人才结构不能适应工业化快速发展对大量高技能型人才的需求。尽管目前江苏省有近 30 万的高技能人才，为大量企业解了燃眉之急，但江苏省目前技能型人才在数量和结构等方面仍然不能满足经济发展的需要。

（一）解决技能型人才培养问题是加快新型工业化进程的必然要求

　　江苏省致力于走新型工业化道路，大力发展以信息技术产业为代表的高新技术产业，促使传统产业由第一、第二产业向第三产业转变，促进经济增长方式由粗放型向集约型转变，这就要求大量掌握核心技术的高技术人员；同时新

---

❶　http：//www. jssb. gov. cn/jssq/jjgk/201107/t20110725_ 1139. htm

❷　http：//www. chinairn. com/news/20140220/143309681. html

型产业和现代服务业的发展需要一大批复合型、技能型人才。因此，大力培养技能型人才，充分发挥其在技术创新、工艺设计、产品开发和技术方法的革新等方面的中流砥柱的作用，使得更多的新技术、新装备应用到实际生产中，开发出新产品，形成新产业，促使产业结构升级，加快江苏省新型工业化的进程。

（二）解决技能型人才培养问题是提升产业竞争力的必然要求

近年来，随着经济发展方式的转变和产业结构优化升级，涌现出越来越多高成长性科技型中小企业和现代服务业企业。而以知识密集、技术密集、人力资源密集、高成长性为特征的现代服务业企业，在推进产业结构调整中发挥着越来越重要的作用。这些企业规模小，技术含量高，迫切需要顶尖高技能人才将科技成果转化为现实生产力。目前，我省的产品在国际产业分工价值链中，整体上仍处于低利润、低附加值的低位区间，许多企业生产的产品标准和质量不高，赢利空间小，竞争力不强❶。造成这种局面的原因主要是我们没有掌握核心操作和工艺技术。要改变这种局面，加快实现由"江苏制造"向"江苏创造"转变，这就迫切需要提高企业职工的技能水平，培养大量复合型技能人才。

（三）解决技能型人才培养问题是人力资源开发的必然要求

伴随着新型工业化进程的推进，特别是经济结构调整和传统产业的升级改造，新兴产业的兴起，新的岗位不断出现，岗位的技术含量越来越高，这就造成技能型人才紧缺的局面。江苏省劳动力就业结构与社会对人才的需求结构失衡，高技能岗位供不应求而低端岗位不足同时并存的矛盾局面。由此可以看出，当前江苏省技能型人才培养不能与经济社会发展相适应。加快技能型人才培养，促使具有丰富实践经验和一技之长的劳动者脱颖而出，这在满足经济发展需要的同时，也能调动劳动者进行技能训练的积极性，营造重知识、重技能、重技术和"人人都可以成才"的良好社会氛围，加快人力资源开发，把人口数量压力转化为人才资源优势。

二、江苏技能型人才队伍存在的问题

江苏省致力于走新型工业化道路，大力发展新型产业和信息技术产业，面临的障碍主要是人才资源缺乏，尤其是技能型人才紧缺，突出表现为技能型人才的数量不足和结构失衡。

---

❶ 马成荣. 江苏职业教育技能型人才培养研究［J］. 教育与职业，2006（18）：8－11.

（一）新型工业化所需技能型人才总量不足

2011 年江苏省人才发展统计公报显示，全省人才资源总量 987 万人，全省高层次人才 55.39 万人，高层次人才占人才资源总量的 5.6%。专业技术人才 468 万人，技能型人才 533.45 万人，其中高技能人才 146.86 万人，高技能人才占技能劳动者比例为 27.53%。从事科技活动的人员 81.62 万人，从事 R&D 人员 45.51 万人，其中企业从事研究与开发人员 37.76 万人。农村实用人才 152.68 万人，社会工作人才 15.37 万人。❶

2012 年度江苏人才发展统计公报发布显示，与 2011 年相比，江苏人才素质、人才投入都大幅提升。全省高层次人才达 60.65 万人，占人才资源总量的 6.68%；截至 2012 年底，江苏技能型人才 718.02 万，其中高技能人才总量 203.2 万，占技能劳动者比 28.3%。❷ 近年来我省人力资源市场技能劳动者求人倍率始终大于 1（求人倍率 = 需求人数/求职人数）。2012 年四季度，高级技师、技师的求人倍率分别达到 2.75 和 2.48，充分表明全省高技能人才严重短缺。❸

（二）新型工业化所需技能型人才结构失衡

江苏省在走新型工业化道路的过程中，技能型人才的紧缺还表现在技能结构上矛盾突出，导致了技能型人才供需的结构性矛盾。

（1）技能等级结构失衡。突出表现在高技能型人才占技能人才的比例较低。2012 年四季度，高级技师、技师的求人倍率分别达到 2.75 和 2.48。如果对接江苏省现代产业体系目标，按照中等发达国家高技能人才占整体人才总量 40% 的数字来测算，江苏目前高技能人才缺口达 230 万。

（2）行业分布失衡。根据 2012 年企业技能人才调查情况看，高技能人才行业分布主要集中在第二产业和传统产业。江苏省重点发展的新兴产业，如生物技术、现代医药、环保等行业高技能人才的短缺问题越来越严重，对高技能人才的需求越来越迫切。调查企业对新兴产业高技能人才的需求在 208 个紧缺职业工种中排第 20 位。

（3）区域分布不合理。江苏分为苏南、苏北、苏中，苏南作为江苏省经济发展的示范性基地，经济发展水平高于苏中和苏北地区，大中型企业主要集中于苏南。根据江苏人力资源和社会保障局在 2012 年企业技能型人才调查中

---

❶ http：//renshi. people. com. cn/n/2012/0926/c139629 – 19119233. html.

❷ http：//jsnews. jschina. com. cn/system/2013/07/13/017937002. shtml.

❸ http：//www. jshrss. gov. cn/file/service/zxzb/130409zxzb/index. html.

显示，高技能人才主要集中在大中型企业，小型企业高技能人才占比不到15%，说明大部分的高技能型人才集中在苏南地区，苏中和苏北地区急缺一批关键工种技术带头人和复合型技能人才。

三、江苏职业教育在培养技能型人才过程中的问题

《江苏省中长期人才发展规划纲要（2010～2020 年)》明确指出江苏人才发展的战略目标。预计到 2015 年，全省高技能人才总量将达到 154 万人，2020 年将达到 255 万人，占技能人才总数的 32%，其中技师、高级技师达到53 万人。加强技能型人才的培养，是江苏经济社会发展的迫切需要，而职业院校是培养技能型人才的摇篮。江苏作为教育大省，尽管培养出了一大批的技能型人才，但是在培养技能型人才的过程中仍然存在诸多问题。

（一）专业设置与市场需求存在脱节现象

近年来，职业院校的部分老牌专业发展滞后，办学思想跟不上时代发展，专业设置上对市场的需求欠缺适应，不能贴近社会、贴近实际，缺乏专业动态调整的生机和活力。江苏致力于走新型工业化道路，产业结构不断升级，高新技术产业发展较快，对技能型人才的需求较大，但是江苏的职业院校专业设置与地方经济发展人才需求脱节、滞后的现象严重，没有基于市场需求进行专业设置，专业设置灵活性太差。

新兴专业盲目设置，质量层次低。市场经济快速发展，新兴行业对人才的需求量大，本着"就业第一"的理念，盲目设置新兴专业，但实际情况该岗位是否需要单设一个专业及是否是真正的新专业上过于盲目，没有进行深入研究分析，教育追求经济效益，功利化倾向严重。尤其是新兴专业发展不成熟，课程资源匮乏，师资力量薄弱，培养出来的学生并不能适应岗位要求，这种专业设置与市场需求不对应的现象导致人才资源的极度浪费。

（二）教学方法手段陈旧

首先，传统的职业院校教学以教师为主导，教学方式以教师讲授为主，采用传统的"传授—接受"教育模式，注重理论知识忽视实践教学，忽视学生在教学过程的主人翁地位。这种陈旧的教学观念与当今教学促进学生发展、培养社会需要的技能型人才的现代教育理念大相径庭。其次，职业院校教师一方面不重视创新教学方法，惰性心理使其不愿意探究新的适应学生需求的教学方法，教学方式创新动力不足，教师固守传统的教学方式，恶性循环，导致教学方法的改革举步维艰；另一方面是职业院校的教师创新能力不足，对教育教学

的方法了解甚少，其教师在心理上、思维方式上和素质上都不能满足现代教学方法启发性、开放性、多向性、互动性的特点。由此致使教学方法比较单一，教学方法机械，教学手段单调，一定程度上严重影响技能型人才的培养质量。

（三）教学经费不足，基础设施陈旧

我国职业院校的办学经费短缺一直是制约职业院校高质量办学的关键因素，校区在基础设施的改造上需要大量资金。当前我国的职业教育发展还不完善，相对于发达国家，我国的职业教育没有受到足够的重视，职业教育的经费投入远低于发达国家。

江苏的经济发展较快，技术型设施的更新速度很快，很多实训设施更新速度过慢，先进的实训器材和设备不足，实验和实训条件差，旧设施不能适应专业发展对技能的训练，新设施因经费短缺不能满足需要。近年来，尽管国家逐步加大了对职业教育的经费投入，但是，由于职业教育的招生人数迅速增长，人均设备并没有增加，甚至在中西部地区，还有下降的趋势。技能型人才的培养一定程度上是重复性的、高频次的练习中获得的，陈旧的基础设施不能有效地为学生练习提供条件，因此严重制约了技能型人才的培养。

（四）人才培养不注重校企合作，产学结合

职业院校人才的主要方向是企业，而校企合作作为职业教育人才培养的主要模式之一，在人才培养上存在诸多问题，表现在校企合作形式化严重，职业院校和企业之间并没有真正地建立实质性的联系，迫于职业教育办学体制的压力，与院校合作的企业并不能对应地为院校的专业技能提升提供实训基地，院校与企业"责、权、利"的连接薄弱，主要表现为：

（1）政府宏观调控和监督不够。纵观发达国家的职业教育都是用立法的形式来保证职业教育与企业之间的合作，政府利用法律机制调控两者之间的关系。而我们国家关于教育的立法、政策大部分都集中在普通教育，关于职业教育的政策措施还非常不完善，对于校企合作的措施没有上升到法律强制性的层面，职业教育处在一种自发和应付的状态。

（2）企业缺乏利益驱动。校企合作涉及学校、学生、政府、企业四个方面，企业是最难调动积极性的一方。现在我国经济正处于转型的时期，就业压力很大，人多岗位少的就业矛盾比较突出，就业结构不合理导致部分校企合作的教学模式难以推进，企业缺乏岗位，加之企业是以盈利为目的的机构，不能为企业带来一定收入的校企合作只是学校的"一头热"。

（3）缺乏健全的校企合作运行机制。校企合作的运行机制不能发挥其应

有的作用，既有学校、企业的责任，同时也受法律法规、社会环境层面的制约。校企合作的构建没有从系统的观点出发，缺乏运筹帷幄的考虑，不能有效地使企业和办学诸要素之间进行有机结合。学校的运作机制与企业的运作机制没有有效衔接，真正融合；双方没有建立平等互利的机制，对于学生的培养机械的"滚皮球"式的推卸责任，把学生处于一种无视的状态，缺乏相互监管的机制和共同的利益机制。

第二节　江苏现代职业教育体系人才培养模式的理论

在职业院校的质量建设和内涵发展中，核心的任务就是人才培养模式的改革和创新。现今我国经济社会的发展、产业结构的升级及人才需求的结构性调整都对人才培养模式提出了改革和创新的要求。

一、现代职业教育体系与人才培养模式

2006 年，教育部《关于全面提高高等职业教育教学质量的若干意见》（教高［2006］16 号）以及教育部财政部《关于实施国家示范性高等职业院校建设计划加快高等职业教育改革与发展的意见》（教高［2006］14 号）都将改革人才培养模式作为职业院校的核心方面。

当今我国的职业教育发展与发达国家相比还不够成熟，职业教育体系还不健全，但是近年来职业教育体系经过不断地改革和发展，正逐步建立一个与普通教育相互沟通、职前教育与职后教育相互衔接的具有中国特色现代职业教育体系。我国目前的职业教育体系主要包括职业学校教育和职业培训两方面。

（一）职业学校教育

职业学校教育是指各级各类职业学校对受教育者所实施的有目的、有计划、有组织地传授专业知识、培养职业思想和职业道德、发展职业能力的职业教育活动；职业学校教育包括初等职业教育、中等职业教育和高等职业教育。

初等职业教育是最低层次的职业教育。其主要招收的对象是没有完成九年义务教育的未成年人，主要是培养初级技术工人、农民和从事其他行业的熟练劳动者。学习 3～4 年的文化知识和专业知识、职业技能。初等职业教育主要是为不能按规定完成义务教育的未成年人提供职业准备的教育，并适当进行文化课的教育，对学生未来的发展奠定一定的基础。对学生进行初等职业教育的

学校统称为初等职业学校。

中等职业教育属于中等层次的职业教育，是现阶段我国职业教育的主体和重点。中等职业教育主要是中等专业学校、职业高中和技工学校等。这三类学校统称为中等职业学校，招收的对象一般为初中毕业生，其培养的目标是中级技术工人、技术人员和基层管理人员及其他中级专业人员，学制一般为 3～4 年，学生在校期间主要学习某一种专业的基础理论知识和实践技能。

高等职业教育属于大专层次，是职业教育的最高层次。它既是我国高等教育的一部分，又与初等职业教育、中等职业教育想衔接，构成完整的职业教育体系。高等职业教育一般包括职业技术学院、职业大学、高级技工学校、职业师范院校等。高等职业教育一般招收高中应届毕业生或者中等职业学校毕业生，学制一般为 2～3 年。高等职业院校的毕业生还可以通过"专升本""专接本""专转本"的形式进入普通高等教育继续学习，取得本科学历和学士学位。

（二）职业培训

职业培训是指对从业人员进行的从事某种职业所需要的职业知识、职业技能所进行的培训活动；职业培训主要包括职前培训、在职培训、职后培训。

职前培训又叫岗位培训，是针对不同岗位的基本需要，对未从业的人员进行的岗位基本技能和基本常识的培训。2000 年国家就颁布了就业准入制度和职业技能等级制度，施行"先培训、后就业；先培训、后上岗"的就业制度，按照本岗位的要求进行岗位职责、岗位技能经验、岗位安全和基本职业道德、职业纪律的培训，使每一位从事本岗位的员工都具备胜任本岗位的工作的能力。

在职培训又叫在岗培训，是指对从业人员进行的不脱离所在生产工作岗位、以提高本岗位的工作能力为主的培训活动。在职培训针对员工在实际工作中遇到的问题进行再培训，力图提高其职业能力和技能，更好地满足岗位因科技发展而要求的职业技能的提升，同时也满足员工个人更好的发展，实现以人为本。

职后培训又叫再就业培训，其培训的对象主要是失业人员和下岗职工，目标是帮助其转变观念，提高职业技能以实现再就业的目的。职后培训更具目的性和针对性，对未来想从事的岗位进行实际的调查分析，根据岗位的理论知识和实际能力要求及就业者自身的实际情况进行的专门化培训，以提高应聘能力，满足岗位对人的要求，使"人岗匹配"。

二、现代职业教育人才培养模式的基本类型

现阶段国内外关于职业教育的人才培养模式有诸多研究，不同国家根据自身的经济发展水平和产业结构调整变化，不断地改革和创新人才发展模式；我国在人才培养模式的构建上也不例外，在不同历史时期根据经济社会的发展和人才需求结构的变化不断重构适应社会需求的人才培养模式。

（一）国外职业教育人才培养模式的类型

纵观国际上现代职业教育的人才培养模式，当前流行且影响较大的主要有以下几种典型：一是以德国为代表的"双元制"模式；二是以美国为代表的"合作教育"模式；三是以澳大利亚为代表的 TAFE 模式；四是以英国为代表的"三明治"模式。

1. 德国的"双元制"模式

"双元制"是学校和企业分工协作，以企业为主；理论和实践紧密结合，以实践为主的一种成功的职教模式❶。德国的职业教育在世界上享誉盛名，而其"双元制"的人才培养模式是德国职业教育成功的关键因素。"双元"中的一元是学生在学校中学习专业理论知识；另一元是学生在企业以学徒的身份进行职业技能训练。

德国"双元制"的人才培养模式是学校和企业相互协作，以企业为主；企业联合学校培养人才的过程受法律的制约，由企业行会负责对企业进行监督和管理；受教育者即学生具有双重身份，一是作为职业院校的学生接受理论知识，二是与企业签订合同，在企业接受职业技能培训，是企业的学徒；教学内容由两部分组成，一是职业学校遵守州文教部规定的教学大纲和教学计划，二是企业按照联邦政府颁布的培训规章及培训大纲对学徒进行实践技能的培训；师资力量一方面是学校教授普通文化课和专业理论课的职校教师，另一方面是工厂的培训师傅；德国"双元制"的人才培训模式有国家法律制度做保障，企业承担大部分的培训费用，职业学校的经费则有国家及州、镇政府负担，相对充足的资金保障也是德国职业教育成功的要素之一。

德国"双元制"的人才培养模式的特点是与学校和企业紧密结合，使学生理论知识的学习真正与生产实际联系起来，企业在此过程中广泛、深入地参与，学生的培养必须由学校和企业共同协作完成；这对我国现阶段的职业教育

---

❶ 王根顺，王成涛. 高等职业技术教育概论 [M]. 北京：民族出版社，2004：32.

有较大的借鉴作用。

2. 美国的"合作教育"模式

1906 年，美国的辛辛那提大学首次推出这样的教育计划：一部分专业的学生，一年中有三个月的时间要到与自己专业对口的企业或者工厂去实习，以获得未来岗位所需的必备技能。这种把课堂教学和实践训练相结合的教育方式称为"合作教育"。美国的合作教育以学校为主，实施于中等教育的第二阶段，即职业高中阶段和高等教育阶段。

美国高等学校的合作教育以教学和劳动相结合、工读交替为特征。主要的实施方式有以下三种：①工读轮换制。把同一专业同一年级的学生分成两部分，一部分在学校接受理论学习，另一部分到企业接受实践训练，按学期或学季轮换。②半工半读制。全班学生每天部分时间上课，部分时间劳动，同进同出。③劳动实习制。参加合作教育的学生定期到校外实习一段时间，每学年至多一次。

美国合作教育的人才培养模式在实行的过程中，教师根据专业类别和了解学生的实际兴趣点为学生量身找到合适的雇主，而企业也根据企业的需要为学生提供可能的实践训练机会和实训场地，校企双方共同签订协议，确定在人才培养过程中双方的责任和义务，共同为学生负责。这种深度的校企合作的合作教育模式，使学校、企业和学生三方受利，因此在美国合作教育人才培养模式很受企业、学校和学生的欢迎。"1979 年，全美参加合作职业教育计划的大学生达 53 万多人，学生工资收入达 10 亿美元左右。"[1]

3. 澳大利亚的 TAFE 模式

澳大利亚的"TAFE"全称是 Technical and Fur – ther Education，译成中文是澳大利亚"技术和继续教育学院"，相当于中国的中等职业学校、技工学校和高等专科学校。TAFE 作为澳大利亚最具特色的职业教育人才培养模式，得到了澳大利亚政府的大力支持，在其职业教育的培训中扮演着重要的角色。其特色主要表现在以下几个方面：

灵活的学制和广泛的生源。为适应社会的需求和培训者的需要，学院采取在同一所学校实行多种学制。其学制长短不一，比较灵活，有几周、几个月到半年不等的短期培训，还有半日制或者利用业余时间完成学业的。面向全民招

---

[1] 陈解放. 美国合作教育的实用主义本质及其给我们带来的思考 [J]. 中国高教研究，2001 (12)：35 – 36.

生，不分民族和国籍，从中学生到退休老人，甚至残疾人和失业者都轻松可成为 TAFE 的一名学生。

贴近实际的课程设置和多样化的教学方式。澳大利亚的 TAFE 学院重视理论与实践相结合，其课程安排实在遵循其本国课程要求的资格框架下，以行业标准为依据，理论知识和技能训练都贴近行业的实际需要。其课程的指导思想是：以市场为导向，灵活设置专业，满足社会需求，并完全根据市场变化需求不断调整和修订，采用灵活教学方法，培养高素质劳动者❶。由于 TAFE 学院的学生相当一部分来自不同的国家、不同年龄段和不用学业背景，因此学院教师采用灵活的教学方式，让学生自主地选择上课的地点和方式，以适当的内容因地制宜地进行教学。由于澳大利亚是个地广人稀的国家，为让分散的人接受教育，TAFE 学院还通过远程教育、流动教室等形式把教育送到需求者那里，提供一种随意的学习环境❷。

高素质的师资队伍及多元化的投资主体。TAFE 对教师的招聘极为严格，其教师分为专职教师和兼职教师。专职教师不招聘应届毕业的大学生，一般都要求具有 3 ~ 5 年的实践工作经验，具备该行业的相关资格证书，拥有熟练的该职业必须具备的职业技能。其次是兼职教师，这部分教师主要是专职教师的后备军；这类教师一般都学历不高，但是都来自一线的生产服务行业，具有丰富的实践经验和娴熟的技能操作能力。澳大利亚建立了政府、企业和个人多元化的投资体制；政府是投资的主体，联邦政府拨款占 97% 左右，学院自筹经费 3%；另外学院在政府的鼓励下，学校可以通过为企业、工厂以及社会团体等提供有偿的培训，适当地收取培训费，这也为 TAFE 学院创收了一笔可观的收入。

澳大利亚 TAFE 学院因其高质量的教学与经济社会发展紧密结合而备受欢迎，被公认为是世界上最成功、最具代表性的职业教育的人才培养模式之一，其丰富的经验值得我国职业教育学习和借鉴。

4. 英国的"三明治"模式

英国的"三明治"教育是当今世界上比较典型和成功的职业教育人才模式之一，其最早出现在 20 世纪初，已经有将近 100 年的发展历史。英国"三明治"人才培养模式是指学生分阶段在企业实际训练和在校学习，工学交

---

❶ 陈智强. 澳大利亚 TAFE 模式及其对我国高职教育的启示 [J]. 教育与职业, 2011 (36): 90 - 91.

❷ 王莉平, 舒畅. 澳大利亚 TAFE 教育对我国高职教育的启示 [J]. 山西广播电视大学学报, 2006 (5): 42 - 43.

替，学制一般为 4 年，毕业时取得技术学位文凭。

英国"三明治"模式的具体表现形式以下几种：①接受学校教育和实践训练交替进行，一年中时间各一半；②两年时间接受实践训练，两年时间学习专业理论知识；③四年中的第二年或第三年到企业实习；④第一年在企业工作，第二年和第三年在学校接受理论知识，最后一年在企业实习。英国政府通过强有力的法律措施保障"三明治"的教育的主要利益主体学校、企业和学生都参与进来。企业定期会向学校公布拟聘用岗位及学生实际训练的情况；职业学校则设立专门的机构帮助学生寻找合适的实习机会；学生必须经过有效地实习才能顺利毕业拿到文凭，否则不能毕业。

工读交替的"三明治"人才培养模式将职业专业理论知识学习与实际技能训练有机结合，根据社会需求对课程或专业设置进行动态调整，确保毕业生能适应变化的岗位对人才的专业知识及技能的要求。通常学生的实习单位和实习岗位由企业招聘及学校推荐共同完成。学生实习期间有薪金，不仅能使学生减轻学业压力又可以轻松就业。但是英国的"三明治"是伴随着 19 世纪英国职业技术教育的发展而逐步兴起的，在此过程中，英国政府逐步制定一系列有力的措施进行引导和鼓励，提供经费和制度保障，有力地推动了"三明治"人才培养模式的发展。

（二）我国人才培养模式的历史变迁

1. "半工半读"的人才培养模式

20 世纪早期实业教育的发展，奠定了我国职业教育的理论和实践的基础。1955 年全国首次技工学校校长会议决议中明确提出职业教育的教学要"以生产实践教学为主"的教学方针；1958 年 1 月毛泽东同志在《工作方法（草案）》中提出："一切中等技术学校和技工学校，凡是可能的，一律试办工厂或者农场，进行生产，做到自给或半自给。学生实行半工半读。"这是新中国成立以后明确提出要加强职业教育的实践教学。1958 年 9 月中共中央、国务院发出《关于教育工作的指示》中规定："在一切学校中，必须把生产劳动列为正式课程。今后的方向是学校办工厂和农场。"对办学形式问题提出："国家办学与厂矿、企业、农业合作社办学并举；全日制与半工半读业余学校并举。"

20 世纪 50 ~ 60 年代，我国教育受苏联教育的影响，强调"教育和生产劳动相结合"。"半工半读"的职业教育人才培养模式比较适合当时比较落后的经济发展水平的需要，既满足了对简单的技能人才的需求又使劳动者受到了教育。

2. 产教结合的人才培养模式

1978 年，邓小平同志在全国教育工作会议上指出："马克思、恩格斯、列宁和毛泽东同志非常重视教育与生产劳动相结合……为了培养社会主义建设需要的合格人才，我们必须认真研究在新的条件下，如何更好地贯彻教育与生产劳动相结合的方针。"另外，还明确指出："现代经济和技术的迅速发展，要求教育质量和教育效率的迅速提高，要求我们在教育与生产劳动相结合的内容上、方法上不断有新发展。"

1980 年 10 月《国务院批转教育部、国家劳动总局关于中等教育结构改革的报告的通知》，针对我国中等教育结构不合理的状况，提出普通教育与职业、技术教育并举，全日制学校与半工半读学校、业余学校并举，国家办学与业务部门、厂矿企业、人民公社办学并举的方针；县以下教育事业应当主要面向农村，为农村的各项建设事业服务；可以适当将一部分普通高中改办为职业（技术）学校、职业中学、农业中学。

1985 年 5 月 27 日《中共中央关于教育体制改革的决定》中指出："发展职业技术教育，要充分调动企事业单位和业务部门的积极性，并且鼓励集体、个人和其他社会力量办学。要提倡各单位和部门自办、联办或与教育部门合办各种职业技术学校。"

1991 年《国务院关于大力发展职业技术教育的决定》中强调"各类职业技术学校和培训中心，应根据教学需要和所具备的条件，积极发展校办产业，办好生产实习基地，提倡'产教结合'"。1993 年 2 月 13 日中共中央、国务院印发《中国教育改革和发展纲要》中指出："各级各类职业技术学校都要主动地适应当地建设和社会主义市场经济的需要。要在政府的指导下，提倡联合办学，走产教结合的路子，更多地利用贷款发展校办产业，增强学校自我发展的能力，逐步做到以厂（场）养校。"1996 年颁布的《中华人民共和国职业教育法》第二十三条明确规定，职业学校、职业培训机构实施职业教育应当实行产教结合，为本地区经济建设服务，与企业密切联系，培养实用人才和熟练劳动者。1999 年《中共中央国务院关于深化教育改革全面推进素质教育的决定》再一次明确指出："教育与生产劳动相结合是培养全面发展人才的重要途径。各级各类学校要从实际出发，改进和加强对学生的生产劳动和实践教育。职业学校要实行产教结合，使学生在生产实践中掌握职业技能。"

　　由上可知，我国 20 世纪八九十年代，职业教育的理念是产教结合的思想，在具体的人才培养的实现形式上主要有两种：一是职业学校创办校办工厂，学生在本校创办的校办工厂中实习，实现产学研相结合；二是职业学校与企业联合办学，与企业签订合作协议，学校与企业紧密联合，培养社会发展需要的应用型人才。

　　3. "工学结合" 的人才培养模式

　　工学结合人才培养模式是以培养适合行业、企业需要的应用型人才为目的，利用学校和社会两种教育资源和两种教育环境，适当安排学生在生产岗位上工作，提高学生对社会与生产岗位的适应能力，由学校、社会、学生共同参与的一种教育方式。❶

　　21 世纪以后，受新科技革命的冲击，经济结构不断调整和产业结构升级，尤其是高新技术产业的兴起对技能型人才的需求不断增大，我国职业教育的人才培养模式逐步走向工学结合、校企合作。2002 年《国务院关于大力推进职业教育改革与发展的决定》（国发〔2002〕16 号）中指出："职业学校要加强与相关企事业单位的共建和合作，利用其设施、设备等条件开展实践教学。职业学校相对集中的地区应建设一批可共享的实验和训练基地。"2005 年《国务院关于大力发展职业教育的决定》中指出："大力推行工学结合、校企合作的培养模式。与企业紧密联系，加强学生的生产实习和社会实践，改革以学校和课堂为中心的传统人才培养模式。中等职业学校在校学生最后一年要到企业等用人单位顶岗实习，高等职业院校学生实习实训时间不少于半年。建立企业接收职业院校学生实习的制度。"2006 年教育部《关于全面提高高等职业教育教学质量的若干意见》（教高〔2006〕16 号）中也明确提出：要大力推行工学结合，突出实践能力培养，改革人才培养模式。

　　总之，在 21 世纪初，国家在根据社会发展对人才的需求上动态调整职业教育人才培养规格，出台相应的政策措施鼓励 "工学结合、校企合作" 的人才培养模式。目前，我国几种比较典型的工学结合的人才培养模式有 "订单式" 人才培养模式、双证书制人才培养模式、"2 + 1" 分段式人才培养模式。

　　一是 "订单式" 人才培养模式。

　　2004 年 9 月《教育部等七部门关于进一步加强职业教育工作的若干意见》

---

　　❶ 张建华. 职业教育工学结合人才培养模式的思考 [J]. 湖北水利水电职业技术学院学报，2007 (4)：1-3、13.

中指出："推动产教结合,加强校企合作,积极开展'订单式'培养。坚持以能力为本位,优化教学与训练环节,强化职业能力培养,高等职业教育专业实训时间应不少于半年,中等职业教育应为半年至一年。""订单式"人才培养模式是一种学校与企业签订人才培养协议,并共同制定人才培养计划,共同组织教学,学生毕业后直接到企业就业的人才培养模式❶。

"订单式"人才培养模式是工学结合的人才培养模式的典型之一,学校和企业根据市场需求、企业工作岗位的人才需求和学生自身的发展出发,共同制订培养人才计划,密切学校和企业的关系,重视学生职业能力的培养,强化校企合作。"订单"是"订单式"人才培养模式区别于其他工学结合的人才培养模式的基本要素,实质就是要使学校培养的人才能被社会认可,为企业创造价值,同时为学生就业提供便利。

二是"双证书"制人才培养模式。

教育部在 2004 年《关于以就业为导向深化高等职业教育改革的若干意见》中要求:"2004 年,各地教育行政部门要与当地劳动保障、人事部门及相关行业厅(局)共同配合,继续实施高等职业院校毕业生职业资格培训工程,力争 80% 以上有职业资格证书领域的高等职业院校毕业生都能取得'双证书'。"2006 年教育部《关于全面提高高等职业教育教学质量的若干意见》中指出:"使有条件的高等职业院校都建立职业技能鉴定机构,开展职业技能鉴定工作,推行'双证书'制度,强化学生职业能力的培养,使有职业资格证书专业的毕业生取得'双证书'的人数达到 80% 以上。"

"双证书"制人才培养模式突出强调学生的职业技能和职业能力,提升其职业素养。目前,"工学结合"正成为高职院校培养高技能人才的主要人才培养模式,而"双证书"制人才培养模式作为"工学结合"人才培养模式的一种,能够防止工学结合流于形式,有效地把工学结合的过程落实到实处。

三是"2+1"分段式人才培养模式。

"2+1"分段式人才培养模式又叫企业顶岗实习,学校根据技能型人才培养特点和企业岗位性质,学校与企业签订协议,做好实训保障工作,共同制订"2+1"的人才培养方案,即两年在学校学习职业岗位必需的专业理论知识、基本技能以及进行职业道德、职业素养的培养等,第三年到企业顶岗实习,提

---

❶ 刘晓欢,郭沙,彭振宇."订单式"人才培养模式的特征及其构建[J].职业技术教育,2004(2):21-23.

升职业技能；学校和企业共同完成专业人才培养目标。

"2+1"模式是我国职业教育技能人才培养的一种有效方式，是产学研合作教育的重要载体。1997年10月河南机电高等专科学校在西安召开的全国第二届产学合作教育大会上，首次明确提出了"2+1"工学结合的人才培养模式。具体来说它不是简单的时间叠加，而是强调学生的理论知识和实践知识的综合培养，两者不可偏废其一。

"2+1"的人才培养模式也没有绝对的分段界限。"1"阶段教学也不是绝对的从第三年开始，可以根据实际情况分段进行实践锻炼，使理论学习和实践训练交替进行，坚持三年不间断。"2+1"的人才培养模式是工学结合的人才培养模式的典型之一，有利于进一步提高毕业生对社会的适应性，实现从学生到学员，再到员工的"零过渡"起到积极作用。

三、现代职业教育体系人才培养模式的特点

1. 全面性特征——注重全面发展，提升整体素质

马克思关于人的全面发展的理论是我国教育目标制定的依据之一。职业教育作为教育类型的一种，必须承担促进人的全面发展的任务，必须重视"培养学生可持续发展能力的基础知识的培养"❶。职业教育的培养目标是技能型、应用型人才，不仅要具备专业理论知识和实际操作技能，而且应该具备职业能力和职业适应性、组织协调能力、管理能力以及人际交往能力等。

2. 实践性特征——理论与实践相结合，着重提升其技能水平

职业教育产出的人才主要是面向生产、建设、管理、服务等一线技能型操作岗位，要求能够快速的适应工作岗位的操作。职业教育在人才培养的过程中制订科学合理的"工学结合、校企合作"的人才培养方案，使学生学习专业理论知识和实际操作训练并重，将学习与工作相结合，在理论学习和实践学习上两者齐头并进，不可偏颇。

3. 开放性特征——与企业合作办学，社会广泛参与

职业教育区别于其他教育类型的特色之一就是与企业密切合作，各种社会力量广泛参与办学。职业教育与企业的合作深度和质量，直接影响到职业教育人才培养目标的实现，建立有效的校企合作的办学机制，是职业教育高质量发展的关键因素之一。职业学校与企业建立联合的人才培养机制，不仅为学生创

---

❶ 张邀学. 中国高职高专教育网，http://www.tech.net.cn

造了良好的实训条件和实训机会，而且为学校进行未来社会发展的人才需求预测有灵敏性，不断地适时调整人才培养的专业设置、课程内容、教学方法和方式等，促使专业设置与行业发展相结合，课程设置与岗位需求相结合，理论教学和实践训练相结合，尽可能地满足市场对不同人才规格的需求。另外社会广泛参与办学为职业教育发展筹备一定的资金，缓解职业教育发展中经费不足的问题。

4. 适应性特征——满足社会需求，实现以人为本

职业教育的培养目标指向"职业性"。其培养的人才规格必须适应职业岗位的需要，其人才的培养目标是伴随着新职业的出现进行动态调整，使就业结构与人才需求结构相一致。当今社会的发展促使社会分工越来越细，新职业不断出现，固定的几种人才培养模式不能适应繁多的职业岗位，而且因不同地区和行业的差别每一种模式都不是放之四海而皆准的，在遵循一般的人才培养规律上，依据实际情况进行具体的操作，促使人才培养适应社会需求，实现以人为本。

第三节　江苏现代职业教育体系人才培养模式的创新

创新，既是一个从无到有的过程，也是一个从有到优的过程。江苏省现代职业教育体系人才培养模式的创新是遵循一定的原则，在原有的人才培养模式基础上的创新，既包含"从无到有"，又包含"从有到优"。

一、现代职业教育体系人才培养模式创新的取向

从人才培养模式的内涵来看，其包括人才培养的目标和规格，实现人才培养过程所进行的专业设置、课程建设，以及与之相匹配的教学内容、教学方式、教学理念。

1. 培养目标从着眼"现在"向"现在与未来并重"拓展

职业教育作为一种特殊的教育类型，必然有其目的性与计划性，职业教育的培养目标即是围绕职业教育目的，通过有目的、有计划、有组织的职业教育活动，为培养社会所需要的人才而提出的具体要求，它是由社会经济发展阶段、职业教育人才培养特色决定的，并随着时代的变迁而不断进行调整。

现代职业教育体系的本质与内涵要求职业教育培养目标的创新，即从着眼"现在"向"现在与未来并重"。主要包括两个方面的内容：终身教育和可持

续发展的教育。第一，终身教育理念。《国家中长期教育改革和发展规划纲要（2010—2020 年）》提出"到 2020 年，形成适应发展方式转变和经济结构调整要求、体现终身教育理念、中等和高等职业教育协调发展的现代职业教育体系，满足人民群众接受职业教育的需求，满足经济社会对高素质劳动者和技能型人才的需要。"❶ 终身教育理念要求现代职业教育的培养目标不仅仅要从培养人的"现在"职业所需要的知识和技能出发，更要把职业教育贯穿到人的一生，是一种着眼于"现在与未来"的教育。职业学校不仅要帮助学生学好知识，更重要的是提高能力，不仅使学生适应目前的岗位竞争，更要适应未来职业竞争和广泛意义上的生存竞争。第二，可持续发展的职业教育。职业教育"以就业为向导"的办学观念导致职业教育长期以来推行技术教育，强调学生进行岗位所需要技能的熟练操作。然而现代职业教育不能仅仅是技术技能的教育，更应该是关注个体可持续发展的教育。

2. 专业设置从服务行业部门向服务区域经济拓展

专业设置是指专业的设立与调整，"设立"是专业的新建与开设，"调整"是专业的变更或取消。❷ 普通高校的专业设置必须符合学科体系的内在逻辑，而各级各类职业教育的特殊性要求其专业设置还要坚持提供职业岗位所需要的各种能力的原则，充分体现社会需求，不完全受制于学科标准。

由于历史原因的影响，我国职业教育的设置有两种倾向：一种是由中等职业学校通过改革、改建和改制升级后建立的高等职业院校，专业设置主要面向行业中的具体部门，培养的是在生产一线上手快、用得上、留得住的学生，但与具体部门相关的其他部门的适应能力有一定的局限性；另一种是高等院校在改革过程中通过本科压缩后建立的高等职业院校，专业设置主要面向整个行业，培养的是具有一定理论素养的学生，该行业的各部门似乎都可以适用，但实际动手能力又亟待加强。❸ 以高等职业院校的这两种专业设置倾向为代表的职业教育专业设置范围，对人才的培养都有一定的局限性，难以实现职业教育为社会经济发展服务的人才培养目标。

现代职业教育体系的特点之一即是适应地方经济发展需求，适应经济增长方式的转变。为顺应现代职业教育体系的这一特点，在建构人才培养模式时就

---

❶ 中国高等职业教育改革与发展报告——2010 年度文件资料汇编 [M]. 北京：高等教育出版社，2012：15.

❷ 杜怡萍. 高等职业教育专业设置的问题与对策 [J]. 教育与职业，2014：19 - 22.

❸ 刘福军，成文章. 高等职业教育人才培养模式 [M]. 北京：科学出版社，2007：133.

要对专业设置进行调整，即由以点为代表的行业部门向以面为代表的区域经济扩展。随着行业主管部门的职业转变和职业教育体制改革的深化，职业教育的专业设置将会逐步适应和满足区域经济发展的需要，服务于区域经济的要求。职业教育学生的一个现状是，生源来源于地方，毕业后也将就业于地方。因此，专业设置应该主要考虑地方区域的地理环境、资源优势、产业结构、经济增长方式等因素，使职业教育为地方提供专业人才，为区域经济建设和社会发展服务。

3. 课程体系从主干型向树丛型拓展

课程在职业教育过程中处于重要地位，职业教育的目标、价值需要通过课程来体现和实施，职业院校的教师要通过传授课程体系，使受教育者能够吸收并转化为自身的知识与能力，从而造就优秀的职业人才。❶

职业教育的课程体系是在不断的改革与发展中前进的，由于经济发展、社会进步、文化变迁等因素的影响，我国传统的职业教育课程体系建设，形成了知识本位的指导思想和能力本位的指导思想。知识本位和能力本位指导思想下的课程体系的共同特点是，只考虑主干课程的设置和教学而忽略了与学生职业能力和个人发展相关联的其他课程。在新时期、新形势下，现代职业教育体系人才培养模式，要求课程体系从传统的主干型逐步向树丛型拓展。

树丛型的课程体系主要包括两个方面的内容：一是课程体系要充分体现全面发展的要求，在课程改革中做到课程纵向、横向的交叉渗透，补充新的课程内容。第一，加强文理学科的相互结合和相互渗透。理工科学生在学习专业基础知识的基础上增加社会学科、人文学科的学习，文科学生也要适量地学习一些自然学科的知识，以扩充学生的知识面，使学生看到不同学科、不同课程之间的练习，促进不同学科知识和思维方法的迁移。第二，加强基础课学习，多开设选修课。在加强基础课的基础上，开设不同学科、不同领域的选修课，满足学生不同个性的发展需求，以提高学生的职业适应能力。第三，不断更新课程内容。职业教育的课程内容是一定社会条件下政治、经济和科学文化的产物，是与时代的发展相适应的。课程内容的更新包括增加现代社会中学生所需要的应变能力、创新能力的内容和新的社会条件下所出现的职业需求内容，摒弃陈旧内容。二是课程开发主体的多元化。职业教育是一种特殊的教育类型，为国家、社会经济发展服务，实行校企合作，多元参与。课程开发的主体不应该仅

---

❶ 米靖. 现代职业教育论［M］. 天津：天津大学出版社，2010：58.

仅限于国家、学校，而应该让教师、学生以及行业、企业等多方人士共同参与进来。

4. 教学内容从单一专业教育向与人文教育融合拓展

职业技术教育不同于普通的文化教育：普通文化教育的内容相对稳定，而职业教育由于科技进步较快等因素，以及受教育者将直接进行社会实践等原因，其教学内容相对要求变化较快，这就要求教学内容要及时更新、不断丰富。

在现代职业教育体系建设的新形势下，职业教育的教学内容努力改革与调整，逐渐脱离单一专业教育，教育内容逐渐丰富，并逐渐与人文教育融合。主要表现在"质"的调整和"量"的增加方面。

从"质"的方面看，当原有的教学内容数量不变的情况下，提高职业教育质量，进行人才模式创新的一条有效途径就是调整理论与实践的比重，加大理论与实践相结合的力度。职业教育的培养目标为技能型人才，这就要求学生要将所获得的理论基础知识转化为职业实践技能。在教学内容的数量不变的情况下，要求由基础理论的比重偏大调整为职业技能比重偏大。教学内容质的丰富要求在整个教学过程中，在传播理论基础知识的同时，要强化实践性教学环节，培养学生的实际应用能力，使理论教学与实践技能操作获得有机结合。

从"量"的方面看，当原有的教学内容要达到的目标不变的情况下，提高专业内容的人文含量，就能使人才培养模式变得更加坚实。即不仅要教会学生最基本的理论和技能，而且要引导学生学会做人、学会关心，包括处理好人与自然、人与社会、人与人的关系，以及如何培养自身的理性、情感、意志方面的问题。❶

教学内容从单一的专业教育走向与人文教育相融合，从质和量上提高，可以促进学生的全面发展，培养出更多合格的、适合现代社会需要的人才。

5. 教学方式从传统的口传身授向应用现代信息技术转变

受传统教育的影响，以课程为主、口传身授的教学方式在职业教育教学活动中并不少见，甚至可以说是传统的职业教育教学方式的主流。这与职业教育理论与实践相结合、技能和实践相统一的教学要求是相违背的，也是有悖于现代职业教育体系的深刻内涵的。

随着时代变迁、科技发展、文化多元发展，职业教育培养学生综合能力的

---

❶　刘福军，成文章. 高等职业教育人才培养模式［M］. 北京：科学出版社，2007：142.

要求越来越高，现代职业教育体系建构的提出更是促使职业教育教学方式的改变。传统的教学方式已经不能满足现代职业教育教学的需要，这是一个不争的事实。应社会科技变化以及职业教育自身发展的适应性需求，教学方式逐渐从传统的口传身授向应用现代信息技术转变。

时代的发展和科技的进步，促使现代信息技术应用到职业教育中来，将现代科技与职业教育紧密地结合在一起，其先进的使用方法和高效的便捷性使教学活动呈现出良好的效果，已成为现代职业教育改革的重要方向。

对于实践教学来说，现代信息技术可以进行计算机模拟教学：增加学生锻炼的机会（技能学习是职业教育的特点，学生需要反复练习，计算机教学可以提供多次练习机会）、增加实习的安全性，进行标准试验、激发学生动机、降低实习经费。

因此，构建现代职业教育体系在教学方式上应当紧随当前社会、科技的发展，将先进的现代信息技术与手段广泛地应用到职业教育的教学中去，致力于实现职业教育现代化的同时最大化提高教学效率。

6. 教学理念从重视教师主导向注重学生主体转变

教师起主导作用、学生居主体地位是目前教育界对教学过程中师生关系较为普遍的认识。此种观点认为，教师肩负着社会的重托，按照社会的要求培养和教育人，教师是教学内容的已知者和教学过程中的组织者，教学任务的确定、教学内容的安排、教学方法的运用和教学组织形式的选择等都是由教师决定的。因此，教师在教学过程中始终起着主导作用。同时，学生是认知和发展的主体，只有当学生积极参与其中时，教师对学生的一切指导、启发和传授才能起到相应的作用。❶

受传统的教学理念以及口传身授教学方式的影响，教师主导地位的教学活动现象一直存在于江苏职业教育教学中。教师脱离学生知识获取和个人发展的需要去选择教学内容、教学方法，在实际的教学活动中缺乏与学生的双向互动单纯的讲授和示范，使教师自身成为整个教学的主导，没有让学生充分地参与到教学活动中去。学生在学习的活动中被动地接受知识和技能，教师教什么学生就学什么，而不是顺应个体的个性发展选择自己感兴趣的知识。

在现代职业教育体系的影响下，职业教育理念从注重教师主导向注重学生

---

❶ 刘立浩，邹津，梁文明. 职业院校教育教学管理的理论与实践［M］. 桂林：广西师范大学出版社，2007：78.

主体转变，不断淡化教师的主导作用，增强学生的主体地位。在教学过程中，教师更多的由主导者变为引导者，由指挥变为指导，把学生引入到学习中去，发挥学生主动学习的积极性，而不再是被动地接受知识。学生在学习活动中，充分体现做中学、学中做，在学与做相结合的过程中积极性、主动性、创造性得以充分发挥。

二、江苏现代职业教育体系人才培养模式创新的原则

1. 坚持人才培养目标与人才需求目标相适应的原则

职业教育培养目标是指各级各类职业教育机构培养的人才及其规格和质量要求。首先，职业教育人才培养的规格和质量要求的重要依据是社会经济发展有人才的需求；经济发展的不同时期，社会对人才目标的需求随着经济结构调整和产业结构的升级不断变化，人才的需求结构是职业院校人才培养结构调整的"晴雨表"。其次，职业教育有其特有的职业指向性特征；现代职业教育其人才培养目标的实用性要求越来越强，其毕业生必须能够胜任社会中某一个具体的岗位所要求的职业技能和职业能力。最后，当今江苏经济发展致力于走新型工业化道路，大力发展以信息技术产业为代表的高科技产业，新型产业发展迅速，产业结构升级，技术密集型和知识密集型人才需求较大，尤其是高技能型人才紧缺，这就要求现代职业教育体系与人才需求目标相适应，培养社会紧缺的人才。

2. 坚持人才培养内容与技术发展状况相适应的原则

现代职业教育的课程设置和教材内容是人才培养内容的核心。当今日新月异的技术发展，尤其是信息技术产业为代表的第三产业发展迅速，对技术型和技能型人才有着强烈的需求。当今职业教育的目标定位集中定位在技术应用型和技能型人才上，这就要求职业学校在课程设置和内容的选取上具有灵敏性和灵活性，尽可能地把最新的技术信息传递给学生，使其技术素养和技术使用上适应社会的发展，而不是培养一批掌握落伍技术的学生，造成人力资源的极大浪费。技能型人才培养的核心是技术，包括技术的专业理论知识和实践技能的获得，两者缺一不可；技术的发展状况是职业院校人才培养的专业和课程设置的重要依据，直接对职业院校的毕业生质量起决定性作用，因此，必须要坚持人才培养内容与技术发展状况相适应的原则。

3. 坚持人才培养方式与学生充分发展相适应的原则

人才培养方式是按照既定的培养目标和人才培养规格，以相对稳定的教学

内容和课程体系，将其匹配的教学环境、方法、手段以及相应的管理制度和评价方式，有机组合起来以期实现人才培养目标。马克思主义关于人的全面发展的理论，是江苏教育目标的重要理论基础，这就要求我们在培养学生的过程中不能片面的只追求单方面技能的发展，忽视学生的其他方面如职业道德、职业素养的培养。技能型人才素质的高低直接影响着生产、管理、服务质量的好坏。职业院校目标虽然有其自身的特殊性，但是坚持学生德智体美全面发展不仅是当今社会对职业劳动者的素质的要求，也是学生未来长远发展的必然要求，是现代终身教育的发展和学习型社会形成对人才的要求。因此，职业院校在人才培养方式的选择上要综合多方面的因素考虑，以期充分开发学生各方面的潜能，使职业教育的人才质量更上一个台阶。

4. 坚持人才培养手段与职业岗位实际相适应的原则

现代职业教育区别于普通教育的特色之处就是加强实践能力的学习，突出职业技能和职业能力。职业技能和职业适应性是职业能力的核心方面，直接决定了职业学校的人才培养规格，能否胜任现有职业岗位所要求的能力结构。职业院校的专业设置一定程度上是与适合职业岗位相对应的，其专业的培养目标就是面向生产、服务、管理等第一线的技能型人才，其岗位实际需求的技能是职业学校技能训练的重点。因此职业学校在人才培养的手段上不能圈在学校的"围墙"之内，应该走工学结合的人才培养模式，加强校企合作，使学生的理论知识学习和技能训练同步。学校与企业签订协议，共同制订人才培养的方案和培养计划，共同为人才培养目标的实现负责，规定各自对学生的责任和义务。学校为学生提供理论知识学习，而企业则为学生提供可能的实训基地和实训条件，让学生有顶岗实习的机会，在实际的工作环境中受到熏陶，促使学生到学徒、员工的转变实现"零过渡"。

三、江苏现代职业教育体系人才培养模式创新的措施

1. 转变教育观念，准确定位职业技术教育

严格来说，职业技术教育既包括职业教育也包括技术教育，职业教育是职业技术教育的一种教育类型。但是随着职业教育内涵的不断深化，技术教育被广泛提出，并融入职业教育中去，也可以说是职业技术教育。职业教育不再仅仅是为职业岗位提供熟练的操作技能的教育，更加是为个体增强职业能力提供技术支持的教育，即为社会市场需求提供技术技能型人才。

准确定位职业技术教育包括两个方面的内容：一是培养目标的定位。职业

技术教育的培养目标是为了满足社会发展不同阶段国民经济各部门对实用型、应用型人才的需求，培养初、中、高级应用型、实用型技能技术人才和管理人才。❶ 一般来说，人才可以分为两大类：一类是发现和研究客观规律的人才，称为学术型人才；一类是应用客观规律为社会谋取直接利益的人才，称为应用型人才。应用型人才根据工作范围的不同又可以分为技术型人才和技能型人才。在信息技术突飞猛进的当今时代，各种先进技术被应用到不用的职业岗位中去，技术型人才和技能型人才的界限越来越模糊。在现代职业教育体系下，职业教育的培养目标不再仅仅是技能型人才，而是应用型人才。二是教学结构的定位。职业技术教育的教学强调基本理论以"必须、够用"为度，注重实践性教学，提倡在岗位分析的基础上，以能力的培养为中心。职业技术教育所培养的能力是一种综合性的职业能力，既包括职业知识、职业态度、也包括职业技能和职业技术。

2. 以市场需求为导向，科学设置专业

职业教育专业的设置是职业院校进行教育教学的重要依据，而专业的设置来源于人们对职业教育办学规律的认识和职业教育办学实践经验的总结，它是职业教育的理论向实践自然过渡和自然转换的关键环节，是职业教育"做什么"的结果呈现。❷ 现代职业教育体系人才培养模式下，职业院校的专业设置应以市场为导向，进行科学设置。

第一，专业的类型要适应经济部门产业的需求，为产业结构的变化服务。职业教育最主要的功能是为区域经济建设服务，学校的专业结构就要与产业结构和就业结构相适应，与经济建设对人才的需要相适应。

第二，专业的内容应该满足生产技术发展的需要。生产技术一般可以分为先进技术、中间技术、传统技术三类。区域经济发展水平不同、专业领域的侧重点不同，经济生产中的技术结构也会有很大的差别。职业教育院校的专业设置应该根据生产技术的发展进行调整，才能培养出社会需要的人才。

第三，招生数量要满足市场对人才的需要。职业教育学校各专业的招生数量应由就业市场决定，"按需生产"。职业学校培养的人才通过劳动力市场中的供求双向的选择来实现就业，因此，专业设置的招生数量要与劳动力市场的需求相适应。

---

❶ 王杰恩，王友强. 现代职业技术教育理论与实践 [M]. 济南：山东大学出版社，2007：72.
❷ 李向东，卢双盈. 职业教育学新编 [M]. 北京：高等教育出版社，2005：128.

第四，新生专业的增加，传统专业的摒弃。知识信息时代，科学技术的发展日新月异，经济的增长突飞猛进，在不断变换的新形势下，许多新的职业岗位不断出现，新型人才被需要；与此同时，一些传统守旧的职业岗位被替换，相应的劳动力也不再被需要。面对市场经济中职业岗位的"优胜劣汰"，职业教育院校在进行专业设置时要加强对市场需要的了解，以市场需要为导向，科学合理地设置专业。

3. 优化课程体系

课程体系是指教学课程计划与课程标准，解决学校"教什么"和学生"学什么"的问题。课程体系的建构和优化是人才培养模式创新的重要环节，有利于职业教育质量的提高和学生职业能力的提高。

课程体系的优化主要表现在两个层面：一是课程设置的灵活性；二是课程结构的合理性。

职业教育的人才培养应该突出"综合职业能力""全面职业素质""高级技能应用"的特点，以保证所培养的人才对未来职业的发展有较强的适应性。这一人才培养的特点体现到课程建设上就要求课程建设要具有灵活性、宽基础、活模块、多方向的课程体系设计可以实现该人才培养的目标。课程设计具有较宽的专业基础理论知识，并以技术技能的应用为主线，构建灵活多变的课程模块，实行多方向的人才培养，有利于"实用型"人才的培养。

课程结构的合理性主要针对职业教育理论课程和实践课程的结构比重。职业教育强调技术技能的应用和实践操作，专业基础理论知识是为专业技能服务的，因而，职业教育课程结构中的理论知识以"够用、必须"为标准，充实课程结构中技术应用、实践操作的部分。

4. 改进教学环节，分类教学，分层培养

教学环节、分类教学都属于教学方法的范畴，是职业教育教学"怎样教"的问题。教学活动中教学方法的选择对教学效果、人才培养质量都有着至关重要的影响。

与普通教育相比较，职业教育要求学生应具有更强的实际操作和动手能力，职业教育自身特色在教学环节的呈现上体现为理论知识和实践操作的有机结合。要突破以往的偏重知识教育的教学方式，就要改进教学环节，突出实践教学的内容，加强案例教学，引进和应用现代技术教学；改进教学环节还体现在考核方法的正确应用上，正确的考核方法和手段将大大提高学生学习的积极性，从而提升教育教学质量。人才培养模式的改革必然要求建立与职业教育人

才培养模式创新相适应的科学考核机制，改变传统的以考查学生对基础知识掌握程度为主的单一分数为主的考核方式，建立与职业教育特点相适应的考知识、考技能、考能力的综合考核方式势在必行。

职业教育生源的复杂性，使作为学习主体的学生形成千差万别的情形，根据学生的不同情况采取不同的教育教学方式，是全面培养合格的素质型人才的必然要求。坚持因材施教、以人为本的原则，职业教育教学的管理模式必须积极稳妥地实施分类教学、分流培养。针对学生的个体发展水平，着眼差异，分类定位，通过考核和考虑学生心理发展的需求制定出适合学生实际、适应学生"最近发展区"的学习目标，按照学生发展的实际发展情况以及学生的不同兴趣将对学生实施分类教学、分类管理。

5. 实施动态管理，推行学分制下的弹性学制

学制是职业院校的教育制度或院校体系，它规定了职业院校的性质、任务、入学条件、学习年限以及它们之间的衔接关系，是职业教育制度的重要内容，是职业教育的一种管理体制。❶ 与此相应，所谓弹性学制即指学习内容有一定选择性，学习年限有一定伸缩性的教育教学模式。

相对于学年制来说，学分制是以选课制为基础，以学分作为学生学习的计量单位，按照培养目标和人才培养规格，规定学生修完相应的学分即可毕业，而不是以年限作为毕业标准的教学管理模式。根据学分制，学习能力较强的学生修完所必需的学分可以提前毕业，学习能力较差的学生也可以根据个人情况放慢学习的速度，延缓毕业时间。

多年来，在传统培养模式的框架下，江苏职业教育教学管理模式逐步完善并适应了学年制，这种教学管理模式有利于对学生的管理和教学活动的展开，提高了传统人才培养的效率。然而校企合作、工学结合模式下的现代职业教育人才培养会受到学年制教学管理的限制，学分制下的弹性学制则很好地满足了现代职业教育体系人才培养的要求。

弹性学制不存在严格的年级和学习年限，充分尊重学生的自主选择，灵活、多变，便于职业教育教学的工学交替。首先，推行弹性学制可以根据市场需求进行人才培养，避免造成教育资源的浪费以及人才培养能力的不足。其次，推行学分制下的弹性学制可以加强职业院校与社会的练习，加强校企合作。第三，学分制下的弹性学制顺应人类个人化发展的规律，满足不同学生学

---

❶ 白永红. 中国职业教育 [M]. 北京：人民出版社，2011：206.

习时间上的不同需求，满足学生的个性发展。

6. 注重校企合作、产学结合（工学结合），提高学生职业能力

校企合作的办学模式，是职业院校教学活动与行业企业实践活动的结合，是现代职业教育发展的战略需要。

现代职业教育体系以服务区域经济发展为特点，以提高学生的职业能力为培养目标，职业教育的职业性成为职业教育区别于普通教育的独特性。"以服务为宗旨，以就业为导向，走产教（学、研）结合的道路"是职业教育的办学方针。职业教育的培养目标、办学方针决定了学校与企业结合，师生与实际劳动者结合。从封闭走向开放，学校与企业紧密合作是学校的发展战略。校企合作、工学结合的教育培养模式，有利于推动职业教育从计划培养向市场驱动转变，从传统的升学导向向就业导向转变，可以全面提高学生的就业能力、工作能力、职业转换能力以及创业能力，建立和完善毕业生就业和创业服务体系。

以就业为导向，推进校企合作、工学结合，是适应经济社会发展、提高毕业生就业率，满足企业人才需求，实现学校、企业双方受益、多方共赢的有效途径。工学结合、校企合作的人才培养模式是现代职业教育体系改革和发展的基本方向，人才培养模式改革的重要切入点。职业教育院校应根据本地的经济发展及产业特色，采取切实可行的措施，加强工学结合、校企合作，不断提高办学水平和特色，为区域经济社会发展培养高素质的技能型人才。

7. 重视师资队伍，强化"双师型"教师队伍建设

"双师型"教师就是在职业教育人才培养模式改革中对职业教学活动教师的高要求下被提出和发展起来的。"双师型"师资队伍建设是职业教育师资队伍建设的核心内容，是保证职业教育人才培养质量的关键。

可以把作为学术概念的"双师型"教师界定为：具备基本的教育和职业工作素质、精通特定专业工艺原理和专业实践能力、胜任承担对职业教育学习者的教育和培训任务的职业教育机构的教育者。[1]

目前，我国职业教育在进行"双师型"教师培养方面已经做出了有效地探索，然而人才培养目标的实现依然需要重视师资队伍，强化"双师型"教师队伍建设。

第一，制定"双师型"教师任职资格认定标准。在国家统一的"双师型"

---

[1] 肖凤翔，张弛. "双师型"教师的内涵解读 [J]. 中国职业技术教育，2012（15）：69-74.

教师资格认证标准要求下，省（市）教育行政部门定期集中开展对"双师型"教师的考核与认定，各职业院校安排具有副教授以上职称的教师参加省级"双师型"教师技能培训，获得培训合格证后通过相关专业知识的应知、应会考试，接受专家现场观摩及答辩，成绩合格者获"双师型"教师的资格证书。❶

第二，建立校内"双师型"教师培养机制。要建设一支"双师型"的教师队伍，就要在教学实践活动中引导和推动教师提高双师素质。在教育教学活动中，增加实践教学的部分，引导教师进行专业课教学的训练，推进"双师型"教师队伍的建设。

8. 坚持"双证"并重，加快职业资格证书制度的建立和推广

随着社会经济发展的深入，职业岗位的专业化增强、高级应用型人才短缺，使得劳动力市场的"学历人才高消费"现象降温，职业资格证书作为劳动者求职、用人单位录用劳动者的依据，得到了越来越多的认同。职业资格是对从事某一职业所必备的学识、技术和能力的基本要求，反映了劳动者为适应职业劳动需要而运用特定的知识、技术和技能的能力。与学历证书相比，职业资格证书与职业劳动的具体要求结合更紧密，更直接、更准备地反映了特定职业的实际工作标准和操作规范，以及劳动者从事该职业所达到的实际工作能力和水平。

开展职业技能鉴定，推行职业资格制度是江苏人力资源开发的一项重要举措，更是劳动力市场需求在职业教育教学中的落实。坚持"双证"并重，加快职业资格证书制度的建立和推广，对现代职业教育体系人才培养模式的创新意义非凡。

坚持"双证"并重，加快职业资格证书制度的建立和推广，将职业资格证书制度融入职业教育，有利于职业院校确立职业能力本位的质量观，能进一步明确和优化人才培养目标，真正形成以就业为导向的人才培养模式，全面提高人才培养质量；将使人才培养工作更突出职业性和实践性，突出操作和技术实际应用能力的培养，提高学生就业能力和适应职业变动的能力。

9. 坚持开门办学，引入产学研结合模式

职业教育的任务是培养在生产和服务第一线的对设计、规划、决策、智能

---

❶ 曾跃霞. 高职高专院校双师型教师队伍建设的思考［J］. 郧阳师范高等专科学校学报，2007（2）：116－118.

操作等任务进行创造性的技术技能型人才，这不仅要求学生要有一定的专业理论基础，更要有技术技能合理应用的能力。为实现这一目标，客观上要求职业教育学校营造出一个优良的实践教学环境和工程教育环境。因而，职业教育办学应该改变"闭门造车"的现状，坚持开门办学，引入产学研结合办学模式。

现代职业教育体系下产学研结合的总体目标是：通过合作合理配置产学研资源，实现产业资本、人才资本和科技资本在人才培养中的优化配置，提高教育资源的利用率；更有效地培养应用型人才，为行业企业输送职业岗位需要的具有综合能力的应用型技术人才和管理人才，以满足社会主义现代化建设的需要，为社会主义经济发展提供人才支持、智力支撑，同时促进职业教育质量和效益的提高。

产学研结合的办学模式有利于学校与行业、企业建立友好合作的关系，在此基础上了解行业、企业所需要的职业能力标准，有利于学校教学模式的改革；有利于满足行业、企业需要的课程模块的设置，编写与之相适应的教材，办出职业教育的特色。在现代职业教育人才培养模式下，产学研结合模式已经成为高素质技术技能人才培养的有效途径。

本章小结

江苏省经济发展中技术技能型人才数量的不足以及人才结构的失衡难以满足社会发展对技能型人才的需求，这就要求培养技术技能型人才为主的职业教育正视人才培养中出现专业设置不合理、教学方法陈旧等问题，并总结已有人才培养模式的教训、借鉴国内外人才培养模式的经验，进行本省现代职业教育体系人才培养模式的创新。江苏省现代职业教育体系人才模式的创新在坚持人才培养目标与人才需求目标相适应、坚持人才培养内容与技术发展状况相适应、坚持人才培养方式与学生充分发展相适应、坚持人才培养手段与职业岗位实际相适应原则的基础上进行培养目标从着眼"现在"向"现在与未来并重"的转变、专业设置从服务行业部门向服务区域经济的转变、课程体系从主干型向树丛型的转变、教学内容从单一专业教育向与人文教育融合的转变、教学方式从传统的口传身授向应用现代信息技术的转变、教学理念从重视教师主导向注重学生主体的转变，并注重校企合作、强化"双师型"教师队伍建设、加快职业资格证书制度的建立和推广、引入产学研结合模式。

（本章执笔人：庄西真）

江苏现代职业教育体系的中高职课程衔接

中高职教育衔接发展的高级阶段应该是从形式的衔接（如学制的衔接）转向内涵的衔接（如课程的衔接）。"课程衔接是中高职衔接中最实质性的内容，没有课程的衔接，就谈不上真正意义上的中高职衔接。"[1] 因此，中高职教育衔接的关键环节是课程衔接。

第一节　江苏中高等职业教育课程衔接的反思

当前江苏中高等职业教育衔接主要有两大模式：一是相对一体化的衔接模式，即中职与高职根据整体设计的课程体系所形成的一种学制性衔接模式；二是相对独立化的衔接模式，即中职和高职根据国家规定的学制年限实施教育，学生主要通过升学考试进入高职院校学习。

一、江苏职业教育中高职课程衔接的历史

（一）一贯制衔接模式

该模式主要招收应届初中毕业生，连续学习五年，主要采取三、二分段形式组织教学。第一阶段（前三年）为中职教育阶段，即一般能力培养阶段，主要学习文化基础知识与专业基础知识；第二阶段（后两年）是高职教育阶段，即职业能力培养阶段，主要学习专业课、专业技术和职业能力。两个阶段

---

❶　匡瑛. 中高职课程衔接需要一体化制度设计［N］. 中国教育报，2012 – 12 – 19（5）.

相互联系、相互补充。

（二）分段式衔接模式

该模式主要指学生先完成三年中等职业技术学校或普通高中学习任务，再通过特殊的招生考试（3＋X 招生考试），到专业对口的高等职业技术学校学习 2~3 年。"3＋X"中，"3"指三门文化基础课，包括语文、数学、外语；"X"代表专业知识与技能。这种模式一般有 3＋2 或 3＋3 两种。"3＋2"模式是指前 3 年基本按普通高中模式培养人才，后 2 年按 2 年制普通专科（或高职）教育模式培养人才，其目的与要求在于将中等教育、高等教育直接贯通并对接，统筹安排学生知识、能力、方法、品质的培养，在课程教学、实践实训安排上进行整体设计，为学生提供继续学习与提升的良好通道。"3＋2"衔接模式是中高职学校发挥各自优势、与行业企业密切合作联合培养高技能人才的一种办学形式。

二、江苏职业教育中高职课程衔接的问题

从全国范围看，目前中高职课程衔接存在着三个关键问题❶：一是中高职课程各成体系，各有思路，很难寻找结合点；二是中高职课程内容严重重复；三是中高职课程评价缺乏层次性和区分度。这些问题导致了中高职课程衔接的不畅。就江苏省实际情况看，具体主要表现在以下两方面。

（一）中高职课程标准定位不清

课程标准是目标标准、内容标准和结果标准的统一。目标标准是对人才规格的要求，反映的是国家意志和社会期望对人才标准的统整；内容标准是输入性的，主要明确"学什么"的问题，即应教给学生的知识和技能等；结果标准是输出性的，主要规定学生通过学习应"达到什么水平和程度"。中高职课程衔接在课程标准上存在的主要问题：一是课程目标设定的随意性。当前我国中高职的课程标准不像基础教育那样有国家课程标准，基本都是校本标准，因此课程目标往往根据要求随意编写，或者很刻板地根据知识、能力、情感态度价值观排列，未能清楚地界定有效目标，这也在一定程度上导致了中高职课程衔接的不畅。二是中高职课程目标缺乏有效对接，结合点不明显。中高职课程目标的含混不清导致其课程评价标准缺乏层次性和区分度，而中高职课程评价标准的同质化反过来又加剧了其课程目标定位的同质化。

---

❶ 匡瑛. 中高职课程衔接需要一体化制度设计［N］. 中国教育报，2012－12－19（5）.

（二）中高职课程结构交叉重叠

课程结构包括课程体系结构以及单一课程的内部结构两种。课程体系结构是指课程的各个组成部分的比例及其相互关系。比如基础课、专业课，实践课或必修课、选修课比例及其构成等。目前中高职课程的现实情况，一是课程设置各自为政，所开出的课程雷同，缺乏对接意识。调查发现，特别是财经类、管理类等专业课程相同率达80%以上。这就意味着在中职学过的课程，到高职后还必须重修；二是课程内容相互涵盖，重复率高。课程设置的雷同很容易导致课程内容的趋同，加上课程标准的模糊，致使课程内容缺乏层级和梯度，很难体现出中高职课程内容的渐进、深化与提高的逻辑关系。在对一些中高职院校名称相同的课程进行对比后不难发现，课程内容重复率不下30%，甚至高达60%，而分属中职和高职系列的教师并不了解课程重复的状况，这样就难以对教材进行必要的删减与优化，只能照本宣科，任凭重复继续，这就造成了严重的学习浪费和不必要的消耗，降低了学习效率。

三、江苏职业教育中高职课程衔接问题的原因

（一）缺乏层级明晰的国家职业教育专业标准

清晰的课程标准是中高职课程有机衔接的逻辑起点。对职业教育而言，清晰的中高职课程标准的制定取决于层级明晰的国家职业教育专业标准。由于我国缺乏科学的职业分类，以及精细化的国家职业标准，尚未理顺中高职专业目录，形成行业分类与专业目录之间的互动更新机制，导致中高职在专业设置、课程标准等方面存在诸多问题。一是中高职课程要想有机衔接的前提与基础是专业设置的对口衔接。目前，中职与高职的专业目录不完全衔接。主要表现为：中高职专业目录修订时间不匹配，中职专业目录于2000年制定、2010年修订，而高职高专专业目录在2004年修订；中高职专业目录类别不衔接，有的"同类不同质"，有的"同质不同类"。现行的教育部普通中等职业学校专业目录（2000年版）、普通高等学校高职高专教育指导性专业目录（2005年版），中职与高职专业目录中的各自分类、专业名称有一定区别，但中职与高职专业存在着对应关系。高职专业目录所列专业是根据高职教育的特点，体现了职业性与学科性的结合。二是国家统一的职业资格框架有待完善。1994年，原劳动部、人事部联合颁发了《职业资格证书规定》，并据此开发了五级资格证书框架。这些证书不仅质量、认可度、适切性和更新度存疑，且与学历证书之间没有对应、等值关系。目前国家正在编制的职业教育专业标准有望能解决

这个矛盾。

（二）缺乏有效协调中高职课程衔接的机制

职业教育要面向社会、对接产业发展、系统培养技能人才，必须依赖于职业教育体系的开放。这就要求中高职课程衔接不仅需要职业院校的努力，也需要职业教育行政部门的大力支持，更需要行业企业的积极参与。但目前相对封闭的职业教育体系使中高职课程衔接缺乏沟通整合与避复机制。

（三）缺乏有效支撑中高职课程衔接的合作性实证研究成果

自改革开放以来，虽然我国的职业教育研究取得了长足发展，但与发达国家相比，我国中高职课程衔接明显缺乏强有力的科研支撑。笔者认为，这种问题主要是由职教科研人员学科结构不合理造成的。许多职业教育理论研究工作者非工科背景出身，而来自职业院校的专业课教师其课程理论研究水平有限，虽然，两类人员经常进行合作研究，但由于种种原因，使得这种合作研究更多的时候处于有名无实的地步，缺乏真正的实证性的合作研究，而且也缺少来自经济界、企业界的共同参与，这种研究现状很难发现中高职课程衔接中所存在的最真实、最关键的问题。

第二节 国内外中高等职业教育课程衔接的借鉴

世界各国国情不同，职业教育发展程度也不尽相同，但相同的是都把课程衔接作为实现中等与高等职业教育衔接的落脚点，并探索出了不同的课程衔接方法。有制定统一的教学大纲或教学单元衔接法、中高职课程标准分类衔接法、综合课程衔接法等。这些不同的衔接方法对设计具有我国职业教育特色的中高职课程衔接模式具有很好的借鉴意义。

一、国外中高职课程衔接经验的启示

（一）以英国、澳大利亚为代表的普教与职教文凭等值衔接模式

英国和澳大利亚都十分重视普教课程与职教课程的相互融通，同时，在中高职课程衔接方面，英国创立了单元衔接法，澳大利亚开发了培训包，形成了职业资格与学历文凭等值的衔接模式。

1. 英国的中高职课程衔接：单元衔接法

英国通过确立职教的职业资格与普教的学历文凭等值及学业认可制度来构建教育"立交桥"。英国职业资格教育的课程，按各行业大类分五个等级，通

常由国家职业考试委员会与中学教育考试委员会共同协调和审定，以保证与普教文凭等值的权威性。在课程衔接上，英国通过统一制定中高职教学单元来实现衔接，即把中职课程和高职课程统一制定成包含 5 个层次的教学单元，其中Ⅰ、Ⅱ、Ⅲ 3 个层次的教学单元属于中职课程，Ⅲ、Ⅳ、Ⅴ 3 个层次的教学单元属于高职课程。其中，第Ⅰ层次的单元与普通初中课程衔接，相邻层次的单元之间通过自然过渡相互衔接。具体来讲，单元衔接法就是把中等职业教育和高等职业教育的全部课程进行统一编订，进而形成数以千计的职业教育教学单元，这些教学单元根据不同的教学程度分为五个层次，分别属于中等职业教育和高等职业教育的教学单元，相邻的教学单元之间进行有机衔接，学生毕业时可以依照其所学教学单元总数的最低值来颁发相应等级的毕业证。在这种衔接模式下，各个教学单元之间的逻辑顺序更加清晰，相邻单元之间的联系更加紧密，各个教学单元之间不存在重复或者断档的现象，因为各单元之间衔接的紧凑和高效性，以及没有重复设置的课程，学生可以以最有效的学习储备进入新的学习内容，增强了职业教育的教学适应性。但这种衔接方法制订教学单元工作量太大，对中国来说，短期内不太现实。

2. 澳大利亚的中高职课程衔接：开发培训包

澳大利亚中高职课程的衔接是通过培训包体系与资格框架体系（AQF）相对应来实现的。培训包是澳大利亚职业教育课程开发的指导性材料，是一套国家认可的用以认定和评价技能的职业标准和资格体系，包括 12 种不同层级的资格证书，与澳大利亚资格框架体系（AQF）一致。学生完成培训包中某一专业某一层次的学习，便可以获得相应的 AQF 证书，在下一阶段学习时，就可以免修某一层次的内容，从一种资格证书水平转入另一种水平。可见，澳大利亚的中高职衔接不在于学习时间的衔接，而在于学习内容（课程）的衔接，具有明显的内涵（内容）衔接的特性。通过培训包体系，澳大利亚成功实现了中高职课程的和谐衔接，而且使职业教育内部及职业教育与普通教育、高等教育都有效衔接起来，形成了完善的国家终身教育体系。

（二）以德国、法国为代表的经专门补习实现学力达标的衔接模式

德国和法国构建的职教与普教贯通的教育立交桥，是通过专门补习实现学力达标来实现的。

1. 德国的中高职课程衔接：阶梯式综合职业课程衔接

德国职业教育以"双元制"为基础，实施螺旋式上升的学制和阶梯式综合性职业课程的中高职衔接模式。在德国，75% 以上的初中毕业生接受"双元制"职业教育（培训）。经过职业教育的人员，既可以利用已经学到的知识和技能直接就业，也可以为谋求更好的就业机会再去接受高层次的职业教育，同时，也与普通高中毕业生一样具备报考大学的同等学历和资格。

德国"双元制"职业教育的中高职课程衔接，采用阶梯式综合性职业课程模式。专业课程分为基础培训、专业培训和专长培训三个层次，课程设计以职业活动为核心，以模块化课程为主体，注重培养学生的"操作能力"和"可迁移能力"，强调学生的职业实践经验，课程内容呈阶梯式上升，较高层次的职业教育课程均以较低层次职业教育课程为基础，主题反复、内容逐步加深，在较低层次的基础上有明显的技术提升或技能拓展。

2. 法国的中高职课程衔接：课程分类衔接

法国的高职院校不设入学考试，凡是持有高中毕业会考文凭的普通高中、技术高中、职业高中学生均有资格上高职院校。同时，有专门的职教机构对不够资格的学生进行专门补习，使之达到升学高职的学历标准，并用课程分类法来实现中高职的相互衔接。具体做法是：将中职按行业、职业分为 17 类，每一类都有统一的课程设置标准，高职各专业分别对口其中某一类，以该类的课程标准为基础设计高职课程，从而实现中高职课程设置上的衔接。这种模式使得进入高职学习的学生专业基础差异不是太大，专业起点较高，从而保证了高职院校的教学质量。

（三）以美国、俄罗斯为代表的一体化课程或大纲直接衔接模式

1. 美国的中高职课程衔接：一体化大纲直接衔接

美国在 20 世纪 90 年代全面开展了职业教育改革，在传统的中等职业教育课程中引入综合课程，将高中和高中后职业教育联系起来，实施技术准备教育，并统一制定中高职相衔接的教学大纲，以中职和社区学院校际间合作或签订合同的方式来统一制定并实施各层次的职教教学大纲和相近专业的教学计划，实施以应用为导向的综合课程。美国在 2008 年新颁行的《卡尔 . D. 帕金斯 2006 生涯与技术教育修订案》（帕金斯法案四）中，重点体现了统筹学生的升学预备性与就业预备性教育和实现学术性课程与职业性课程结合，提出"职业教育和学术教育必须通过综合的方式进行整合，包括改进职业教育学术课程内容"。

为使技术准备课程与社区学院、技术学院的实用技术课程建立内在联系，高中职业科教师与社区学院教师共同研究开发课程，并不断修改衔接方案，社区学院也开设一定数量的技术准备课程供高中学生选学。这种一体化大纲与课程直接衔接的形式，既可减少重复学习，节省学时，有利于强化实践训练，又使中等职业学校毕业生搭上了进入高等职业教育的"直通车"。

2. 俄罗斯的中高职课程衔接：统一教学大纲直接衔接

俄罗斯推行"大职业教育概念"，整个职业教育体系分为四个层次：初等职业教育、中等职业教育、高等职业教育和大学后职业教育与补充职业教育。俄罗斯政府既注重职业教育体系各个层次之间的纵向联系与横向沟通，又注重正规职业教育体系与社会职业教育体系的贯通。为了保证教育体系的统一性，俄罗斯政府从法律、决议等的高度规定了各层次教育的内容，从培养目标到具体的教育标准（包括基本教学大纲的一般要求、必修课的最低要求、学习期限、毕业生培养内容与水平的最低要求等方面）对各级教育均做了详细的规定，使得各层级教育间的课程衔接极为紧密。如 1994 年俄罗斯联邦政府批准颁布的《高等职业教育国家教育标准》，对高等职业教育从培养目标、基本教学大纲、必修课程，到学习期限都做了具体的规定，使得各层次教育由于内容的统一，自然衔接，逐级攀升。

二、国内中高职课程衔接的经验

我国由于没有全国性的相互衔接的职业教育课程标准，中高等职业教育课程的衔接更多地具有地方性特点，不同地区依据自身的有利条件选择适合自己的中高职协调发展道路。有的是从制度层面为中高职协调发展打开通路，有的是从课程内容层面将中高职协调发展推向深化。这些都为全国其他地区的中高职课程衔接提供了有益的借鉴。

（一）北京的职业教育分级制改革

1. 职业教育分级制的内涵

现代化建设对于技能型人才需求的层次性、专业性和发展性，构成了职业教育分级的客观基础。从分级标准可以反映出社会分工的复杂性和用人结构的层次性对职业人才应当具备的职业素养、技能水平和文化知识的具体要求。职业教育一般从 1 级到 5 + 级，分六个级别。

职业教育的 1 级和 2 级，属"基础性职业教育"，培养具有一定技能水平的初、中级劳动者。职业教育 1 级主要为义务教育阶段之后的职业准备教育，目的是帮助社会新增劳动力达到基本的职业资格准入条件，培养具有必要的职业素养和基本技能的初级劳动者，可以从事非技术类岗位或简单技能型岗位工作。职业教育 2 级相当于现行制度下的中等职业教育，主要为生产、服务一线培养具有一定职业素养和技能水平的中级劳动者，可以从事一般技能型岗位工作。

职业教育 3 级和 4 级，属"提高性职业教育"，培养实用型、应用型高素质技能人才。职业教育 3 级属于高中后的职业准备教育，培养具有较好职业素养和一定管理能力的技能型劳动者，可以从事一般复杂程度的技能型岗位和辅助管理岗位。职业教育 4 级相当于现行制度下的高等职业教育，为生产、建设、管理、服务等第一线培养具有良好职业素养的高技能性专门人才，可以从事比较复杂的技能及管理岗位工作。

职业教育 5 级和 5＋级，属"发展性职业教育"。职业教育 5 级培养具有较高职业素质、文化素质和能力素质的技术应用性专门人才，可以从事复杂的技术及重要管理岗位工作。职业教育 5＋级培养具有职业精神、开拓意识、领导能力、创新能力，能够解决重大生产任务、重大工程项目关键技术问题的拔尖人才，可以从事设计研发、工程技术及高级管理岗位工作。其中，5＋级别为开放级别，对某些专业，随着科学技术发展，在 5 级之上，还可能出现 6级、7 级或更高级别。

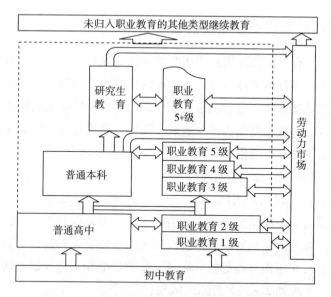

图 8－1　终身教育框架下的职业教育分级

2. 北京职业教育分级制改革

北京职业教育分级制改革的主要目标是要将原来"镶嵌"于普通教育、学历教育体系之中的职业教育分离出来，按照职业教育特点和规律加以梳理和重构，建立具有中国特色的现代职业教育体系。这项改革试图回到职业教育的逻辑起点，从社会对技能型人才的需求出发，建立职业教育自己的教育标准和资格框架，并在新的制度框架下重新设计人才的培养过程，全面改革职业教育办学体制、学习制度、教育模式和评价制度。

"十二五"时期，北京市就将职业教育分级制改革作为职业教育综合改革的统领。以建立反映学生能力水平的职业教育等级为基础，统筹设置不同专业、不同等级的学生能力标准、课程标准和课程内容，避免不同等级课程的重复。设计职业教育灵活进入和退出的机制，只要拥有任何一级职业教育等级的证书，就都可以进入较高一个等级继续接受职业教育。职业教育等级证书的认定向所有人开放，这样既保证了灵活性，也体现了开放性。

这项制度的实施，给中等职业教育学生更多进入高等职业教育的机会，扩大了中等职业学校毕业生对口升入高等职业学院的比例。中等职业教育毕业生不仅是高等职业教育生源的重要补充，而且从长远来看，中等职业学校毕业生无论在专业知识还是实践动手能力的储备上都高于普通高中毕业生，更适合进入高等职业学校学习。

与此同时，北京市也研究设置了中高职衔接预科班，对于基本符合升学条件的中职学生，补学一些文化基础课，为进入高等职业院校学习做准备。预科班采取选修课的形式，由学生自主安排时间学习。

北京市中高职协调发展是从职业教育分级制度的改革切入的，这种基本制度的改革需要很多教育之外的部门共同努力，它是一个相当大的体系构建，所以难度很大。尽管难度很大，北京市依然在不懈努力。2010年4月，北京市教委选取了16所学校做试点，开展3+2衔接办学，其中包括1所本科、9所高职、6所中职学校，并组织开展《中、高等职业教育课程衔接模式的实验研究》课题研究，提出了"能力递进、纵横拓展、模块化"的中高职课程衔接模式。尽管这16所学校的改革成功与否目前尚不能肯定，但北京市从制度层面进行改革给人一种希望，一种实现大职业教育体系的希望。

（二）广东探索中高职课程内容协调发展

广东省的中高职衔接从课程开发切入，努力探索中高职课程衔接的成功模式。广东省成立了由教育厅和人社厅相关部门负责人组成的中高职协调办公室，统筹协调中高职发展。2010年12月，广东省教育厅与英国驻广州总领事馆文化教育处签署了"中高职衔接课程改革理论与实践研究"项目框架协议，通过在数控、计算机网络、旅游管理、汽车等四个中高职相关专业试点，探求中高职课程衔接的方法，为解决中高职课程重复、衔接不当的问题提供理论和实践依据，构建技能型人才培养体系。

广东省中高职衔接发展的重点是"三二"分段，即中职的三年和高职的两年进行对接。经过中职学习三年之后，会有一个转段考核，用中高职合作开发的核心课程来考核学生的技能，学生技能考核合格、文化基础课程达到一定标准，就能升入高职继续学习。

广东省对中高职的课程进行了一体化设计，有些高职的课程下移，有些精简，以体现课程的梯度和层次，并且建设了中高职衔接的网络平台，由中高职院校联合开发专业的网络课程，高职对这些课程给出专业的核心技能要求，中职第二年就可以开始学习，学习结束，考核合格，获得高职认可的学分。这样既让中职生学习到了真正的技能，又节约了高职的时间，保障了高职的生源质量。同时，为了节约时间和精力让学生学习专业技能，广东省的中高职课程衔接，将思想政治教育课程下移到中职，中职生修完思想政治类课程以后，到高职可免学分。

广东省在选择试点中高职院校方面非常慎重，组织了 11 个专家组和 60 位专家考察了 147 所中职，从中职的源头上保证质量。只有国家级重点学校、省重点专业才有资格参加。29 所试点高职院校中，大部分是国家和省级示范学校的最好专业。而中高职衔接的课程，主要是集中在全日制学生范围内。中高职协调发展试点院校选出来之后，按照区内对接的原则进行对接，即广州市中山区的高职对中山区的中职。区域内对接原则是为了利用近距离的便利条件，使衔接更顺利。对参与中高职协调发展试点的院校，广东省教育厅给予了大力支持，拨给每所高职院校 10 万元、中职 5 万元的配套教育经费，在各项政策上也给予大力支持。

（三）天津探索中高职全方位衔接模式

天津市在中高职协调发展改革中，坚持及时跟踪市场需求的变化，主动适应区域、行业经济和社会发展的需要，特别是经济发展方式转变和产业结构调整升级对职业岗位变化和人才需求的影响，有针对性地调整和设置中高职专业，调控与优化"3+2"和"五年一贯制"的布局结构。在职业教育人才培养方案制定中，中高职教师深入一线实地调研，和企业专家一起针对专业对应的职业岗位工作过程逐一进行细划和分解，确定专业的核心能力开发课程，形成中高职相互衔接的课程体系。同时针对现行的中高职专业指导目录口径宽窄不一的问题，天津市探索了中高职专业衔接按专业群宽口径对接，着力增强中高职相近专业的相容性和衔接性；在课程内容安排上，既注意避免中高职课程内容的重复，又注意不断将新工艺、新技术及时充实到课程中，真正实现课程内容衔接的连续性、顺序性和整合性；并按照人才成长规律确定了合理科学的教学顺序和实施路线。

中高职衔接的天津模式抓住了中高职衔接的核心问题——课程衔接，从专业设置、培养目标、课程体系等多方面进行全方位衔接，迈出了重要的改革步伐。

第三节　江苏中高等职业教育课程衔接的策略

2014 年初，江苏省正式启动中高等职业教育衔接课程体系建设，计划到2015 年，所有现代职业教育体系建设试点项目建立起中高等职业教育相衔接的课程体系，形成完整的人才培养方案。到 2020 年，全省中高等职业教育对应专业基本建立起相衔接的课程体系，提供"一条龙"式的教育服务❶。江苏的中高等职业教育衔接课程体系建设采取哪些有效策略才能避免盲目，少走弯路，这是目前迫切需要探讨的课题。

一、江苏中高等职业教育培养目标的衔接策略

（一）培养目标的合理定位是实现中高职课程衔接的起点

中高职课程衔接，首先是培养目标的衔接。中高等职业教育培养目标在层次、范围上的有效衔接，是确定中高等职业教育各自的专业建设、课程改革、教学内容的基础。因此进一步理清中高等职业教育在培养目标上的联系和区别，实现中高等职业教育培养目标的有效衔接，是系统化推进中高等职业教育衔接的重要前提。

中高职教育都属于注重职业技术能力培养的职业教育范畴，有类型上的一致性，但又有层次上的差异性。中等职业教育属于第二级教育，相当于联合国教科文组织 2007 年颁布的国际教育标准分类中的 3B、3C 或 4B，主要在初中教育的基础上对学生进行高中阶段文化知识的教育，同时根据经济和社会发展的要求，对学生实施基本专业教育和职业技能训练，以培养技能型人才为目标；高等职业教育属于第三级教育，相当于国际教育标准分类中的 5B，主要培养生产、管理、服务领域的应用型、管理型和高技能型人才。

---

❶　沈大雷. 江苏正式启动中高等职业教育衔接课程体系建设［N］. 中国教育报，2014 - 2 - 17.

目前中高职教育培养目标衔接在操作过程中存在的最主要的问题有两个：一是培养方向偏向问题。无论中职教育还是高职教育，其人才培养都存在三种目标，即就业、升学和就业升学兼顾。以就业为目标，会重视专业技能学习而忽视必要的理论积淀，不利于学生扩展性发展，从而影响向上一层次院校输送学生的目标。以升学为目标，必然会以升学考试课程为主要教学内容，出现重基础、轻实践的现象，为了提高升学率，会加大升学考试课程的深度和难度，从而忽视学生的就业目标。就业与升学兼顾，采用方法多为前期一致、后期有所侧重。通常是在最后一年或一学期开始侧重培养，对准备升学的学生开设专门的培训班强化理论学习，对准备就业的学生要求参加顶岗实习，为就业做准备；二是培养目标上移问题。很多中职院校为了提高学生的就业能力，加大技能训练力度，把培养目标上移，有的在教学中采用高职高专教材，而一些高职院校由于主要招收的是专业教育零起点的普通高中生源，其专业培养方案主要针对普高生源设定，由此造成了很多专业的中高职培养目标区分度不高、定位不明确，导致中高职教学内容上的大量重复和交叉，影响了中高职的衔接发展。

（二）遵循层次递进规律确定中高职培养目标

建立中高职衔接的现代职业教育体系的最为重要的目的，应当是通过长学制的人才培养模式，培养兼具扎实的专业理论知识与娴熟的技术技能的技术型人才。这种人才培养在传统的中职教育或高职教育中均无法实现。中职教育由于受到教育层次与教育年限的限制，无法承担这类人才的培养，而高职教育尽管在教育层次上已属高等教育，但由于在专业教育上学生仍然处于零起点，必须花费大量时间进行基础技能训练，因而也难以达到以上人才培养目标。通过中高职衔接实现中职到高职的一体化培养，则有利于避免这些问题，大幅度提升人才培养的目标定位。

要实现中职到高职的一体化培养，必须以中高职衔接后的长学制为基础，根据人才培养总体年限重新规划人才培养目标，然后再依据所确定的人才培养目标进行培养方案和课程体系设计。这一人才培养目标定位，应当把中高职教育分段所无法实现的目标，尤其是技术能力的培养纳入其中。

这就需要高职院校在中高职衔接人才培养中发挥引领作用，在充分了解中职教育人才培养目标的基础上，遵循层次递进规律对高职人才培养目标进行合理定位。为此，中高等职业教育在对口衔接的专业（或专业方向）上，要共同制定并分别明确各自的人才培养目标与任务，保证相互之间的顺承关系和可衔接性。中高等职业教育根据各自的人才培养目标确定不同的教育教学目标，并据此安排和组织教学内容，保证人才培养目标的实现。

（三）实现中高职培养目标衔接可选择的三种模式

培养目标决定了人才培养的层次和规格素质，也决定了人才的工作范围。那么，中高等职业教育的培养目标如何衔接呢？参照国内外已有的经验，中高等职业教育培养目标的衔接从层次和范围两个维度来考虑，可以有三种衔接模式，即：纵向延伸式、横向拓展式和纵横双向扩展式❶。如图 8 - 2 所示。

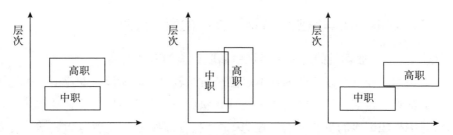

图 8 - 2　中高职培养目标衔接可选择的三种模式

1. 纵向延伸式。在这种定位的培养目标衔接下，中高职学生毕业后能够从事的工作范围和取得的职业资格种类差异不大，两者的区别主要表现在职业资格的等级上，高职要比中职生能获得更高等级的职业资格，这就意味着高职学习者有更宽的知识面和更高的职业能力。这种衔接模式适用于商业、服务业和管理行业的相关专业。如对于旅游专业等服务业来说，中高职的学生毕业后一般都需从基层做起，工作范围和职业资格是基本一致的，两者的区别主要在心智技能而不是操作技能。高职学习意味着专业知识的拓展和职业能力的提高，所以更适合这种衔接模式。

2. 横向拓展式。这种衔接模式是指学生经过中职或高职学习，可以从事的工作范围不同，经过高职学习后工作范围可大大拓宽，但取得的不同工作范围的职业资格的等级不一定高于中职。这种培养目标衔接模式，常用于复合型人才的培养。如通过对一般的销售人员进行技术教育和培训，使其成为懂得某一专门技术的销售员。如懂得汽车制造技术的汽车销售员。对厨师长进行成本核算、管理知识和营销技巧的培训，使其成为复合型的烹饪人才，这都大大拓宽了其今后的就业范围，提高了人才竞争力。

3. 纵横双向扩展式。这种衔接模式指学生经过中职和高职学习可以获得

---

❶ 赵志群. 国外中高职课程衔接给我们的启示［J］. 职教论坛，2002（22）：62 - 63.

不同的职业资格和不同的工作范围，经过高职学习可以选择更大范围的工作，且从事工作的职业资格等级也比中职时上升一个台阶。经过高职学习能够从事技术含量更高的工作。这种衔接模式，更多应用于一些高新技术专业，如可以培养机电一体化技术维修工，这种职业对专业技术要求较高，一般的中职学生很难达成，这就需要分阶段培养，中职培养机电一体化技术的操作者，高职培养机电一体化的维修者。这样中高职的培养目标就很容易明确和衔接。

二、江苏中高等职业教育课程体系的衔接策略

（一）以专业建设的规范化促进中高职课程的有效衔接

中高职院校都是以专业为基本单位来组织教学的。所以，专业衔接是课程衔接的基础。目前，我省中高职衔接试点项目中的专业设置无法精准对接已成为阻碍中高职衔接的重要因素。在 2010 年教育部修订的《中等职业学校专业目录》中，中职专业数由原来的 270 个增加到 321 个，其中新增专业 85 个，从原目录中删除专业 22 个。这些专业设置更多地强调适应市场需求，促进专业与区域产业、职业岗位对接。但在具体操作中，中职学校往往会突破这一框架进行一定的"创新"和"边缘化"，使得中职专业设置时新而庞杂，与时代更合拍、与市场更吻合。而属于高等教育范畴的高职院校的专业设置则始终执行着 2004 年 12 月的版本，全部目录共分 19 大类 78 小类 532 个专业，如果需要新设或更新专业，需要有比较严格的论证审批限制。中高职专业设置存在的"各自为政"现象，导致中高职专业的名称、分类、要求等很不匹配，很多中职学生因在高职专业中找不到对口或相近专业而不能报考高职，只能被迫放弃升学选择。

实现中高等职业教育的专业衔接首先要做到中高职专业设置的规范化和科学化。中等职业教育专业设置要以经济社会发展和劳动力市场的需求为导向，以职业岗位（群）的技术领域为基础；高等职业教育的专业可以对应中等职业教育的专业大类来设置。中高等职业教育专业设置要做到既相互对应，又具有相对的独立性，从而体现出中高等职业教育人才培养的不同能力层次和规格。

职业教育的专业设置，应该由教育行政部门主导，学校积极参与，在行业企业的指导下，按照科学规范的原则研究制订，使各专业的内涵、外延科学清晰，专业口径宽窄有度。

在科学设置专业的基础上，根据经济社会对不同专业技能型人才需求的层次以及该专业技能型人才成长的规律，确定该专业是适合于中职后直接就业还

是中高职衔接培养，是适合于一体贯通式培养还是分段贯通式培养。对于简单加工制造业、低端服务业、传统农业等技术含量较低的专业，不用设定与之相衔接的高职专业，而对于技术含量高、对人才综合能力要求较高的专业，则要相应地设置与之相衔接的高职专业。

从长远来看，职业教育的专业设置还可以借鉴中国台湾、法国、美国等的经验，以职业集群为依据来设置专业。职业集群是把职业按照其宽泛的共同特征进行分组，将数种性质相近的职业归纳成一组或一群。以职业集群为依据设置专业，不是针对具体个别的工作岗位而设计，而是面向一系列相互关联的职业群。1996 年美国教育部确定了 16 个职业集群，分别是：农业、食品和自然资源；建筑工程和建筑艺术；艺术、音像技术及传媒；工商管理；教育与培训；财政金融；政府和公共事业管理；医学保健；餐饮与旅游观光；私人服务；信息技术；法律和公共安全；制造业；市场营销；科学技术、工程及数学；运输、物流、后勤。中国台湾按照职业生涯发展和职群的概念，将职业教育的专业划分为机械、动力机械、电机与电子、化工、土木与建筑、商业与管理、农业、家政、餐旅、海事、水产、医药与护理、艺术、设计、食品 15 个群。引入职业集群概念设置专业后，因为每个职业群开设的核心课程是一致的，这样不仅学生的专业适应面很广泛，中高职的专业衔接也就变得顺畅而容易了。

（二）制定国家和省级职业教育课程标准破解中高职课程衔接难题

中职与高职缺乏有效的国家与省级层面的课程规范约束，导致中高职教育自成一体，互不了解。于志晶在《关于中高职协调发展的调研报告》中对"高职教师对中职教学内容的了解"的调研结果表明：了解较多的占 10.17%；了解一点的占 51.69%；一点不了解的占 38.14%。显然，在这样的状态下，要想实现中高职课程的有效衔接是很困难的。为此，借鉴发达国家与国际组织的通行做法，制定并出台国家和省级课程标准，成为突破中高职课程衔接困境的必然选择。制定并出台国家和省级课程标准，不仅有助于解决中高职课程衔接、协调发展中的问题，而且"在改善教育质量的实践中发挥着导向、诊断、基准等作用，是连接教育质量理论与实践的桥梁和纽带"。要做到这一点：一是国家或省级教育主管部门应组织专家从宏观高度和顶层视野，制定中高职贯通的分类的课程标准体系，进一步明确课程目标、内容框架、改革要求等，为课程设置明确画线定界。二是中高职院校应在教育主管部门组织下坐到一起，共同商讨制定中高职衔接的课程标准，制订教学计划，尤其是中高职联盟的五年一贯制院校更应如此。通过这样的方式，在课程选择、教材选用、内容衔接上进行统筹规划，一体化设计，形成连贯有序的有机整体，可以较好地避免课程设置的重复问题。三是探索建立中高职课程学分互认机制。中高职课程的重复学习，关键在于缺乏对已修课程的认同机制。如中职生修完与高职接续专业的某些课程，并考试合格甚至有的已获得了专业资格证书，但由于缺乏认定、认同机制，到了高职这些已学过的课程得不到承认，还得重复学习。所以，采用学分或课程认同机制，建立相同课程免修制和未修课程选修替换制，将能有效避免课程的重复设置问题。

（三）构建中高职衔接一体化的课程结构实现课程体系的重建

1. 中高职衔接一体化课程结构的基本框架❶

课程结构是课程体系中各种课程类型及具体科目的组织、搭配所形成的合理关系与恰当比例，是由各类课程构成的有机的、完整的统一体。中高职衔接一体化课程体系的设计，宏观上采用"工"字形结构，分为专门化方向课程、专业核心技术课程、大类专业基础课程和公共基础课程四个层次。

专门化方向课程。即按照专业相关职业岗位的工作要求，根据工作任务和职业能力设置课程。通常一个专业对应若干个职业岗位，针对每个职业岗位要求设置专门化课程。专门化方向课程作为限选课程，学生可以根据市场需要，结合自身特点选择其中 1 ~ 2 门课程。此类课程可采用项目教学，根据企业的工作项目和职业技能鉴定考核要求设计项目，每个项目作为相对独立的单元，具有特定的教学目标和功能。

专业核心技术课程。根据各专门化方向之间具有的共同的职业能力，提炼能反映专业特性的技术，以此为基础构建专业核心技术课程。按照企业工作任务设置任务引领型课程，教学内容紧密结合企业实践，有利于提高学生的实际操作技能，但若所有专业课程都按照工作任务设置也会存在弊端：一是有些专业覆盖面广，涉及的职业岗位多，相应的工作任务难以穷尽；二是由于技术进步和产业结构调整等产生的岗位变化大，毕业生实际就业岗位可能与所学不一致；三是各项工作任务分散独立，难以形成有机的整体，不利于学生形成系统的职业能力。因此，有必要设置专业核心技术课程，培养学生掌握本专业的基本技术和方法，提高综合职业能力。

大类专业基础课程。大类专业是根据专业分类将相关的若干专业按照技术内涵划分的专业群。根据有关教育部门发布的专业目录，总体上可归纳为建

❶ 张家寰. 中高职院校课程结构一体化设计研究 [J]. 中国培训，2008，(6)：11－12.

筑、制造技术、机电（一体化）技术、信息技术、商贸、财经、医药卫生、外语、美术、管理等各大类，比如将机电应用技术、机电设备安装与维修、电气设备安装、船舶机械装置等专业归为机电技术大类等。

公共基础课程。按照国家教育主管部门的规定要求，各专业设置一般都应包括德育、体育、文化基础课等在内的公共基础课。具体可供采用的方案：一是由行政主管部门制定统一课程标准，分为两个层次，"标准1"作为中职各专业必须达到的最低标准，"标准2"作为中职升高职的接口标准，各专业在最低标准的基础上，根据专业要求制定相应的文化基础课程标准；二是考虑到目前的实际情况，中职生源的文化基础普遍较差，因此，可以只制定中职升高职的接口标准，而不制定统一的最低标准，具体教学内容和要求根据各专业需要而定；三是对于文化基础较差而不能通过最低标准的学生，允许其选修专业课来补偿文化基础课的学分。此外，建议初中毕业生实行学业水平考试，达不到初中毕业要求的学生应补习文化或直接进入劳动预备制培训。

2. 中高职衔接一体化课程结构的基本要求

分层递进、分层教学。分层有两层含义：在宏观课程结构上，按专业的进程分为大类专业基础课程、专业核心课程、专门化方向课程三个层次，分层递进，专业知识和技能逐步深化，有利于学生的学习。在微观课程结构上，有些课程根据教学目标和要求，也可分为基础、提高两个不同的层次，适用于不同基础和有不同需求的学生。至于层次的划分标准，专门化方向课、专业核心技术课、大类专业基础课可参照国家职业标准和职业技能鉴定规范考核要求中相应的要求确定，例如，初级要求对应基础层次，中级要求对应提高层次等；公共基础课则可由各省市教育部门根据实际情况规定基础层次，即适用于所有专业学生的最低要求，提高层次的教学内容则应达到升学考试的要求。需要说明的是，分层主要是从课程结构上分析，具体各阶段的课程安排在时间上是可以相互交叉的。

课程综合化、模块化、学分制。根据教学内容的有机融合实现课程的一体化和综合化，不仅可以避免教学内容重叠，提高教学效益，而且有利于学生提高综合能力。而课程的模块化和学分制的实行，则使学生能够根据需要选择不同的模块组合课程，实现不同的教学目标。比如，若以中职毕业就业为目标，就可选择文化基础课的基础模块，以及专业核心技术课程、专门化方向课程的提高模块，从而达到中级工考核要求；若以升学为目标，则可选择专业核心课程的基础模块以达到初级工要求，同时选择文化基础课的提高模块以达到高职的入学要求；若要获得两个职业资格证书，也可以在专门化方向课程、专业拓展课程中选择两个不同职业标准的相关课程。

（四）实现中高职课程衔接可供选择的几种模式

从本章第二节所介绍的国内外中高职课程衔接的经验中，可以归纳出中高职课程衔接可采用的三种模式。

（1）层级课程模块衔接模式。层级课程模块衔接即由国家或地区的权威部门把中职与高职的课程内容统一制定成相互独立而有联系的课程模块，并按难易程度分成若干层次，临近层次模块相互衔接，如英国的单元课程衔接法和澳大利亚的培训包形式。这种课程衔接模式，中高职课程统筹设置，各层次之间逻辑清晰，衔接紧凑，避免内容重复或脱节，是比较理想的衔接。但是它制定课程模块工作量太大，还要有专门的机构来经常研究课程模块的更新修改工作，相对于我国目前的情况，一时很难做到。

（2）统一课程标准衔接模式。统一课程标准衔接是按照社会行业和职业对中职学校的专业进行大类划分，然后国家统一制定大类课程标准，高职实行大类对口招生，招生考试的依据是每一大类制定的课程标准，在此基础上合理安排高职的课程内容，保证高职的教学质量。法国和我国的台湾是这一衔接模式的典型代表。法国首先按行业将中职专业分成 17 个大类，每个大类都有课程设置标准，高职院校以大类课程标准为基准招收具有中职资历的学生，当中职对口招生不足时，招收普高学生，但入学后须要补习缺失的专业课程。这种衔接模式直接以具有中职资历的生源为对象，保证了高职有较高的专业起点，符合高端技能型人才的成长规律，便于实现高职教育的培养目标。但这种衔接模式存在一定的课程重复是不可避免的。

（3）一体化课程大纲衔接模式。通过实施一体化的课程大纲来实现中高职课程衔接。通常由中高职学校之间相互沟通，或签订书面合同来统一制定课程大纲，并且分阶段实施各自的课程计划，通过以应用为导向的综合课程实现各自的人才培养目标。目前，我省试点项目的中高职衔接课程大多采用这种模式。由中等职业院校和高等职业院校两者建立合作关系之后共同研究开发一体化的人才培养方案。

三、江苏中高等职业教育课程衔接的保障策略

（一）确立职业教育与普通教育相平等的地位

我国是一个有着悠久文化积淀的国家，"学而优则仕"的思想根深蒂固。近年来，为提升职业教育的吸引力，国家推出了一些发展职业教育的

倾斜政策，使得职业教育得到了较大发展，目前职业学校的招生人数和在校生人数都已达到了与普通教育的大体相当。但是，与普通教育相比，职业教育的社会认可度还较低，中高等职业教育的生源和毕业生工作的去向都无法与普通教育对等，很多人依然把进入职业学校当做不得已而为之的选择。提高职业教育的吸引力，提升职业教育的地位，是职业教育良性发展的重要前提，也是构建现代职业教育体系、实现中高等职业教育衔接的基础。

（二）健全职业教育法律法规体系

我国现有的职业教育法律体系以《中华人民共和国宪法》为根本法，以《中华人民共和国职业教育法》为基本法，以部门规章和地方法规为配套法律法规。从对我国职业教育法律体系的梳理中不难发现，有关中高等职业教育衔接的法律几乎空白，只在少数相关政策文件中有所提及，职业教育内部衔接的法律体系不够完善，职业教育法律法规的立法程序缺乏系统性、逻辑性。比如，《中华人民共和国职业教育法》自颁布之日起至今尚未修改。建立完善的职业教育体系，促进中高等职业教育的衔接，需要在法律层面上有所规定，建立一个完善、严密的法律法规体系，以此来约束并增强职业教育法律的效力，为构建职业教育体系、实现中高等职业教育的衔接提供法律保障。

（三）完善我国的国家职业标准

《国家职业标准》是以职业活动为核心、以职业能力为导向的国家标准体系，反映当前职业对从业人员能力水平的规范性要求，其对知识、技能、态度的要求是职业教育课程编制的主要参照标准，它具有影响和规范职业教育的作用。目前，我国的职业标准体系还处在不断健全中，很多标准陈旧过时，跟不上职业岗位的变化和技术进步的要求。

建立统一的国家职业资格标准是中高等职业教育衔接的前提和目标定位。有学者指出，当我们在区分中高职人才培养目标时，如果以中高职预期的工作岗位为依据的话，很容易区分出两者培养目标的不同。也就是说，中高等职业教育的衔接实质上就是所对应的工作岗位层次的衔接。对工作岗位进行科学定位的依据应该是国家职业标准，国家职业标准是对岗位从业人员所需工作能力和水平提出的规范性要求，是根据职业活动的内容确立的。因此，从理论层面理解，在中高等职业教育进行衔接时，其培养目标的确立应该以国家职业标准为依据。但是在实践过程中，我国的国家职业标准并不能够对中高等职业教育衔接目标进行定位指导。构建现代职业教育体系，实现中高等职业教育的有效衔接，亟须借鉴英、澳等国家统一的资格框架体系及职业能力标准，使中高等职业教育在培养目标的衔接上有明确的定位。

第四节　江苏中高等职业教育课程衔接的案例

随着江苏现代职业教育体系建设的开展，江苏各地开展了以课程衔接为主导的中高职衔接改革探索，并形成了一批较有代表性的案例研究文章。这些案例有的结合专业展开论述，对中高职课程衔接的问题进行分析并提出改革建议；有的从教学目标、专业设置、课程开设、评价考核等方面对衔接课程进行探讨。这些案例中的经验和思考对我们目前正在进行的中高职课程衔接试点工作有着很重要的启迪作用。

一、电子类专业中高职衔接课程一体化设计案例❶

（一）电子类专业中高职衔接一体化课程结构框架

1. 分析电子类专业中高职人才岗位群，理清典型工作任务

通过对具有代表性的电子企业的职业岗位设置进行调研，结合中高职院校的就业反馈统计情况，分析电子类专业面向的职业岗位群，厘清中高职毕业生的主要职业岗位，并对相应的典型工作任务进行分析，如表 8－1 所示。

表 8－1　电子类中高职毕业生的主要职业岗位及典型工作任务

	初始岗位	典型工作任务	发展岗位
中职	操作工	元器件的识别与检测、电子产品的焊接、电子产品的装配、机器设备的操作	流水线班组长
	销售人员	用户需求了解、电子产品的销售	销售管理（如店长）
	工程安装人员	电子系统、电气系统的安装、调试、检测与维护	工程管理
	售后服务人员	电子产品的客诉处理、售后维修	售后管理
	跟单人员	业务跟进、生产进度跟进、出货跟进、客房接待	业务管理

❶ 邓桂萍，宋烨. 电子类专业中高职衔接课程一体化设计探索［J］. 职业技术教育，2013（14）：31－33. 摘录时略有改动。

续表

初始岗位		典型工作任务	发展岗位
高职	助理研发	元器件选型、电子线路辅助设计、印刷电路板设计制作、样品制作、样机电路测试、软件编程调试、成本分析、外来样品分析	研发工程师
	工艺员	编写工艺文件、现场工艺管理、外来样品工艺分析、车间半成品调试、测试夹具制作、电子设备的工艺改进	电子工艺工程师
	车间技术员	解决现场技术问题、产品质量监测、工艺过程跟踪、生产记录整理、指导工人操作	车间经理
	品质检验	产品质量检验、品质统计分析、产品异常分析、提出品质改进措施	质量工程师
	产品维修	不合格产品维修、返修产品维修、统计不良信息	维修工程师
	材料采购与管理	供应商评价管理、制定采购计划、出入库管理、不合格材料处置、积压物料处理	采购经理
	售前营销	市场调研、市场开发、产品营销	销售经理
	售后技术支持	售后技术服务、编制售后服务指导文件、现场远程支持、统计客户意见反馈、提出产品改进意见、培训	技术支持工程师

2. 分析典型工作任务，确定中高职电子专业培养规格

从中高职就业领域和就业岗位情况看，高职比中职毕业生就业岗位种类覆盖面更广，就业岗位涉及的工作任务覆盖面也更宽。高职教育与中职教育是有机整体，高职教育应该是中职教育纵向与横向共同拓展的结果，在培养规格上应有不同的定位。

中职培养规格：具有操作常用电子仪器、仪表、计算机制图软件的能力；具有阅读电子线路图和工艺文件的能力；具有操作、使用与维护较复杂的电子设备的能力；具有电子产品装配、调试、检测与维修的能力；具有电子系统、电气系统的安装调试及使用维护能力；具有一定电子产品生产组织和管理的能力；具有信息收集和处理能力、交流合作能力、解决问题能力和终身学习能力。

高职培养规格：掌握计算机制图和辅助设计的基本知识和技能，熟悉相关的国家或行业标准；掌握模拟和数字电子技术、EDA 技术、电子产品生产工艺和管理等基本知识和技能，具备一定的电子电路设计、分析和调试能力；掌

握自动检测与转换技术、可编程控制器技术等基本知识与原理，能按照要求进行有关应用系统的编程、操作和调试；熟悉大规模集成电路等基础知识和原理，掌握一般小型智能电子产品的设计和调试；掌握各类工作总结文档的整理、撰写以及汇报演示能力，具有与不同层次人员的沟通交流能力。中职注重经验层面的单一技能培养、专业通用基本能力的培养，高职注重策略层面的复杂技能培养、综合职业能力培养。

3. 归纳典型任务行动领域，转换学习领域

根据专业对应的岗位或岗位群的典型工作任务，按照工作过程对其进行分解，再根据能力复杂程度进行整合，归纳形成职业能力领域，按照学生认知及职业成长的规律，教师、企业专家共同研讨，重构、选择、序化行动领域并转化为学习领域，构建一个"以职业能力为本位，以岗位需求为中心，以工作过程为主导，以校企合作为途径，融合国家职业标准"的学习领域框架。

4. 中高职电子类专业一体化课程结构框架设计

中等职业教育是高中阶段教育的重要组成部分，课程设置既要满足学生的就业需要，又要满足学生的升学需求，高等职业教育具有高等教育和职业教育双重属性，要考虑学生的可持续发展。考虑到电子信息行业的迅速发展，便于实时更新教学内容，课程结构设计采用模块化设置，将中职、高职的课程结构体系设计为公共基础课程、职业平台课程、职业能力课程、职业拓展课程、综合实践课程5个模块构成。各个模块中高职课程衔接，课程与职业技能鉴定衔接，既体现中高职纵向和横向两个维度的深化与拓展，又体现中高职培养目标的有机统一。

中职课程突出中职培养目标所对应的职业岗位群要求的职业能力，注重专业知识学习和技能操作训练，尤其是职业规范和职业意识的养成，注意培养学生的综合素质和职业能力；高职课程以高职培养目标所对应的职业岗位群要求的职业能力为基础，适当考虑职业岗位拓展与跨专业学习的需求，在立足"点"的同时兼顾到"面"，侧重岗位技术领域发现问题与解决问题能力、方法能力、社会能力和创新能力的培养，注重可持续发展。

（二）电子类专业中高职衔接一体化课程体系设计

根据职业能力确定学习领域课程设置，根据电子产品制造过程的各个环节所要求的职业能力确定学习领域的内容，设定一个能涵盖学习内容的学习情境。这里以"3＋3"衔接模式为例，设计电子类专业中高职衔接一体化课程体系，如表8－2所示。

表 8 – 2　　电子类专业中高职一体化课程表

	中　职	高　职
公共基础课程	语文、数学、英语、计算机应用基础、体育、心理健康、道德与法律、职业规划、创业教育	思想道德修养与法律基础、毛泽东思想概论和中国特色社会主义体系概论、英语、高等数学、体育、计算机应用、大学生职业发展与就业指导、创业教育、飞机结构与航空概论
职业平台课程	电子技术基础、电工技术基础、电子与电工技能、电子测量仪器与仪表、电子元件、电子组装工艺实训	电路分析、电子测量与仪器应用、典型传感器应用、工程制图实训、电子设备装调实训、电子电路分析制作与调试、C 语言程序设计与应用、微控制器应用
职业能力课程	电子产品的解剖与制作、电子 CAD、音响设备原理与维修、电视机原理与维修、电动与电拖、电气系统控制与安装、通讯网络装配与维护、电子电器产品营销常识	电子元器件及电子材料检测与采购、电子产品印刷电路板设计与制作、电子产品生产工艺与管理、智能电子产品设计与制作、典型电子产品调试与维修、音视频技术、电子产品营销与服务
职业拓展课程	PLC 技术基础、单片机技术基础、家用电器维修、采购与仓储实务、服务礼仪、企业文化	CPLD/PPGA 应用、PLC 应用、嵌入式产品分析调试、企业运行与管理、小型电子产品外形设计、人为因素与航空法规、航空仪表设备原理及维护、社交礼仪
综合实践课程	企业体验实习、就业顶岗实习	企业体验实习、专业顶岗实习、毕业设计

公共基础课程是为提升基本素质开设的课程，中职阶段主要是为升学需要开设的基础课程和为职业发展需要开设的基础课程；高职阶段则主要是面向职业发展开设的基础课程。

职业平台课程是为培养职业基本能力开设的课程，中职阶段主要是培养电子元器件与基本电路的识别检测、仪器仪表规范使用、装配的工艺知识与技能；高职阶段则主要培养整机电路的分析、制作与调试能力，渗透各种单一技能的培养，并要求学生能绘制简单的应用程序，熟练使用开发仿真工具。

职业能力模块课程是为培养职业核心能力开设的课程，基本围绕岗位开设；职业拓展课程包括为未来进行职业拓展培养相关能力的课程和提升人文素质的课程；综合实践课程是在真实工作环境中培养学生综合能力开设的课程。

为保证中高职衔接课程一体化设计顺利实施，职业院校、企业、行业指导委员会共同编制中高职衔接的专业课程标准，为中职和高职的各类课程设计提供基本的参考标准。同时，编制中高职衔接的专业课程评价体系，建立切实可行的评价指标体系。

二、3+3机械类专业中高职课程体系衔接案例●

（一）机械类专业中高职课程体系衔接方案构建

由于"3+3"中高等职业教育课程分段实施，衔接模式不能简单地停留在两阶段学制的衔接，而应着重探讨两阶段职业教育的内涵式衔接，主要是指各自的人才培养方案、培养目标、课程内容、教学管理等方面能达到有机衔接，即两阶段职业教育核心内容和发展方向的衔接。要达到内涵式衔接，就要着重考虑两阶段职业教育课程体系间的相互关系以及中高职教育与职业资格证书考试、普通高等教育之间教学内容的有机衔接。

1. 机械类专业中高职"3+3"模式课程衔接框架结构设计

以具有工科特点的"一条主线、三个层面"专业能力培养的课程模式为基础，机械类专业中高职一体化课程衔接基本框架由基础课、专业课、素质教育课、实践课四个课程模块组成，详见表8-3。

表8-3 机械类专业中高职教育（3+3）模式课程衔接框架结构设计

模块名称	课程类型	中职教育	高职教育
基础课程模块	公共课、部分专业基础课	可设2个模块； 1）基础模块：必修课，满足中职学历教育和专业教学基础要求； 2）拓展模块：选修课，进一步提升学生文化素质，满足学生继续学习需要、升学等个性化要求。 按大类设置专业基础课，体现专业大类共同的知识和技能，教学内容为相关职业领域基础知识和技能。	开设应用数学和英语，应用数学以"必需、够用"为原则；英语应达到普通高校英语应用能力A或B级要求。 按大类设置专业基础课，体现专业大类共同的知识和技能，教学内容为相关职业领域基础知识和技能。专业基础课在高职阶段要进行拓展和加深

● 黄乾平，俞林. 中高职机械类专业课程衔接问题探索 ［J］. 职业技术教育，2013（35）：23-25. 摘录时略有改动。

续表

模块名称		课程类型	中职教育	高职教育
专业课程模块	入门学习	实践为主导的专业技术课程	对专业课程按照"入门、专项、综合"三个学习阶段进行课程排序，使学生经历"新学徒、一般技工、中等技能人才"能力发展的三个阶段。多次企业实习与专业课程一起构成职业素养和职业能力培养的三个递进台阶。	对专业课程按照"入门、专项、综合"三个学习阶段进行课程排序，使学生经历"新手、普通技工、高技能人才"能力发展的三个阶段。三次企业实习与专业课程一起构成了职业素养和职业能力培养的三个递进台阶。注意同专业方向、相同课程内容深广度的衔接。
	专项学习			
	综合学习			
素质教育课程模块		专业拓展类课程、文化素质教育课程	依据中职学生年龄、身体、心智发展、行为习惯等因素，引导性开设多样的必修、选修课程；有组织地开展各类活动；增大学习积极参加各种技能竞赛等。	开设一定数量的公共艺术限课、公共选修课等文化素质教育选修课；定期举办人文、社会科学和自然科学素质教育讲座；开展广泛的学生活动，增大学生积极参加各种技能竞赛、社会调研、参观访问等。
专项实践课程模块		订单课程、职业资格论证	可设3个模块： 1）订单模块：据企业要求设置，技能中级； 2）基础模块，适应就业需要，技能中级； 3）提升模块，适应升学，技能初级。	可设2个模块： 1）订单课程模块，据企业要求设置，技能复合中级或单项高级； 2）基础模块，适应就业需要，技能复合中级或单项高级。

2. 机械类专业中高职课程衔接的关键点

中高职课程衔接应破除学科本位主义课程体系的束缚，根据社会发展需求及专业就业岗位（群）实际要求，构建基于工作过程的课程体系。中高职教育课程衔接中，两阶段课程设置、教学内容应尽量体现企业岗位能力的要求。机械类专业在确定课程内容之前，应基于充分的市场调研，并根据调研中的典型工作岗位能力要求，基于工作过程，将学生综合职业素质培养与职业资格标准进行有机融合，切实实现理论与实践高度融合，以此为基准构建中高职衔接的课程内容体系。

中高职课程内容的安排应有先后顺序，中职专业课程内容是高职专业课程内容的基础，高职专业课程内容应是中职专业课程内容的有机延伸，其相互关系见图8-3，这样有利于避免不必要的重复和资源浪费。

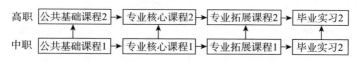

图 8－3　中高职教育课程衔接框架

3. 机械类专业中高职课程衔接的保障条件

中高职课程有机衔接的实现，需要教育行政主管部门予以重视。教育行政主管部门应成立相关的中高职教育衔接指导委员会，从政府层面保证中高职教育衔接的有效性。在此指导下，按"顶层设计、基层落实"原则对中高职衔接的相关问题予以统筹解决，研究出台相关政策文件，用以指导基层落实，从而形成可靠的保障机制，将中高职教育衔接实践落到实处。中高职课程衔接中两阶段学校应通力合作，组建联合体。联合体的建立有助于双方发挥自身优势，并有助于将双方放在一起共同研究，解决衔接过程中出现的各类问题，有助于人才培养方案的落实。

（二）机械类专业中高职课程衔接方案设计思考

1. 制定中高职衔接的接口标准

针对中高职学生就业、升学等多形式分流的实际情况，要实现中高职教育课程真正的有机衔接，建议国家教育行政部门要组织中高职院校、行业企业专家和职业教育专家一起共同依据职业岗位（群）工作能力要求，并按国家（行业）职业标准和职业技能鉴定考核要求，制定相应的有利于中高职课程有机衔接的职业岗位能力标准，据此制定中职与高职的专业教学标准和相应专业"出入"的接口标准。

2. 根据中高职教育的实际情况，实施分层分级教学

根据学生的分流情况分层设计课程体系，同时针对不同基础、不同需求的学生实施分层教学。因各学校的资源有差异，对学生实施分层教学难度很大，有必要深入研究，探索有效的解决方案。在教学实践中，可以采用分层次分级教学的模式，对学生进行科学分班，通过对学生职业能力水平的划分，达到因材施教，让学生学有所得。

3. 避免中高职职业资格等级倒挂

目前，很多中职毕业生至少持有两张中级职业资格证书，甚至有不少学生在进入高职学习时已取得高级职业资格证书，这就形成中高职衔接中职业资格证书等级倒挂的现象。但另一方面，企业对学生获得的资格证书的认同度不高。因此，各级各类职业学校要按照培养目标及学生成长规律，做好各节点的

工作，不要让职业资格等级认定走过场，也不要盲目拔高，对确有潜力与能力的学生可提供相应的条件，允许参加鉴定。这样一定程度上可使证书的含金量提高。同时，也不会使中高职职业资格证书等级倒挂成为普遍现象。

三、基于岗位胜任力的中高职会计类专业课程衔接案例❶

（一）岗位胜任力、财务胜任力及其特征结构

1. 岗位胜任力

"胜任力"的概念由哈佛大学教师戴维·麦克利兰（David – McClelland）于1973年正式提出，认为胜任力是指能够区分在特定的工作岗位和组织环境中绩效水平的个人特征。美国管理协会定义的胜任力分为一般知识，与工作有关的技能，动机，特质，自我意向，社会角色。其中知识和技能是可见的、相对表面的人的外显特征，动机和特质是更隐藏的、位于人格结构的更深层，自我概念位于二者之间。表面的知识和技能是相对容易改变的，一般可以通过培训实现其发展，也可以通过职业教育达成的胜任力。企业里有多种职位序列和多个职位种类，不同职位序列的胜任力存在较大的差异。当前，以能力建设和技能培养相长的胜任力培养，已成为人力资源管理和财务培训管理的重要目标和方向，并得到了实务界和理论界的普遍认同。

2. 财务胜任力及其特征结构

财务胜任力是一个组织为了实现其战略目标、获得成功，而对组织内的财务从业人员所需具备的职业素养、知识和技能的综合要求，即担任财务任务角色所需要具备的胜任力的综合，也称为财务岗位胜任力。财务胜任力的特征结构包含三层因素：隐性特质/职业素养、知识和技能。职业素养一般包括思想道德、意识及行为习惯，是组织在员工个人素质方面的要求；知识则是指员工为了顺利地完成自己的工作所需要知道的东西，如专业知识、技术知识或管理知识等；技能则是指员工掌握和运用某项专业知识完成具体工作的技术或能力。因此，会计岗位能力是一种综合的职业能力，财务人员应当具备的通用胜任力包括具备丰富的财务知识、从业经验及严谨、细致、规范的职业素养。

（二）构建基于岗位胜任力的中高职会计类专业课程衔接体系

基于上述有关会计岗位胜任力的阐述，将中高职会计类专业课程衔接体系

---

❶ 王春梅. 基于岗位胜任力的中高职会计类专业课程衔接体系探讨［J］. 职业技术教育，2013（35）：26 – 29. 摘录时略有改动。

的构建分为三个方面：基础能力的衔接、岗位胜任力的衔接及资格证书的衔接。一个职业岗位人员的培养由"职业平台课"、"岗位技术技能课"及"岗位综合实训课"等三个层次（基础层、技能层、综合层）课程完成。平台课是指学院公共课程体系（通识平台课）和大类专业公共课程体系（职业平台课），主要培养学生职业素质和职业发展适应能力。本研究主要涉及岗位胜任力及岗位综合实训部分，即岗位技术技能课及岗位综合实训课程。基于岗位胜任力的中高职会计类专业课程衔接体系如图8-4所示：

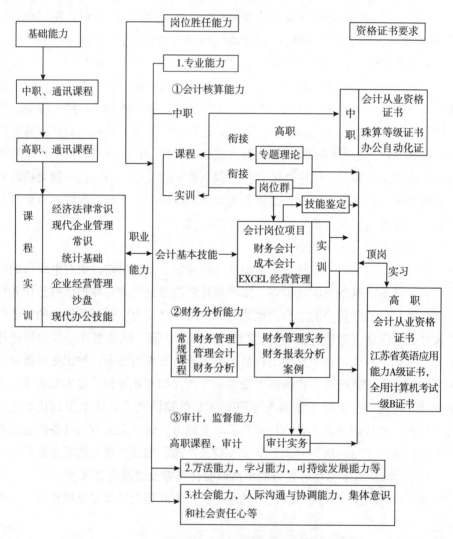

图8-4　基于岗位胜任力的中高职会计类专业课程衔接体系

　　由图8-4所示，基于岗位胜任力的会计类课程的衔接包括基础能力、岗位胜任能力及资格证书的衔接。基础能力的衔接主要涉及两个层次的通识课程及管理类的基础课程及实训。岗位胜任力的衔接包括专业能力（会计核算能力、财务分析能力、审计及监察能力）、方法能力及社会能力。着重点在于专业能力的培养，方法能力及社会能力是基于学生终身教育的过程中逐步养成的能力。专业能力是核心能力（专业基础），通过职业群形成通用能力。专业能力的衔接按照会计岗位对于能力的要求进行分析。首先，通过两种途径实现会计核算能力的衔接。一种途径是以专题理论的方式实现衔接，主要是指《基础会计》课程。另一种途径是涉及会计基本技能的专业课程衔接，主要是以《财务会计》为核心的《成本会计》及《EXCEL经营管理应用》等课程。其次是分析能力的衔接。通过前述对于中职课程体系的分析，对于中职生源的学生由于其所处的年龄阶段及基础理论的不足，涉及分析能力的衔接主要通过实务及案例分析实现。最后是审计、监察能力，属于会计岗位能力的高层次要求，通常职业发展到一定的阶段才会涉及该阶段的能力要求。在高职的学习主要通过实务操作与分析实现，侧重于《财务管理》《财务分析》《审计学》等课程的衔接。通过将单科独进、理论与实践分离的教学安排改变成以能力培养为本位、理论与实践交叉相融合的教学安排，实行专业课程的综合化和模块化，也可以结合会计专业论文的写作来提升该方面的能力。在掌握知识和技能后，岗位的能力表现为职业素养（就是态度），即良好的知识、技能，必须通过符合公司要求的职业素养发挥出来，在该图中表现出来的就是方法能力和社会能力。

　　在资格证书的要求方面，中职学生在有限的学习时间里要通过高校入学考试并同时拿到职业资格证书。在高职阶段要求取得会计从业资格证书及初级会计师资格证，也可以进一步提高英语、计算机应用能力的要求。

（三）中高等职业学校会计类专业主干课程衔接方式分析

　　为了在有限的学习期限内取得职业和普通教育的"双赢"，借鉴德国进行的课程和教学改革实验的理念，将一门专业课作为核心课程，通过这一核心课程降低其他普通教育课程的难度，并加快学习进度；通过运用课程的综合化模块，最大限度地利用企业的经验性学习为普通课程的学习服务。会计学专业的核心课程就是《财务会计》。会计类专业主干课程的衔接如图8-5所示。

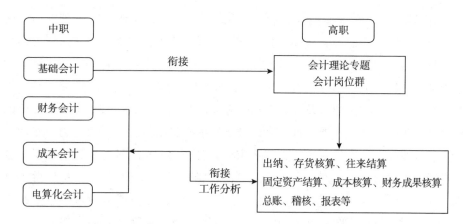

图 8 – 5　中高等职业学校会计类专业主干课程衔接方式

　　经营管理类专业的课程衔接特征表现为：职业岗位所需的能力及职业层级经过学习是可以逐层递进的，学生通过中职阶段的学习可以就业，经过高职的学习可获得高一级层次的职业资格证书和更广泛的就业范围。因此，在中职所学课程到高职阶段的衔接涉及具体的课程递进，需要根据不同的课程采取不同的衔接方法。

　　1.《基础会计》课程的衔接

　　结合中高职课程教学大纲分析可知，对于《基础会计》课程的教学内容，在中职和高职阶段的教学要求并无太大区别。从对高职院校对口招生生源的调查可知，由于该部分生源已通过入学考试且已学习了后续一些会计课程，所以该课程的衔接可以更加灵活的方式实现。在实践中可以采用会计基础理论专题的方式实现有效衔接，提升学生对于会计基础理论的分析能力，一方面可以提升其专业理论素养；另一方面也可以激发学习兴趣，形成良好的教学效果。

　　2. 涉及会计基本技能的专业课程的衔接

　　涉及会计基本技能的专业课程的衔接，主要包括《财务会计》《成本会计》及《EXCEL 经营管理应用》等课程。通过前述对于中职课程体系及教学内容的分析可知，在中职阶段的学习中，该系列课程涉及的教学内容设置类同于高职的课程体系设置，但是难度要求相对低些。在中职阶段，由于学生专业知识面相对较窄，无法实施有效的岗位分类进行的课程教学及实训。在调研中，发现真正实施按岗位分类教学的，主要涉及五年制的中高职衔接教育。

　　岗位课是指根据岗位（群）工作要求和相应职业资格证书考核要求而设置的岗位系列课程，职业教育提倡实施"双证书"制度，一个岗位系列课程应尽量能高度融合一个职业资格证书的知识和技能要求。因此，根据调研结果的分析、岗位胜任力及中职生源已拥有的专业基础知识，对于该部分的专业课程实行按会计岗位分类进行教学的衔接，即各项岗位技能安排适当的课时进行课堂教学，教授各岗位的专业理论知识，以具体的岗位的应用能力培养为主线。在西方各国高职教育中，实践教学占有较大比重。课程设置与内容围绕社会或企业的需要，坚持以职业对技能和知识的实际需求为依据，注重课程的职业功能性。在改革课程体系时，中职课程重基础、强应用，让学生初步建立职业概念；高职课程重实践、强创新，鼓励学生在真实或模拟的工作场景中发挥主观能动性。整合课程内容，充分体现以岗位职责为主体的专业课程体系。

具体以"财务会计"作为会计类专业的核心课程，《成本会计》《税务会计》《会计电算化》《EXCEL 经营管理应用》等课程，按会计岗位业务构建新的财务会计内容体系，按各会计岗位要求掌握的核算知识设计成章，设置侧重学生实习和实验训练，理论教学和实践教学交替进行。通过岗位群的课程设置体系，可以实现学生对于会计岗位分类的清晰度及岗位的职能、应掌握的技能等，使学生进入职业角色，能够从具体现实的能够感知的职业实践入手，激发学生学习兴趣。通过教学与实践相结合，教学内容和岗位实际操作保持同步，同企业经营环境同步，与学生毕业后的职业方向接轨，强调实践性和操作性。由中职阶段的学科体系教学引导到岗位模块的教学，有利于学生对于岗位的直观了解，可以使学生能够清楚地认识到各会计岗位应做的工作，从而对于自己将来的职业规划能够起到良好的引导作用。

3. 以会计岗位职责设计的岗位核算内容

专业模块是专业教学的核心，结合会计核算基本岗位设置模块课程，建立以会计职业岗位群为基础的授课模式即从会计基础工作规范化要求出发，面向企事业单位会计具体的核算岗位，培养会计核算型人才和会计事务管理人才，各模块的基本教学内容如表 8-4 所示。

表 8-4　以会计岗位职责设计的岗位核算内容

岗　位	岗 位 核 算 内 容
出纳核算岗位	企业财务会计货币资金以及出纳会计实务的内容　具体有银行结算知识　收付凭证的审核方法　现金和银行存款日记账的登记方法　银行存款对账单的处理　结算凭证的填写方法　点钞技能　假钞识别方法等。

续表

岗　位	岗 位 核 算 内 容
往来款项核算岗位	包括债权债务的结算 凭证的审核 债权的催收 差旅费的核算 备用金的核算 应收应付款项的核对方法 债务重组的核算办法 或有事项的核算方法等
财产物资核算岗位	包括存货和固定资产核算 具体有存货收发存的核算 按实际成本核算和按计划成本核算的方法 存货的盘存方法及结果处理 数量金额式明细账的设置与登记 在建工程成本的归集 固定资产的购建成本的确定 固定资产增加的核算 处置的核算和计提折旧的核算等
成本费用核算岗位	主要包括企业财务会计的费用核算以及成本会计的有关内容以及财务管理的成本控制等方面内容 具体有费用的归集与分配方法 职工薪酬的结算与分配 计时工资 计件工资的计算 公积金的管理 成本核算方法 成本报表的编制成本分析方法等
资本资金核算岗位	主要包括所有者权益 交易性金融资产 长期股权投资的核算等 具体有企业资金的取得 使用以及流动资金 筹资的管理等
利润分配的核算	所得税的核算方法等
总账报表核算岗位	主要包括审查财务收支 稽核各种记账凭证 对账簿记录进行抽查 登记总账 并进行对账 结账 编制试算平衡表 编制各类报表 资产负债表 利润表 现金流量表所有者权益变动表等相关内容

　　以会计岗位职责设计的岗位核算内容可以帮助学生更好地进行专业和工作岗位的准确定位，又可以实现教育与职业的无缝连接，扩展学生就业的对口率，形成高等职业教育独特的教学体系。

四、"五年一贯式"中高等职业教育衔接案例●

　　南通商贸高等职业学校于1996年开设三年制报关专业。为提升职业教育对象对未来的适应性，满足外向型经济对复合型高素质技能型人才需求，2000年开设五年制高职报关与国际货运专业。经过十多年的探索与发展，逐步形成了凸显岗位人才培养特点的"五年一贯衔接式"人才培养模式。

（一）"五年一贯衔接式"人才培养模式架构设计

　　所谓五年一贯衔接式人才培养模式是指对五年学制总体设计（3.5＋0、

　　● 魏俊飞，施静. 五年一贯衔接式人才培养模式创新实践［J］. 职教通讯，2011（16）：68－70.

5 +1），推行理论课程案例实务化、实务课程操作化、实训项目整合化，强化三者间的衔接（三层衔接）以实现校内培训与预就业实习企业岗位需要间的衔接；注重职业学校校内教育培训阶段、校外预就业实习阶段及毕业后企业工作阶段三者之间的内在有机衔接（三段衔接），强化预就业实习管理，实现学校职业教育与毕业实习单位需要之间的对接；充分发挥五年制高职学制较长的优势，体现对学生整体设计一站式培养特征的人才培养模式。

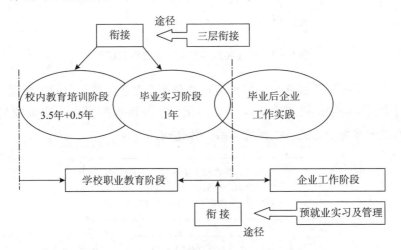

图 8－6　"五年一贯衔接式"人才培养模式

（二）"五年一贯衔接式"人才培养模式的实施途径

1. 预就业实习实现学校职业教育与校外企业需要之间的衔接

学校从 2000 级报关与国际货运专业班级开始，即将其毕业实习时间确定为一年，并将毕业实习与实习单位用人需要相结合，将学生企业实践与预就业结合起来，实行顶岗实习。

为保证毕业实践达到预定目标，对毕业实践实行全过程管理与控制，是学校职业教育与社会企业需要两者间有效衔接的重要保证。

在实践中，通过落实预就业管理制度（计划组织管理考核与评价）实行全过程控制；通过实地检查指导师生定期联系（电话指导、网上了解、短信沟通等）学生定期汇报学生实习记载等方式强化过程管理；通过"三师队伍"建设，推进专业教师辅导员及企业人员对学生实习全面指导；通过企业评价、实习过程评价、毕业考核及学生自我评价相结合，使对学生的评价考核更客观。

毕业实践的有效管理，为学生毕业后无适应期地与社会对接提供了保证。

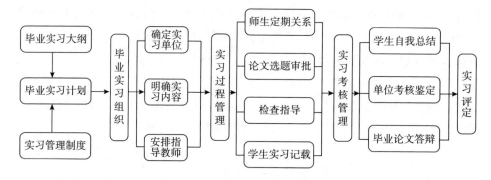

图 8 - 7　毕业实践实行全过程管理与控制

2. "三层衔接"强化校内培训与预就业实习企业岗位需要间的衔接

所谓三层衔接是指"理论课程案例化、实务课程实操化、实训项目整合化"的以实践为中心的三级课程体系一体化构建。

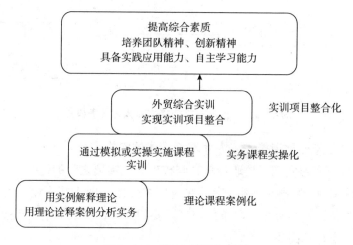

图 8 - 8　"三层衔接"设计

（三）"五年一贯衔接式"人才培养模式的特点

1. 与中高等职业教育三二分段制相比，"五年一贯衔接式"更利于一站式培养

主要体现在：①在课程体系上，学校根据人才培养特点及需要对五年学制进行 3.5 + 0.5 + 1 整体设计，五年培养不断线；②实行岗位职业教育一贯制，从认识实习开始，将职业专业入门课程经济类基础课程、外贸类专业课程、岗位实践，贯穿全过程；③在知识与能力的培养上体现过程性渐进性认知规律，从课程单项训练到课程集中训练，以及将各岗位各环节依照外贸业务流程设计所进行的外贸综合实训，形成"由点到面、由单项技能到综合技能"的系列

化训练模式。

2. 与三年制高职相比，"五年一贯衔接式"更利于高技能的养成

主要体现在：①专业学习的总课时数明显增加，三年制高职中专业课学习时间约为 148 学时，而五年一贯制中则长达 240 学时，长学制有利于细化教学内容，体现心智性技能培养反复性训练特征；②五年不断线的培养有利于学校统筹安排教学资源，有利于学校统一构建课程体系，有利于理论课程、实务课程、综合实训课程间的有机衔接；③有利于开展更贴近生产实际的实践性教学，学校针对职业学校经贸类专业在学生应用能力培养上存在的问题（课程单项性实训多、静态性实训多，实训内容不系统、不连续，实训项目及内容割裂形不成整体，学生短期企业实习，难以保证在相关的岗位群上轮岗，难以接触到业务完整工作流程，实习效果受到影响等），将外贸综合实训课程安排为一个学期（0.5），实训内容涵盖职业基础技能（商务礼仪、外贸口语、计算机应用等）岗位技能和综合操作技能训练。在时间安排上，综合实训中（五个月）的前三个月为基本岗位学习周期，后两个月，由学生根据自己的特点、兴趣爱好有针对性地选择或强化某一环节或岗位训练，体现以学习者为中心的思想。外贸综合实训课程，向前对岗位实训项目进行整合，向后为学生进入预就业单位进行岗位职业素质与技能储备，从而将校内职业教育培养与预就业企业需要进行了有机衔接；④有利于教师队伍建设，学校打通了中职与高职的界限，教师可连续跟班教学，对教师教学能力的提高起到了显著作用，同时学校 2000 年以来从外贸行业引进教师 7 人，企业工作年限少则 3 年，多则 16 年，增强了教师队伍的实践能力。

表 8-5　报关与国际货运专业五年制高职与三年制高职主要区别

对比项目	三年制高职（高中后）	五年制高职（初中后）
总学分	148	260
总课时	3 200	5 000
校内实训总课时	340	1 000
国际贸易实务	72	108
报关实务	72	288
海关商品归类	54	288
国际货运代理实务	72	216

实践出真知，实践出智慧，上述案例中探索出的中高职课程衔接的方法和策略，对于我们改变传统观念，创新思维模式，以课程革新减少中高职课程衔

接中的教学消耗，实现中高职课程的有效衔接，提供了颇值得借鉴的思路。我们相信，随着江苏现代职业教育体系建设的不断深入，江苏中高职课程衔接的实践会更加丰富和完善，一定会为我国职业教育现代化建设事业创造出更有益的理论、经验和做法。

本章小结

中高等职业教育衔接的关键环节是课程衔接。目前，江苏职业教育体系的中高职衔接主要有一贯制衔接和分段式衔接两种模式。课程衔接中存在的最突出问题是：课程标准定位不清、课程结构交叉重叠等。构建具有江苏职业教育特色的中高职课程衔接体系，有必要借鉴吸收国内外中高职课程衔接的有益经验，以中高职培养目标的合理定位为基础，从专业设置衔接入手统筹安排，根据各专业特点及各院校的实际情况，选择层级课程模块衔接模式、统一课程标准衔接模式、一体化教学大纲衔接模式等课程衔接模式，采取中高职一体化课程结构，构建以职业岗位能力为核心的江苏现代职业教育课程体系。要实现中高职课程的有效衔接，还需要有国家和省级层面的顶层设计，如国家职业标准的完善、国家和省级层面职业能力为核心的课程开发、统一课程标准的制定、其他配套制度政策的完善和落实等，且要有行业企业的深度参与。

（本章执笔人：袁丽英（第二、三、四节），郑晓梅（第一节））

江苏现代职业教育体系的学分制管理

党的十八届三中全会通过的《中共中央关于全面深化改革若干重大问题的决定》中提出，"试行普通高校、高职院校、成人高校之间学分转换，拓宽终身学习通道"❶。"学分转换"作为学业管理层面的微观问题写入党的重大决定，足见其必要性、紧迫性和艰巨性。我国预期在 2020 年建成完整的具有世界水准和中国特色的现代职业教育体系。如何实现"服务需求、开放融合、有机衔接、多元立交"的目标？需要完善各层次技术技能人才培养制度，衔接职前与职后教育，创建终身教育体系与学习型社会，建立各类教育的"立交桥"，学分制是一个重要的机制。

第一节　现代职业教育体系的学分制管理机理

"学分制"最早出现在美国，随后这一制度在世界高等教育范围内不断得以发扬光大。20 世纪末以来，随着越来越灵活、越人性化的教育体制改革与实践，学分制的实现形式也处于不断地创新中。学分（credits）是学生获得各种证书、学位的依据，也是学生转专业、转学校通用的"货币"❷。

一、现代职业教育体系的学分制管理背景

美国由于学分制度运用得较早，不仅完成了社区学院、文理学院和综合性

❶　中共中央关于全面深化改革若干重大问题的决定［N］. 光明日报，2013 – 11 – 16.
❷　戴维·拉伯雷. 复杂结构造就的自主成长：美国高等教育崛起的原因［J］. 周勇，译. 北京大学教育评论，2010（3）：24 – 29.

大学之间的学分转换，也建立了在本科与研究生阶段的学分互认制度，基本已解决了学分衔接的问题。英国于 1998 年发表了《学习时代》绿皮书，提出建立个人学习账户、成立产业大学、提高基本技能、进行资格改革、开展工作场所学习以及地区合作等教育教学管理新举措。到 2000 年英国政府又颁布《学习与技能法》，以积极推进终身学习、提升国家人力资源竞争力为目的，在全国范围内推行个人学习账户制度，到 2001 年 10 月，就有 250 万人在学习账户中心注册学习。基于全球化的压力和教育自身发展的需要，欧洲各国采取一致行动着力提高教育质量和教育竞争力，欧洲学分转换系统（简称 ECTS）也由此萌芽，并于 1988—1995 年正式创立，它是欧盟在实施"伊拉斯莫计划"（欧洲大学生流动计划）中开发出的对学生海外学习予以承认的工具，"把学生带到欧洲，把欧洲带给学生"[1]。以前者为参照，欧洲职业教育与培训学分转换系统（ECVET）的诞生，用知识、技术和能力来描述学习者在职业教育与培训项目各个学习过程中获得的学习结果；为各种职业教育与培训机构，即正规、非正规和非正式职业教育与培训机构中学习的投入和结果之间的转换提供不同的途径、桥梁和机制；无论学习者在何时、何地从事学习活动，不管采用哪一种培训、教育或模块，通过分析机制，对其部分或全部认可，并进行累积和多重认证；简化资格认证过程，提高培训、教育等学习过程或专业学习的流动性。在亚洲，韩国教育开发院 1995 年正式提出学分银行制，1996 年 2 月，韩国教育开发院正式提出了学分银行制度具体实行的方案与实施范围。其学位授予式分别由教育人力资源部和大学进行，学习者可以根据自己的情况加以选择。到 2007 年，韩国通过学分银行制的方式获得教育人力资源部学位的已达到 71 603 人，获得大学学位的则为 5 230 人[2]。在我国，许多高等学校和职业学校都探索了学分制，近年来也在积极试点探索开放大学建设模式，建立学习成果认证和"学分银行"制度。目前在一些地区、学校、社区和企业，这项制度已经取得了可贵的经验和有形的成果。为什么学分制在近 20 年以来成为一种世界潮流，并方兴未艾？

（一）教育均等之多样化

联合国教科文组织在《面向 21 世纪高等教育宣言》中将高等教育机会均等作为重要内容。当我国高等教育进入"大众化"阶段时，大多数国家的高

---

[1] 张倩. 中外高校区域合作及学分互认比较研究 [J]. 湖北成人教育学院学报，2009，15（4）：7 - 8.

[2] 覃兵，胡蓉. 韩国高等教育学分银行制探析 [J]. 比较教育研究，2009（12）：67 - 70.

等学校也都在扩招，特别是北美、欧洲和大洋洲国家纷纷迈入"普及化"阶段。该《宣言》同时强调"促进机会均等的多样化"❶，学员必须有广泛的选择机会，其知识和技能的获得应从终身教育的角度去认识。

大众化条件下的学生，具有多元性学习动机、丰富性智能结构、差异性学习能力等特征。"大众化"使得有不同人生经历、不同学问基础的人进入高校，他们对个人价值的评价不同，对个人人生道路的选择不同，不会安于只是完成学校为其制定的统一培养目标。有人期望超越，有人期望偏离，有人要求拓展，有人要求纵伸，等等，在此类期望中也隐含着"升学"欲求与"求学"欲求的错位现象。传统的"仕"、"贤"人生价值取向，使多数人把上大学仅仅作为跳出"农门"、告别"蓝领"、改变身份的方式，看重学历而忽视学问（或学力），相当一部分学生对个人成才的要求并不高。据此，如不进行有效引导，必将导致高等教育"泡沫化"。这对高等教育的价值观、质量观的改变提出了新的命题。马丁·特罗在他的文章——《从精英教育向大众化转变的问题》中指出，不能以精英教育的学术标准来评价大众化阶段复杂多样的教育质量，不同的办学层次，不同的培养目标，不同的社会适应面，应当有不同的质量标准。❷ 同时，大众化教育为精英教育提供了更丰富的资源，正如潘懋元教授所说："精英教育与大众教育并不是非此即彼的关系，大众化高等教育必须包含一定数量的精英教育，两者朝不同的方向发展，都是'科教兴国'战略的必要组成部分"。

（二）知识社会之应用性

联合国教科文组织于 1998 年在巴黎召开的"世界高等教育大会"上形成的《关于高等教育的变革与发展的政策性文件》着重指出："创造高质量的工作有赖于高质量的劳动大军，而高质量的劳动大军的培养正是由高等教育与'技术和职业教育'一起来完成的"❸。该组织《面向 21 世纪高等教育宣言》更进一步指出在 21 世纪"知识社会"中对于满足人们的需要和赋予学生必需的强有力的背景和培训来讲是十分关键的因素。

❶ 联合国教科文组织．面向 21 世纪高等教育宣言：观念与行动［OL］．http：//www. cau. edu. cn/jwc/jiaogai/gaojiao/jiaogai4. htm.

❷ Martin Trow, Problems in the Transition from Elite to Mass Higher Education, Conference on Future Structures of Post-secondary Education, Paris 26th-29th June, 1973.

❸ 联合国教科文组织．关于高等教育的变革与发展的政策性文件［OL］．http：//pgs. swu. edu. cn/data/2006/0306/article_ 56. htm.

人类进入知识社会，在以复杂、尖端技术为基础的经济条件下，技术型人才的作用与功能愈益凸显出来。相应地，技术型人才的内涵与外延不断扩大，其工作领域从现场管理与工艺设计、设备维修和质量监控等技术应用层面逐渐拓宽到参与部分产品的设计、技术的改进与新技术的开发等技术创新层面。要把知识转化为生产力，人们不能只是从事非常简单的劳动，而要从事知识劳动。换言之，高等教育毕业生要适应更多岗位，主要方向是"降低身段"，岗位下移，也只有如此，才能保证产业高移。因此应用型人才是经济社会发展需要的宝贵资源。纪宝成先生说"能让卫星上天的是人才，能让马桶不漏水的也是人才。"哈佛大学前校长德雷克博克认为："大学拒绝开设职业性课程，或拒绝帮助学生为就业做准备，都是不合情理也不切实际的做法。如果大学因无法为学生就业做好准备而倒闭，也算是咎由自取了。"❶

（三）终身学习之立交桥

随着科学技术的发展，人类自我认识的深化，人口结构的变化和闲暇时间的增加，终身教育成为一种风尚，对教育提出了新的要求。1989 年，教科文组织在北京召开的"面向 21 世纪教育国际研讨会"指出，为了迎接新世纪的挑战，要使社会更多地参与教育和教育更多地参与社会，使学习成为一个终身的过程❷。大会宣言的起草者朗格朗认为，接受教育应当是一个人从生到死一直持续着的事情，教育应当在每个人需要的时刻以最好的方式提供必需的知识和技能❸。

终身教育摒弃了教育上传统的选拔和淘汰制度，拓宽了人们的学习空间，能使民主原则在教育上得到有效落实，从而实现教育上的机会均等，有利于人的个性的发展。必须在各类教育之间建立"立交桥"让学习者更自由地、自主地学习，使不同类型学校间（如普通教育与职业教育），不同地区之间（如国际合作、地区合作），中等教育与高等教育之间（包括中等职业教育与应用技术型大学教育良好的衔接），职前教育与职后教育（成人教育、继续教育）之间相互贯通、相互补充、相互承认。同时，要建立科学的人才评价体系，淡化"身份"认定，重视"学力"考察，使每个学生从不同途径获得的知识、能力都得到承认；要树立终身教育、终身学习的思想，让人们根据需要安排学

---

❶ ［美］德雷克·博克. 回归大学之道［M］. 侯定凯等，译. 上海：华东师范大学出版社，2008.
❷ 联合国教科文组织国际教育发展委员会. 学会生存 教育世界的今天和明天［M］. 北京：教育科学出版社，1996.
❸ ［法］保罗·朗格朗. 终身教育导论［M］. 北京：华夏出版社，1988.

习时间、地点、方式；学校课程设置要模块化，教学内容要尽量标准化，建立对学校的教学质量认证制度，提高信誉保证意识，以便于互换互认。学校应主动与社会上各种考试、认证机构接轨，使教学目标与通用标准统一起来。学校还要更多地专注社会各层次的需求，包括有形的认定与无形的认定。不仅是培养出获得各种证书的人，更应重视培养出只有为社会服务能力的人。这不仅给高等教育提供了数量更多的可利用资源，而且提供了更丰富的"品种"和"类型"，只要用心开发，必会成就更多各具千秋的英才。斯坦福大学教育学院教授戴维·拉伯雷认为美国教育高等教育成功的原因之一是"发明了一套非常灵活的学分制度"，其"特别之处"就是"学分可以像流通的货币一样"❶。

（四）以人为本之发展观

科学发展观是中国共产党在探索中国特色社会主义道路的重大理论成果，是以经济社会宏观发展为对象的系统阐述，更是马克思主义世界观和方法论的创新思维，因此，她是我国各项事业发展的指南。"发展是第一要义"诠释了马克思主义的唯物史观，中国既有加速发展的迫切需要，又有超越发展的巨大空间。"以人为本"体现了社会主义的核心价值，不仅是执政理念，也应成为一种社会规范和公共道德。"统筹兼顾、全面协调"阐明了辩证唯物主义的方法论，"可持续发展"则强调了现代道德观念。科学发展观在高等教育中的核心内容是"以人为本"，即"以学生为本"：信任学生发展潜力；激发学生成才动力；关心学生健康成长；尊重学生个性选择。

教育制度文化建设、校园文化生态建设都应体现科学发展观，尤其是高校师德建设，体现"以人为本"核心价值至为重要。其一，必须确立有利于学生全面、协调、可持续发展的培养目标，既要把学生培养成德智体美协调发展之"人"，又要把学生造就成能适应社会需要和就业需要之"才"；其二，必须确立学生的主体地位，最大限度地激发学生内在成才动力，从学生的内在需求出发，最大限度地满足每一个学生成长成才的需要；其三，必须面向每个学生，尊重、关心、教育、引导好每一个学生，让学生有机会对自己的职业生涯进行设计，也有机会试错和修正，有利于他们追求个性目标，调动学习成才的积极性。联合国《21世纪议程》指出："教育是促进可持续发展和提高人们解决环境和发展问题的关键"❷。可持续发展教育与终身教育构成了一个完整

---

❶ ［美］戴维·拉伯雷. 复杂结构造就的自主成长：美国高等教育崛起的原因［J］. 周勇，译. 北京大学教育评论，2010，（3）：24—29.

❷ 联合国. 21世纪议程［OL］. http：//baike. baidu. com/view/326684. htm.

的体系，大大拓展了教育质量的空间，也为教育质量内涵注入了活力。

二、现代职业教育体系的学分制管理机理

现代职业教育体系的学分制管理，重在改革课程选修制度，给学生在学习内容上更多选择权。既重视对学生认知能力、实践能力的评价，也关注对学生的科学精神、人文精神的评价；突破专业教育的局限，鼓励学生根据个人的兴趣和余力拓展学习内容；可以打破学习时段的限制，根据自身能力和生活节奏灵活的安排学习进程，变固定学习制为弹性学习制；将技能培训的地位凸显出来并融入学历教育之中；将社会教育与学校教育相互沟通，自主学习和应试教育充分兼顾。

（一）实心宝塔

传统的专业能力培养路径是从基础课—专业基础课—专业课—实践课，假定培养成了一个工程师，建造的是一座"空心宝塔"。对于学习能力很强、学习动机很强、自制力很强的学生来说，可以凭着综合运用能力，将所学到的东西进行整合，实现培养目标。而职业教育试图建设一个"实心宝塔"。就是把学生的从业者角色提前，及早树立岗位意识，进入工作情境，以工作岗位能力为导向，制定明确而有限的学习目标，由低到高，渐次提升，阶梯式发展。将每个阶段的内容、目标、要求明细化、模块化，将能力项目，分解到各个教学环节当中去，作为课程设置与考核的标准。每一个阶段对应一到二个学历层级和一到二个工作岗位层级，如熟练工对应初等和中等职业教育，普工岗位；技术员对应中等职业教育或专科高职教育，技师或工长岗位；技术师对应本、专科高职教育层级，工艺师或中级管理岗位；技术家对应硕士、博士高职层级，技术高管或技术研发岗位。学习者可以从多个阶段成功的直接进入相应工作岗位或有条件的进入高一阶段深造。

1. 技能训练刚性化

无论是普通劳动者的一般职业技能，还是技能型人才的专门职业技能，在产业中都起着不可替代的作用。在学业标准中要将"做事""操作"作为刚性指标，标准化、目标化、项目化、梯次化。与学术教育强调的"独立""自由"不同，应用型人才更需要的是"合作""规范"，强调"职业道德""职场意识""动手能力"，甚至"工作经验"。第一，让"技能"的认同度、信誉度、美誉度得到强化，强化专业技能考核的权威性，建立将实际应用成果作为学业成果的认定制度，学业成绩在"技术"中检验，技术在"生产力"中

检验；第二，提取职业技能要素，制定职业能力标准，建立标准化的培训制度，技能训练项目与考核，劳动者无论从那一学历层次或工作经历进入或转入某一工作岗位者，必经标准化的培训和考核，打破高分低能魔咒；第三，把职业教育的因素融入到高等教育包括本科、研究生教育之中，对于大部分院校，绝大部分学生都要通过产学研合作等方式强化理论的应用性训练，促进知识型人才培养向应用型方向发展，制定与设计师对应的"技术师"，与科学家比肩的"技术家"评价标准。

2. 项目课程实景化

"通过工作的教育"是职业教育的基本特征，建立与理论课程并行不悖的实践教学体系是职业教育的必然选择。实践课程项目化就是要以职业活动、工作过程为导向，尽可能在真实工作情景中，紧密联系工作岗位需求，通过以典型产品为载体的教学活动，理论与实践紧密结合，逐步实现学习者与工作者的统一。学生通过完成项目，熟悉工作环境、学会工作流程、掌握工具设备操作方法、锻炼分析评价与创新能力、掌握事故处理能力、提高协作沟通能力，树立安全环境意识，同时提高理论知识的认知能力，接受方法论和价值观教育。实践课程项目化的学业管理方法：一是，列出每个层级每个专业所要完成的数量，包括必备项目的清单和可选项目的范围，让教育机构和学习者共知，便于教师与学生互相考核；二是，建立项目考核的刚性标准，明确每个学习者必须达到的最低目标，并制定可检测考核办法；三是，建立在不同层级可互换，通过不同学习方式能被认定，容许弹性学习时间和次数的学业记载和评价机制。

3. 理论课程工具化

所谓理论课程工具化，即从内容上减少推理、论证过程的学习，直接学习其用途、步骤，延伸学习其在工程、技术中的应用方法；从学业评价上，降低记忆要求，重点学会使用器具或工具书，解决与专业有关的实际问题。这一问题在中等职业教育和专科层次的高等职业教育中已经得到解决，但在本科以上层次教育中还没有很好解决，甚至还存在很大争议。突出要解决的认识问题，首先，课程工具化不仅仅意味着简化，学会知识在岗位工作中的应用方法，仅仅是对课程难点和重点的选择；其次，承认学习目标的有限性，任何一门学问都可解析为探源、穷理、致用等子目标，在学习者的时间有限，天资有限的情况下，必须做出取舍之时，当取致用；再次，明确职业教育的目的，在同一专业里，可以培养出精于分析论证，寻根逆源的学术型人才，也可以培养出长于操作应用，把技术做精的应用型人才，职业教育追求的是后者。

（二）分型培养

职业教育面对的是那些已经被刻板的考试竞赛中被认为是失败者的一群人，重塑自信心，是非常重要的。因其智能结构的丰富性。在考试竞赛中不是英雄的学生，蕴藏着多种多样的智能，多种多样的特长。要善于发现，善于引导。英才也有多种类型，科学家是英才，实业家是英才，拥有技能特长者也是英才。因其学习动机多元性和学习能力差异性，对因材施教产生了更加强烈的客观要求，而"分型培养"是现代学校教育中因材施教的实现形式。职业教育中的学业规划，要坚持以人为本，尊重个性。给优秀学生放开手脚，提供条件，乐其实现超越；对平凡学生，分类指导，多向拓展，助其有所成就；让困难的学生得到扶持，助其达成基本目标。其执行方案，一是，课程分级：承认学生间的差别。基本级：降低各类教学活动的基本要求，以便释放出足够的空间，让后进者跟上；提高级：满足学习动机和能力更强学生的要求，让先进者跳跃。二是，学生分流：对不同的学习者，可以提供技术技能、学术发展、复合拓展、研究创新等多种菜单，学生各取所需，各有所成。三是，人才分型：让学习者能在专深和广博之间，全面和特长之间做出选择，把学习者有限的精力用在特长的开发方面上，取得人才培养的高效益。"分型培养"的结果既可给学习者提供一个职业规划的指导，也可成为用人单位提供就业岗位的依据，还应成为上一层级职业教育机构招生的选拔依据。

既然实践类课程的标准是刚性的，而分型培养又给学生提供了发展"特长"的机会，就应允许他某些方面"特短"，文化科学知识课程就要为"特短"提供充分的冗余，其学业目标应是柔性的。学习者可以选择"深"或"浅"，同一课程可以开出或探源穷理，或方法工具，或增加见闻等不同课型；可以选择"听"或"读"，同一课程开出精讲，细讲，讨论等教学方式，给予自修者参加考试的机会；可以选择"修"或"做"，同一范畴的知识或能力，通过研读，调查或实证获得者，可以等值认定；可以选择"文"或"理"，允许偏文偏理，重文重理者在选课上的自由，未必只是宽容了缺陷，很可能是激发了特长；可以选择"专"或"博"，一个愿在本专业或某些专门技能上多下功夫者，不必对他求全，一个完成了本专业最低要求，而向更广泛领域拓展者也要受到鼓励；可以选择"多"或"少"，柔性不仅仅体现在减少或降低，对那些有能力和意愿学得更多，学的更深者要给予支持。总之，对于文化科学知识课程教育追求的是提高值而非实际上并不存在的标准值，保证个性化而非实际难以实现的同一化，为学习者提供的是助力而非压力。

（三）激励卓越

在传统产业时代，人力资源的分布是金字塔形，在顶部一小部分是精英层（有人测算不足总人数的 20%），而精英层基本上与知识劳动者相匹配。随着科学技术的突飞猛进，技术持续升级，在以复杂、尖端技术为基础的产业条件下，技术型人才的作用凸显出来。相应地，技术型人才的内涵与外延不断扩大，其工作领域从现场管理与工艺设计、设备维修和质量监控等技术应用层面逐渐拓宽到参与部分产品的设计、技术的改进与新技术的开发等技术创新层面。人力资源分布从原来的"金字塔型"转变成为"枣核"形。但是，精英层的比例没有增加。多数人在应用型层，要把知识转化为生产力，他们不能只是从事简单劳动，而要从事知识劳动。

现代职业教育要允许平凡，但更要激励卓越。以能力为导向的有限目标，是对学生的共性要求，是保证绝大多数人成功的优先选择，但不是上限。在帮助学习者制订学业规划时，要根据其个性和选择，帮助他们取得超出一般标准要求的学业成果，为未来的"卓越"储备能量。有如"精"的追求：在专业技能上操作更熟练、工艺更精准、产品更优质、生产更高效、过程更安全，资源更节约等；"深"的追求：在专业学习中，善于深研原理，探究机理，透析细节，创造发明，揭示规律等；"博"的追求：表现为超出本专业范畴，具有多岗位能力，多学科知识，多专业复合等特征；"高"的追求：显示出技术领军、学术研究、行政领导、经营管理等潜质；"强"的追求：在协调能力、敬业精神、社会公德、文化修养等方面的表现。

（四）终身学习

现代职业教育体系提供是一种终身教育服务，职业教育机构要帮助学习者树立终身学习的理念，培养其有益的学习方法，指导其良好的学习习惯；要帮助企业建立起职工的终身教育体系，使职工及时的更新知识，适应技术升级或岗位变化的要求。让劳动者通过系统正规的职业技能训练，持续提升劳动者素质，使他们不被产业的升级所淘汰，不因竞争的劣势而逃离。一个优秀的劳动者必然是一个终身学习的劳动者，首先，储备性学习，即基本职业能力习得，在劳动者入职、换岗、改行时所接受的标准化的知识模块和能力基线。其次，补偿性学习，即职业能力提高，在劳动者升职、产业升级、技术转型、设备更新、标准变化、管理模式变革之时，进行更新知识，适应新规的学习。再次，发展性学习，满足自身提升文化品位，丰富知识素养，获取创新能力等需求的学习。

职业教育机构要为这种终身学习提供有效的服务，主导"学分银行"建设，把学业管理延伸到企业、团体、社区、学校，建设教育的"立交桥"。在这一管理体系中学生的"客户"身份得到强化，学校和教师的服务地位更加明确。"选课制"是"学分银行"的内核和灵魂，它允许学生根据自己的兴趣、爱好、能力、特长及其他因素，自主选择专业、课程、任课教师、授课时间、修课方式、每学期修读课程门数等。在这种机制下，学生有机会对自己的职业生涯进行设计，也有机会试错和修正，有利于他们追求个性目标，调动学习成才的积极性；学生可以选择先学什么、先考什么，学分累计、零存整取、工学两便，弥补了正规教育的容量限制，提供了更多平等的教育机会；学生获得了对学校、专业和教师的监督权和否决权，学校将以为购买者——学生提供足量质优的"物品"为目标进行教学改革、建设与管理，教师也必须为赢得选择而努力提高自己的工作质量和动机；学生获得进出大学的自主权和自由度，可以在学习途中转"专业"，转"学校"，在学习进度上给予学生更大的弹性空间，有利于学生个性的发展；学生有权选择自己喜好的学习方式，高校和自学考试之间"学分"互认，职业资格证书和课程考试之间互相替代。由此看来，构建不同级别的学分通兑和折算系统，保障不同的教育形式、不同的区域和学校间的学分互认，是构建"学分银行"制度的关键。显然，构建这样一个系统，除了计分、认定、兑换、成本等技术问题之外，更重要的是教育资源的相对丰富，教育质量的全面提高和质量信誉体系的建立，等等。

第二节　现代职业教育体系的学分制管理任务

随着生产力的发展，人们有意愿从繁复的劳动中解放出来而接受更多更高的教育，现代职业教育体系建设成为可能。但伴随人们升学欲求的实现，其求学动力却在衰减，学习者告别蓝领、远离工农诉求与经济社会对高技能、应用型人才需求之间的矛盾凸显。现代职业教育体系的学分制管理要着力矫正这种偏差，促使人的发展与经济社会发展之间相互协调。

一、满足职业人持续的发展要求

在我国经济社会发展到今天，为什么要强调发展职业教育而不是其他？更高层级、更高质量职业教育将为学习者提供何种学业优势以成就他的职业发展要求?

(一) 产业升级

产业升级必须依靠技术进步,实现劳动生产力的提高。无论是产业素质与效率的提高,还是对产业进行信息化改造,以至于把传统产业转变为高新技术产业,都意味着生产和经营质量的提高,意味着知识性、技术性岗位群比重的上升,意味着工作岗位技术含量的增加,意味着研发与生产的共生,意味着人文与科技的融合。显然,产业层级的提高有赖于劳动者能力的提高。现代职业教育体系建设的任务要顺应这种升级的需要,建立一套科学的机制,使受教育者增强学习动机,教育者贴近产业发展实际,用人者获得优质人力资源。

先进技术的应用,如光机电一体的先进设备,复杂集成的工艺技术,制造技术与信息技术融合,设计与制造过程衔接,对产品质量的精准控制,对环境保护的苛刻要求,对生产安全严格保障等,使得生产一线岗位工作趋于复杂化和专门化,提高了职业教育的门槛。与此同时,随着科学技术的进步,技术变革的速率加快,包括技术标准、质量要求、工艺路线、生产设备甚至生产方式都发生着变化,劳动者须持续的和阶段性的学习新技能,掌握新技术,对现代职业教育体系提出了新需求。

(二) 职业迁移

现代职业教育体系要适应产业结构变化引发的劳动力转移需要,满足劳动者自由的职业选择权的实现。劳动者带着原有工作岗位的知识、能力和经验,来学习新职业、新岗位的知识和能力。他们的优势在于已具备职业劳动者的基本素养,拥有可供在职业间迁移基本职业能力积累,对新选择的职业充满期待,学习动力充足。基于这样的基础,一要对其原有的学习经历、工作背景和业绩成果进行评价,找到新层次和专业教育的起点;二要对新专业职业标准、能力要求和特殊技能进行分析,据此与学习者共同制定个性化的课程菜单;三要有针对性的进行职业能力训练,掌握新职业和岗位的规则和禁忌、环境和条件、技术和设备等。

现代社会的发展从根本上改变了职业的形态,职业的变迁出现了前所未有的动荡、分化与重组,传统的职业种类消亡和迁移方兴未艾,新的职业种类层出不穷,人们从事职业的变迁同样也在加快。与此同时,由于劳动者有了更多的教育积累,具备更高的发展潜能,选择新的就业岗位,提升职位层级的要求自然趋强。职业教育作为直接服务于职业劳动的教育,须帮助劳动者适应不同岗位、不同职业、不同要求。

（三）人的发展

随着改革与发展的深入，我们的社会越来越趋向于"每个人的自由发展是一切人的自由发展的条件"。个人的社会贡献与个人的自我实现相并行，个人的职业贡献与其个人的幸福度相关联。技术层级越高的岗位，技术与科学的界面越模糊，生产与管理的结合越紧密，科技与文化的交融越深透，对从业者的全面素质要求越高。高层级的职业教育的培养目标要从"工具人"，即专门针对"技术目标"，进化为"经济人"，关注"市场目标"，再发展为"社会人"，追求"人生目标"，把促进人的全面和谐发展纳入学业规划中，突出职业道德、职业技能和职业素养的培养，为劳动者实现个人的全面发展提供助力。

现代职业教育体系建设要强调就业导向，就要透析符合社会、经济、产业发展趋势的就业岗位要求，将其转化为不同层级职业教育的学业要求，并促使受教育者选择、接受和达成。

二、照顾学习者多样化的学业基础

无需讳言，无论是在中等教育阶段还是在高等教育阶段，职业教育选择受教育者的主动权都是有限的。但是，职业教育要有能力对受教育者进行识别和分析，以便更有针对性地进行教育。

（一）上下贯通

在职业教育体系内，学习者已接受过前一层级职业教育，继而进入更高一层级的职业教育机构学习，有如中高职衔接、专本直通、专升普本、乃至优秀中职毕业生直接进入职业教育本科体系或应用型普通本科体系培养等，还将有取得硕士、博士层次的专业学位的预期。他们的优势是对职业教育的认同和对相应职业岗位的认知，为后一层次教育做了可对接的准备。基于这样的基础，一要认定学业成绩，让职业能力训练和实践项目成果等学分跨越教育层次通用；二要做好课程衔接，对于职业知识课程要找准衔接点，避免脱节或重复；三要提高训练效率，对于职业能力培养，与上一层次相同名称，不同难度的项目要在把握提升、加深和拓展的节点，新增的项目要尽力借助原有项目的要素；四要着力素质提升，对于基础课程学习要量力而行，对科学文化素养的养成要融入整个教育过程。

（二）类型转换

构建现代职业教育体系，要促成职业教育与普通教育之间构建灵活、互通的"立交桥"，包括学生在普通教育和职业教育之间升学、转学的合理渠道，实现普职间"立体"贯通；或在学习过程中通过转专业、选方向、选课程等途径从学术型转向应用型；或在同层级同类专业的学术型和应用型两种培养模式重新选择；或已接受了高层级的学术教育再参加下一层级职业教育。他们的优势是具有比较宽厚的文化科学知识基础，经过重新选择成才类型和职业领域可能引发更强的学习动机。基于这样的基础，一要建立按照职业技能规格要求培养人才的机制，职业能力学分能跨越教育层级，包括要求补足初级的、基础的职业能力训练项目学分，为人才转型奠定基础；二要及早进入技能训练工程实践环节，尽早让学生扮演"职业人"角色，感受岗位之规，劳动之道，创造之乐，有效地为学生提供积极性动因；三要做好学校——企业"工学交替"，帮助学生熟悉企业文化、行业背景、管理模式、生产方式等。

（三）能力升位

面对产业升级、技术革新和个人升迁等要求，现代职业教育体系要为具有丰富生产实践经验和较高职业素养的劳动者接受高层次职业教育开出通道。他们的优势在于已具备职业劳动者的较高素养，拥有本专业基本职业能力积累，对高新技术、新岗位能力充满期待，求学方向明确，动力充足，对教育这要求较高。基于这样的基础，一要对其原有的学习经历，工作背景和业绩成果进行评价，找到新层次教育的起点；二要帮助他们了解行业和产业的技术发展水平和趋势，突出技术发明和研究成果推介，提供先进案例，拓展国际视野；三要有针对性地进行职业能力训练，引导他们积极思考，举一反三，透析本质，研究创新。

现代职业教育体系要面对多元学业基础的"无类"学习者，做出让学习者成长，让用人者认可的"有教"业绩。

三、构建学分制管理的有效机制

有人担心，在我国实施学分制条件不具备，原因是资源不足。其实不然，"学分银行"制度至少可以从三个方面提高教育资源的利用效率，第一，由于学生的自主选择权增加，学生的学习积极性得到充分调动，增强了教与学之间的双向互动，教学效率的提高不言而喻；第二，各学校之间，各类教育机构的学分互认，降低重复设课、开课、考试的概率，节约时间成本，节省教学资源；第三，学分认定，引发社会力量、行业和企业等参与教育事业，激发学习者自学，将丰富教育资源。当然，学分制也将使得教育系统内那些质量、效率低下的"落后产能"或被迫升级，或遭到淘汰，何乐而不为？

（一）调动教师的积极性

长期的传统教育模式和管理体制形成了巨大的惯性，使得一些教师适应新的教育模式将是一个艰苦的和被动的过程。在教育理念上，由于学科崇拜而致不愿意对教学内容进行灵活的、弹性的、生动的改革；在角色定位上，难以接受以学生为中心的想法，从而对改进教学方法动力不足，平等对待学生的思想准备不足；在教学能力上，知识局限、脱离实践、教学方法单一的现实，难以满足学生求实效、重实用的要求，难以胜任担当人生导师的职责；在工作态度上，有重科研轻教学、重过程轻结果、重抱怨轻投入等积习。伯顿·克拉克曾经指出，许多改革"过早地夭折，其原因之一是内部未能有效地动员起来，因而缺乏应有的支持，"这一内部群体主要是广大教师。因此，改革引起部分教师的消极应付甚至强烈抵制不足为怪，可以说，"学分银行"制度最大的阻力将来自于教师。据此，随着学分制的推广，加强师德建设，改进教师教育，完善教师的评价标准，建立教师岗位的流动机制等，刻不容缓。导师制是吸引优秀教师走向学生，做好服务以及推进教学改革的有效形式。导师帮助大学生的学习方式从中学向大学的过渡，向学生介绍专业领域，培养学生的学习能力，分析和了解学生的学习情况、选课情况、成绩情况，解决学生学习方法、专业知识等方面的问题；同时，吸引优秀学生尽早进入实验室或参加教师团队，接触高水平的科研领域，培养专门技能，拓展学科知识，或开发专业以外的特长创造良好条件。

（二）克服管理的惰性

学分制的推行，对我们的管理部门和人员是一个严峻的考验。需要管理者有开放的思维、人本的理念、严谨的态度，要求管理工作要有科学的方法，精确地运作和可靠的质量。"学分银行"意味着以班级管理为基础、以系或专业管理相结合的定量管理将会变为以单个的学生为主体的变量管理，一个学校有多少学生就会有相应数量的学籍管理档案及选课方式。计分方式，学分认定标准与程序，承诺制度和鉴定办法，学习的质和量的关系，绩点核准和学业评价等，都将发生变化。从教师的管理上，需要建立新的督导、考核、评价、升降、惩处、聘任机制。

在教育资源方面，存在着有限的、相对恒定的教育资源满足无限的、不确定教育需求的挑战。必须借助学分制的优势，努力提高教育资源的利用效率。包括通过校际之间，各类教育机构之间学分互认，降低重复设课、开课、考试的概率，节约时间成本，节省教学资源；通过学分认定，引发社会力量、行业和企业等参与教育事业，激发学习者自学的积极性，丰富教育资源。当然，"学分银行"制度也将使得教育系统内那些质量、效率低下的"落后产能"或被迫升级，或遭到淘汰。

（三）赢得诚信的挑战

学分制引入"市场"机制，必然要依靠法制，保障公平、公正、真实、可信是前提。要通过有效的监督，防止教育活动的举办者弄虚作假，保证学分的"含学量"，损害受教育者权益或违背教育的本质；保障学杂费主要用于教育教学活动，维护受教育者和教师的合法权益。同时，要把受教育者的诚信作为"生死"标准，在身份认证、考试成绩、学习经历、证书获取、成果质量等方面实行严格的监控、审计和惩处机制，建立学生诚信档案，实施要件承诺签字制度等。保护学分的真实性就像银行保护金库的安全性一样，事关生命。

四、优化学分制实施的整体环境

现代职业教育体系的建设面临诸多难题，需要教育者突破陈旧的教育观念，引导学习者树立正确的目标，愿意动手建设，肯于接岗位之班。

（一）催生制度创新

政府必将从制度上层面上，大力提高技能人才和一线劳动者的社会地位、礼遇和待遇，同时限制官员的权利和利益，努力促成劳动力向工农岗位转移，使士农工商成为基于个人兴趣特长的选择，而非势利的选择。彻底改变业已形成的"官员""商人""学人""工人""农民"社会地位和收入水平的固定顺序造成了社会需求的假象。全社会要大力弘扬劳动和创造，帮助每个人树立因自己的岗位劳动成果而自豪的情怀。

（二）倒逼管理变革

企业家将会做出各自的选择，或提高效益足以提高职工待遇，有效开发而非片面消耗人力资源；或淘汰落后产能，释放出而非束缚住人力资源。实施宽带薪酬制度，建立各类岗位建功的荣誉制度，鼓励员工在同一单位、同一岗位，主要是操作、技术岗位上发展自己，建功立业，成名成家，除非特别需要或有特别专长，不须也不愿向"领导""管理"岗位上转移，以便为企业培养出热爱本职工作，熟悉企业文化，专长于岗位工作的"核心员工"。

（三）矫正教育观念

各级各类学校会懂得，人人都可成才，成才类型各不同，教育者有能力毫无偏见地发现和鼓励那些短于符号认知、长于动手劳动的学生。在工业化、信息化时代，高等教育与职业教育的界限已经模糊。而现代"技工"已非传统意义上的"蓝领"，他们不仅要有驾驭现代技术装备与工艺的技能，还要掌握高深学问，储备技术创新的动力和能力。高等学校要把职业培训内容嵌入到教育过程中去，与企业进行有效的互动；要加强素质教育，培养勤奋实干的精神，终身学习的习惯，敢于创新的动力。职业教育（含应用型高等教育）要为企业和学生做一个双向选择，把学生的就业意向与企业需求进行"对焦"；要通过职业教育检验劳动者从事某一职业的成功前景和贡献预期，帮助其做好生涯规划，把学生的就业潜力与企业要求进行"对接"。如是，为企业输送稳定优质的员工，并帮助劳动者迈进职业门槛。

（四）期许文化建设

对于经济社会发展而言，如果说制度上的城镇化是外动力，文化上的城镇化则是内动力。农村人带来的传统古风良俗、亲近自然习惯、朴实率真性格、宽厚谦逊品行、吃苦耐劳精神等为城市文化注入活力，城市所形成的法治精神、规范秩序、效率机制、竞争环境、科层组织、包容态度、开阔视野等为农村人进入现代产业与生活准备了条件。城镇建设要重视软实力建设，注意发掘地方产业优势和产业特色，培养市民对产业的关注度和对岗位的自豪感。要在劳动者中培育岗位建功，责任第一，服务人民的高尚情怀，树立保护环境，重视安全，关注健康的道德情操，让新市民敬畏劳动，珍视岗位。

第三节　现代职业教育体系建设中的学分制探索实践

从 20 世纪 90 年代中期开始，我国高等学校探索实施学分制。自 2000 年起，江苏省各地职业学校，在全国率先开展试行学分制工作❶，2004 年教育部部署全面实行学分制度和建立我国"学分银行"❷，2006 年又做出在中等职业教育中进行"学分银行"试点的安排❸。2010 年，《国家中长期教育改革和发展规划纲要（2010～2020 年）》写入建立学习成果认证体系，建立"学分银

---

❶ 江苏省职业学校试行学分制的原则意见.（苏教职〔2000〕17 号）.

❷ 教育部关于在职业学校逐步推行学分制的若干意见.（教职成〔2004〕10 号）.

❸ 《教育部 2006 年职业教育工作要点》，2006 年 2 月 6 日.

行"制度条目。当即在教育部"改革人才培养模式，提高高等教育人才培养质量"改革的 6 个试点项目中包括"学分银行"制度，拟探索开放大学建设模式，建立学习成果认证和"学分银行"制度，探索构建人才成长"立交桥"。"学分银行"制度作为学分制的先进实现形式在积极探索之中，并已经取得了可贵的经验和有形的成果。

一、现代职业教育体系建设中的学分制探索

（一）政府主导的开放大学

上海市率先在成人教育上试行学分互认，并设立"学分银行"推进终身教育的发展和开放大学的建设❶。"上海开放大学"，通过整合各类成人教育与培训资源，建立市民"学分银行"等形式，学分甚至转换成研究生学历。此后，成人高考或将取消，取而代之的是宽进严出的入学制。浙江慈溪市则成立了市民"学分银行"，并创立了市民"学分银行"管理新模式，即以数字化存储、认证、消费为主要手段，实现个人学习与终身学习的信息储存、学分认证、学分兑换、学分消费、学习信用管理❷。市民可以通过网上注册和到各社区学习点领取市民学习卡两种途径获得"学籍"，建立网上个人学习账户，并获得相应的"学分银行"个人学分累积功能；江苏省的"学分银行"方案已于 2010 年上报教育部，其"学分银行"的主要内容为累积学分制度，它突破传统的专业限制和学习时段限制，将技能培训与学历教育结合起来，学生完成学业的时间也将是弹性的；福建省出台的《2009 年福建省终身教育工作要点》则规定，福建省终身教育将探索建立"学分银行"和"课程超市"，学习者可随时随地自主在网上选择课程学习，累计学分达标后便可申请单科结业证书或网络教育学历文凭。

江苏从 2012 年进行"学分银行"试点工作，明确"学分银行"的性质、组织架构和服务内容，进一步规范了账户注册、学分管理及应用的具体流程。学分银行的学分包括学历教育学分和非学历教育学分，包括国家级和省级水平测试类有关职业资格证书、行业岗位证书；国家级和省级考试颁发的有关专业技能等级证书；与有关专业技术职务任职资格对应的国家级和省级考试科目合格证书；国家级和省级有关从业资格证书；国际通用的水平测试类有关考试的

---

❶　江苏省教育厅关于在职业学校进一步推行学分制的若干意见.（苏教职〔2005〕2 号）.

❷　上海市终身教育促进条例（草案）. http://blog.sina.com.cn/s/blog_66d9719e0100n6ql.html.

成绩证明等❶江苏省将以开放大学为主阵地，不断健全社会教育网络，全面提高社会教育质量和实效，加快完善终身教育体系，为建设学习型社会提供有力支撑和保障。预期将有更多省内普通高校、成人高校、自学考试机构以及资格证书颁发机构加入到"学分银行"体系中来。

（二）企业主导的职工教育

"学分银行"制度在企业中主要面向职工的在岗培训及个人发展等继续学习要求，如燕山石化公司实施的"学分银行"计划，即以在岗职工为主要培养对象，以贴近企业需求、贴近岗位需求、贴近职工自身发展需求为宗旨开展灵活多样的在职培训与学习，其一线操作工人，将利用2—5年的业余时间，参加成人大专班的学习，学分积累达到要求即可毕业拿到大专文凭❷。该项目由北京市总工会职工大学和燕山石化共同组织实施。项目的实施由北京市总工会职工大学提供全程教学管理服务和基础课教师，由燕山石化提供项目所需的教学实验基地、实训设施和"双师"型技术人员。上海市采用"上课不离厂，学习不离岗"的特色，充分考虑到了企业职工的工作、学习实际，让成人教育面临的学习时间与空间问题迎刃而解。

（三）社区主导的市民终身学习

社区主导的"学分银行"制度则主要面向社区居民的个人继续学习要求，如北京市丰台区开阳里第四社区推出"学分银行"，其辖区居民可将在各类学习或比赛中挣到的学分累计存入该"银行"自己的个人账户上，并可根据学分立即情况领取各类奖品。居民可从学习考勤、成绩、结语、加分项目等方面挣取"学分"，并随时将其计入"账户"❸。社区"学分银行"课程设置主要以提升居民综合素质为主导方向，居民可以家庭或个人身份报名学习，其中国家政策、社会热点等理论课及广播体操等体育锻炼为必修课，合唱、舞蹈、绘画、手工制作等为选修课。这种"学分银行"制度使居民不仅积累学习成绩，还通过做广播操等体育锻炼活动积累了健康，并有机会参与各种社会活动。

（四）学校主导的学业管理改革

从2000年秋季开始，江苏省140多所职业学校不同程度地试行了学分制，在试行过程中，学校改革了过去的教学考核标准"一刀切"的做法，对实施难度大、部分学生学习确实困难的文化基础课程和少数专业课程，采用A、B

❶ 江苏省终身教育学分银行管理办法（试行）［N］.（江苏省教育厅苏教规［2013］3号）.
❷ 张淑玲.社区建"学分银行"鼓励学习计划".京华时报，2010－11－9.
❸ 国家中长期教育改革和发展规划纲要（2010—2020年），2010－7－29.

两种教学要求和评价标准组织教学和考核，并以不同的学分来定义这两种标准。南京化工职业技术学院鉴于高职的特殊性，很多学生在企业顶岗实习，因而耽误了部分选修课的学习这一实际，试行把类似企业顶岗实习等非正式课程成绩计入学分，即通过运用"学分银行"制度，将诸如学生顶岗实习，在各种课程竞赛、技能竞赛中获奖，或者考取各种技能证书等非正式专业学习成果，转换为相应的学分奖励。

还有一种探索，兄弟院校之间，学校与其他教育机构建立学分转移的方式。如清华大学继续教育学院已与云南大学、福州大学、太原理工大学、南京工业大学、内蒙古工业大学以及河北工业大学等达成协议，合作院校承认远程教育研究生课程进修学员在清华大学所修学分，为学员提供多元化出口。共同解决同等学历申请硕士学位的问题。上海华浦教育集团与同济大学合作启动"学分银行"项目，是高校与培训机构合作办学的全新模式。参加职业培训课程的学员可按规定将课程积累学分折算成同济相应学历毕业所需的有效学分。

笔者等从应用性本科院校的性质、定位和特色出发，在江苏理工学院进行了"学分银行"制度的不懈探索，按照"以人为本、注重能力、分型培养"的人才培养原则，进行了拓展学分、学分替代、学分抵顶、学分借贷、综合绩点等制度设计，并辅之以三导制度、学业预警等保障措施，在三个方面创新：一是，就"存储"而言，变"限额"存储为"超额"存储，在我国现行教育管理体制中较难做到弹性学制（尤其是提前毕业）的情况下，实施"弹性学分制"，鼓励学生在时间限定的前提下获得更多拓展学分。二是，就汇兑而言，实施了"客户"的分类管理，对动机好，信誉高者，通过替代、抵顶、借贷，给予最大限度的"盈利"空间；对于有动机，少规划者，提供拓展模块，辅以导师制，帮助他做出"经营"选择；对于确无动机，无目标者，通过三导制度，预警制度，实施督导、监控，提醒其认准底线，"减亏增效"。就折算而言，通过替代、抵顶、综合绩点，建立了全面系统的"资产评估"机制，让"盈"处有显现，"亏"处能补偿，其结果也成为"客户"指南。学校实施"学分银行"制度以来，学生学习的自主性显著提高，一半以上的学生积极参加学术、科技、实践、文体等活动，大大拓展学生的学习实践空间，同时一批创新能力强、专业素质好的学生脱颖而出，毕业生就业、创业质量逐年提升。

二、现代职业教育体系的学分制管理创新

现代职业教育体系面临的多种背景的生源，丰富的学习项目，多样的学业成果呈现形式，同时还将学校教育与各类职业培训、全日制与非全日制，职场与教育机构有效地连接。这就决定了现代职业教育体系中的学业评价是一个复杂的系统。学分制管理的创新的路径就是"学分银行"制度。在"银行"体系中，"行"是外显，"银"才是内涵，学分银行制度的创新是在"银"的认识、检测、评价等方面更加科学，是现代职业教育体系学业管理制度创新的门径。据此，让学习者的每一个学业成果都得到显现，让职业教育参与者的每一点贡献都得到承认。

（一）学分资源的开放性

积极增加学分资源，努力提高教育资源的利用效率，是学分银行制度的内中之意，也是建设开放的、高效的职业教育体系的需要。第一，认定学习者先期取得的学分。一是，将学习者通过个人天赋、自学和工作实践所取得的学业成果，直接存入学分银行；二是，对学习者在不同教育、培训机构，不同层级职业教育，不同类型教育教育中取得学业成果进行互认互换；三是，把学习者在课堂之外通过实训、实践活动、创造发明、竞赛等取得成果换算成学分。第二，大力开发职业教育机构内的学分资源。一是，根据学习者的要求或教师的专长开出校本课程；二是，借重地域、行业优势，引入社会优质教育资源；三是，通过技能竞赛、实践训练、社团建设等认定学分。第三，鼓励更多的教育资源"生产"职业教育学分。一是，通过校际之间、各类教育机构之间学分互认，发挥各自的资源优势，降低重复设课、开课、考试的概率；二是，通过学分认定，调动各类机构参与职业教育、培训的积极性，引发社会力量、行业和企业等参与教育事业；三是，推动高等教育（包括研究生教育）参与职业教育，促使高等教育资源转型为职业教育资源。

（二）学分存储的扩充性

学分银行不仅仅用于在校学生的学业管理，还覆盖到职业培训、终身教育和工学结合环节。每一个职业劳动者拥有一个学分银行卡，存储他所取得的学分，用以证明他的从业能力和专长。学分的存储卡可以为学习者取得学历提供证明，记载学习者完成的学业过程和项目数量；也可对学习者的学力做出标示，反映出学习者何种领域，哪类项目拥有发展潜力；还可以记录学习者的学"利"，展示通过学习取得成果。学分银行卡记载学习者确实已取得的学业成

绩（已经考核通过）的学分，保证其"含金量"，不记载学习过程中失败的经历。实施"弹性学分制"变"限额"存储为"超额"存储，通过拓展学分、创新学分，鼓励学习者在规定学习任务的前提下获得更多学分。

（三）学分汇兑的灵活性

学分汇兑鼓励学生凭借自己的特长或依据自己的选择，专注于某些学习内容，或运用符合自己个性的学习方法，使教育成为一个开放性体系。一是制度性汇兑，通过课程分级，用难易度不同的课程（学分数量不同）满足学生的个性选择，使得有着不同学习背景的学生扬长避短，各得其所。二是同质性汇兑，学生参加国家权威性考试或鉴定所获得的相关学业成绩或技术资格，可免修、免考相关课程；学生通过自学，参加国家或有资质部门组织的考试取得的学业成绩，取得其他教育机构的课程成绩，在不同层级院校取得的相近实践项目类课程成绩，可以认定学分。三是个体性汇兑，对于在一个专业学习确有困难的学生，指导其转专业，按照转入专业"主干对主干（必须"同质"才可汇兑），学分对学分"原则进行替代。四是，补偿性汇兑，在学生存在某种"缺陷"时，假如他有独到"优质"学分或更多的学习量，即可用以补偿其不足，如以发明创造、专业学科竞赛获奖取得的创新学分，可直接兑换课程学分，拓展学分可以 3:1 汇兑课程学分，为保护"偏才"和"怪才"创造条件。

（四）学分统计的激励性

对于在籍生来说，需要一种新的学分统计方法来评价其一个阶段或完整学程学业情况。通常以学分数表达学习的量，绩点表达学业成绩的"质"。在"超额"存储的前提下，经学分汇兑后，则以加权学分绩点来综合评价学生学习的量和质，也即学业优秀程度。

$$加权学分绩点 = \sum（实得学分 \times 绩点）/ \sum 额定学分$$

课程学分：是学生取得的三个部分学分：①学生已完成的与职业资格鉴定或行业标准接轨的学分，或加上订单培养的特殊技能要求的学分；②该阶段或该学历层级要求的包括"1"在内的额定学分数，达到此两项即可完成学业；③学有余力的学生在完成了"1"和"2"后而获取的拓展学分，包括通过选择高于基本级要求提高级的课程，通过修读校内外更多课程，通过参加权威考试或鉴定取得的成绩或证书，通过活动、项目、竞赛形式取得的成果。

通过加权学分绩点，起到鼓励学生追求卓越（更多，更高），个性选择

（取得学分的课程门类和修读方式），成才类型（集中精力获得高绩点的专深型，或广泛涉猎取得拓展学分的广博型）。

"学分银行"充分考虑了职业教育需要边实践边学习的特点，同时，"学分银行"为贫困学生半工半读创造了条件，为在职人员"间歇性"学习提供了便利。学生可以半工半读，工学交替，学完一门功课，可将拿到的学分存入"银行"，工作几年回来后可以继续学习，学完一门算一门学分，已经修过的课程可以直接承认，不必重修，累积到规定学分总数后即可"支取"相应学历。因此，要把学生在教育计划之外的某些努力结果折合成有效学分，实现"学分通兑"。"学分银行"制度会导致生源多元化（全日制、非全日制；应届生，在校生，在职生；一线工人、农民和各类从业人员；青年、中年或老年人；由团体组织参加或个人自主参加等）与学制的多元化（全日制、非全日制；夜大、函授、网络、周末或自学；学历、套餐或个别科目等）。在扩大学习机会的基础上，学分银行制连接了多样的教育体制，激起人们的学习欲望，为具有学习能力并渴望实现自己理想的任何社会成员提供终生修业与获取文凭的机会。教育的终身性必定成为"学分银行"体系运行必须遵循的基本原则之一，并贯穿于"学分银行"运行的全过程之中。"学分银行"制度提供终身学习的开放环境，满足社会每一个成员多样化的、永无止境的学习需求，促进人的全面发展，是建立学习型社会的基础。

本章小结

欲实现"服务需求，开放融合，有机衔接，多元立交"的现代职业教育体系建设目标，学分制是一个重要的机制。随着"知识社会"的来临，职业教育的地位凸显，面对"机会均等"和"多样化"的要求，须建立各类教育的"立交桥"。面对产业升级，技术门槛提高，职业迁移和职业发展等要求，当为学习者开拓便捷的成才路径，即建立"实心宝塔"式的职业能力培养系统，在此基础上激励卓越，分型培养，支持终身学习。体现在学业标准上要实现技能训练课程刚性化，项目课程实景化，理论课程工具化，文化科学知识课程柔性化。"学分银行"制度是学分制的一种有效实现形式，它将各类教育资源，如职场与学校、职业培训与学校教育、职业教育与普通教育、不同层级的教育整合起来。"学分银行"制度借鉴银行的功能特点，实现学分存储、汇兑、借贷、折算等功能，使学生能够自由选择学习内容、学习节奏、学习地点、学习方式等，从而以灵活的时间与空间方式完成学业。在我国，一些地区、学校、社区和企业，积极探索了"学分银行"制度，取得了一些经验。在现代职业教育体系的建设中，须对"学分银行"制度进行创新，实现学分资源的开放性，学分存储的扩充性，学分汇兑的灵活性，学分计统的激励性。

（本章执笔人：董存田）

江苏现代职业教育体系的制度设计与政策创新

世界银行在《中国 21 世纪教育发展战略目标政策报告》中指出："技能已经取代其他因素，成为全球化经济竞争优势的基础性因素"。众所周知，"德国制造"的成功在于职业教育的成功，而其职业教育的成功在于德国建立了一个适应经济社会发展的、发达的现代职业教育体系。"中国制造"能否享誉世界，能否转变为"中国创造"，关键是要看能否建立一个发达的现代职业教育体系，以支撑中国现代经济、社会发展对人力资源的需求。关于现代职业教育体系构建问题，目前已经成为我国职业教育领域最为热门的话题。本章基于对现代职业教育体系内涵与特征的理解，就我国现代职业教育体系建设中涉及的制度设计和政策创新问题进行一些探索。

第一节　江苏现代职业教育体系的制度探索

一般而言，制度建设包括制度配置与安排，要科学地进行现代职业教育体系的制度建设，那么就必须首先对现代职业教育体系的内涵有深刻的理解，与此同时，还必须清楚加强江苏建设现代职业教育体系制度建设的重要性和紧迫性。

一、现代职业教育体系的内涵与特征

（一）现代职业教育体系基本意涵的解读

《国家中长期教育改革和发展规划纲要（2010～2020 年)》提出"到 2020 年，形成适应经济发展方式转变和产业结构调整要求、体现终身教育理念、中

等和高等职业教育协调发展的现代职业教育体系，满足人民群众接受职业教育的需求，满足经济社会发展对高素质劳动者和技能型人才的需要"。这是我国目前最新也是最权威的关于现代职业教育体系的表述。这一描述同时隐含了现代职业教育体系的内涵及其构建的依据、理念和建立的标志。

首先，建立现代职业教育体系是基于适应经济发展方式转变以及产业结构调整对高素质劳动者和技能型人才的需要。这是就职业教育对经济社会发展的适应性而言的，反映的是职业教育与其外部经济社会发展的关系。这也就成为了构建现代职业教育体系外在的客观依据。我国各地，尤其是经济发达地区正在进行产业结构的转型与升级，然而，无论是高新技术产业发展，还是传统产业的改造与升级，都离不开大批高素质、高技能型人才的有力保障，而这迫切需要一个完善的、对经济社会发展具有良好适切性的发达的现代职业教育体系的支撑。有关资料表明，广东省技能劳动者占从业人员的比例约为 24%（2010 年）、上海约 35%（2007 年）、浙江约 27%（2007 年）；全国高技能人才占技能劳动者比例约为 24%，而经济发达的广东仅为 16%，低于全国的平均水平。由此可见，我国实现产业结构的转型与升级，迫切需要建立一个支持高素质技能型人才培养的现代职业教育体系。

其次，现代职业教育体系必须体现终身教育理念，满足人民群众接受多样化职业教育的需求。这是就职业教育对人的发展需要而言的，也是大力发展职业教育的根本价值所在。这一理念是对长期以来仅注重职业教育发展的经济功能，而忽视人的发展才是根本的价值理念的纠正。终身教育理念既是人的主体性在当代社会的彰显，也是以人为本理念在职业教育领域的具体体现。终身教育理念在对我国现行职业教育的功能定位、发展模式等提出改革要求的同时，也对现行职业教育体系提出了变革的要求。我们认为，构建现代职业教育体系是加快建设和谐社会、幸福人民的重要途径。职业教育不仅能够给予人们就业、生存、生活的能力，也能够赋予人们获得幸福和享受美好生活的能力。通过职业教育，既可以实现人们就业的基本需要，更能使千百年来处于社会底层的人们，以及广大弱势群体过上有尊严的生活，提升幸福指数，同时，也能带来社会的和谐与稳定。

再次，现代职业教育体系建立的一个重要标志是中高等职业教育协调发展。实现职业教育为经济发展方式转变或产业结构转型升级服务，或是为促进人的发展服务，都必须为人们提供更多的选择接受各层次职业教育的机会，而中高等职业教育协调发展，就为每个需要接受各类各层次职业教育的人们提供了更多、更均等的机会，特别是职业教育是最具人民性和大众性的教育类型。建设现代职业教育体系目的，一方面是满足培养高素质技能型人才需求，其关键正是要实现中等和高等职业教育的协调发展；另一方面是创造人们接受高端职业教育的机会，其实现路径仍然是需要中高等职业教育有效衔接，协调发展。所以，促进中高等职业教育协调发展是建立现代职业教育体系的核心问题。

（二）现代职业教育体系的特征

如上所述，建立现代职业教育体系主要目的是促进职业教育更好地为现代社会的经济发展和人的发展服务。基于这一理解，我们认为现代职业教育体系应具有如下三个层面的特性。

（1）独立性和贯通性。这就是说，职业教育作为与普通教育相对应的一种教育类型，应该形成既与普通教育相联系又具有相对独立性的、与普通教育并行的体系。与普通教育体系不同的是，现代职业教育体系是以九年制义务教育为基础，也就是说，它是从普通教育初中后分流开始。职业教育体系的基点比普通教育高，但应有与普通教育体系并行的层次，既有初等职业教育、中等职业教育，还应有高等职业教育；在高等职业教育中应有与普通高等教育对应的专科、本科、硕士和博士研究生层次的教育。当然，这个具有成长性或者说发展性的职业教育体系则应因地制宜，应因产业成长和经济社会发展的需要而具有不同的层次。不仅如此，现代职业教育体系还包含有相对独立的、多层次的职业培训体系。职前职业教育体系与职业培训体系共同构成现代职业教育体系的纵向序列。

现代职业教育体系的贯通性还包含与普通教育全面、双向的沟通。从理论上说，或者从发展来看，无论是接受职业教育或者普通教育的学生，都能够依据自己性向发展的需要，较自由地从普通教育进入职业教育学习，或者从职业教育进入普通教育学习，也能够自由地选择接受不同类型的高层次的教育。这是现代职业教育体系横向序列的贯通。

（2）开放性和参与性。现代职业教育体系的开放性特征，除表现为众所周知的学制和学历开放、学习对象和学习时间开放外，还体现为现代职业教育体系对外界环境的动态适应性。这主要是基于职业教育与经济社会发展服务与依靠关系的特性而言的。现代职业教育必须因应经济社会发展的需要，提供相应的职业教育或职业培训。如根据我国大多数地区产业结构依然具有低端性的特点，中等职业教育应该成为我国职业教育体系的主体；基于我国企业"用工荒"表现出的对初级熟练工有强烈需求的特点，必须注意短期职业培训的发展；基于我国初中生源大幅下降，持续保持低量的特点，必须注意适度提升职业教育分流的重心，等等。

参与性是相对于传统职业教育体系的封闭性而言的。现代职业教育体系强调企业应该是职业教育体系的重要组成要素，企业内的职业教育与培训应该是职业教育体系中不可分割的部分。这既是现代职业教育体系开放性特点所决定的职业教育与企业必须共享与交流信息，也是职业教育的社会性及其服务性特点所决定。只有职业教育与企业真正"携手合作"，企业成为了现代职业教育体系的重要参与者，才可以说现代职业教育体系真正形成了。

（3）协调性与适应性。所谓协调性，一是指初等、中等、高等职业教育协调发展，有效贯通，不是"断头教育"；二是指职业教育与职业培训协调发展，能够满足经济社会发展对职业教育及职业培训的需求。职业培训也有不同的层次，可以满足处于不同发展阶段，或者具有不同需要的人们接受职业培训；三是指城乡职业教育协调发展，区域职业教育一体化发展；四是指职业教育和普通教育协调发展，"融会贯通"。一方面职业教育与普通教育发展保持合理比例，当然，这个比例各地不尽相同，更不是简单的"1：1"；另一方面就是普职教育双向沟通，在两种不同教育类型之间有便捷的、相互沟通的"立交桥"。

所谓适应性是指现代职业教育体系应该是一个与社会共生的动态平衡的体系。一方面，基于现代职业教育体系所培养的各级各类人才与经济社会发展所需要的人才结构序列相对应，职业教育培养人才的能力能够满足经济社会发展的需求，做到供求平衡，人职匹配；另一方面，现代职业教育体系应该是终身教育体系的构成部分，能够适应人们职业生涯发展以及人们提高生活品质对发展职业教育的需要。

二、江苏现代职业教育体系制度建设的意义

（一）江苏经济发展方式转变和产业结构调整，迫切需要构建中高等职业教育协调发展的现代职业教育体系

江苏经济发展已进入工业化后期，正处在经济转型升级的关键阶段。在推进从"经济大省"向"经济强省"转变过程中，江苏坚持走新型工业化道路，大力推进产业结构战略性调整。转变经济发展方式、调整优化产业结构，关键在于人才，不仅要有一批能开发核心技术的拔尖创新人才，一大批经营管理和技术专门人才，还要有数以百万计的高素质技能型人才。然而，高素质高技能型人才紧缺，已成为制约江苏产业结构升级、发展方式转变的主要瓶颈。

"十一五"期间，江苏技能人才持证总量虽然以每年15%的速度递增，到2009年总数达到504.9万人，但与我国部分省市及发达国家技能人才数相比还存在差距。从数量上看，江苏省技师、高级技师所占比例低于上海、广东、浙江，仅为0.52%，高级工所占比例也低于浙江和上海。高级工、技师、高级技师所占比例远低于发达国家35%水平。从结构上看，江苏技能人才结构不尽合理，2009年初级工、中级工、高级工和技师比例为35.7∶57.1∶11.3∶1，与专家认为的合理比例4∶5.8∶1.8∶1有很大差距。由此，江苏职业教育应加大力度培养中高级技能型人才，特别是高级技能型人才。可见，江苏职业教育从以中等职业教育为主向中高等职业教育并举的客观要求已经非常迫切。

（二）江苏"教育强省建设"目标的实现，迫切需要构建中高等职业教育协调发展的现代职业教育体系

2005年，江苏省委、省政府做出了"加快建设教育强省、率先基本实现教育现代化"的决定，由此开始了江苏从"教育大省"向"教育强省"迈进的征途。2010年，江苏有中等职业学校482所，在校生133.7万人，有高等职业院校80所，在校生65.3万人，中、高等职业教育在校生总数位居全国第一。目前江苏有国家级重点职业学校189所，并有38所国家改革发展示范职业学校；有国家示范性（骨干）高职院校15所，另有国家示范性软件职业技术学院2所。江苏中职毕业生就业率始终保持在95%以上，高职毕业生就业率连续6年保持在92%以上，高出全国本专科毕业生平均就业率10多个百分点。在职业教育发展过程中，江苏在职业教育集团化发展、校企合作办学、招生制度改革、专业布局调整、中高等职业教育衔接等方面，已进行了系列改革，并取得了丰富经验，但从整个教育系统来看，职业教育始终是块短板。因此，实现职业教育的现代化是江苏"教育强省"建设的关键，而高质量的职业教育必须建立在科学的职业教育体系之上。因此，如何使职业教育成为与学术教育并行不悖、相得益彰的独立体系已经成为教育改革与发展的必然趋势。

（三）江苏高等教育大众化和普及化，迫切需要构建中高等职业教育协调发展的现代职业教育体系

2010年，江苏高等教育毛入学率已达到42%，按照《国家中长期教育改革和发展规划纲要》的要求，到2015年，江苏等沿海发达地区高等教育毛入学率就将达到50%，实现高等教育普及化。高等职业教育一方面必须承担高等教育大众化和普及化的任务，另一方面却又在现实中面临着在普通高考生源中招生质量和数量的危机。江苏省普通高校的招生录取率自2010年起已超过了80%。高考录取率过高的背后是录取线过低。2010 年专二院校录取线一降再降，先是 160 分，后又降到 120 分。这使得许多中学教育没达到要求的学生进入了高校，主要是进入了高等职业院校。2011 年，江苏省首次在部分高职院校进行注册入学改革试点，在参加注册入学试点的 26 所学校中，全部完成招生计划的有 11 所，完成计划 50% 以上的有 12 所。从江苏省人口发展状况来看，今后一段时期，高中生源还将进一步减少。据统计，江苏省 18—22 岁的高等教育适龄人口，2008 年为 671.35 万，达到峰顶后呈现递减趋势；2015 年将为390.99 万，是 2008 年的 58.24%；2019 年为 295.03 万，是 2008 年的 43.95%。由于人口结构的变化，未来几年，江苏高中毕业生数每年将减少至少 2 万人左右。这样的趋势对目前尚处于高等教育末端的高等职业教育而言无疑会有巨大的招生压力。高等职业教育扩大面向中职毕业生的对口招生比例成为明智之举。

（四）构建终身教育体系和满足人们多样化的职业教育需求，迫切需要构建中高等职业教育协调发展的现代职业教育体系

让不同类型的人才通过不同的人才培养途径迈向卓越、走向成功，既是实现人们多元发展理想的需要，也是整个社会和谐发展的需要；而人们多元化发展需求必须有多元适应发展的教育机制设计来配套。

职业教育是终身教育体系的重要组成部分，随着人们对教育内容需求的多样化，以及人们提高生活质量的需要，未来职业教育与职业培训的重要性愈益显示，从发展来看，构建一个包含职业培训体系在内的现代职业教育体系是完善现代国民教育的紧迫任务。

第二节 江苏现代职业教育体系的制度设计

应该说，江苏职业教育体系相对完善，为江苏经济社会发展提供了积极的人才支撑。然而，现行的职业教育体系与江苏现代经济社会的发展依然存在距离，需要进一步完善。这里依据人才结构理论、人力资本理论以及终身教育思想，设计和描绘了理想的、体现江苏未来发展的现代职业教育体系图。

一、江苏现代职业教育体系构建的理论依据

（1）人才结构理论：职业教育是与经济社会发展联系最为紧密的一种教育类型。随着经济社会发展，社会分工的不断变化，职业也在不断发展变化。因此，从事各种职业劳动的人才类型和层次结构也在不断改变。关于现代工程

技术人才结构，代表性的理论模型有三种："金字塔型""职业带型""阶梯型"。这三种代表性的人才结构理论模型都认为，现代人才结构具有多类型、多层次和结构化特征。现代职业教育体系的构建应以现代人才结构为依据，培养多层次、多类型的职业技术人才。

（2）终身教育理论：20 世纪 70 年代，法国学者朗格朗出版了《终身教育引论》，系统阐述了终身教育思想。终身教育理论表明：随着科学技术的迅速发展，知识、技术积累和更新呈加速发展，"一次教育受益终身"的时代已经成为过去。教育应该贯穿人生的多个阶段，人们应根据需要，随时接受各种教育。教育和学习应成为现代人的基本生活方式，社会则应为此提供各种丰富的教育资源和多种多样的教育机会。在终身教育时代，现代职业教育体系应具有"机会富集"的功能。

与终身教育思潮并行，"全民教育"已成为当今世界的一大潮流。1990 年 3 月，在泰国宗滴恩召开的"世界全民教育大会"通过了《世界全民教育宣言：满足基本学习需求》和《满足基本学习需求的行动框架文件》，提出到 2000 年实现全民基本教育的目标。在全民教育行动中，职业教育扮演了重要角色。作为"全民教育"行动的六大内容之一，就是大力发展职业教育和培训。第二届国际 TVE 大会也提出了"全民职业技术教育"（TVE for all）口号，把职业教育作为一项基本人权，强调职业教育要面向所有群体和所有人。

（3）人力资本理论：人力资本即是附着在个体身上的知识、技能和能力。由于这些知识、技能与能力能够影响个体的未来职业和报酬，因此，也被看做一种比传统资本（生产资料、货币、机器、厂房等）更重要的新型资本。美国经济学家舒尔茨通过分析发达国家和发展中国家经济发展道路，发现两者的主要不同在于对人力资本的投资是否足够重视。在现代社会，教育不再被视为一种单纯的消费性投资，而被看做是一种引发经济增长的主要投资活动。因此，大力发展职业教育，建立完善的职业教育体系，应理解为现代国家对国民的一种人力资本投资，这种投资将对国家发展、民族振兴具有战略意义。

二、江苏现代职业教育体系的设计与特点

根据现代职业教育体系构建的理论基础以及江苏经济社会发展需要和各类教育的特点与发展趋势，参照最新颁布的《国际教育标准分类》关于职业教育层次和类型的划分法，绘制出如下江苏现代职业教育体系框架结构（见图 10－1）。

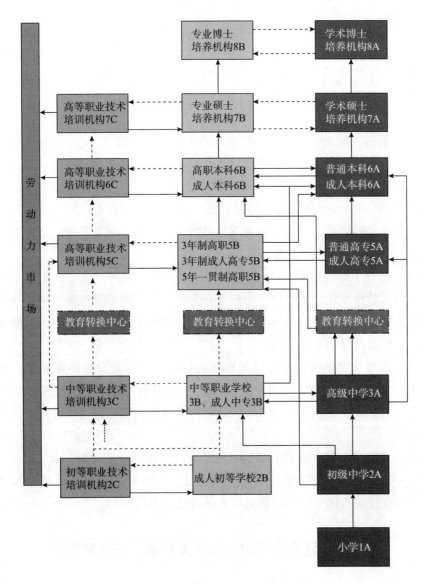

图 10 - 1　江苏现代职业教育体系构建

注：

1. A 表示普通学校教育，B 表示职业学校教育，C 表示职业技术培训。

2. 虚线表示可以不经过某一阶段或有升学考试之外的学制衔接通道，实线则表示应经过某一阶段或必须通过升学考试才能实现学制衔接。

3. 以初中为起点的 2A 通过升学考试，可直接进入高职学校教育系列中的"5 年一贯制"高职院校。

4. 在条件成熟情况下，可从专科层次到本科层次，以及从本科层次到研究生层次之间，分别设立教育转换中心。

该体系图具有以下特点：

（1）建立了既具独立性又相互沟通的新体系——在设计的江苏现代职业教育体系中，构建了与普通教育体系并行、地位平等的独立体系，并且，职业教育体系（含职业学校教育体系 B 和职业培训体系 C）和普通教育体系 A 相互沟通。

（2）架构了促进普职沟通、中高职衔接的"立交桥"——包括两个基本方面：一是职业教育体系与普通教育体系的协调，两者之间搭建起了相互转换的"立交桥"，设置了相应的中高等职业教育衔接的"教育转换中心（4A、4B、4C 层次）"，保证学习者能根据自己的学习意愿和发展规划，自由地在不同类型教育之间转换；二是职业教育体系内部的协调，尤其是中、高等职业教育以及职业学校教育和职业培训之间的沟通与衔接。

（3）体现了终身教育理念，满足了个体多样化发展需求——该体系不仅满足于为适龄青少年学生提供学历教育和为成年人提供职业技能培训，还体现了终身教育理念，它面向全体，以多种形式，创造丰富的学习机会，有效地满足个体和社会发展的多样化需求。

（4）形成了完整的职业教育与职业培训层次——新设计的职业教育体系增加了本科（专业学士）和研究生层次（专业硕士和专业博士）的职业教育以及相应的多层次的职业培训，以保障职业教育体系的完整性，并拓展其发展空间。

（5）设置了一种新的教育机构——独立的 5 年制高职学院。

（6）探索了本科层次职业教育发展路径，与专科层次的高等职业教育对接，不赞成将现有的专科层次的高职大量升格为本科。

第三节　江苏现代职业教育体系建设的政策创新

从理论上说，以上为我们设计的现代职业教育体系对于江苏经济社会发展以及职业教育自身的发展都具有积极作用，然而，这一体系的运行或者要实现其作用最大化，有赖于一定的条件作支持，特别是当这一体系与现存的体系、制度存在一定矛盾冲突的时候，更需要进行新的职业教育制度的配置和政策的创新，需要有政策层面的顶层设计。

一、江苏现行职业教育体系存在的问题

（一）基于政策干预而建立的外适性职业教育体系，既制约了人们对职业教育的需求，又影响了职业教育体系自身组织能力的提高

我国现行职业教育体系存在的一个突出问题就是重视职业教育的外适功能，即重视职业教育对其外在要素的调节、适应，强调对经济发展的适应功能，而忽视促进人作为主体的发展功能，忽视职业教育自我完善和发展能力的提高。这种过度的外适性职业教育发展具有明显的消极效应：一是表面繁荣的中高等职业教育发展，难掩中等职业教育缺乏吸引力，以及高等职业教育生源不佳，质量不高的窘境；二是现有的初、中、高职业教育构成的畸形体系，既难以真正满足经济发展对高素质技术、技能型人才的需求，影响职业教育承受来自于经济发展波动所带来的风险的能力，也影响职业教育自我调节能力的增强。

（二）过分强调正规的学校职业教育，忽视职业培训体系的建立，既制约了现代职业教育体系的完善，又影响了职业教育整体服务效能的释放

随着我国经济社会发展对高技术、技能型人才数量与素质要求的提升、人民群众对职业教育需求层次和丰富性的提高，以及高中阶段教育情况的变化，目前相对单一的学制、学历职业教育模式已难以适应形势发展的需要。从现实情况来看，职业培训体系是我国现代职业教育体系的"短腿"，正是这种"短腿效应"影响了职业教育对经济社会发展服务功能的增强；也正是我国现行职业教育体系是以正规的学校职业教育为主，因而灵活的、多样化的、多层次的职业教育培训难以发展，没有能够与学校职业教育"并举"发展，这也造成了学历教育毕业后的学生难有机会接受本科、研究生等更高层次的职业培训。

（三）不完善的终结性的职业教育体系以及制度设计缺陷，既制约了中高等职业教育衔接"立交桥"的架构和机制的形成，又影响了职业教育与普通教育的横向沟通

"断头教育"大大削弱了职业教育的吸引力。目前，我国高等职业教育基本上是专科层次，这种状态与经济社会发展对高层次专业技能型人才的需要以及人们对接受高端职业教育的需要有很大距离。这一终结性的"断头"职业教育体系，制约了中等职业教育社会吸引力的提升，也不符合我国经济转型和产业结构升级的趋势。

"断头教育"影响了职业教育与普通教育的沟通，限制了人们的教育选择权。就我国现行招生制度而言，普通高中毕业生较易进入高职学校学习，但是

职业学校毕业生要选择接受普通高等教育几乎不可能，这主要是制度的不合理规定所致。

制度和政策的不适规定，导致中高等职业教育生源衔接错位。我国高等职业教育生源主要来自普通高中而非中等职业学校优秀毕业生。特别是严控对口招生比例，掐紧了职业教育体系上下贯通的命脉，以致中等职业教育几乎成为终结性的"断头"教育。

（四）狭隘地理解职业教育与普通教育"协调发展"的内涵，既导致了过分地、不科学地追求保持职业教育与普通教育比例的倾向，又影响了职业培训体系的建立与健全

关于对职业教育"协调发展"理解存在的问题主要表现为将"协调发展"理解为职业教育与普通教育的比例关系，甚至简单地认为就是要保持职业教育与普通教育1:1。事实上，一方面，职业教育与普通教育的比例关系只是两者协调发展的一个数量标志，并不是协调发展的全部内涵；另一方面，职业教育与普通教育协调发展的关键是职业教育具有与普通教育并行的完整的体系，具有完整的层次性；另一方面，普职保持1:1这个提法本身也缺乏科学依据，各个地区也不应该统一按照1:1来要求，世界上各个国家和地区普职之比相差甚远。我国区域差异巨大，单纯地、或者过分地强调各地职业教育与普通教育保持统一的比例是缺乏科学发展观的表现，还容易导致只重视正规的学校职业教育，忽视职业培训的结果。

（五）管理职能分割，机制不活，既弱化了对职业教育的统筹管理，又影响了中高等职业教育衔接的质量

中高等职业教育分属于中等教育与高等教育的系列，但两者又都属于职业教育的范畴，目前，各地在机构设置时一般都把中等职业教育单设相应的职能部门进行管理，而高等职业教育大多数划归高等教育职能部门管理。这样的机构设置，从理论上说似乎合情合理，但是，这种分割的管理一方面不利于中高等职业教育统筹规划与有效衔接，另一方面容易出现各自为政、政出多门的现象，也会出现因政策缺位或矛盾性政策而导致内耗现象发生。

二、建设江苏现代职业教育体系的政策建议

（一）设立统筹中高等职业教育管理的职能部门，改变中高等职业教育分散管理、效能低下的状态，促进中高等职业教育协调发展

目前，在大多数省（市），中高等职业教育的相关管理工作分别由职业教

育处和高等教育处管理。我们认为应把中高等职业教育作为同一教育类型，设立专门的综合职能部门统筹管理，如设立"中高等职业教育综合管理处"，以构建中高等职业教育协调发展的管理体制。设立中高等职业教育综合管理职能部门的最大优点是，可以在较大程度上改变以往由于管理职能分割造成的中高等职业教育发展不协调，各自为政，各方都管而又管不到位现象的发生；可以促进中高等职业教育有效衔接，运行畅通。

该综合管理机构的主要职能是统筹中高等职业教育发展规划、统筹专业建设、统筹教学管理、统筹师资队伍建设、统筹学籍管理、统筹课程体系的设计与开发；在学分互认、资格认证、办学资格和教学管理上指导、协调解决各方面矛盾等。

（二）经济发达地区可以适时将职业教育分流重心提升至高中后，给予人民群众更多的教育选择权，满足经济社会转型、产业结构升级对高素质技能型人才的需求

实施初中后分流，以发展中等职业教育为主体，是我国职业教育发展的基本方针和策略，相信在今后相当长的时期内、在我国大部分地区仍然必须坚持这一发展方针。但是，基于以下原因，我们认为，在部分经济、职业教育和高等教育发达的地区，宜在职业教育分流上作一些战略性调整，这就是将职业教育分流重心由初中后提升至高中后。

其一，经济发达地区对高素质技能型人才具有旺盛需求，迫切需要发展高等职业教育；与此同时，在经济发达地区大部分普通高中毕业生将会更多地选择接受普通高等教育或高等职业教育，这必然会对高等职业教育发展产生一定拉动作用。因此，职业教育分流重心的高移既是经济社会发展的客观需求，也是人民群众接受高层次教育的必然要求，是客观性和必然性的过程与结果。

其二，我国高中阶段生源数量呈现快速下降之势，并将长期保持低位运行已是不争之事实，而另一方面高中教育资源闲余也将难以避免，这为职业教育分流重心的提升创造了条件。有关研究和资料表明，我国高中阶段教育学龄人口总数在"十一五"期间开始减少，截至2010年，全国高中阶段教育学龄人口总数由2006年的7 000多万下降到4 000多万人，比2006年减少31.1%。

实施职业教育分流重心高移，其含义是，第一次分流仍然在初中后，但大部分初中毕业生以接受普通高中教育为主，少部分毕业生接受中等职业教育或五年制高职；第二次分流在高中后，即大部分普通高中毕业生除了一部分进入普通高校学习外，其余大部分则接受高等职业教育，另有少部分学生则在接受岗前职业培训后直接就业。

提高职业教育分流重心必须注意以下问题：一是分流重心从初中毕业后高移至高中后是一个渐进的过程，不宜实现"跨越式"发展；二是分流重心上移宜区别对待，分类指导，各地不应有统一的时间表和统一的分流比例规定；三是要防止假借职业教育分流重心高移的名义，对"应试教育"推波助澜；四是加强对发展高等职业教育的宣传，使更多高中毕业生能够根据自己的学业基础和发展性向选择接受高等职业教育。

（三）找准现代职业教育体系建设的切入点和突破口，积极进行职业教育的政策创新和制度配置，促进高等职业教育健康发展

建设现代职业教育体系的切入点在哪里？教育部鲁昕副部长认为，这个切入点就是"衔接"，实现中高职有效衔接是促进中高职协调发展的核心任务，也是当前的首要任务。

首先，要尽快调整现行的招生政策，积极扩大高等职业教育对口招生中职毕业生的比例。高等职业教育承担着高等教育大众化和普及化的任务，但在现实中高等职业教育发展却面临着生源质量低和数量不足的危机。如，江苏省普通高校招生录取率在 2010 年就已经超过了 80%，但录取率过高的背后是录取线过低，许多在普通高中阶段学习的落后生、低成就生进入了高等职业院校。解决这一矛盾的明智之举就是，尽快调整我国现行的招生政策，改革高等职业教育的招生制度，突破中高职生源对口招生 5% 的比例规定，在经济和职业教育发达的省份可扩大高等职业学校对口招生中职毕业生比例至 30% 左右。这既有利于中高等职业教育有机、有效衔接，又有利于拓宽中职生的深造路径，提高中等职业教育吸引力，也符合国际职业教育发展的共同趋势。一些职业教育比较发达的国家和地区都把中职毕业生或具有一定职业知识和技能的综合中学毕业生作为高职生源的首选目标。如韩国职业专科学院的生源约 50% 来自中职毕业生；中国台湾专科层次技职教育主要有二专和五专两类，前者招收职高毕业生，后者招收初中毕业生实施 5 年一贯制教育，两者在生源上均能与中职对口衔接❶。

---

❶ 王育培. 大众化背景下中高等职业教育衔接的问题研究［J］. 厦门教育学院学报，2009（4）：30－34.

其次，要进一步实施和完善高职院校自主招生制度。允许符合条件的国家示范性高职院校面向中职学校自主招生，是扩大对口招生规模的重要配套措施。这一制度目前正在试行之中。这一措施无疑有助于在减轻人们对高职院校生源质量忧虑的同时，扩大面向中等职业教育对口招生的数量。国家示范性高等职业学校各方面的综合办学条件都比较好，让它们自主对口招生不失为发展高等职业教育的重要路径。当然，试行高职院校自主招生，必须有相应的配套的规范制度或者激励和保障措施。如必须改革现行的高职单招考试的内容和标准，以规范统一的职业资格证书考试取代专业知识技能考试；必须研究如何避免高职院校自主招生考试可能的弊端等。

最后，应积极尝试独立建制五年制高职学院。实践表明，我国现有的 5 年制高职只要进一步完善，便可以成为一种重要的高等职业教育发展模式，但是这种模式的缺陷也是显而易见的。主要是人才培养方案不能按照高职人才培养目标以一体化的理念整体设计，课程设计及教学实施过程和技能训练会出现脱节、重复、错位等问题。然而，独立设置专门的 5 年制高等职业技术学院，则既可以承继 5 年制高职的优势，又可以避免在合作过程中衔接不紧、脱节的缺陷。迄今，我国尚未有一所独立建制的 5 年制高职学院，各省区可以尝试设立几所专门从事 5 年制的高职院校，积极开展这方面的探索，做到边试行边完善，逐步推广。

（四）积极发展本科高等职业教育，建立独立的与普通教育相平行的职业教育体系，尽快试行职业教育专业学位研究生培养制度，提升职业教育吸引力

我国现行职业教育体系仅有专科层次的高等职业教育，这难以满足我国社会经济发展对高素质技能型人才的需要；而且，无论是学术型人才还是应用型、技能型人才，都应该有自己的专业成长区间和发展通道，所以，作为完整的职业教育体系，应该包括本科和研究生层次的高职。迄今，国家确定的北京、上海等 26 个职业教育综合改革试点地区已就贯彻落实《教育部关于推进中等和高等职业教育协调发展的指导意见》编制了实施方案。湖南株洲市提出"选择对接株洲支柱产业的重点专业试办 4 年制高职，并开展与湖南工业大学对口培养高端应用型、技能型人才试点，探索在应用型本科大学内试点培养高端技能型人才专业硕士制度"；宁波市提出"到 2015 年基本建立有中职、高职、本科相互衔接的职业教育培养体系，高素质高技能人才培养规模与质量明显提高"的改革目标❶。我们认为要真正建立与普通教育相平行的完整的职业教育体系，必须在以下方面积极创新。

（1）尽快发展与建立独立的高等职业教育本科体系。这就是要改变我国高等职业教育目前只有专科层次的"断头教育"和"终结性教育"的局面，就是要建立以九年义务教育为基础的、从初等到中等职业教育再到专科和本科层次的、不依附于普通教育的独立的职业教育体系。这其中的关键就是要尽快发展本科层次的高等职业教育，为此，建议：一是各省可以首先在条件好的国家示范性高职院校试办少量的本科高等职业教育。二是积极鼓励符合条件的普通工科类高校设置有利于技能型人才培养与发展的本科专业，鼓励此类高校向本科高等职业教育方向转型发展。这既有利于培养高素质、高技能型人才，又能为研究生层次的高等职业教育发展奠定基础。这类院校发展本科高等职业教育既可以充分发挥现有教育资源的作用，又会对中等职业学校毕业生产生较强吸引力，有利于提高高等职业教育生源的质量。三是遴选一些符合产业发展方向和需求的紧缺专业，试点设立高等职业教育专业学士学位制度。四是实行分类招生考试制度改革，突出在职业教育内部中高职衔接，鼓励专业学士试点院校优先从中职学校择优录取相关专业的毕业生；普通高中毕业生在通过专业技能考试后也可择优录取。

（2）尽快试点以技能型研究生培养为核心的职业教育专业学位体系，为人们提供更多的接受高端职业教育的机会。从发展来看，我国不仅要建立与普通教育相平行的从初等到高等的职业教育体系，而且，要建立与完善高等职业教育研究生学位体系。建立高等职业教育学位体系的主要目的是满足社会对高素质技能型人才的需求，满足高技能型人才接受终身教育的需要，提高职业教育的吸引力。建立这一学位体系的具体做法就是在高等职业技术学院的基础上，建立健全专科（准职业教育学士学位）→本科（职业教育学士学位）→硕士研究生（职业教育硕士学位）的高等职业教育学位体系；条件成熟时，在有关高校试行博士层次的职业教育研究生教育。

这一学位体系具有开放性特点，其生源主体是本科层次高等职业教育毕业生，符合条件的普通高等教育的毕业生同样可报考，具有丰富工作经验的高技能型人才也可报考，并且可以适当降低某些方面的就读条件。

---

❶ 马树超，等. 构建现代职业教育体系的若干政策思考［J］. 教育发展研究，2011（21）：1-6.

（五）构建职业教育与职业培训并举的现代职业教育体系，做大做强职业培训事业，满足终身教育发展的需要

突破传统的以正规学校职业教育为职业教育体系单一主体的状态，将职业培训纳入职业教育体系是现代职业教育体系形成的重要标志。

首先，职业培训是现代职业教育体系的应有之义。一方面，职业教育与职业培训的培养目标都指向于使受教育者（受训者）获得谋生、职业生涯发展的职业技能，使学习者具有提升生活品质的技能。其主要区别就是前者主要是为新生劳动力提供系统的职业准备教育，后者主要是对从业人员进行岗前培训和各类在职培训，或者对社区居民进行闲暇生活教育和培训。两者虽然有正规与非正规之别，但通过职业教育或培训所取得的技能证书和职业资格证书则具有等值性和通用性。另一方面，在职业教育领域，"职业教育"与"职业培训"从其实际的教学和训练过程来看，既是不可分割的，都属于职业教育的范畴，又是同一的，都必须对受教育者进行包含获取职业资格在内的专业知识、职业技能、职业道德以及基本的文化知识教育。从广义上说，职业培训与职业教育两者的功能是可以重合的。因此，构建现代职业教育体系毫无疑问应该包含职业培训体系的建设在内。

其次，职业培训是职业教育发展新的增长点。职业培训已成为许多国家和地区职业教育的重要发展战略。2010年12月，欧洲各国教育部长在比利时召开会议，确定了欧洲到2020年职业教育发展的总目标就是要形成具有较强的吸引力和劳动力市场适切性，生涯导向、创新性、容易获得、质量更高、更灵活，并有利于实现终身学习的职业教育与培训体系❶。由此看出，欧盟将职业培训与职业教育作为一个整体加以规划与发展。我们认为，未来职业培训也必将成为我国职业教育发展的最重要的增长点。

其一，这首先是基于我国劳动力市场以及具体的职业岗位对劳动者需求特点的考量。加拿大《职业岗位分类词典》对7 000多种职业进行了分析，发现65.76%的职业所需要的培训时间不超过一年，54.53%的职业所需要的培训时间不到6个月❷，我国的情况更是如此。从近年来我国愈演愈烈的"用工荒"不难看出，用人单位对中低层次的熟练劳动者需求量大，这些劳动者绝大部分只需要通过短期的职业培训即可胜任，无需经过

---

❶　孟凡华，鲁昕.关键是"衔接"关于促进中等和高等职业教育协调发展座谈会的报告［J］.职业技术教育，2011（18）：48－50.

❷　何文明.构建现代职业教育体系的思考［J］.职教论坛，2010（13）：9－12.

3 年的正规的学历职业教育。然而，尽管我国职业学校也开始重视将职业培训作为自己的重要任务，但是，职业培训依然处于边缘地位，没有得到应有的重视，一些学校只是把职业培训作为生源减少办学的权宜之计；另外，现有的这些培训，包括社会非政府组织所进行的培训，仍然难以满足人们对职业培训的需求。其二，是基于终身教育理念愈益深入人心做出的判断。由于人们对高质量、高品位生活的追求，享受型的职业教育也将越来越受到民众的欢迎。

建立现代职业培训体系可以从以下几个方面着手：

（1）整合职业培训资源，促进各类培训迅猛发展。一是将职业教育与职业培训有机整合，最大限度地利用证书体系将学历教育与职业培训教育整合，将技能证书与专业证书整合；二是职业学校应统筹规划与发展职业培训和职业教育，将两块蛋糕同时做大、做好、做强，不再把职业培训作为职业教育生源不足的缓兵之策，或者作为学校重要的创收途径。

（2）积极发挥非政府组织在职业培训中的作用。非政府组织（NGO）是指独立于政府和企业之外的非营利性组织，往往被称为"第三部门"（The third sector）。根据通用的标准，一般认为非政府组织有六个特性，即正规性、民间性、非营利性、自治性、志愿性和公益性❶。非政府组织已经在发达国家发挥了显著的作用，在第三世界国家的教育、卫生、扶贫、救济、社会福利等领域发挥的作用也越来越大。职业培训专业（工种）涉及面广，单靠职业学校或者成人教育机构、社区教育中心还远远不够，而非政府组织办学机制灵活，能够较好地把脉劳动力市场的需要特点和动向，及时拓展培训市场进行人力资源的培训开发。由于非政府组织具有"非营利性""志愿性"和"公益性"特点，它往往更受社会欢迎。而且，这块培训方兴未艾，潜力巨大，因此，政府应该采取积极的措施，支持和鼓励其发展。

（3）发挥职业教育评估机构的导向功能。有关评估机构或管理部门应将职业培训的规模与质量纳入国家级、省级示范职业学校的评价指标中，或其他各类考核、评比指标中，以一方面挖掘职业学校的培训潜力，另一方面规范职业培训市场，提高职业培训的实效性。

---

❶ 应松年．非政府组织的若干法律问题［J］．北京联合大学学报，2003（1）：53.

本章小结

江苏属于我国经济社会和教育发达地区，也是我国职业教育改革与发展的示范区和试验区。基于江苏经济社会发展的需要以及职业教育体系完善和功能充分展现的需要，江苏迫切需要构建现代职业教育体系。构建现代职业教育体系是适应经济发展方式转变和产业结构升级的需要，也是满足人民群众接受多样化职业教育的需求。现代职业教育体系具有独立性和贯通性、开放性和参与性以及协调性和适应性的特征。构建现代职业教育体系需要职业教育制度与政策的变革和创新，包括：设立统筹中高等职业教育管理的职能部门；适时将职业教育分流重心提升至高中后；扩大高等职业教育对口招收中职毕业生的比例，完善高职院校自主招生权，独立建制5年制高职学院；建立独立的与普通教育相平行的职业教育体系，尽快试行职业教育专业学位研究生培养制度；构建职业教育与职业培训并举的现代职业教育体系。

（本章执笔人：马建富 张胜军）

江苏现代职业教育体系的质量提升与行动导向

2014 年 3 月 25 日，教育部召开的 2014 年职业教育与继续教育会议强调，"要牢固确立现代职业教育在国家人才培养体系中的重要位置。要坚持以提高质量、促进就业、服务发展为导向，抓好职业教育关键制度建设"，要"大力提升技术技能人才培养质量，推动具有职教特点的现代学校制度建设"。针对江苏职业教育体系建设所面临的问题，我们要积极更新职教观念，创新中等和高等职业教育的办学定位，在各自层面上办出特色、提高质量，促进学生全面和谐、个性化发展。寻求江苏职业教育变革策略，加强和改进职业教育教学管理，我们认为重在建设、贵在创新、务求实效。实现江苏职业教育现代化，必须以立德树人为根本的理念来引领职教创新发展，以提高质量为核心来增强职教发展的吸引力，以行动导向为举措来推进现代职教教学深化改革，共同绘就中国职教梦的江苏新篇章。

第一节　育人为本：江苏现代职业教育创新变革的核心理念

人是职业教育的主题和主体。职业教育以培育准专业人才为根本任务，而育人是一项相当复杂的系统工程和创新工程。当今世界职业教育以人为本的理念已经耳熟能详、深入人心，人性化、人文化、个性化、全人化、主体化和人格化的发展趋势日益凸显。立足于当今世界职业教育发展的新走向，着眼于当代职校生心理发展的新目标，职业院校教育教学必须积极寻求创新变革之路，树立新理念，理清新思路，建构新策略。职业教育工作者要解放思想，更新观念，深化认识，理清思路，围绕育人这一工程的"点""线""层""面""体"和"艺"，扎实做好江苏职业教育教学管理改革的各项工作。

一、坚持职业教育人性化，把握教育目标的"支点"抓手

理想的职业教育是人性化的成人教育。促进职校生的成人成才，职校教育工作者要以积极的人性观为指导，树立以人为本的人性化教育理念，做到"目中有人""心中有数"与"胸有成竹"，把握"点到为止""点石成金"与"点面结合"的教育策略。职校教育工作者要把握当代职校生发展的个性特点和时代脉搏，既要消除"盲点"、破解"难点"和填补"空白点"，更要突出"重点"、放大"亮点"和抓好"着力点"。

（1）发掘职校生自主成长的"闪光点"。职校教师要尊重和理解职校生渴求自立自主的意愿，从积极的角度，用发展的眼光和宽容的心态面对职校生在成长过程中出现的问题，用"放大镜"去发现当代职校生存在的潜在优势。要对职校生多一些信任和赏识，对职校生取得的些许进步也应给予充分肯定和鼓励支持。要引导职校生自主参与建设温馨宿舍，建设文明班级，建设和谐校园。要注重引领职校生获取生活的知识，掌握生存的技能，知晓生长的意义，理解生态的价值，领悟生命的智慧。

（2）发现职校生追求成功的"兴奋点"。要关注和了解职校生学习生活的"热点"和"焦点"，增强职校生追求成功的自信心和责任心，充分激发职校生的主体发展性、社会实践性和创新创造性。要引导职校生走近人民群众，走进社会生活，走向世界，要鼓励职校生积极把握挑战自我的成功机遇，内强现代综合素质，外塑青春自我形象，充分展示当代职校生特有的青年朝气和昂扬风采。

（3）发扬职校生奋发成才的"生长点"。要注重培养职校生的"一技之长"，充分开发职校生的发展潜能，循序渐进地引导职校生学会创业，创造条件为职校生提供自主发展的机会和发挥才能的平台。既要能够为多数职校生的成才"锦上添花"，更要为一些特殊职校生的发展"雪中送炭"。要支持职校生学习网络操作技术和现代生活技能、参与社会实践活动与科技创新竞赛、开展文明生活自律和社区文化服务等，在成才活动中"受教育、长才干、做贡献"。

（4）发展职校生成就人生的"制高点"。从职校一年级开始，就要指导职校生合理设计职校生活和职业生涯发展规划，建构积极的职校生活目标序列，

使得职校生活丰富多彩有宽度，健康充实有厚度，更富含智慧有高度，努力做未来命运的主人，把握成就人生发展的主动权和"制高点"，不断追求更新更高的理想目标，实现自我超越和人生价值，追寻美好幸福的辉煌人生。

二、坚持职业教育人文化，促进教育实践的"在线"运作

理想的职业教育是人文化的成才教育。当前，我国大陆不少职校对科学教育是"顶礼膜拜"，普遍存在着"科学教育缺乏人文精神，人文教育过于追求科学化，科学教育与人文教育不相干、两分离"的状况。职业教育要以正确把握科学教育与人文教育关系为生命线，突出现代人文精神的陶冶，处理好职业教育实践的"明线"（显性目标）与"暗线"（隐性目标）"外线"（校外目标）与"内线"（校内目标）"长线"（远期目标）与"短线"（近期目标）"实线"（量化目标）与"虚线"（质化目标）的复杂关系，实现多层面的有机结合。

（1）设计职业教育活动的"主线"。要以促进职校生学会做人和学会做事为基本目标，以建设职校生优良学风为主线，整体规划职校教育教学改革的全过程，突出学会学习、学会创新、学会选择、学会负责任、学会择业等教育，设计主题鲜明、内容丰富、形式多样的教育系列活动，全面推进职校特色的学风建设。

（2）凸显职业教育计划的"专线"。职业教育是专业化的成才教育。职校生教育管理工作要着眼于、有利于加强专业建设和学科建设，围绕专业培养目标，设计专业人才的素质结构，培养学以致用、善学会用的应用型专业人才。要引导职校生热爱所学专业，学会学习专业，以培养职校生的专业实践能力和专业精神为突破口，强化现代专业或职业基本技能学习，全面提升职校生的专业素养。要鼓励职校生树立专业理想信念，挖掘自身专业心理潜能，努力培养自己的一技之长和专业优势，为今后的就业出路和专业发展早做准备。

（3）夯实职业教育工作的"底线"。要坚持职业教育正确的育人方向、基本原则和管理规则不动摇，不能随意放松和降低育人的专业标准和伦理规范，不能放弃法定的职业教育责任和义务。对职校生的教育管理既要合情合理，更要在法制化的轨道上运行和前行。职校教育工作者要自觉学习和遵守职业教育法规，增强教育法治意识，完善教育管理法制，坚持依法办事，保障职校生人身财产安全等合法权益不受侵犯，在合法守法的基础上使得教育管理工作更加人文化，更具有"人情味"。

（4）畅通职业教育服务的"热线"。要进一步增强"以人为本"的教育管理服务意识，"一切为了职校生的发展，为了一切职校生的发展"，始终与职校生保持密切联系，为职校生的学习生活、法律维权、职业生涯规划、就业指导等提供及时到位的专业服务。要把握职校生关注的"热点"问题，善于倾听职校生的心声与呼声，加强专业化的职校生心理辅导工作，充分尊重和维护职校生的恋爱、自我、交友等心理权益，提高工作方式的科学人文性、针对性和实效性。

三、坚持职业教育个性化，推进教育对象的"分层"培养

理想的职业教育是个性化的成功教育。从不同的层面和视角，如性别、专业、学习基础、来源学校、生活地区和家庭经济状况等，我们可以将职校生分为不同的层次类型。"人心不同，各如其面"。我们必须承认，职校生在心理发展水平和个性特征上的差异客观存在，但他们在人格尊严上是完全平等的，没有高低贵贱之分。成功的职业教育，就要从职校生的个性发展实际出发，尊重和理解职校生的独特个性，科学引导每一个职校生完善积极向上的个性，合理张扬健康自如的个性。

（1）学生分层引导。职校生分层培养管理，就是做到因材施教，因人施教，确立适合的管理目标。在管理制度和工作方式上不宜搞"一刀切""一锅煮"的方法。对不同性别、年龄、性格与气质类型的职校生，教育方式和管理策略要有所区别，做到扬长避短，扬优弃劣。要把解决职校生的思想问题与解决实际问题相结合，做到晓之以理，动之以情，导之以行，重点关心单亲家庭和特困家庭的职校生，重点帮助"问题"多发的职校生和学习困难落后的职校生，重点引导恋爱偏差、网络沉迷和夜不归宿的职校生。

（2）学业分层教学。要尊重职校生智能发展类型和水平方面存在的客观差异，认识和肯定职校生个体在智能发展上的潜在优势，科学指导职校生选择确定适合自己的学科发展与专业成才方向，允许职校生个体存在某一或者某些智能领域的弱项，甚至要保护"落后"。要顺应职校生成材发展规律，遵循因材施教的原则，统筹兼顾不同层次职校生的学习需求，全面实行弹性学制，从而让职校生在适合自身层次的学习过程中得到不断提高。不宜过多强调学习目标和方法上的整齐划一、学习进程上的统一要求。

（3）学力分层评价。评价的最终目的是促进职校生的和谐发展。在某一学科专业领域的学习能力上，职校生必然存在"上层""中层"和"下层"

之分。对于学习能力存在强弱之分的职校生，要确定适合的教育教学考核和评价目标，通过采取适合职校生特点的个性化、多样化的分层评价等方法与形式，创造条件让职校生在不同的层面上接受学业水平测试，鼓励每个职校生在原有基础上得到充分发展、获得最大成功。

（4）学段分层管理。对低、中高年级职校生的教育要科学沟通和有机衔接，更要区别对待，在职校生活不同阶段能够有所侧重，突出抓好特定阶段的特别教育，促进职校生健康成才。在处于职校生活初始阶段的一年级，要重点抓好职校新生适应心理教育（包括自我意识、人际交往、情绪情感等）、专业思想教育和职业生涯规划教育，以及学校规章纪律制度教育；在处于全面发展阶段的二年级，重点抓好职校生的专业学习教育、科技创新教育和社会实践教育；在从校园生活走向现实社会过渡阶段的三年级，重点抓好职校毕业生的就业指导工作、社会适应教育和自我实现教育等。

四、坚持职业教育全人化，实现教育内容的"全面"优化

理想的职业教育是全人化的和谐教育。今天，我国职业学校正在全面推进素质教育，职业教育重点和重心的时代变革引领着专业人才培养目标和教育内容的创新。职校素质教育的实质目标，就是要使职校生既学习知识学习技能，又学会做事学会做人，成为全面发展，具有高体能、高智能和高技能的优秀专业人才。但职校生素质的全面发展，并不是指所有职校生的均衡发展和同步发展。职业教育不应当追求平均用力，也根本不可能面面俱到，而要以"特"为基本抓手，就是抓好富有特色的教育工作，注重培养职校生特长，积极引导特殊群体职校生，凸显特定主题的教育重点等，不断优化职业教育的内容。

（1）突出创新与实践教育。以培养职校生创新意识和实践能力为重点，推进专业教学计划和课程建设改革，推动素质教育水平的提升，重构职校生实践教育体系和创新教育体系，引导职校生完善流畅性、变通性、独特性和前瞻性等现代创新思维品质，引导职校生掌握人际交往技能、语言交流技能和实践操作技能，具备现代人生存和发展的基本技能，促进职校生的社会文化素质全面发展。

（2）优化健康与习惯教育。围绕促进职校生道德与心理人格的现代化，身心素质自主和谐发展，职校教师要引导职校生自觉增强体育锻炼和心理健康意识，学会强健体魄和心理自助，全面提升职校生活的质量，使得维护身心健康成为职校生最为自然的一种习惯，为职校生一生的可持续发展奠定坚实的健

康基础。叶圣陶先生说，"教育就是培养习惯"。职业教育就是要致力于促进职校生养成高层次、自动化的习惯，养成积极的科学学习习惯、文明行为习惯和现代生活习惯。

（3）强化精神与价值教育。苏霍姆林斯基说，"人是一种精神力量"。雅斯贝尔斯则说，"教育过程首先是一个精神成长过程，然后才成为科学获知的一部分"。正是从这个意义上说，职校生发展的本质，是精神的、心理的发展。精神信仰能够支撑并支持职校生的可持续发展，精神资源才是取之不尽、用之不竭的教育财富和发展源泉。在当今时代，要加强社会主义荣辱观教育，重视核心价值观教育，包括理想信念、责任诚信、生态和谐、民主平等、公平正义等价值观念，促进职校生向着"道德人"的目标发展。倡导并真正实施以价值观为核心的精神教育，既可补救现代职业教育的精神缺失，又可矫正部分职校生扭曲的人格特征，是引导当代职校生朝向高层次发展应然的价值追求。

（4）关注网络与文化教育。当今社会步入了网络时代，"无网而不胜"已经成为教育事实。教育游离于网络世界之外，教育就会被网络时代抛弃。职校教育工作者要主动切入和进入网络世界，抢占网络社会职业教育的"主动权"，探究"网络新生代"职校生的基本心理特征，建设高水准的网络教育资源库，构建现代化的网络教育管理新范式。尤其要引导职校生正确认识现代文化与传统文化的关系，提高对网络文化信息的价值判断力，利用网络文化与技术发展完善自我，实现自我价值，消解网络文化对职校生个性与人格发展的负面影响，让职校生真正能够"赢"在网络时代。

五、坚持职业教育主体化，构建教育力量的"立体"格局

理想的职业教育是主体化的现代大教育。职校生是一个多维存在的主体。职业学校要着眼于职校生主体发展性的培养，把握整体教育思潮的发展趋向，树立全员全过程全方位育人的意识，从显性到隐性，从精神到物质，从教学到环境，从管理到科研，实现多层次、全方位、大视角的教育力量整合，构建协调一致、立体化的育人新格局。

（1）协同教育"类主体"。当前，职校要把教学育人、科研育人、管理育人、服务育人和环境育人相结合，着力加强教师、学生工作管理人员、辅导员、班主任和职校生党员、干部等几支队伍建设。要发挥职校生家长的教育资源和力量，使得职校、家庭和社会真正形成育人的合力。同时，职校生是自我教育与发展的主体，学习和认识活动、实践活动的主体，要注重引导职校生自

我教育、自我管理和自我服务。要注重校内外教育阵地建设，如校园文化场所和环境建设、爱国主义教育基地、社会实践活动基地、网络文化阵地建设和专业实习实践基地建设，做到内外结合、虚实相应，形成网络化的职业教育资源整合。

（2）建设现代"班集体"。班集体既是教育的对象，也是教育的主体。班级集体的教育力量是其他许多教育影响所无法替代的。职校教育工作者要通过制定积极可行的班级教育目标、营造特色浓郁的班级文化、开展实践体验性班级活动、实施人性化班级管理、推行发展性班级评价、形成协调一致的班级教育合力等，寻求新的职校班级教育新载体，建设有利于职校生个性发展和人格现代化的现代班集体。

（3）打造学习"共同体"。学习共同体是职校生基于共同的理想追求和奋斗目标，有着积极发展的共同语言而建立的群体。要鼓励职校生自主成立团结合作、健康有益的学习联盟或专业发展组织，比如职校生升学与自考协会，职校生英语与计算机学习俱乐部，职校生健身健美健心社团，以及职校生宿舍自律组织，推动学习型、学术型、实践型和科技型职校生社团在职校的健康快速发展，给予充分的政策倾斜、精神鼓舞和物质扶持。

（4）引导交往"小群体"。无论是班级管理还是学校生活，职校生人际交往中的"小群体"普遍存在。教育引导好"小群体"或非正式群体，把握"小群体"的发展方向，对于职校生的成才发展至关重要。职校教师要善于疏导职校生人际交往过程中的问题、矛盾与障碍，及时化解冲突和隔阂，劝导职校生从狭隘封闭的人际交往圈中走出来，从世俗低俗的人情往来中走出来，从消极沉迷的网络世界里走出来，从"象牙塔"般的宿舍校园里走出来，积极投身现实生活实践，融入社会发展进步的主流。

六、坚持职业教育人格化，追求教育过程的"艺术"智慧

理想的职业教育是人格化的"艺术"教育。教育是一项神圣而崇高的伟大事业，事业的意义在于献身；它是一门育人的科学，科学的价值在于求真；它是一种复杂的艺术，艺术的生命在于创新。现代职业教育是职校师生互动、教学相长、创新发展的艺术过程，是以心育心、以德育德、以个性影响个性、以精神塑造精神、以人格培养人格的艺术过程。从某种意义上说，职业教育是一门科学，更是一门哲学；是一门技术，更是一门艺术。

（1）职业教育是爱的艺术。爱是教育的生命线，贯穿与融合于教育的整

个过程中。教育不能没有爱，没有爱就没有真正的教育。但只有爱也不是真正意义上的教育，对职校生的教育关爱必定区别于亲情之爱，教育过程中的师爱必然不同于家庭生活中的母爱父爱。苏霍姆林斯基说："热爱儿童是我们生活中最主要的东西。"他认为教育技巧的全部奥秘在于热爱儿童，他终生的座右铭就是"把整个心灵献给孩子们"。从积极情感与人格培养的视角，我们更要对职校生无条件积极关注，无微不至关心，无私奉献教育关爱，让职业教育教学管理过程的每一个环节和细节都洋溢着人性化的教育关怀。

（2）职业教育是心灵的沟通艺术。"教育心智而不教育心灵就是没有进行教育。"（亚里士多德语）教育首先是人学，不了解职校生心灵就谈不上科学教育。教育是心灵对心灵的理解与沟通，心灵对心灵的耕耘与创造。教育是"知心"和"贴心"的教育，是以心"换"心、以心"唤"心、以心"焕"心的工作艺术，更需要职校教育工作者学会做有心人，用"心"去做，而不只是简单地用力、用劲和用时间。职校教师要"将心比心"地去了解和理解职校生，使自己融入职校生活当中，浸入职校生的心灵之中，那么师生之间必然会架起一座沟通彼此的"心桥"。职校教师要善于走近职校生，真正走进职校生的心理世界，做职校生的"精神关怀者"和"重要他人"，才可能让职校生的心灵之门自主敞开，职校生心灵之旅和发展之路才能充满阳光。

（3）职业教育是"根雕"的复杂艺术。人是世界上最为复杂的动物，而培养与提升人的教育过程更为复杂。从这个意义上说，教育不是简单操作的"木雕"技术，而是相当复杂的"根雕"艺术。职校教师要善于从复杂性的视角来理性审视和反思教育教学过程，摒弃简单化的直线式思维，放弃"种瓜得瓜、种豆得豆"式的思考。职校教师应当用自己的人格、智慧和艺术去做好职校生的教育管理工作，而不是机械搬用教育的方法、技术、程式、原则和规章制度。顺应时代发展，尊重客观差异，鼓励多元发展，呵护个性优化，应当是职校教育工作者的必然选择。

（4）职业教育是专业化的创新艺术。教师专业化发展追求的不仅仅是教育方法与技术，更应注重教育教学思想、智慧与艺术。职校教师毕生学习和掌握育人的艺术，教育事业就会得到更为智慧的发展引导，获得更为强劲的精神支持。职校教师应该是做有思想的"教育家"而不是"教书匠"，做能创新的研究者而不是"传道者"，做专家型的"导师"而不是"工程师"，做务实的"多面手"而不是"单面人"。职校教师自身要有过得硬的教育教学艺术，自觉思考教育教学的艺术，善于运用教育机智，善于讲究教育艺术，善于存储教育智慧。教育艺术化是教育创新的最高境界，而教育艺术的创新追求是永无止境的。探索并实践职业教育生活化的艺术，锤炼高超的职业教育教学管理艺术，这是每一个职校教育工作者追求专业化发展智慧的永恒课题。

加强和改进新时期职校生教育管理工作，我们要树立职业教育与管理的和谐理念，不能为教育而教育，就教育抓教育。要坚持职校生教育管理与职业学校教育教学改革、学科与专业建设相结合，相得益彰，坚持"一盘棋"的职业教育新思路，防止"两张皮"现象；坚持加强教师师德教风建设与改进学生思想品德教育相结合，做到"两手抓"与"两手硬"，书写"一体化"的职业教育新篇章，防止"一手软一手硬"现象；坚持职业教育管理工作的公转与自转相结合，始终"两条腿"走路，既要快速优质共转，也要特色和谐自转，建构"一条龙"的职业教育新机制，防止"各人自扫门前雪"现象；坚持职业教育理论研究务虚与教育实践创新过程务实相结合，理论思考研究要"顶天"，实践创新探索则要"立地"，打造"一揽子"的职业教育新蓝图，防止"海市蜃楼"现象。

育人为本是 21 世纪江苏职业教育应然的价值目标追求。我们唯有积极实践"以职校生和谐发展为本，以全面科学育人为根本"的理念，形成系统科学、先进成熟的职业教育新思想，"以点连线，以线结层，以层联面，以面合体，艺术贯通"，建构理想务实的教育变革新策略，不断探寻江苏职业教育发展的新境界、新高度，才能真正把握 21 世纪专业人才培养的主动权和发言权。可以相信，未来江苏职业教育创新变革之路，必将更加自主和谐科学，必将富有鲜明的职教特色，必将充满无限生机与希望！

第二节　质量至上：构建江苏现代职业教育体系的发展模式

2012 年 11 月 29 日，江苏省政府办公厅转发了省教育厅《关于进一步提高职业教育教学质量的意见》（苏政办发〔2012〕194 号，以下简称《意见》），对职业教育深化教学改革、提高教学质量进行了全面部署。《意见》共分 8 章、20 条，包括重要意义、总体要求与具体任务等内容，改革创新力度比较大，实践指导操作性较强。这是全面深入分析江苏现代化建设的新形势、新使命，梳理制约江苏职业教育科学发展的主要问题，探讨新时期推动江苏职业教育改革创新的新思路和新理念，认真落实省委、省政府提出创新职业教育体制机制的要求的新举措、新作为。2012 年 12 月 24 日至 25 日，省教育厅在无锡市召开全省职业教育教学质量提升工作会议，专题部署和积极推进《意见》的实施。

改革开放30多年来，职业教育在江苏经济社会和教育系统中的地位和价值受到高度重视，招生人数不断增加，办学规模不断扩大，教学水平不断提升，职教体系不断完善。"十一五"以来，全省职业教育在稳定招生规模、保持职普比例大体相当的同时，坚持把发展重心转到更加注重内涵建设和提升教学质量上来，取得了显著成绩。经过多年不懈努力，江苏省的职业教育取得长足发展，吸引力逐步增强，影响力不断提升。但我们也要清醒地认识到，还有不少困难和问题。如：一些地方和职业学校尚未全面落实教学工作的中心地位，职业教育教学质量有待进一步提升；素质教育在职业学校有待深入实施，职校学生"习得性无助"现象普遍存在，学习的主动性与积极性尚未充分调动；职业教育教学思想观念陈旧，课堂教学方法形式需要改变改进，成效实效有待提高；教学过程管理有待加强，专业建设、课程设置、教材选用、顶岗实习、教学评价等环节比较松散。如何解决这些困难和问题，加快实现江苏职教内涵发展、创新发展、科学发展，考验着职教工作者的认知能力、实践艺术和领导智慧。

一、完善体系：江苏职业教育发展目标转向

《意见》明确提出："推进教育现代化建设、完善现代职业教育体系，都对提高职业教育教学质量、培养更多高素质劳动者和技能型人才、提供更多高质量的就业和社会服务提出了前所未有的迫切需求。"要"大力推进职业教育专业结构与现代产业结构的衔接吻合，努力满足经济社会发展的需要"。职业教育正在进入以提高质量为重点的新时期，建设现代职业教育体系是这个时期最为紧迫的重大任务。现代职业教育体系是指适应经济发展方式转变和产业结构调整要求、体现终身教育理念、中等和高等职业教育协调发展，满足人民群众接受职业教育的需求，满足经济社会对高素质劳动者和技能型人才需求的职业教育系统。按照规划，到2015年初步形成现代职业教育体系的基本架构，力争"十二五"期间取得重大突破；在10年内形成"适应需求、内部衔接、外部对接、多元立交"的具有中国特色、世界水准的现代职业教育体系。

建设现代职业教育体系是为了促进职业教育遵循职业教育规律、主动适应经济社会发展需要、增强职业教育吸引力、满足人民群众接受良好教育的要求。目标任务的达成唯有全面提高职业教育教学质量。建设现代职业教育体

系，服务经济发展方式转变和现代产业体系建设，必须抓紧抓好职业教育教学质量，推动职业教育由注重规模到提高质量的历史性转变。可以说，提高教育教学质量是建设现代职业教育体系的出发点和落脚点，应当贯穿于职业教育教学工作的全方位、全过程、全环节。职业教育要以加快科学发展为主题，以素质教育为主线，以提高质量为核心，以加强教师队伍建设为关键，以增强管理能力为支撑，以改革创新为动力，自觉服务于加快经济发展方式转变，努力形成中国特色、世界水准的江苏现代职业教育体系。目前，围绕现代职教体系建设目标，江苏正在全面推进加强顶层设计、完善政策法规、健全办学机制、创新培养模式、加大经费投入、强化师资建设、完善评价标准、深化教改试点等重点工作。

二、育人为本：江苏职业教育思想观念转变

《意见》明确提出，"要坚持以服务为宗旨、以就业为导向、以育人为根本"，"始终坚持把德育放在教育教学的首要位置"。思想决定行动，理念引领实践。转变观念是职业教育改革创新的前提，立德树人是职业教育教学工作的首要任务。职业教育的办学理念和教学思想经历了一个逐渐发展成熟的过程，必须充分体现时代性，准确把握规律性，大力增强实效性。随着科学技术的迅猛发展，社会竞争的日益加剧以及经济全球化的到来，职业教育必须明确"职业教育是育人而非制器"的价值追求，树立引导和促进职校学生成长成人成才成功的现代思想，树立德育为先、全面发展、人人成才、多样人才、终身学习和系统培养的教育理念。

育人是职业教育的根本任务，育人为本的理念应当成为当前引领江苏职业教育科学发展的思想旗帜和行动指南。职业学校要秉承"以人为本、与人为善、助人自助、育人至上"的思想，坚持"全人教育、全员教育、全程教育、全面教育"的原则，大力实施素质教育，关注职校学生生涯的持续和谐发展，引导和促进职校学生学会认知、学会实践、学会生存和学会合作。不仅注重学生专业技能培养，更要重视培养学生的行为习惯、诚信品质、敬业精神、创新精神和责任意识的养成，形成教学、科研、管理、服务和文化全方位育人的职业教育管理格局，全面提高我省技术技能型人才培养质量和水平。

三、校企合作：江苏职业教育办学模式转型

《意见》明确提出："推进校企深入合作。坚持以市场和社会需求为导向，

完善政府主导、行业指导、企业参与、学校主动的校企合作运行机制。"校企合作是职业教育提高教学质量的必由之路。要注重学校之间、校企之间、学校与科研机构之间合作以及中外合作等多种联合培养方式,形成体系开放、机制灵活、渠道互通、选择多样的人才培养体制。尤其要把深化校企合作作为推进职业教育教学改革创新的重点,把加强专业建设、课程改革、教材建设作为主要工作抓手,努力实现专业与产业、企业、岗位对接,专业课程内容与职业标准对接,教学过程与生产过程对接,学历证书与职业资格证书对接,职业教育与终身学习对接,努力构建江苏职业教育办学的创新格局。

改革职业教育办学模式,要坚持职业导向、能力本位、学生中心、校企结合的原则,"进一步深化校企合作、工学结合",寻求和经济发展、企业生产、工作现场和职业活动的紧密结合。完善职业教育集团治理结构与运行机制,积极推进集团化办学。加强职业学校和企业在人才培养全过程、全方位的合作,积极探索"引企入校""办校进厂""企业办校""校办企业"等多种形式的校企合作。加强企业文化与学校文化的沟通融合,推进产业文化进校园、企业文化进课程。构建"工学结合、教产合作"的职教办学模式,需要行业企业来组织、推进,而职业院校的专业设置、教学改革和人才培养,同样需要行业企业提供技术信息、人才规格和职业标准。加强政府统筹,鼓励和支持职业教育办学模式改革试点,对职业教育教学改革的新政策、新举措先行先试,形成可以借鉴推广的典型模式和成功经验,实现重点突破、以点带面。

四、注重内涵:江苏职业教育管理重心转移

《意见》提出,今后要"不断深化人才培养模式改革。中等职业教育实行'2.5+0.5'人才培养模式,五年制高等职业教育实行'4.5+0.5'人才培养模式。"我国职业教育经历了一个由起步到提高、由粗放到精细、由散乱到规范、由一哄而上到布局调整、由盲目上马到理性建设的快速发展过程。职业教育发展的重心正由比较多地注重规模扩张向更加注重内涵发展、质量提高转移。创新人才培养模式,实现内涵式发展成为新时期江苏职业教育管理的重点工作。要继续深化办学体制和教育教学管理改革,充分发挥职业教育为地方经济、社会发展提供人才支持和为学生的就业、谋生、发展提供教育服务的功能,努力实现校企合作办学、教师创新教学、学生学会学习,努力探索江苏职业教育的内涵建设、特色发展之路。促进职校教师队伍专业化发展,实现每个学生自主和谐发展,需要职教政策与社会环境的大力支持,更要求职业学校深

思熟虑、科学实践。

当前，内涵建设成为江苏职业教育科学发展的重大课题，职业学校教育改革面临新的形势和任务。优化人才培养模式、建设学校文化软实力、积极职业教育管理是江苏职教内涵向纵深发展、推动职业教育转型升级的有力抓手和有效举措。要积极实施"做中学、做中教"的教学模式，推行项目教学、案例教学、场景教学、模拟教学、主题教学和岗位教学等教学方法，更加注重实践技能教学，培养学生专业实践能力和职场创新精神。要积极开展现代学徒制试点，推进小班化教学，探索专业技能型人才培养模式，注重职校学生个性化培养，鼓励学生多元化发展。要改变职业学校教育管理模式，从消极纠错、矫正问题走向积极建设、引导成长，注重因材施教、因势利导，避免"机器加工式"培养和整齐划一齐步走，推行分层教学、走班制、学分制、导师制等教学管理制度，完善学习困难学生帮助机制，建立拔尖学生特殊培养制度。

五、提高质量：江苏职业教育实践战略转轨

《意见》提出："坚持把提高质量作为职业教育改革发展的核心任务来抓，研究采取切实有效措施，全面提升职业教育教学质量和水平"。职业教育在经历了以学校设置和专业开发为核心的从无到有、以专业调整和规模拓展为核心的从小到大之后，目前正进入到以提高人才培养质量为核心的第三次创业阶段。江苏职业教育要成为教育领域的生力军，夺目于江苏教育事业的"百花园"，必须由注重规模、结构自觉转向更加注重内涵发展、大力提高教育质量，进一步增强服务江苏经济社会发展的针对性和实效性。必须加强对职业教育发展的规划，推进课程专业建设与社会发展需求的有效对接，促进职业教育规模、专业设置与区域产业建设的紧密结合。职业教育必须与普通教育"错位发展"，真正办出职业教育的特色，尤其是要不断推进职业教育教学改革，提高职业教育教学质量，以质量求生存，靠质量谋发展。

提高质量是职业教育真正赢得尊严、实践自信的根本措施。《意见》提出："切实加强职业教育课程建设，加快形成具有自身特色的教学质量保障、监测和评价体系。"要建立健全课程衔接体系，让学生享受到优质的职业教育资源，完善教学质量评价标准，加强质量管理体系建设，把毕业生的职业道德、职业能力、就业质量和用人单位满意度作为考核职业学校教学质量评价的重要指标，建立适应行业产业发展要求和学生持续发展需求的技术技能人才培养质量评价标准。要创新教学质量评价方式，不断完善以学校为核心、教育行

政部门指导、第三方参与的人才培养质量评价机制，实现质量评价方式社会化，鼓励和支持行业企业、学生及家长共同参与教学质量的评价。要建立以提高教育质量为导向的管理制度和工作机制，着重建设健全职业教育发展的质量督导与问责机制，发展政府引导、社会广泛参与的职业教育质量监督体系。

当前，江苏职业教育已经进入到一个全新的发展阶段，体系建设、育人为本、特色办学、校企合作、内涵提升、质量提高是几个最为突出的关键词。我们要深入学习、深刻领会《意见》的重要精神，落实职业教育的战略地位、发展目标、核心任务，遵循职业教育发展规律、教学规律、人才成长规律，以全面推进江苏职业教育科学发展为使命，按照"保证规模、调整结构、加强管理、提高质量"的基本要求，持续巩固发展成果，大力推动改革创新，切实解决突出问题，全面强化内涵建设，着力提高办学质量，实现质量、规模、结构和效益的有机统一，进一步开创江苏职业教育又好又快、更好更快发展的新局面，为奋力推进江苏现代职业教育体系建设和率先实现江苏教育现代化做出更大的贡献！

第三节 行动导向：构建江苏现代职业教育体系的教学范式

行动导向教学是 20 世纪 80 年代德国职业教育改革的重要成果，在德国已经被普遍接受和推广，是现代职业教育教学的一种新范式。职业教育被认为是德国第二次世界大战后创造经济奇迹的"秘密武器"，而行动导向教学范式被誉为德国职业教育的"锐利工具"。正因为行动导向教学对于培养人的全面素质和综合能力有着重要的作用，世界各国职业教育界与劳动界的多学科专家对这一范式日益推崇、深入研究。本节对职教行动导向教学范式的基本问题进行解读，以进一步汲取其思想精华和理论精髓，科学构建行动导向的江苏现代职教教学范式。

一、江苏职教行动导向教学范式的基础与目标

所谓行动导向教学，又有实践导向、活动导向、职业活动引导等说法，是一个包括获取信息、制订计划、做出决定、实施工作计划、控制质量、评定工作成绩等教学环节的完整的行动过程。简而言之，即为了行动而教学，在行动中教学。行动导向教学是对传统的教育理念的根本变革，是职业教育教学论汲取融合现代心理学思想精华而形成的一种新思潮。

（一）职教行动导向教学范式的心理基础

从行动导向教学范式的基本内涵，追溯其心理学的理论基础，可以清晰地看到认知心理学的建构主义学习理论是其形成的主要依据，而发展心理学的多元智能理论和人本主义心理学的非指导性教学理论等对行动导向教学也有重要影响。

（1）建构主义心理学理论。建构主义学习理论认为，学习过程并不是简单的信息输入、存储和提取，而是新旧经验之间的双向的相互作用过程。知识不是通过教师传授得到，而是学习者在一定的情境即社会文化背景下，借助他人（包括教师和学习伙伴）的帮助，利用必要的学习资料，通过意义建构的方式而自我获得。学习是个体自我建构知识的过程，这意味着学习是主动的，学习者不是被动刺激接受者，要对外部信息做主动的选择和加工。建构主义学习理论提倡教师指导下的以学生为中心的学，突出了意义建构中学习过程的主体性。德国职业教育界认为，行动导向教学范式与建构主义学习理论的基本思想在本质上是相同的。

（2）多元智能理论。美国心理学家加德纳提出的多元智能理论认为，人类智能是多元的，每个人都不同程度地拥有相对独立的八种智能，包括语言智能、逻辑数理智能、空间智能、身体动觉智能、音乐智能、自然智能、人际智能和自省智能等，而且每种智能有其独特的认知发展过程和符号系统。因此，教学方法和手段就应该根据教学对象和教学内容而灵活多样，因材施教。多元智能理论提供了一种积极乐观的学生观，即每个学生都有闪光点和可取之处，教师应从多方面去了解学生的特长，并相应地采取适合其特点的有效方法，使其特长得到充分的发挥。按照加德纳的观点，学校教育的宗旨应该是开发多种智能并帮助学生发现适合其智能特点的职业和业余爱好。如果能充分挖掘个体的各种潜在能力，教育教学和学生发展就能取得各种成功。行动导向教学强调挖掘个体自身的潜在智能与独特优势，注重培养职业行动能力。

（3）人本主义心理学理论。人本主义心理学家主张以学习者为中心，认为学习就是学习者获得知识、技能和发展智力，探究自己的情感，学会与教师及集体成员的交往，阐明自己的价值观和态度，实现自己的潜能，达到最佳的境界。人本主义学习论者认为必须尊重学习者，把学习者视为学习活动的主体；必须重视学习者的意愿、情感、需要和价值观；相信正常的学习者都能自己指导自己，具有"自我实现"的潜能。教师对学习者应当无条件积极关注、真诚和移情。人本主义心理学理论在教学中的应用，最成功且影响最大的则首推美国心理学家罗杰斯以"学生为中心"的非指导性教学理论，其基本思想是将教学的重心完全置于学生身上，积极彻底地强调学生的"心理自由"。因为在学习上给予学生自行决定或参与决定的机会越大，则学生的动机水平越高。行动导向教学正是以人本主义心理学理论为基础，基本原则与人本主义的非指导性教学理念异曲同工。

此外，德国劳动心理学的行动调节理论、范畴教育的教学论等也是其重要的理论依据。行动导向教学范式正是在对这些理论的借鉴、发展和融合的基础上，经过多年的实验实践和总结提升才建构起来的。

（二）职教行动导向教学范式的心理目标

职业教育的进一步发展，对职业教育培养目标提出了更高的要求。现代职业教育目标注重学生的社会适应能力和创新实践能力的培养，即全面职业能力的培养。行动导向教学过程遵循目标指向原则，目标要尽可能的具体和可以被感知，学生和教师都要明确计划和行动的目标。行动导向教学以职业行动能力为目标，引导学生主动学习，联系实际问题学习，尊重学生的价值和情感需求，张扬个性，提升精神，能真正提高学生的综合素质。

（1）职业能力目标。从根本上讲，德国职教行动导向教学就是一种以"实践为导向"、以"能力为本位"的教学法思想，注重实践性教学环节，突出职业能力的综合培养。更确切地说，行动导向教学所追求的目标是以学生行动过程为导向，强调理论与实践的统一，强调培养学生的职业行动能力。作为行动导向教学的培养目标，职业行动能力结构可以从不同维度进行分析，从能力的性质上可分为基本职业能力和关键能力，从能力的内容上可分为专业能力、个性能力和社会能力。[1] 职业学校教育不应仅仅局限于学生职业行动能力的培养，人际交往交流能力、终身学习能力、方法能力等也是不容忽视的。

（2）学习领域目标。[2] 行动导向教学立足于引导学生，启发学生，调动学生的学习积极性，使学生在学习过程中由过去教师讲学生听的被动学习变为主动探索行动的学习。行动导向教学实施的基础＝用心＋用手＋用脑，要求学生

---

[1] 职业行动能力概念一般也简称职业能力，在德国是一个比较复杂的历史性概念。德国学者对职业行动能力有着自己的特殊理解。1999年德国各州文教部长联席会议通过制定的《职业相关性课程的框架教学计划制定指南》，将职业行动能力划分为专业能力、社会能力、个性能力。本章沿用这种说法。而国内职业教育界一般认为职业行动能力包括方法能力、专业能力、社会能力。

[2] 德国各州文教部长联席会议对学习领域的定义是：学习领域是一个由学习目标表述的主题学习单元。见姜大源，吴全全. 当代德国职业教育主流教学思想研究 [M]. 北京：清华大学出版社，2007：32–33.

在学习中不只用脑，而且是脑、心、手共同参与学习，寻求学习的最佳效果，其目标是培养学生的学习能力，让学生在活动中培养兴趣，积极主动地学习，让学生学会学习。与传统的讲授式教学法相比，行动导向教学最大的特点是让学生学会了学习，掌握了方法，提高了行动能力。

（3）综合素质目标。在整个行动导向教学中学生始终占据主体地位，教学质量的高低最终通过学生的综合素质得到反映和体现。行动导向教学不仅仅是让学生"学知识"，而且要学会学习，还要学会做事，学会生存与发展，学会与他人交往合作。行动导向教学通过情境模拟、案例研究、角色扮演、项目教学、实验教学等，来塑造学生认知、社会、情感和精神等方面的积极人格特征，包括学生的思维品质和批判精神，文明习惯与生活态度，需求调节与团队合作，责任感与自我意识等方面。采用行动导向教学，学生在获取真知和能力的行动过程中，必然会引起综合素质的积极变化。

通过教学活动基本规律的理性分析，可以基本确定行动导向教学对现代职业教育目标的适应性。行动导向教学范式因其在培养和提高学生的全面素质和综合职业能力方面起着十分重要的作用，从而代表了当今世界先进的职业教学理念，成为现代职教教学改革的一大亮点和一面旗帜。

二、江苏职教行动导向教学范式的过程与角色

职业教育行动导向的整个教学过程可分为收集信息阶段、制订工作计划阶段、决定阶段、实施阶段、检查阶段和评估阶段。在行动导向教学过程中，遵循"资讯、计划、决策、实施、检查、评估"这一完整的行动过程序列，学生通过自主独立的行动实践，掌握职业技能、习得专业知识，从而构建属于自己的行动能力、生活经验和知识体系。在教学中教师与学生互动，学生、教师的地位和角色都发生根本的转变。

（一）职教行动导向教学范式的心理过程

行动导向教学强调：学生是学习过程的中心和学习行动的主体，教学要以职业情境中的行动能力为目标，以基于职业情境的学习情境中的行动过程为途径，以自我调节的学习行动为方法，以师生及学生之间互动的合作行动为形式，以学生自我建构的行动过程为学习过程。

（1）行动导向教学是自我建构、完整行动的过程。行动导向教学理论的特征之一是自我建构、重构和解构学习。在行动过程的框架内，知识系统不是从外部"输入"的，而是在学生个体内有机生成的，因而在具体的行动情境

中，其内化于个体大脑中的有机成分将能很快地从内部"输出"，迅速转换为实用而有效的行动。从广义上讲，学习者个人决定了教学过程，主动组织这一过程并进行反思。教学过程主要是自我定义的，学生参加全部教学过程。从信息的收集，计划的制订，方案的选择，目标的实施，信息的反馈到成果的评价，学生参与问题解决的整个过程。这样学生既了解职业行动的总体目标，又能够清楚行动过程每一环节的具体要求，从而全面提高行动能力。

（2）行动导向教学是学会学习、积极行动的过程。行动导向教学过程中，案例化学习、研究性学习代替了肤浅的结构化的知识学习。学生参与教学实践活动过程，就是解决问题、学会学习的过程，也是获得经验、自主行动的过程。学习作为一种行动，行动的主体——学生就必须处在一个主动的地位。学生不再是一个被动受教育的客体，而更多的是一个行动着的学习主体，充分发挥学习的主动性和积极性，积极主动地变"要我学"为"我要学"。从某种意义上来说，学生作为行动者也是学习过程的"研究者"，至少是学习过程的"参与研究者"。

（3）行动导向教学是教学相长、师生互动的过程。行动导向教学是教学相长、师生互动型的教学模式。教师与学生的人格地位是平等的，师生之间在教学过程中是一种互动合作、相互促进、和谐融洽的积极型关系。行动导向教学中，教师不再是知识的权威和象征，也不会再是一个"施教"的主体。教师不应是传统意义上传道授业的教师，而课堂教学更不应该再是一种单纯的老师讲、学生听的教学模式。行动导向教学要求教师使用轻松愉快的、充满民主的教学风格进行教学，只控制教学过程，不控制内容；只控制活动主题，不控制答案。

（二）职教行动导向教学过程中师生的心理角色

行动导向教学以学生学习为中心，教师处于辅助地位，突出的是学生的学习活动。教师的作用从教学过程的主要承担者和知识的传授者摆脱出来，淡出主角，在教学中教师更多的是学习行动的促进者、鼓励者、支持者、咨询者与协调者。

（1）学生的主体角色。行动导向教学是以学生为主，让学生担任主角，在获取信息→制定步骤→决策→付诸行动→检查过程→反思与评估这一完整的思维过程中完成整个工作过程。通过学会获得信息，学会计划，学会决策，学会独立完成任务，学会自我分析判断检查完成任务的质量，学会评估这六个步骤，学生可以获得知识，掌握技能，形成能力。学生是教学过程的主体，学生对学习过程的自我控制，主要表现在：一是目标明确的学习，由学生自己设立学习目标，是解决问题的或产品指向的学习；二是整体性的学习，包括计划、实施、评价等各环节的职业工作全过程；三是合作式的、研究性的、创造性的、发现性的学习；四是反思性和批判性的学习，学生在"做"的过程中思考，总结经验，提升能力，完善素质。

（2）教师的专业角色。在行动导向教学方式的转化中，教师的角色发生了变化，由过去课堂教学的主导地位，变成课堂教学活动过程的"主持人"。但这并不影响教师作用的充分发挥，相反对教师的专业素质和角色要求则是提高了、更高了。

第一，教学过程引导者。行动导向教学要求教师的主要职能必须从"授"转变为"导"，教师成为课堂学习行动的"导师"、学习情境的"导演"和学习过程的"导游"，他们的责任是激发学习的行动，引导、维持课堂，对整个学习过程进行发动、监督、帮助、控制和评估，积极提供资源，答疑解惑，给予建议，当好学生的参谋和助手。教师要全面、真实、自然地扮演操作行动的"教练员"或指导者，计划执行的"咨询员"或辅导者，矛盾冲突的"协调员"或疏导者，探索创新的"引航员"或倡导者，检查反馈的"巡视员"或督导者，充当学生行动过程、工作过程或学习过程的"信息员""服务员""观察员"和"管理员"的专业角色。

第二，教学实践研究者。德国职业教育界的创造性工作，或者说行动导向教学范式的独到之处，就在于把"教师成为行动研究者"的理论成功运用于职业教育教学。教师是行动导向教学范式实践的研究者，而且是行动导向教学研究的"当局者"；行动导向教学是反思性实践，教师是反思性实践者。行动导向教学要求教师能够灵活采用多种教学方法、方式，如大脑风暴法、卡片展示法、项目教学法、文本引导法、模拟教学法、角色扮演法、思维导图法、案例教学法等。综合运用行动导向教学，教师要认真研究教法，更要积极研究学法，而深入研究教法也是为了更好地改进和指导学法。

第三，教学成效评价者。现代职业教育理论认为，基于科学发展观的行动导向教学评价观应该是以人为本的整体性评价观，职业教育的评价将发生由功利性向人本性的转变。行动导向教学成效在于学生行动能力的改变，包括由内化而至外显的行动。对学习者个体实施评价时，教师要全面把握以专业能力、个性能力、社会能力、学习能力、方法能力、交流能力等元素整合后形成的职业行动能力为评价标准。所涉及的核心问题就是，教师既要关注对显性能力评价，还要关注对隐性能力评价，遵循整体性、主体性、发展性、科学性等基本原则。

三、江苏职教行动导向教学范式的特征与原则

任何职业劳动和职业教育，都是以职业的形式进行的。这意味着，职业的内涵既规范了职业劳动（实际的社会职业或劳动岗位）的维度，又规范了职业教育（职教专业、职教课程和职教考试）的标准。职教行动导向教学范式的目标指向明确，职业针对性强，教学效率高，已经形成了独具特色的个性化教学风格。

（一）职教行动导向教学范式的心理特征

理论与实践相结合是职业教育中一切教学方法选择、使用和评价的基本特点。从心理学角度分析，职业教育行动导向教学范式具有如下特征。

（1）职业发展性。在教学目标定位上，行动导向教学的出发点是提高职业行动能力，而现代职业教育的一个明确目标就是要发展职业行动能力。"职业教育中的职业，是一种教育的职业，是来自社会，高于社会的职业；职业教育的专业，不是普通教育的专业，不是高等教育目录中的教育专业，而是更多地具有职业的属性。"❶ 职业教育的职业属性要求职业教育的教学过程应尽可能与职业的工作过程保持一致性，因而这一整合将"强迫"学习过程依照职业的工作过程展开，让学生主动去思维和探索，以便获得完整的职业行动能力。

（2）情境活动性。在教学环境设计上，行动导向教学应尽量以真实或实际的经验情境或行动情境作为教学的基础。即为了职业情境中的行动而学习，通过学习情境中的行动来学习。通过创造某种特定的"环境"或称"情境"，让学生在教师所设计的学习环境中进行学习，使每个学习者都有施展个性能力的机会和舞台。这种教与学通常围绕某一课题、问题或项目开展教学活动，强调多种教学媒体的综合运用，倡导学生参与教学的全过程，重视学习过程的活动体验，个体和集体的教学活动互为补充，注重主体的情境感受和经验积累，在形象、仿真的环境中评价、检查学生分析和解决实际问题的能力。

（3）学科交叉性。在教学内容选择上，行动导向教学具有跨学科融合、

---

❶ 姜大源．建立以行动为导向的职业教育课程体系［J］．人民政协网．www.rmzxb.com.cn，2008 - 12 - 17.

多学科交叉的特点。跨学科的理念是行动导向教学根据内在逻辑而产生的，因此它并不以学科结构为导向，而是采用非学科式的、能力本位的教学设计选择教学内容。行动导向教学内容安排上不是传统的学科体系，而是根据教学目标分类要求，以职业行动能力为指向，以职业工作过程分析为基础，以职业"学习任务"为载体，横向综合各有关学科的知识点和技能，形成新的课程结构——学习领域。

（4）积极主体性。在教学对象认识上，行动导向教学视学生为主体，调动学生学习的自主性、积极性，强调学生学习动机的激发和学习品格的培养。行动导向教学关注学生的学习兴趣和需求，让学生对所学的内容感到好奇，感到惊讶、提出问题和能自主反思。同时充分尊重学生的个性，注重学生自信心、自尊心和责任感的培养，不断地启发和鼓励学生。行动导向教学并不要求学生是一个完美的人，而是一个会犯错误并能从错误中学习的人。教学过程中教师要多关注学生的优点，少讲不足和缺点，允许学生犯错误，不允许武断批评和粗暴惩罚学生。

（5）团队合作性。在教学组织形式上，行动导向教学鼓励和支持学生以团队合作形式共同解决提出的问题，强调在团队学习中发挥每个学生的主体作用和独特优势。在教师引导下，学生以团队互助、分工协作的形式进行学习，共同参与活动过程，共同讨论交流，共同承担工作责任，扮演不同的职业角色，分享彼此的学习经验，在互相支持和鼓励的合作学习过程中最终获得问题解决。

（二）职教行动导向教学范式的原则

行动导向教学要求遵循职业教育教学基本规律和学生心理发展成长规律，正确处理教学过程的基本关系。"行动导向教学法的基础是基于以下假设的，即职业行动能力的发展特别需要教学安排的支持，在这些教学安排中，学习过程是以行动为导向的。"❶从教学心理学的角度归纳行动导向教学的基本要求，概括为五大优先的基本原则。

（1）能力优先原则。在知识目标与能力目标关系上，行动导向教学的核心是注重职业能力的培养，真正从职业技能教育入手，让学生愉快地、轻松地完成学习任务。行为导向教学能做到在团队活动及社会交往中培养与人合作的

---

❶〔德〕Bünning，Frank：职业技术教育培训（TVET）中的行动导向教学法导论－心理学原理及其相关教学理念（内部资料）. Bonn：Internationale Weiterbildung und Entwicklung gGmbH，2007.

能力，在活动中通过展示技术和作品的训练培养表达能力，在综合性的实践活动中培养社会能力。学生在自行制订工作计划、提出解决实际问题的思路和在评估工作结果等活动中，形成工作方法和解决问题的方法的能力，不断把知识内化为能力。显然，采用行动导向教学获得知识符合人的职业成长规律，学生的综合职业能力通过实践得到全面锻炼，避免了过去单纯重视专业技能的状况，从而真正实现职业教育的价值——在于培养那些不能被机器取代的职业能力。

（2）行动优先原则。在理论学习与实践活动关系上，行动导向教学遵循学习理解过程中的行动优先原则。德国联邦职业教育研究所比较研究部原负责人劳尔·恩斯特女士指出，行动即学习原则。学习就是一个行动过程，通过"做"来学习——坚持"做中学"的基本原则。学生通过学习情境中的行动来学习：行动构成学习的基本起点，尽可能自己行动或通过思考再现行动。为了行动而学习，这是教学目标；通过行动来学习，这是教学过程；行动就是学习，就是做中学、学中做，教学做合一。学习者的行动包括两个层面：有组织的学习过程中的行动，在工作生活和个人生活中非组织性的学习过程中的行动。职业教育中学习过程的设计应该以人类行动（完整的行动）的基本结构为导向。

（3）建构优先原则。在课堂讲授与自我建构关系上，行动导向教学具有三个典型的特征：基于行动、生成和建构意义的"学"，学生主动存在；基于支持、激励和咨询意义的"教"，教师反应存在；基于整体、过程和实践意义的"境"，情境真实存在。❶ 在建构主义学习环境下，学生和教师的角色和作用与传统教学相比发生了很大变化。学生不再是受到外界刺激的被动接受者，而是知识意义的主动建构者，教师也不再是传统教学模式下的知识传授者，而是促进学生主动建构意义的指导者。而卓有成效的职教行动导向教学成功的关键，在于寻求建构与指导之间的平衡，实现指导性教学原则与建构性教学原则的融合。

（4）学习优先原则。在学生学习与教师教学关系上，行动导向教学的显著特点是：教学主体活动是学生的学习，而不是教师的教导。行动导向教学是从教学生"学会学习"目标出发，使职业教育教学从注重"教法"转到注重

---

❶ 姜大源. 指导优先原则与建构优先原则的特征及其融合——关于职业教育行动导向的教学原则及其思辨 [J]. 职教通讯. 2005（2）：5-8.

"学法"，将学生的学习与学生发展密切结合起来。行动导向教学体现了"以学为本，因学施教"的教学准则，因为"学"在学生的活动中占据主导地位，而教则应因学生、因学习过程施以不同的"教"，"教"在于对学生的学习、成长和发展起着辅助和促进的作用。

（5）整合优先原则。在教学过程与教学评价关系上，行动导向教学具有整体统一性，坚持理论学习与实践活动一体化，教学目标与德育要求一体化，行动过程与评价过程一体化，核心就是实现工作过程、行动过程与学习过程一体化的融合。这里所说的行动，既包括个体的主观意识行动，又包括个体的客观具体行动，即要实现动作行动与心智行动的整合。行动导向教学由师生共同确定的行动产品来引导教学组织过程，让学生的所有感觉器官都参与学习，达到脑力劳动和体力劳动的统一（Meyer，1989）。每个单项学习的累积与各个部分的结合，可以成为有机的教学过程整体。

职教行动导向教学过程需要遵循上述基本原则，不断开发学习条件和资源，形成积极的制度环境、组织环境和学习环境，给学习者提供更大的自主建构和自由发展空间，使其能够更加充分灵活地行动和学习，最优化地实现职业教育教学目标。

四、江苏职教行动导向教学范式的实践诉求

职教行动导向教学范式是一种现代教学指导思想和课程建设理念，是一种先进的职业教育思潮和完整的职业教育模式。目前行动导向教学范式日益成为世界职业教学理念的完美组合、各国职业教育改革的重要依据。推广和使用这种范式已经成为现代职业教育、培训的主要发展趋势，也必将对江苏职业教育教学改革与发展产生极为深刻而广泛的影响。

第一，树立实施积极职业教育的新理念。行动导向教学范式促进人们更深刻地认识职业教育的本质和功能，职业教育不是单一的知识传授或技能训练教育，不是"补差"式教育或者"二流"的教育，不是学习"失败者"的教育，也不应该是消极防御、被动应付的"救火式"教育。职业教育对学生的培养不应该"削足适履"、整齐划一，而应该鼓励学生扬长避短、个性化多元发展。我们需要树立以人为本、助人自助、育人至上的积极职业教育新理念，❶ 以积极的认知方式和思维方式把握职业教育目标，大力开展以行

---

❶ 崔景贵. 育人为本：我国职业教育创新变革的基本理念［J］. 教育与职业. 2007（30）：10－12.

动为导向的职业素质教育，积极实施主体发展性教学过程，建构积极的职业教育管理模式。

第二，树立现代职教教学设计的新概念。行动导向教学不是职业教育的一种具体方法，而是一种教学设计的科学理念，使得职业教育在一种全新的概念与模式下运作。职业教育教学设计与学生的认知世界结合越紧密，则他们越能将自己的个人经验和评价纳入学习过程。职业教育教学应遵循职业能力形成的规律，优化行动导向教学设计思路，将知识目标与能力目标按职业行动规律进行递进分类，针对每一类别来设计教学项目，每个项目教与学的全过程采用行动导向准则设计教学环境和情境，让学生学会"用正确的方法做正确的事"，在自主行动过程中形成职业能力和综合素质。

第三，树立促进职校生心理发展的新观念。职业学校教师要科学认识职业教育与职校生心理发展的辩证关系，全面客观的理解和评价当代职校生，把握"95后"职校生心理发展的基本特征，引导学生强化自信心、自尊心、责任心和进取心，促进职校生的个性和谐发展，让"95后"职校生心理世界充满和煦的阳光。职业学校教师要对当代职校生的职业发展和专业成才抱有信心，积极关注"95后"职校生的学习过程和成长历程，引导学生真正"学会学习，学会做事，学会共处（共同生活）和学会发展"，❶ 获得积极的人生发展观和职业价值观。

第四，树立开展校本行动研究的新思维。职业院校要借鉴职教行动导向教学范式具有规律性、普适性的科学研究成果，自主开展个性化的校本行动研究，强化教师树立"我是一个研究者"的意识，探索职教专业课程建设、教学方法的新途径、新举措，以高质量、有特色、重行动、求实效为目标，全面推进职业教育教学改革，形成适合职业教育实际的行动导向教学课程体系和操作体系。

彻底的行动导向教学是职业教育范式的一次"革命"，必将带来江苏职业教育前所未有的崭新面貌。我们应该充分吸收职教行动导向教学范式的思想精髓，积极运用职业教育心理学的新成果，促进江苏职业教育教学的改革深化与创新发展，建立真正适合江苏本土文化的、具有江苏特色与气派的现代职业教育行动导向教学范式。

---

❶ 参阅国际21世纪教育委员会向联合国教科文组织提交的报告. 教育——财富蕴藏其中［M］.
北京：教育科学出版社，1996：2-3.

本章小结

实现江苏职业教育现代化，必须以立德树人为根本的理念来引领职教创新发展，以提高质量为核心来增强职教发展的吸引力，以行动导向为举措来推进现代职教教学深化改革，共同绘就中国职教梦的江苏新篇章。现代职业教育是复杂的系统工程，应树立育人为本的理念，围绕育人的"点""线""层""面"和"体"，创新变革基本策略：把握职业教育目标的"支点"抓手，促进职业教育实践的"在线"运作，推进职业教育对象的"分层"培养，引导职业教育内容的"全面"优化，构建职业教育力量的"立体"格局，追求职业教育过程的"艺术"智慧。江苏职业教育改革创新发展进入关键阶段，目标转向、观念转变、模式转型、重心转移和战略转轨，是促进江苏职业教育科学发展的基本策略。优化现代职教体系，强化育人为本理念，深化校企合作办学，更加注重内涵建设，全面提升质量水平，着力系统设计、科学构建提高教学质量、富有江苏特色的现代职业教育范式。行动导向是现代职业教育教学的一种新范式。建立适合江苏职教改革创新需要的行动导向教学范式，需要树立实施积极职业教育的新理念，树立现代职教教学设计的新概念，树立促进职校生心理发展的新观念，树立开展校本行动研究的新思维。

（本章执笔人：崔景贵）

江苏现代职业教育改革创新发展实验区建设

江苏省职业教育事业发展取得的成就有目共睹，居于全国领先地位。其中一条重要的经验就是，江苏历届省委、省政府领导高度重视发展职业教育，把发展职业教育摆在特殊重要的地位，积极应对经济社会发展对职业教育的挑战，以改革创新谋求事业发展。职业教育创新发展实验区建设是江苏省委、省政府为加快发展现代职业教育，提高职业教育服务经济社会发展的能力，对"十二五"期间江苏职业教育改革发展做出的重大战略决策。自从 2011 年 5 月江苏省全面启动职业教育创新发展实验区以来，职业教育创新发展实验区建设迄今已经有 3 年多时间。本章中，将深刻领会职业教育创新发展实验区建设的意义，全面总结各级政府加强职业教育创新发展实验区建设的举措与经验，系统梳理教育系统推进职业教育创新发展实验区建设的各项改革，介绍南通市构建以学制分段衔接为载体的现代职业教育体验试点，以准确把握江苏职业教育改革创新发展的阶段性经验。

第一节　江苏推进职业教育创新发展实验区的系统建设

职业教育创新发展实验区建设是江苏省委省政府以贯彻落实国家中长期教育规划纲要为契机，因应新时期江苏经济社会发展的挑战与需要并根据江苏职业教育发展的现状与目标而提出来的，具有非常重要的现实意义。

一、江苏推进职业教育创新发展实验区建设的重要意义

（一）有利于贯彻落实新时期党和政府关于职业教育的方针政策

职业教育创新发展实验区建设是江苏省贯彻《国家中长期教育改革和发

展规划纲要（2010～2020年）》《中等职业教育改革创新行动计划（2010～2012）》《江苏省中长期教育改革和发展规划纲要（2010～2020年）》《江苏省职业教育创新发展实验区建设方案》的重要举措，是江苏省为推进职业教育综合改革、构建现代职业教育体系而开展的有益尝试，有利于推动江苏率先实现教育现代化并为全国其他省份提供借鉴。要率先实现教育现代化结合职业教育的现代化。尽管江苏省教育整体发展水平居于全国前列，但是由于体制、机制、历史与文化等原因，与江苏省其他类型教育相比，与江苏省经济社会发展对职业教育的需求相比，江苏省职业教育发展仍相对滞后。这已经成为制约江苏省教育现代化的短板。以贯彻落实国家中长期教育规划纲要为契机，江苏省委省政府审时度势，提出、部署、推进职业教育创新发展实验区建设。这是新时期江苏根据本省情况为推动职业教育创新发展而做出的战略选择。深入推进职业教育创新发展实验区建设工作，认真总结职业教育创新发展实验区建设经验，不仅有利于促进江苏省职业教育的又好又快发展，推动江苏率先实现教育现代化，而且可以产生示范效应，为全国其他省份破解制约职业教育发展的难题提供有益的经验借鉴。

（二）有利于破解江苏省劳动力供求总量矛盾和就业结构性矛盾

职业教育创新发展实验区建设是江苏省实施的一项事关国计民生的基础性工程，有利于破解江苏省劳动力供求总量矛盾和就业结构性矛盾，促进和扩大城乡就业。就业是民生之本，是人民群众改善生活的基本前提和基本途径。就业和再就业工作，事关亿万人民群众的切身利益，事关改革发展稳定的大局，事关实现全面建设小康社会的宏伟目标。江苏省委十一届十次全会决定"十二五"期间重点实施"八项工程"：一是转型升级工程；二是科技创新工程；三是农业现代化工程；四是文化建设工程；五是民生幸福工程；六是社会管理创新工程；七是生态文明建设工程；八是党建工作创新工程。其中，职业教育创新发展实验区建设就是实施民生幸福工程的重要内容。一方面，江苏省劳动力供求总量矛盾和就业结果性矛盾同时并存，城镇就业压力加大和农村劳动力转移速度加快同时出现，新成长劳动力就业和失业人员再就业问题交织。另一面，大多数接受职业教育的是社会弱势群体，家庭经济条件往往较差。而职业教育则因其肩负提升个体就业能力、改善个体就业质量的重要使命，因此成为促进个体就业、增加个体收入、解决民生问题的有效途径。因此，推进职业教育创新发展实验区建设的重要性不言而喻。

（三）有利于推动江苏省经济发展方式转变、产业结构转型升级

职业教育创新发展实验区建设有利于为全面落实"六个注重"、全力实施"八项工程"提供坚实的技能型人才支撑，推动江苏经济发展方式转变、产业结构转型升级，实现"率先全面建成小康社会、率先基本实现现代化"的目标。江苏省委、省政府为落实时任总书记的胡锦涛同志对江苏工作"六个注重"的新要求，做出"十二五"期间实施"八项工程"的决策。然而，不管是实施转型升级、科技创新、农业现代化工程还是实施文化建设、民生幸福、社会管理创新、生态文明建设工程，都需要大批高素质技能型人才作为支撑。如果没有大批高素质技能型人才，就不可能达成江苏"十二五"经济社会发展的目标。结合分析其时江苏省技能型人才队伍现状，高素质技能型人才的数量与质量都远远不能满足江苏经济社会发展的要求。这迫切要求加大培养高素质技能型人才的力度。加强职业教育创新发展实验区建设，推动职业教育创新发展就是要探索构建适应江苏经济发展方式转变和产业结构转型升级要求，体现终身教育理念，与市场需求和劳动就业紧密结合，中等和高等职业教育协调发展的现代职业教育体系。

二、江苏现代职业教育创新发展实验区的系统建设

各级政府高度重视职业教育创新发展实验区建设。2010年11月，江苏省政府印发《江苏省职业教育创新发展实验区建设方案》，鼓励有条件的市、县先行建立试点，推动建立现代职业教育制度。2011年5月，职业教育创新发展实验区建设全面启动，确定无锡市、常州市、苏州市、如皋市、赣榆县、淮安市楚州区、东台市、江都市、句容市、泰兴市10个市、县（市、区）为首批江苏省职业教育创新发展实验区，召开全省职业教育创新发展推进会。2012年5月，确定南京市、徐州市、海门市、灌南县、大丰市、宝应县、丹阳市、靖江市和淮安经济开发区为第二批江苏省职业教育创新发展实验区。相关的市、县（市、区）地方政府高度重视实验区的建设，按照建设总目标和年度分目标开展工作，并积极采取强有力的举措。

（一）加强统筹规划，加大部门间协同配合力度

职业教育创新发展实验区建设具有严密的组织保障。职业教育创新发展实验区建设在江苏省政府统一领导下，各部门协同配合，由市、县（市、区）人民政府组织实施。省成立职业教育创新发展实验区建设工作指导小组，强化综合管理和统筹协调。江苏省教育厅、省发展和改革委员会、省财政厅、省经

济和信息化委员会、省人力资源社会保障厅、省商务厅等部门协同配合。省教育系统全面贯彻国家和省中长期教育规划纲要，认真实施教育部《中等职业教育创新行动计划》和《江苏省职业教育创新发展实验区建设方案》。❶ 省发展和改革委员会全力落实职业教育发展相关规划；积极支持职业教育发展；全力加强职业教育项目建设和管理；着力推动建立现代职教制度，积极配合做好各项工作。❷ 省财政厅强化经费保障，大力支持职业教育创新发展；强化政策作用，着力引导职业教育改革创新；加强资金管理，提高职教经费使用效益。❸ 省经济和信息化委员会坚持职业教育与经济工作协调推进；积极推动职业教育集团化发展；扎实推进校企合作、工学结合；引导行业企业开展职业教育；支持委属职业学校创新发展。❹ 省人力资源社会保障厅以促进就业为目标，健全面向全体劳动者的职业培训制度；加强技工院校内涵建设，大力推动技工院校改革发展；完善技能人才评价、选拔和表彰制度；完善政策措施，促进职业教育教师队伍建设。❺ 省商务系统充分发挥部门职能作用，大力支持职业教育创新发展，大力促进开发园区职业教育创新发展，加快推进职业教育国际交流合作。❻ 各实验区紧密结合各地实际，成立相应的创建领导小组，科学制订规划，统筹推进实验区建设各项工作。以无锡市为例，作为首批江苏省职业教育创新发展实验区，无锡市成立以市政府分管副市长为组长的领导小组，以创建江苏省职业教育创新发展实验区为契机，以建设长三角区域性职业教育中心为目标，以创新职业教育体制机制为突破口，坚持统筹发展中等职业教育与高等职业教育，着力推进职业教育创新发展，加快建设现代职业教育体系。❼

---

❶ 沈健. 在全省职业教育创新发展推进会上的发言. http：//www. jse. gov. cn/art/2011/5/18/art_ 3802_ 12966. html.

❷ 张卫东. 在全省职业教育创新发展推进会上的发言. http：//www. jse. gov. cn/art/2011/5/18/ art_ 3802_ 12965. html.

❸ 江建平. 在全省职业教育创新发展推进会上的发言. http：//www. jse. gov. cn/art/2011/5/18/ art_ 3802_ 12963. html.

❹ 陈为保. 在全省职业教育创新发展推进会上的发言. http：//www. jse. gov. cn/art/2011/5/18/ art_ 3802_ 12964. html.

❺ 吴可立. 在全省职业教育创新发展推进会上的发言. http：//www. jse. gov. cn/art/2011/5/18/ art_ 3802_ 12962. html.

❻ 笪家祥. 在全省职业教育创新发展推进会上的发言. http：//www. jse. gov. cn/art/2011/5/18/ art_ 3802_ 12960. html.

❼ 无锡市教育局. 无锡市创建江苏省职业教育创新发展实验区工作汇报. http：//www. ec. js. edu. cn/art/2013/ 12/5/art_ 10623_ 140153. html.

（二）明确目标任务，科学制订实验区建设方案

2010 年 11 月，省政府印发《江苏省职业教育创新发展实验区建设方案》。❶ 该方案明确提出职业教育创新发展实验区建设的指导思想、目标任务、建设标准、组织领导和工作步骤。其中，规定职业教育创新发展实验区建设的目标任务为创新职教发展方式、创新职教办学体制、创新人才培养模式、创新队伍建设机制、创新考试招生制度、创新质量评价制度；规定 2015 年前要达到统筹机制健全、管理体制完善、布局整体优化、办学充满活力、专业具有特色、教学改革深化、产教结合紧密、经费保障有力、师资水平较高、质量整体提升标准。各实验区的相关市、县（市、区）政府根据各地实际，按照《国家中长期教育改革和发展规划纲要》《中等职业教育改革创新行动计划》《江苏省中长期教育改革和发展规划纲要》与《江苏省职业教育创新发展实验区建设方案》的目标要求，科学制订各地的教育发展规划与职业教育创新发展实验区实施方案，采取创造性的举措推进各地职业教育创新发展实验区建设。以常州市为例，常州市坚持政府统筹、深化改革、全面推进的方针，教育、人社、财政、科技等部门通力合作，印发《常州市中长期教育改革和发展规划纲要（2010~2020 年）》《常州市建设江苏省职业教育创新发展实验区实施方案》，将创新发展实验区建设融入职业教育改革发展全过程，突出体制、制度、机制的改革和创新对职业教育发展的促进作用；建立职业教育创新发展实验区建设年度报告制度，对照《常州市建设江苏省职业教育创新发展实验区重点创新项目任务分解表》内容，对各职业学校重点创新项目推进和完成情况进行逐条考核，每年公布，形成职业教育实验区建设过程管理和评价考核促进机制。❷

（三）完善相关政策，确保实验区建设顺利推进

省人民政府及其相关部门与相关的市、县（市、区）人民政府高度重视，完善相关政策，围绕财政投入、宏观管理、师资队伍建设、专业建设、技能大赛、校企合作等方面出台大量政策，大力支持、配合职业教育创新发展实验区建设。以财政投入为例，各级财政部门按照省委省政府的决策部署，努力增加投入，全力支持职业教育快速发展，建立健全职业教育经费保障机制。就中职

---

❶ 省政府办公厅关于印发江苏省职业教育创新发展实验区建设方案的通知. http://www. ec. js. edu. cn/art/2010/ 11/9/art_ 4267_ 30461. html.

❷ 常州市建设江苏省职业教育创新发展实验区工作领导小组办公室. 常州市建设江苏省职业教育创新发展实验区工作汇报. http://www. ec. js. edu. cn/art/2013/12/5/art_ 10623_ 140151. html.

学校生均经费而言，江苏省规定公办中职学校生均财政拨款标准 2 800 元（其中公用经费最低要求为 500 元），并根据实际需求和财力可能逐步提高。2011年全省职业教育（不含高等职业教育）财政支出达 103 亿元，首次突破百亿元。❶ 南京市要求各级政府要确保公办中等职业学校年生均预算内公用经费财政基本拨款标准不低于 1 000 元，并根据实际情况逐步提高；安排专项资金，加强职业学校校舍建设、实训基地建设、专业建设、教师培训等，确保生均实验实训设备值达到 10 000 元；确保职业学校事业性收入全额用于学校发展，各有关部门不得收取调节基金，不得冲抵财政拨款；免学费补助部分纳入财政预算并全额拨付学校用于学校发展；认真落实教育费附加用于职业教育的比例不低于 30% 和财政拨付年人均 2 元的成人教育事业经费，企业按照职工工资总额 1.5%～2.5% 提取职工教育经费，专项用于发展职业教育和职业培训等经费政策。❷ 苏州市出台《苏州市中等职业学校经费保障机制》文件，明确规定全市中等职业学校生均财政拨款基本标准不低于每生 4 400 元，其中生均预算内公用经费基本拨款标准不低于每生 500 元，设立实训基地专项经费每年 2 000 万元，教师培训专项经费每年 200 万元，教育费附加 30% 用于职业教育，职工教育基金统筹 0.5 用于职业教育。❸

（四）精心组织实施，开展现代职教体系建设试点

国家中长期教育规划纲要提出，到 2020 年，形成适应经济发展方式转变和产业结构调整要求、体现终身教育理念、中等和高等职业教育协调发展的现代职业教育体系。加快建立现代职业教育体系是江苏职业教育创新发展实验区建设的重要内容，是江苏建设教育强省与率先实现教育现代化的重要举措，提出要稳定事业发展规模，主动顺应经济发展方式转变，科学统筹中高等职业教育发展，加快融入终身教育体系。2012 年 3 月，省教育厅正式启动江苏省现代职业教育体系建设试点项目，其中大多数项目集中在实验区。各地实验区根据各地实际，各有侧重，开展现代职业教育体系建设试点。常州市力求中职、专科高职、应用本科等各层次教育结构合理、定位科学、有机衔接，特别是在

---

❶ 省财政厅. 加大投入 加强管理健全职业教育经费保障机制. http：//www. ec. js. edu. cn/art/2012/5/23/art_ 6702 _ 75425. html.

❷ 南京市教育局. 以现代职教体系建设为引领 推进南京职业教育又好又快发展. http：//www. ec. js. edu. cn/art/ 2013/12/5/art_ 10623 _ 140154. html.

❸ 苏州市教育局. 承载使命 凝聚共识 落实行动 创新发展. http：//www. ec. js. edu. cn/art/2013/12/5/art_ 10623 _ 140150. html.

中职与应用本科衔接的突破；在 5 年一贯制高职、中职单招升学方面已经构建起比较健全的中高职衔接体系，正在有序推进中职＋专科高职、专科高职＋应用本科、中职＋应用本科的衔接试点。2013 年，常州大学、常州工学院、江苏理工学院分别与常州市中职和高职院校开展中职＋应用本科、专科高职＋应用本科的试点。❶ 无锡市精心组织实施省现代职业教育体系试点项目，统筹发展中高等职业教育。2012 年、2013 年无锡市共有 41 个项目获省教育厅审批参与江苏省现代职教体系建设试点项目。市教育局认真研究推进试点项目实施，指导学校完善细化试点方案。在中招过程中，加大对试点项目的宣传力度，在中招政策上予以倾斜，将 5 年制高职与普通本科 5＋2 分段培养项目安排在四星级普通高中同一招生批次，将中高职 3＋2 或 3＋3 分段培养项目安排在三星级普通高中、5 年制高职同一批次。同时，安排专项经费 230 万元，用于引导、支持相关院校开展试点项目。❷ 苏州市大力开展现代职业教育体系建设试点项目的实践，积极探索构建现代职业教育体系。2012 年苏州共有 3/4 的本科院校，90% 以上的高职院校，70% 以上的中职学校参与江苏省现代职业教育体系建设试点方案的申报，获批 23 个项目；2013 年共获批中高职 3＋3 分段培养项目 21 个、中高职 4＋2 分段培养项目 2 个、中职与本科 3＋4 分段培养项目 3 个、中职与本科 5＋2 分段培养项目 4 个、中职与开放本科分段培养项目 1 个、高职与普通本科 3＋2 分段培养项目 4 个，共计 35 个项目，涉及牵头院校 11 个，合作院校 19 个，涉及专业 20 个，计划招生人数 2 370 人。❸

（五）优化学校布局，整合实验区职业教育资源

为做大做强实验区职业教育，根据《江苏省职业教育创新发展实验区建设方案》提出的创新职业教育发展方式要求，各实验区普遍重视调整优化职业学校布局，整合职业教育资源。南京市按照国家改革发展示范校标准重点建设 20 所中等职业学校，其中包括 5～6 所技工院校，每校在校生规模达到 3 500 人；关停并转年招生低于 500 人、办学条件不达标的职业学校和技工学校，暂时不能兼并整合又不达标的学校一律撤销或转为非学历职业培训机构；

---

❶ 常州市建设江苏省职业教育创新发展实验区工作领导小组办公室. 常州市建设江苏省职业教育创新发展实验区工作汇报. http：//www. ec. js. edu. cn/art/2013/12/5/art_ 10623_ 140151. html.

❷ 无锡市教育局. 无锡市创建江苏省职业教育创新发展实验区工作汇报. http：//www. ec. js. edu. cn/art/2013/12/5/ art_ 10623_ 140153. html.

❸ 苏州市教育局. 承载使命 凝聚共识 落实行动 创新发展. http：//www. ec. js. edu. cn/art/ 2013/12/5/art_ 10623 _ 140150. html.

鼓励整合后学校采用土地置换、转让等方式筹集资金到浦口、六合、溧水、高淳开发区或经济园区新建学校，设置与区域经济配套的专业，政府在建设用地、规费减免等方面给予优惠扶持。❶ 常州市继续整合中、高等职业学校资源，推进职业学校集约发展和布局优化。2011 年，市政府又决定对分属 5 个不同行业部门的职业学校和培训机构进行整合，由市教育局统筹，在城西武进殷村建设殷村职教园，列入常州市重点建设工程。殷村职教园集聚常州艺术高职校、建设高职校、交通技师学院、人民警察培训学院、省未成年人思想道德建设基地，打造以文化创意、建设交通和社会管理专业为鲜明特色，资源充分共享，教学改革引领，中、高职衔接配套，职前教育与职后培训并举，青少年思想道德教育与职业教育体验结合的新型职教园区，打造与殷村新农村建设、生态旅游休闲区建设三位一体，互为包容的田园式生态职教园区。❷ 苏州市大力推进职业教育布局调整、学校合并和资源整合，全市中职学校数由 94 所调整为现在的 33 所（其中代管学校 6 所），另有技工院校 10 所，2012 年底在校生 10.53 万人，学校办学条件普遍得到极大改善，学校规模大幅提高。苏州市已经形成以国际教育园为龙头，每个县级市都有 1～3 所高职院校和 1～3 所主体型、规模型、示范性中等职业学校的新格局，实现了职业学校向开发区集聚、优质职教向品牌企业靠拢。❸

第二节　江苏深化职业教育创新发展实验区的综合改革

以职业教育创新发展实验区建设为契机，各地根据《江苏省职业教育创新发展实验区建设方案》与相关政策要求，结合各自实际，科学推进职业教育创新发展实验区的各项改革，加大政策支持力度，完善各项规章制度，成绩显著。

一、形成现代职业教育体系框架

构建现代职业教育体系是职业教育创新发展实验区建设的根本目标；加快

---

❶ 南京市教育局. 以现代职教体系建设为引领推进南京职业教育又好又快发展. http：//www. ec. js. edu. cn /art/2013/12/5/art_ 10623_ 140154. html.

❷ 常州市建设江苏省职业教育创新发展实验区工作领导小组办公室. 常州市建设江苏省职业教育创新发展实验区工作汇报. http：//www. ec. js. edu. cn/art/2013/12/5/art_ 10623_ 140151. html.

❸ 苏州市教育局. 承载使命　凝聚共识　落实行动　创新发展. http：//www. ec. js. edu. cn/art/2013/12/5/art_ 10623 _ 140150. html.

推进现代职业教育体系建设是职业教育创新发展实验区建设的核心内容。总体而言，江苏职业教育创新发展实验区已经基本形成现代职业教育体系框架。常州市要求中职、专科高职、应用本科等各层次教育结构合理、定位科学、有机衔接，特别是在中职与应用本科衔接的突破。在 5 年一贯制高职、中职单招升学方面已经构建起比较健全的中高职衔接体系，中职＋专科高职、专科高职＋应用本科、中职＋应用本科的衔接试点正在有序推进。❶ 南京市已经形成现代职业教育体系框架。加快市属本科高校的转型发展，发挥市属高校和在宁应用型高校在现代职业教育体系建设中的引领作用，积极筹建南京软件科技大学；统筹全市 5 年制高等职业教育发展，扩大初中起点的 5 年制高等职业教育办学规模，新增 3 个 5 年制高职办学点；深化中高职和应用型本科一体化办学试点，由金陵科技学院、晓庄学院等本科高校牵头，开展中职与普通本科"3＋4"分段培养试点和 5 年制高职与普通本科"5＋2"转段培养试点；由在宁部省属重点高职高专牵头，开展中职和高职"3＋3"分段培养试点。❷ 无锡市坚持中等职业教育和高等职业教育统筹发展，着力构建完整统一的现代职业教育体系。建立统筹中高等职业教育发展的协调机制，已经初步形成打破层级、部门体制界限，协调统筹中高等职业教育发展的机制；打破隶属关系不同的限制，组建 10 个市级职业教育集团，实现中高职专业建设的统筹、人才培养方案的对接、师资教学实训资源的共享、对口升学的组织等，强调行业企业的广泛参与，推动校企合作集约化、常态化、制度化。❸ 苏州市已经基本形成以独立设置的中等职业学校和高职院校为主体，其他教育机构广泛参与，中职高职相衔接，职前职后教育并行，城乡一体发展，国内国外开放，具有苏州特色的职业教育体系。❹

二、推进职业教育校企深度合作

各实验区积极探索各种形式的校企合作形式，完善校企合作制度与相关的

---

❶ 常州市建设江苏省职业教育创新发展实验区工作领导小组办公室. 常州市建设江苏省职业教育创新发展实验区工作汇报. http：//www. ec. js. edu. cn/art/2013/12/5/art_ 10623_ 140151. html.

❷ 南京市教育局. 以现代职教体系建设为引领 推进南京职业教育又好又快发展. http：//www. ec. js. edu. cn/art/ 2013/12/5/art_ 10623_ 140154. html.

❸ 无锡市教育局. 无锡市创建江苏省职业教育创新发展实验区工作汇报. http：//www. ec. js. edu. cn/art/2013/12 /5/art_ 10623_ 140153. html.

❹ 苏州市教育局. 承载使命 凝聚共识 落实行动 创新发展. http：//www. ec. js. edu. cn/art/ 2013/12/5/art_ 10623 _ 140150. html.

政策，推进职业教育校企深度合作，创新职业学校人才培养模式。常州市构建校企合作集团办学体制，重点建设 10 个由职业学校牵头成立的校企合作和资源共享的专业性、行业性、地方性职教集团，构建职业学校校企合作办学的体制构架，重点推进订单培养、工学结合、就业实习、建立专业建设和课程教学指导委员会、教师顶岗实习、兼职教师聘任、引厂入校、产学研合作等领域校企合作；分别由常州刘国钧高职校与常州铁道高职校牵头，依托所在地镇政府与相关企业成立区域性政校企合作的集团。❶ 无锡市深化人才培养模式改革，构建校企合作长效机制。进一步完善职业院校实习实训定点企业制度，已经完成第二批定点企业的认定工作，使定点企业总数达到 60 家；市政府教育督导室、市教育局、市人力资源和社会保障局联合开展全市职业学校校企合作办学专项督导；大力推进市级职业教育集团建设，市政府办公室转发了市教育局起草的《关于加强职业教育集团建设的工作意见》，先后组建物联网、服务外包等 10 个市级职教集团，探索中高等职业教育协调发展和校企合作长效机制；启动评选无锡市职业教育校企合作示范项目，促其发挥引领作用，强化校企合作办学机制。❷ 苏州市职业学校始终面向企业、面向市场办学，与行业企业结成"合作双赢，共同发展"的伙伴。建立多层次的合作，由学校、行业协会和企业共同组建十多个专业性职教集团，开展多校、多企业集群式合作，由企业专家与学校教师共同组建教学指导委员会或专业建设委员会，使职业教育最大限度地贴近现实生产技术水平和管理水平；积极探索校企合作新模式，通过"订单式"培养，共建"专门实验室"、设立企业奖学金奖教金、共建实训基地、教师下企业锻炼等形式，不断推进校企合作向纵深发展；即将出台《职业教育校企合作促进暂行办法》，建立校企合作良好机制。❸

三、深化职业学校招生制度改革

各实验区深化职业学校招生制度改革，尊重学生意愿和特长，引导初中毕业生合理分流，完善职业教育考试招生模式。常州市优化高中阶段教育结构，

---

❶ 常州市建设江苏省职业教育创新发展实验区工作领导小组办公室. 常州市建设江苏省职业教育创新发展实验区工作汇报. http：//www. ec. js. edu. cn/art/2013/12/5/art_ 10623_ 140151. html.

❷ 无锡市教育局. 无锡市创建江苏省职业教育创新发展实验区工作汇报. http：//www. ec. js. edu. cn/art/2013 /5/art_ 10623_ 140153. html.

❸ 苏州市教育局. 承载使命　凝聚共识　落实行动　创新发展. http：//www. ec. js. edu. cn/art/2013/12/5/art_ 10623 _ 140150. html.

始终坚持高中阶段教育协调发展，坚持职普1∶1比例，坚持职业学校优先招生制度，严控普高扩招，鼓励职业学校扩大招生，实行扶持职业教育发展的招生办法。❶无锡市教育局组织全市各职业院校研究起草26个中高等职业教育招生制度改革试点方案；加大对现代职业教育体系建设试点项目的宣传力度，将5年制高职与普通本科5＋2分段培养项目安排在四星级普通高中同一招生批次，将中高职3＋2或3＋3分段培养项目安排在三星级普通高中、5年制高职同一批次。❷苏州市科学制定每年的高中阶段招生计划和招生政策，保证职普招生比例大体相当；充分接受外来就业人员子女和外地来苏学生平等接受职业教育；扩大面向西部和民族地区的招生，为学生顶岗实习和就业提供支持。❸徐州市教育局单独印发招生宣传单，市教育网增设职业学校招生专栏，把现代职业教育体系建设试点项目招生安排在与普通高中同一批次录取，加大试点项目招生宣传力度。❹

四、创新职业学校教师队伍建设

各实验区完善职业学校教师管理制度，坚持培养与培训并举、专职与兼职结合，提升职业学校教师专业水平和整体素质，建立健全各项制度。南京市教育、人社、财政、编办等行政部门将研究制定兼职教师聘用及经费补贴相关政策，建立健全便捷有效的专业教师和高技能人才引进渠道；根据办学规模核定学校教师编制数，对学校教师编制缺额数，财政按教师人员经费标准全额划拨到校，用于学校长期聘用或短期聘请专业教师和行业企业专家、生产技术骨干参与专业教学及实践；鼓励专业教师离岗创业，相关政策参照"科技九条"；出台《关于开展南京市职业教育优秀教学团队建设的实施意见》，启动南京市60个职业教育优秀教学团队建设工程；为落实职业学校聘用教师经费政策和中等职业学校经费保障机制，市财政、教育、编委、人社等部门联合印发《关于落实职业学校聘用教师经费政策和中等职业学校经费保障

❶　常州市建设江苏省职业教育创新发展实验区工作领导小组办公室．常州市建设江苏省职业教育创新发展实验区工作汇报．http：//www.ec.js.edu.cn/art/2013/12/5/art_ 10623_ 140151.html.

❷　无锡市教育局．无锡市创建江苏省职业教育创新发展实验区工作汇报．http：//www.ec.js.edu.cn/art/2013/ 5/art_ 10623_ 140153.html.

❸　苏州市教育局．承载使命　凝聚共识　落实行动　创新发展．http：//www.ec.js.edu.cn/art/2013/12/5/art_ 10623 _ 140150.html.

❹　徐州市教育局．推进创新发展 建设职教强市．http：//www.ec.js.edu.cn/art/2013/12/5/art_ 10623_ 140152.html.

机制的通知》。❶淮安市淮安经济技术开发区制定《淮安经济技术开发区中等职业学校聘用和引进教师实施办法》；高职校以专职教师为主体，兼职教师为补充，以名师为引领，以团队为基础，已经建立六个名师工作室，形成数量充足，专兼结合的师资队伍；加大对职业学校教师培训的投入，根据学校实际，组织多种形式的校级师资培训；鼓励专业教师到企业锻炼；鼓励教师承担课题研究，参加省市技能和创新大赛，编写教材，制作课件，参加两课评比等多种多样教学活动，提高师资队伍质量；完善多举措、多渠道的师资建设与培养机制，使高职校的师资水平不断提升。❷

五、完善职业院校技能大赛制度

各实验区完善职业学校技能大赛制度，省级和国家级技能大赛成绩优秀。无锡市完善技能大赛制度，实现技能大赛覆盖所有职业学校、专业、专业教师和学生，每年组织一次中高等职业院校共同参与、师生同台竞技的全市性的职业院校技能竞赛。❸常州市教育局、财政局、人社局联合制定印发《关于进一步加强职业学校技能竞赛工作的意见》，促进各职业学校广泛开展"技能节""技能竞赛月"等校级技能竞赛活动；市教育局、人社局每年举办的"技能竞赛月"活动成为全市职业学校师生技能比武大舞台；市教育局、财政局、人社局联合制定印发《常州市职业学校技能大赛专项经费使用规定》，进一步完善了大赛举办、奖励经费标准和使用管理，有效地保障了技能大赛制度的落实；把技能大赛与教学改革相结合，市教育局制定出台《关于开展常州市职业学校技能大赛项目课程教学试点工作的指导意见》，全市职业学校 29 个省级示范专业参加试点。❹苏州市以赛促学，不断深化人才培养模式改革；以赛促改，着力提高专业建设、课程改革和实训基地建设水平；以赛促建，加快构建教学质量评价体系。❺

---

❶ 南京市教育局. 以现代职教体系建设为引领 推进南京职业教育又好又快发展. http：//www. ec. js. edu. cn/art/ 2013/12/5/art_ 10623_ 140154. html.

❷ 淮安经济技术开发区. 强化统筹 重点突破 扎实推进省职教创新发展实验区建设工作. http：//www. ec. js. edu. cn/art/2013/12/5/art_ 10623_ 140144. html.

❸ 无锡市教育局. 无锡市创建江苏省职业教育创新发展实验区工作汇报. http：//www. ec. js. edu. cn/art/2013/12 /5/art_ 10623_ 140153. html.

❹ 常州市建设江苏省职业教育创新发展实验区工作领导小组办公室. 常州市建设江苏省职业教育创新发展实验区工作汇报. http：//www. ec. js. edu. cn/art/2013/12/5/art_ 10623_ 140151. html.

❺ 苏州市教育局. 承载使命 凝聚共识 落实行动 创新发展. http：//www. ec. js. edu. cn/art/ 2013/12/art_ 10623 _ 140150. html.

六、加强职业教育的信息化建设

职业教育信息化是衡量职业学校现代化水平的重要标志，是职业教育加快培养高素质技术技能人才的必然要求。各实验区大力加强职业教育的信息化建设。南京市加强信息化基础设施建设，全面推进职业院校数字化校园建设，开展数字化校园建设评估，建成 3 所智慧校园，建成南京职教专网，实现宽带网络"校校通"。❶ 常州市出台《关于加快推进职业教育信息化建设的实施意见》，明确信息化建设思路和网络平台建设、数字化教学资源建设、教师网络教学空间建设、教师数字化网络化教学能力建设的总体目标；已经开展多轮职业学校领导和教师的信息化技术培训，各职业学校制定实施 3 年行动计划（学校信息化建设实施规划，各省级示范专业、品牌专业、特色专业信息化教学推进实施方案，教师信息化能力培训规划）。❷ 无锡市加快职业教育信息化步伐，推进职业学校数字校园和智慧校园建设，每年建设评选 10 个职业教育信息化先进院校。❸

第三节　构建以学制分段衔接为载体的现代职业教育体系试点

构建以学制分段衔接为载体的现代职业教育体系的研究，是江苏省现代职业教育体系建设试点项目。该项目是根据《教育部关于推进中等和高等职业教育协调发展的指导意见》（教职成〔2011〕9 号）、《教育部关于推进高等职业教育改革创新引领职业教育科学发展的若干意见》（教职成〔2011〕12 号），以及教育部召开的"现代职业教育体系建设国家专项规划编制座谈会"精神，从建立和完善与现代产业体系相适应的职业教育体系出发，结合本地经济社会发展和产业转型升级对技能型人才的需要实施的建设试点。这里以江苏省南通市为例，构建以学制分段衔接为载体的现代职业教育体系试点。

---

❶ 南京市教育局. 以现代职教体系建设为引领 推进南京职业教育又好又快发展. http：//www. ec. js. edu. cn/art/ 2013/12/5/art_ 10623_ 140154. html.

❷ 常州市建设江苏省职业教育创新发展实验区工作领导小组办公室. 常州市建设江苏省职业教育创新发展实验区工作汇报. http：//www. ec. js. edu. cn/art/2013/12/5/art_ 10623_ 140151. html.

❸ 无锡市教育局. 无锡市创建江苏省职业教育创新发展实验区工作汇报. http：//www. ec. js. edu. cn/art/2013/12 /5/art_ 10623_ 140153. html.

一、南通市实施江苏省现代职业教育体系建设试点项目的基本情况

南通市承担的是中高职3+2分段和高职与普通本科分段培养的试点。其中，试点的中高职3+2分段培养牵头高职院校2所（南通职业大学、南通农业职业技术学院），合作中职校3所（江苏省如皋第一中等专业学校、江苏省启东中等专业学校、江苏省海门中等专业学校）6个专业。高职与普通本科分段培养牵头本科高校1所（南通大学），合作高职院校2所（南通纺织职业技术学院、南通航运职业技术学院）4个专业。

（一）推进中高职衔接的区域行政统筹不够

江苏省现代职业教育体系建设试点工作是在省职业教育创新发展实验区（宁、苏、锡、常、通）和地方政府促进高等职业教育发展综合改革国家试点市（苏、锡、常、通）范围内开展。显然，虽然文件要求"各市教育主管部门要认真做好项目审核工作"，但作为地级市教育主管部门，对本区域内的参与中高职衔接试点工作的各级各类院校的统筹乏力，引导不够。至于县级职业教育主管部门，由于文件的主送单位是市级教育部门，更是参与不够，指导缺失，从而使中高职衔接的改革试点成为地级市范围内的高职院校与中职校之间的学校行为，未能得到职业教育主管部门尤其是县级职业教育部门的强力支持。

（二）参与中高职衔接的中职校规模小

中高职衔接的主体是高职院校与中职校，试点项目的最终审批在省级主管部门。按照《关于组织申报2012年江苏省现代职业教育体系建设试点项目的通知》（苏教高〔2012〕5号）要求，参加试点的中职校必须是省级高水平示范性职业学校。但南通市8所省级高水平示范性职业学校申报试点，省厅批准该市的中高职3+2分段培养项目，涉及合作的中职校只有3所，另外的5所学校包括2所国示范建设学校，影响了项目试点的代表性和典型性。

（三）参与中高职衔接的专业水准不高

中高职衔接试点的关键是衔接专业的选择。参与中高职衔接试点的牵头院校期望通过中高职衔接的方式，解决那些社会需求不足、招生难度较大，办学水准不高等瓶颈障碍的专业发展问题，因而所选专业对中职校来说，多是小而冷的专业。中职校希望通过中高职衔接的方式，满足中职生进入高一层次院校的升学愿望，解决中等职业教育吸引力不强的问题。高职院校所选专业与中职校所期望的专业之间的落差，制约了中高职衔接的实施效果。就参与学校的招

生人数看，2012 年南通市参与中高职衔接的中职校招生 190 人，合作的高职院校招生 305 人，显然，高职院校相关专业的受益大于中职校的受益。就中高职 3 + 2 分段和高职与普通本科分段的招生人数看，中高职 3 + 2 分段招生 184 人，高职与普通本科分段招生 305 人。高职与普通本科试点优于中高职 3 + 2 分段招生。就专业招生看，中高职 3 + 2 分段试点的园艺技术、旅游管理等专业分别招了 55 人、58 人，只完成专业招生计划数的 1/3；高职与普通本科分段招生计划较好完成。

二、实施以学制分段衔接为载体的现代职业教育体系的意义

（一）分段衔接为载体的人才培养是增强职业教育体系与人才体系适应性的制度创新

经济发展方式的转变、产业结构的调整、企业发展的转型升级，迫切需要培养大量高端技能型人才。高端技能型人才的培养对现代职业教育提出了更高的要求，因此需要加快建立完善现代职业教育体系，进一步提升职业教育为产业优化升级服务和高端技能人才培养的能力。从现有的人才培养现状看，不同层次的各级各类职业院校培养出的人才各具特点又不可避免地存在着一些局限性。究其原因，人才的规格要求与岗位的技术要求不匹配。所以，针对人才的特质要求，探索系统培养高端技能型人才的培养方式，建立与人才体系适应性的现代职业教育体系成为试点改革的诉求。

（二）分段衔接为载体的人才培养是完善现代职业教育体系的重要工作举措

《国务院关于大力发展职业教育的决定》（国发〔2005〕35 号），从终身教育体系构建的角度，提出职业教育与其他教育相互沟通与衔接的"立交桥"的建设问题，要求职业教育不仅在理念与制度上强调与各种教育衔接与沟通，使包括中等职业教育与高等职业教育在内的衔接问题能够顺利实施。《国家中长期教育改革和发展规划纲要（2010～2020 年)》也提出，要"构建灵活开放的终身教育体系"，要搭建终身学习"立交桥"，以促进各级各类教育纵向衔接、横向沟通，提供多次选择机会，满足个人多样化的学习和发展需要。《教育部关于推进高等职业教育改革创新引领职业教育科学发展的若干意见》（教职成〔2011〕12 号），进一步明确指出，高等职业教育具有高等教育和职业教育双重属性，以培养生产、建设、服务、管理第一线的高端技能型专门人才为主要任务。江苏省现代职业教育体系建设试点工作就是适应政策要求的工作举措。

（三）分段衔接为载体的人才培养是满足学生及家庭对学历提升的愿望的途径探索

随着经济社会的发展和人才规格的高移化，广大学生及其家庭普遍要求进一步提升学历层次，以适应社会经济发展与自身发展的需要。虽然，目前中高职之间、高职与普通本科院校间的上升管道已经打通，但途径单一，且制约因素较多，上升不畅。因此，实施中高职、高职与普通本科分段培养项目试点，可以部分满足学生及其家庭对学历提升、职业技能进一步提高的需求，并为提高全民素质做出应有贡献。

三、以学制分段衔接为载体的现代职业教育体系的要义分析

就目前南通市中高职 3＋2 分段和高职与普通本科分段培养的试点情况的分析来看，当下学制分段衔接为载体的现代职业教育体系的建设试点正处于关键时期，因此，有必要进一步加强对以学制分段衔接为载体的现代职业教育体系的深入研究。

（一）建立以学制分段衔接为载体的现代职业教育体系的本意

作为一种教育制度，我国学制的表现形式主要有一贯制和分段式等形式。由于我国实行的主要是初中后和高中后分流，则职业教育的学制形式呈现为 3～4 年（以 3 年为主）的中职和 2～3 年的高职和 4 年以上的应用技能型的本科。因此，《国家中长期教育改革和发展规划纲要（2010～2020 年）》就明确指出"到 2020 年，形成适应经济发展方式转变和产业结构调整要求、体现终身教育理念、中等和高等职业教育协调发展的现代职业教育体系，满足人民群众接受职业教育的需求，满足经济社会对高素质劳动者和技能型人才的需要。"因此，以学制分段衔接为载体的现代职业教育体系，将是今后一个阶段职业教育的主要形式。显然，以学制分段衔接为载体的现代职业教育体系不仅与我国目前实行教育分流制度相适应，也与当下对人才培养与成长的规律相一致，同时兼顾人才与产业发展升级的需要，有针对性地培养中级和高级技能型人才，并保持合理比例。因此，以学制分段衔接为载体的现代职业教育体系不仅解决了层次问题，即保持中级和高级技能型人才的合理比例，而且解决的职业教育内部的衔接问题，为技能型人才的成长构建了上升通道。

（二）以学制分段衔接为载体的现代职业教育体系的表现形式

建立和完善职业教育的框架体系时，应更加注重职业教育体系的柔性设

计，体现开放的视角、便捷的通道、多样的组元等特点，突出职业教育体系的灵活性、包容性。目前江苏以学制分段衔接为载体的现代职业教育体系的试点共设计了3个大类的衔接学制：一是中职与高职"3 + 2"或"3 + 3"分段培养学制，即中等职业教育学习3年，通过注册入学方式进入高等职业教育学习2年或3年，获得高等职业教育学历；二是中职与普通本科"3 + 4"分段培养学制，即中等职业教育学习3年，进入本科教育学习4年，获得本科教育学历；三是高职与普通本科"3 + 2"或"5 + 2"分段培养，即高等职业教育学习3年（5年制高职学习5年），进入本科教育学习2年，获得本科教育学历。应该说，从制度设计的适用性角度看，这是为不同需求的人群设计的不同途径，有一定的可选择性和可操作性。

（三）构建以学制分段衔接为载体的现代职业教育体系的要件

一种教育体系的建立应是在适应需要的基础上形成。作为以学制分段衔接为载体的现代职业教育体系，在制度层面的设计必须具备以下要求：一是以专业归类为接点，二是以学制分段为纽带，三是以人才培养方案一体化为保障。

（1）以专业归类为接点。职业教育是以职业为导向的一种教育类型，但职业与专业之间不是一一对应的关系，因此，以专业归类来满足职业岗位群的需要，是职业教育能动地服务经济发展和人的成长需要的必要要求。在技能型人才的成长上升通道的构建时，中高职、高职与普通本科等分段衔接中，衔接的对接点就是专业的对接。

（2）以学制分段为纽带。人的成长和职业能力的形成具有一定的规律性和周期性。因此，分段式的培养以及人才的有效培养必须处理好"发展基础和能力提升"的关系。因此，以不同形式的学制分段衔接实现人才培养的制度优化，将是职业教育体系在制度层面上的人为举措。

（3）以人才培养方案一体化为保障。人才培养方案是人才培养的总体设计，也是组织教学、实施教学管理、实现人才培养目标的重要依据。对于以学制分段衔接为载体的现代职业教育体系的建立，关键是参与分段培养的职业院校能否联合研制出科学合理的人才培养方案。对此，南通市参与中高职3 + 2分段和高职与普通本科分段培养的学校经过研讨论证，形成了人才分段培养目标定位的基本共识：前一阶段以应用能力培养为主线，与岗位对接，重点培养学生的单一和综合技能，后一阶段以学生的综合能力、创新能力培养为主线，重点提升学生的专业素养，培养学生的综合能力和创新能力，通过分段实施，实现系统培养高端技能型人才的目标。围绕目标定位，分段培养的衔接，其实质是教学的衔接，核心则是课程的衔接。因此，制订统一的课程标准，以统一的课程标准统领教材的编写，同时做好分段培养课程的有机衔接，不仅使中等职业教育内部做到各个层次的有效衔接，而且为学生转段或者升段奠定可持续发展的基础。

四、以学制分段衔接为载体的现代职业教育体系建设试点的启示

2012 年作为江苏现代职业教育体系建设试点期，重在探索路径、积累经验、寻求对策。就南通市同时结合其他地区以及参与试点中职校、高职校以及部分普通本科院校的探索实践来说，有必要对试点工作进行顶层的整体设计和政策实施的优化。

（一）对建设试点项目进行再遴选

对职业教育发展基础较好的江苏省来说，2012 年积极实施现代职业教育体系建设试点是积极的、果敢的，实践也证明试点效果也是显著的、可喜的。但就具体项目而言，需要对中高职 3＋2 或 3＋3 分段培养项目试点、中职与普通本科"3＋4"分段培养项目、高职与普通本科分段培养项目试点、高职与普通本科联合培养项目试点、"双专科"高职教育项目试点等项目进行再论证。就参与试点的南通情况来说，在中高职的衔接上，中高职 3＋2 或 3＋3 分段培养项目试点缺乏需求基础，表现为从 2003 年起江苏省以江苏联合职业技术学院及其在中职校的"5 年一贯制"的高职办学已经具备相当的办学规模，学生对中高职 3＋2 或 3＋3 分段培养的兴趣并不浓。此外，从 2010 年起，江苏又实施高职校对中职校的注册入学制度，因此，对江苏的中职学生来说，读高职的途径已经全面打通。部分不愿意读"5 年一贯制"高职或者参加高职注册入学的学生来说，通过对口单招也可以升入本科院校。由此可见，对江苏而言，中高职衔接的"立交桥"已经构建。至于"双专科"试点，自学考试就已经能满足，况且，高职校专科层次的转专业已经没有制度瓶颈。如果从增强中等职业教育吸引力，同时基于江苏中等职业教育的办学质量整体水平较高的实际出发，中职校与普通本科院校的"分段"和"联合"培养试点将成为江苏下一阶段现代职业教育体系建设试点。从稳定中等职业教育规模，同时不降低本科院校的办学水平的考量出发，中职校与普通本科院校的"分段"培养应成为中职校与普通本科院校衔接的主要形式。

（二）对试点项目进行制度再设计

江苏现代职业教育体系建设试点虽然初有成效，但仍要乘势而为。一是继

续强化制度的顶层设计。就学校而言，主要是参与的中职校与本科高职校的遴选办法及程序的设计。2012年的试点在试点范围和院校的选择上做了原则性的要求，但方法不够具体，比如在学校要求的基础上，对学校选择的专业也要有规定性，原则应是品牌专业或者是本地经济社会发展和产业转型升级人才需求量大的专业。就学生来说，参与试点尤其是参与中职校与普通本科院校的"分段"和"联合"培养试点的学生入学门槛应有必要的限制。否则，不仅会造成教育资源的浪费，而且，不能确保中等职业教育的目标定位，使中等职业教育成为升学教育或者是变相的精英教育。二是强化制度执行层面的设计。进一步严密制度执行的闭合性，要从保证人才培养质量的角度，对衔接升段的升段考核办法进行设计，保持适度的淘汰率，体现制度的刚性要求和选择性，以维持试点项目学生学习的动力。

（三）对试点工作进行再宣传

江苏现代职业教育体系建设试点是一个复杂而艰巨的改革过程，不能一蹴而就，更不能急功近利。时至今日，已经进入实施层面的关键阶段。试点历程表明，单纯依靠参与试点中职校和相关职业院校的宣传与引导是不够的。特别是在招生期间，招生信息泛滥之际，官方的、权威的政策宣传与解读，有助于新制度的实施以及新制度适用舆情的营造。因此，江苏现代职业教育体系建设试点必须在突出区域统筹调控的基础上，从转变职业教育发展方式的改革目标出发，借助教育部门尤其是直接面对学生及家长的县级职业教育主管部门的政策驱动，辅之必要的舆论引导，必然会实现制度设计的可行性与社会公众良好观感的同步形成。

本章小结

推进职业教育创新发展实验区建设，并以此为载体建设现代职业教育体系，是新时期江苏职业教育改革创新的一大亮点。江苏职业教育创新发展实验区建设，不仅可以探索具有江苏特色的职业教育发展之路，构建具有江苏特色的现代职业教育制度，形成具有江苏特色的现代职业教育体系，还可以为全国其他地方乃至国家职业教育改革发展提供重要的参考。各级政府高度重视职业教育创新发展实验区建设，采取若干强有力的举措：加强统筹规划，加大部门间协同配合力度；明确目标任务，科学制订实验区建设方案；完善相关政策，确保实验区建设顺利推进；精心组织实施，开展现代职教体系建设试点；优化学校布局，整合实验区职业教育资源。各地以职业教育创新发展实验区建设为契机，深入推进职业教育各项改革，加大政策支持力度，完善各项规章制度，成绩显著。形成现代职业教育体系框架；推进职业教育校企深度合作；深化职业学校招生制度改革；创新职业学校教师队伍建设；完善职业院校技能大赛制度；加强职业教育的信息化建设。本章介绍南通市实施江苏省现代职业教育体系建设试点项目的基本情况，阐述了实施以学制分段衔接为载体的现代职业教育体系的意义，解析以学制分段衔接为载体的现代职业教育体系的要义，提出不断深化以学制分段衔接为载体的现代职业教育体系建设试点的改革建议。

（本章执笔人：董仁忠（第一、二节），徐　健（第三节））

江苏现代职业教育体系建设的区域实践
——以常州市为例

常州位居长江之南，太湖之滨，处于长三角中心地带，辖二市（县级）五区，与苏州、无锡联袂成片，与上海、南京等距相望，构成苏锡常都市圈，常住人口 469.21 万人。常州改造升级传统产业、突出发展战略性新兴产业和现代服务业，特别是发展高端装备制造、新材料、新能源、生物技术和新医药、新一代信息技术和软件、物联网和云计算等产业，经济建设取得持续健康发展。2013 年，常州全年实现地区生产总值（GDP）4 360.9 亿元，按可比价计算增长 10.9%，实现公共财政预算收入 408.9 亿元，比上年增长 7.9%。❶目前，常州已进入了全面实施《苏南现代化建设示范区规划》的历史发展机遇期。

伴随着我国改革开放和经济建设的前进步伐，常州市职业教育取得持续快速发展。20 世纪 70 年代末、80 年代初，随着我国职业教育恢复发展，常州市大力吸引和积极支持国家部委和省行业主管厅局在常州投资复办和新办中等专业学校，国家部委和省市行业厅局先后在常州建设了 14 所中等专业学校，培养各行各业专业技术人才，专业设置覆盖机械、电子、轻工、化工、建筑、建材、纺织、服装、财会、经贸、卫生、戏剧、体育等主要行业。中等专业学校由于条件好、师资强、生源优，发展很快，规模较大，成为地方中等职业教育

---

❶ 2013 年常州市国民经济和社会发展统计公报．中国常州网，www.changzhou.gov.cn，2014 – 2 – 25.

的骨干力量。同时，市有关行业主管局和大型国有企业举办了 14 所技工学校，专业（工种）覆盖企业生产制造产业；市县教育部门通过普通中学转型举办的职业中学也异军突起，随后，市县教育部门通过资源整合、布局调整建设了一批区域性职业教育中心。到 20 世纪末，常州市形成了包括中等技术教育（中专）、技工教育、职业高中教育在内中等职业教育体系，基本满足了行业企业对高素质中等技术人才和技能人才的需求，中等职业学校与普通高中招生比例达到 6:4，90% 以上的中等职业学校成为国家级或省级重点中等职业学校。常州中等职业教育持续健康发展，不仅有力服务了常州经济社会发展，而且也为后续高等职业教育的快速崛起和现代职业教育体系构架奠定了坚实基础。

第一节　常州高等职业教育发展形态

我国最早提出"高等职业技术学校"的正式文件是 1987 年 1 月国办发〔1987〕1 号《国务院办公厅转发国家教育委员会等部门关于全国职业技术教育工作会议情况报告的通知》，当时全国有高等职业技术学校 118 所，实际上是用"高等职业技术学校"替代了包括专科学校等在内的专科层次高等学校。到 1996 年 5 月，我国颁布《中华人民共和国职业教育法》，正式从法律条文提出了"高等职业学校"的概念。而高等职业教育真正快速发展是在 20 世纪 90 年代后期高等教育大发展时期，特别是一批重点中等专业学校升格为高等职业技术学院，高等职业教育进入快速发展期。常州高等职业教育也是在这样的背景下走出了一条具有常州特色的发展之路。

一、三年制专科高职集聚发展

进入 21 世纪，随着经济社会和高等教育的快速发展，常州高等职业教育也不失时机地进入了一个快速发展期，一批国家级重点中等专业学校加快了升格成为高等职业技术学院步伐。在这样的背景下，常州市积极谋划职业教育的新一轮发展，以发展高等职业教育作为主攻目标，提出了"发挥常州中专办学优势，建设江苏高职教育基地"的构想，积极支持在常省属中等专业学校升格举办高等职业技术学院，并实行整合资源、集约发展模式建设新校区。2012 年 2 月，市政府和省教育厅决定共建以高等职业教育为显著特色的"常州大学城"，制定了《常州大学城建设总体方案》，并于 2002 年 3 月启动常州大学城（后正式定名为常州高等职业教育园区）建设前期工作，2002 年 7 月全面动工建设，通过一年的全面建设，一所工科特色的本科高校、五所高等职业技术学院（均为中等专业学校升格而来）进入园区办学。常州高等职业教育园区本着"经科教联动，产学研结合，校企所共赢"的理念，走高等职业教育集约发展、资源共享、产教结合、校企合作的发展路子，成为江苏省唯一的省级示范性高等职业教育园区和常州科教与研发集聚区（常州科教城），也是全国第一个高等职业教育园区。目前，园区内五所高职院校有在校生50 262人，其中，2 所院校为国家示范或骨干高职院校，3 所院校为省级示范高职院校，高职院校招收中等职业学校毕业生的比例达到 13.7%。常州高等职业教育的集聚式跨越发展，使常州职业教育迈上了更高层次和新的发展平台，构建了高等职业教育与中等职业教育配套同步和协调发展的现代职业教育体系基本框架。

如何准确把握专科高职人才培养定位是常州高等职业教育持续发展必须面对的问题。为此，研究我国高等职业教育发展过程中人才培养定位的演进，有助于更好地把握高等职业教育发展方向。我国专科高职院校基本上是进入 21 世纪以后建立和发展起来的，其人才培养定位也走过了从技术型向技能型的转变。2000 年 1 月，《教育部关于加强高职高专教育人才培养工作的意见》明确提出：高职高专"以培养高等技术应用性专门人才为根本任务"，这实际上是延续了过去中等技术教育（中专）人才培养定位，为生产、服务一线培养技术应用型人才，不过，技术型人才的学历层次已然提升到了专科层次。2006 年 11 月，《教育部关于全面提高高等职业教育教学质量的若干意见》提出："高等职业教育作为高等教育发展中的一个类型，肩负着培养面向生产、建设、服务和管理第一线需要的高技能人才的使命"，高等职业院校"根据技术领域和职业岗位（群）的任职要求，参照相关的职业资格标准，改革课程体系和教学内容"，"推行'双证书'制度，强化学生职业能力的培养，使有职业资格证书专业的毕业生取得'双证书'的人数达到 80% 以上。"2011 年 8 月，《教育部关于推进中等和高等职业教育协调发展的指导意见》提出："中等职业教育是高中阶段教育的重要组成部分，重点培养技能型人才，发挥基础性作用；高等职业教育是高等教育的重要组成部分，重点培养高端技能型人才，发挥引领作用。""以职业资格标准为纽带，促进中等和高等职业教育人才培养质量评价标准和评价主体有效衔接"，"推行'双证书'制度"，进一步明确了中等和高等职业学校培养"技能型人才"的目标定位，而不再提"培养高等技术应用性专门人才"了。

　　可见，从国家顶层设计层面已经非常清楚，专科高职院校是培养技能型人才或高技能人才及高端技能型人才，但是专科高职院校能否实现这样的培养目标，是基于普通高中还是基于中等职业学校非常重要。技能型人才、高技能人才、高端技能型人才是有不同内涵的。技能型人才未必一定要达到高技能人才，高技能人才则指达到高级工及以上职业资格，而高端技能型人才的技能应体现两个方面，一是技能等级达到高级，二是技能的技术含量和高新技术成分，或者技能的复杂程度和智慧成分比较高。因此，按照高技能人才成才规律和我国职业资格证书获取规范，专科高职院校招收中等职业学校毕业生来培养，技能目标实现逐级提升就能够达到高技能人才或高端技能型人才目标，成为"专科高级工"。而招收普通高中毕业生来培养一般是达不到高技能人才或高端技能型人才目标的，只能达到中级技能目标。这部分学生与中等职业学校毕业生初次就业时工作岗位会发生重叠，但这部分学生基础比较扎实，掌握的理论知识比较系统，未来向技术岗位发展，成为生产和工作现场技术工程师的可能明显大于中等职业学校毕业生，职业晋升和岗位转换的进程更快。可见，基于普通高中和中等职业学校，专科高职院校必须按照"三单独"要求分类进行人才培养。

　　不过，教育部现在又重新强调了技术教育在职业教育中的重要地位，提出了职业教育培养高素质技术技能人才的目标定位❶。在职业教育的培养目标中增加"技术"二字，其含义可有两层，一是重新强调技术型人才培养，特别是专科层次高等职业教育仍然要承担"高等技术应用性专门人才"❷的培养任务，明确"技术专科"教育的地位，同时，也为后续推动部分新办本科高等学校向技术应用型高等学校转型，发展本科层次高等职业教育提供合理路径；二是不管是中等职业教育还是专科层次高等职业教育，在明确技能型人才培养的同时，也要加强技术应用能力的培养，将技术作为技能的基础❸，从而进一步提升职业教育人才培养的水平，培养更具综合职业能力的技能型人才。

---

❶ 鲁昕.建立现代职业教育体系 推动教育结构战略性调整——在"中国发展高层论坛2014上"的演讲.中国经济网，www.ce.cn，2014-3-22.

❷ 教育部关于加强高职高专教育人才培养工作的意见（教高〔2000〕2号）.中华人民共和国教育部网站，www.moe.edu.cn，2000-1-17.

❸ 鲁昕.建立现代职业教育体系 推动教育结构战略性调整——在"中国发展高层论坛2014上"的演讲.中国经济网，www.ce.cn，2014-3-22.

常州高职院校办学也基本反映了上述分析的情况，人才培养定位于为生产、服务一线培养高素质技能型人才，坚持产学融合、校企合作、工学结合的技能型人才培养特质模式。目前，常州高职院校招收普通高中和中等职业学校毕业生的比例分别为86.3%和13.7%，针对不同生源采用不同的人才培养方案，其中普通高中生源学生达到高级工职业资格的人数非常有限，而中等职业学校生源学生达到高级工职业资格的比例为80%左右，职业院校毕业生就业率一直保持在98%以上。同时，由于高职院校师资队伍、专业建设、技术应用、产学研实力较强，更具备学生技术应用能力和技术创新能力培养的条件，从而促进学生技术技能和综合职业能力的发展。

二、5年一贯制高职集合发展

随着江苏现代化建设的加快推进，经济社会发展对高素质高层次技术技能型人才提出更迫切需求，人民群众也对子女接受高层次教育提出了更多诉求，学生初中毕业进行分流，选择单纯的中等职业教育已经不能满足一些行业高新技术应用岗位的就业需要和学生自身职业生涯的发展要求。因此，延长初中后职业教育年限，发展中职与高职直接贯通的5年一贯制高等职业教育成为江苏职业教育创新发展的有力举措和突出亮点。江苏省依托江苏联合职业技术学院、江苏城市职业学院、江苏第二师范学院3所省属高等学校（总院），采用总院＋各市地方分院（办学点）模式，实行在总院统筹下的地方分院（办学点）集合式办学，举办5年一贯制高等职业教育，分院设置和专业设置经省教育厅按标准严格评审，人才培养由总院统筹负责指导，地方分院（办学点）具体实施，学历文凭由总院颁发。全省各市一批重点中等专业学校和地方职业教育中心分别成为江苏联合职业技术学院、江苏城市职业学院、江苏第二师范学院的分院（办学点），地方分院（办学点）原来隶属关系不变。目前，江苏联合职业技术学院设有地方分院40个，办学点40个，江苏城市职业学院设有地方办学点21个，江苏第二师范学院设有地方分院12个。

常州市大力推动一批优质职业学校升格举办5年一贯制高等职业教育，目前，有江苏联合职业技术学院分院7所，办学点1个，在校学生22 356人，有江苏城市职业学院办学点4个，在校学生4 880人，有江苏第二师范学院分院1所，在校学生1 933人，5年一贯制高等职业教育在校学生总数达29 169人，占各类初中后职业教育在校生总人数的38%，其中后两年专科高职阶段在校学生 11 871 人，较快地提升了常州高等职业教育的规模。5 年一贯制高等职业教育专业按高等职业教育专业设置，课程实行 5 年统筹设计，后两年专科高职阶段课程教学延续前 3 年中职阶段技能型人才培养模式特质，突出学生专业技术实践能力提升与拓展，以更加有效的学制设计和教学时间，实现了中等职业教育与高等职业教育的直接贯通，成为江苏现代职业教育体系建设中的一个创新模式。

三、本科高职探索发展

（一）技术应用型本科定位探研

目前，本科层次高等职业教育（本科高职）并没有明确的内涵界定，常州在 2012 年启动开展中职与本科衔接分段培养试点中，将本科阶段人才培养定位为技术应用型，在试点过程中研究技术应用型本科的特征及与职业教育的关系，推动高等学校技术应用型人才培养的转型探索。显然，本科高职应兼具高等教育和职业教育属性，它既是高等教育中的一个类型，又是职业教育中的一个层次。但是，目前对本科高职的教育类型界定还不是很清楚，这将影响本科高职的发展。当然，可以肯定的是，本科高职一定在本科高等学校之中。至于一类教育是否属于职业教育则需从其人才培养定位来鉴别。职业教育的人才培养定位是面向生产、服务一线培养胜任职业岗位工作职责的技术技能型人才。职业教育是工业化的产物，其基本特征是培养的人才在生产、服务一线（或公共服务等领域工作现场）具有明确的工作岗位和工作任务，这是职业教育之所以成为一类专门教育的衡量标志，也是职业教育并列于其他类型教育而独立存在的目的所在，它应具备四个要素，即培养的人才：一是面向生产、服务一线；二是具有明确的工作岗位；三是具有明确的工作任务；四是从事技术技能工作。按照这样的概念，学术型、工程型高等教育培养的人才尽管也要从事某种职业，但其工作的领域比较宽泛，不符合上述要素，因此，学术型、工程型高等教育不属于职业教育。当然，许多学术教育是针对特有专业技术岗位的，如医生、中小学、职业学校教师、法律工作者等，被称为是职业导向的高等专业教育，但并不是面向职业教育原本意义上的生产、服务一线，也就不能被认为是职业教育，否则，职业教育的概念就被过度泛化了。

至于一类教育是否属于高等职业教育，还是要从其人才培养定位来分析。专业人才类型总体上可分为学术型、工程型、技术型、技能型四种，总体上分别由学术教育、工程教育、技术教育、技能教育培养，后三类人才为应用型人才❶。目前，学术型、工程型、技术型人才由高等教育培养，包括研究生教育。因此，应用型本科实际上包括工程教育和技术教育，其中本科层次技术教育被称为技术应用型本科，学术界将之称为技术本科❷。

生产企业是要将产品设计或图纸转变成实际产品，产品设计是工程型或工程技术型人才的工作任务，这类人才一般由本科及以上层次工程教育培养，而将产品生产出来则是操作性技能人才的工作任务，这类人才由职业教育培养，包括专科高职和中等职业教育，就业需达到相应的职业资格。将设计图纸向生产转变还需要一类中间人才，这类人才负责产品生产的技术工艺和流程管理，承担产品设计与产品生产之间的桥梁作用，被称为技术型人才，即生产或工作现场的技术工程师或技术师，这类人才由技术教育培养，按技术职务进行管理。随着高等教育和科学技术的快速发展，这类人才培养已由过去的中等技术教育（中专）提升至本科层次技术教育（技术应用型本科教育）。当然，工程型人才和技术型人才有工作交集，界限并非泾渭分明，工程与技术融合成为工程与技术复合型人才，或称工程技术人才。这类人才我们国家目前恰恰非常紧缺，从人才需求的角度，技术应用型本科教育需要大力发展。

从上述技术工程师的职责可以看到，这类人才在生产一线，具有明确的工作岗位（设计与生产之间的技术工艺与生产流程管理岗位），具有明确的工作任务（技术工艺与生产流程管理），从事技术技能工作。从这个观点理解，上述培养生产一线的技术工程师的技术应用型本科教育符合职业教育的基本特征，可理解为本科层次高等职业教育。常州在启动的中高职衔接培养模式中以此为指导，定位本科层次高等职业教育人才培养改革。

目前，我国高等学校在培养技术应用型人才的定位还不够明确坚定，学术导向的同质化倾向还比较严重，技术应用等实践能力培养还很欠缺，高等教育结构性矛盾不能很好适应经济社会发展需求，大学生就业矛盾比较突出，人才培养与社会需求发生错位，高等学校面临倒逼改革，转型发展已迫在眉睫。教育部也已经启动了推动600多所地方本科高校向本科层次高等职业教育转型的工作，教育部鲁昕副部长在2014年度全国职业教育与成人教育工作会议上的

---

❶ 夏建国. 高等技术教育学 [M]. 上海：上海交通大学出版社，2011：44.

❷ 夏建国. 技术本科教育概论 [M]. 上海：东方出版中心，2008：7.

讲话中指出："把地方本科高校转型发展作为构建现代职业教育体系、推动高等教育结构调整的战略突破口。""明确将引导地方本科高校转型发展作为发展本科层次职业教育主要途径。"可见，教育部将从推动 1999 年来新办本科高校转型，来构架本科层次高等职业教育，明确本科层次高等职业教育的发展路径。❶"引导一批普通本科高等学校向应用技术类型高等学校转型，重点举办本科职业教育"也已写入即将出台的国务院《关于加快发展现代职业教育的决定》。

（二）技术应用型本科发展展望

技术应用型本科其实在我国高等学校大量存在，特别是新办本科高校主要进行技术应用型本科教育，即使老牌学术型高等学校也有很多技术应用型专业，专业名称一般为××技术。目前，我国技术应用型本科专业的专业技术课程一般开设专业学科课程、技术学科课程、技术实践课程（包括技术创新训练、毕业设计等）等，其中沿袭学术型教育的学科教学比重较强，技术应用能力培养比较薄弱。因此，培养的人才的专业学科理论知识和技术学科知识比较系统全面，但是技术实践能力（或叫技术应用能力）和技能比较欠缺。技术实践能力是应用技术学科知识解决实际技术问题的能力，技能是对生产技术问题的分析诊判能力以及一定的动手能力（不是指生产性操作技能）。为此，要发展本科层次高等职业教育，对技术应用型本科的课程体系进行改革是必然趋势，要开设专业学科课程、技术学科课程、技术实践课程（培养应用能力）、技能实训课程（培养动手能力），并且要突出后三类课程，更要突出技术实践课程，加强技术应用和技术创新实战训练，培养一定的动手能力。

因此，我国新办本科高校应加快向培养技术应用型人才方向发展，特别是主要培养生产、服务一线技术工程师，注重人才培养模式转型，加快课程改革和教学模式改革，加强产学结合和校企合作，科学定位人才培养规格类型，向应用技术大学发展，与老牌本科高校差别化发展，成为本科层次高等职业教育的主要力量，而老牌本科高校的技术应用型专业凭借其高强技术水平和师资优势，主要培养创新型技术应用型人才或技术研究型人才。这样，在我国现有教育体制框架下，通过厘清现代职业教育体系各层面教育类型，明确发展本科层

---

❶ 鲁昕. 加快构建以就业为导向的现代职业教育体系为促进经济提质增效升级提供人才支撑——在 2014 年度职业教育与成人教育工作会议上的讲话，2014 – 3 – 25.

次直至研究生层次高等职业教育的路径，使建设现代职业教育体系的方向更加清晰。

2013年，教育部已开始组织15个省份35所地方本科高校及研究机构系统研究欧洲实体经济、现代职业教育体系和应用技术大学的发展，开展了以1999年以来新建本科高校为重点的地方高校转型发展课题研究，指导和支持35所地方高校成立应用技术大学（学院）联盟，组建地方高校转型发展研究中心，为地方高校转型发展提供决策研究支撑。教育部启动了地方本科高校转型发展指导意见的研究起草工作，开展标准体系研究，从而形成具有中国特色的应用技术类型高校标准体系。教育部将组织开展国家和省两级本科院校转型试点，推进地方新办本科高校向培养高层次技术技能人才的应用技术类型高校转型，进行高等教育结构调整，目前已有150所地方高校报名参加教育部的高等学校转型改革，通过地方本科高校转型发展，实现技术技能人才系统化培养。❶

2014年4月，由教育部、河南省人民政府支持，应用技术大学（学院）联盟和中国教育国际交流协会主办、黄淮学院和驻马店市人民政府承办的"产教融合发展战略国际论坛"2014年春季论坛在驻马店市举行，178所高等学校代表聚集驻马店，落实国务院常务会议"引导部分普通本科高校向应用技术型高校转型"的战略部署，以产教融合发展为主题，共同探讨"部分地方本科高校转型发展"和"中国特色应用技术大学建设之路"，论坛闭幕前达成《驻马店共识》，"应用技术型高校因时代而生，部分地方本科院校转型发展势在必行"，"基于实体经济发展需求，借鉴国外应用技术大学办学经验，服务国家技术技能创新积累，融入区域产业发展，建设中国特色的应用技术大学（学院），是构建从中职、专科、本科到专业学位研究生教育的技术技能人才培养体系的破冰之旅，是构建人才成长立交桥，打开一线劳动者成长空间的必由之路。"❷可见，以技术应用型人才需求实际，倒逼高等学校转型发展，已应势而生并被摆上议事日程。

江苏省作为高等教育大省和职业教育强省，进一步加快了新办地方本科高校转型发展的步伐，2014年，江苏省将启动地方本科高校转型试点工作，以此带动全省应用型本科人才培养质量的不断提高。而近几年，江苏省一部分应

---

❶ 鲁昕. 建立现代职业教育体系 推动教育结构战略性调整——在"中国发展高层论坛2014"上的演讲. 中国经济网，www.ce.cn，2014－3－22.

❷ 驻马店共识［N］. 中国教育报，2014－4－28（3）.

用型本科院校已先行先试，开始了应用型人才培养的探索之路。❶ 这也为江苏省地方本科高校转型发展积累了丰富的经验。2014 年 3 月 24～25 日，省教育厅在南京召开全省应用型本科院校人才培养工作会议，研究部署加强应用型本科人才培养工作的措施，推动全省应用型本科院校深化改革、合理定位、转型发展，更好地服务于江苏经济社会发展需求。省教育厅要求应用型本科院校必须紧跟高等教育的发展趋势，准确把握自己的发展方位，选择好适合自己的发展路径，深化办学体制机制改革和人才培养模式改革，着力培养高素质应用人才和高素质技术技能人才。❷

（三）本科技师培养制度探索

另外，常州还关注"本科技师"培养制度的探索。本科技师的一种含义是一种教育类型，另一种含义是本科层次技师人才，是一种人才类型。当然，目前尚没有作为本科教育类型的本科技师学制，也没有这种类型的高等学校。作为一种职业资格，技师是一类高技能人才，但是加"本科"定语的本科技师人才尚未成为一种规范的人才类型。虽然实际中已经出现专门培养技师（预备技师）的技师学院，但是技师学院并不是本科高校，其本科教育只能套学其他高等学校成人本科来实现。这只是技师学院自发寻找的一种解决技师本科学历的办法，并未形成国家层面规范的本科技师学制。尽管技师学院培养了具有本科学历的技师人才，但是与本科高校通过规范学制培养本科技师人才的模式还不是一回事。

因此，从满足产业发展，加快培养企业需要的高技能人才出发，一些应用型本科高校可以通过人才培养规格的调整，专门开设本科技师专业，开发本科技师人才培养方案，探索本科技师人才培养模式，从而形成本科技师教育学制类型。当然，本科技师专业与传统学科性本科专业在人才培养模式上肯定有很大不同，也不是学科性本科与技师培训的简单叠加，也不同于技术本科，而是一类新型本科专业。因此，本科技师必须进行一定的学科教育，但其人才规格、课程设置、教学模式、评价标准等，却不能套用传统本科；同时，本科技师培养也不同于传统的职业实践岗位上培养技师的模式，传统的职业实践岗位上的技师，依赖于在各类技能工作岗位的长期实践和经验积累，但是由于缺乏

---

❶ 吕玉婷. 应用型 地方性 特色化——我省部分应用型本科院校试水转型发展综述［N］. 江苏教育报，2014－4－2（1）.

❷ 全省应用型本科院校人才培养工作会议在南京召开. 江苏教育网，www. ec. js. edu. cn，2014－3－27.

系统的专业理论支撑，又存在实际多岗位工作实践的局限，传统技师往往对技术问题"知其然而不知其所以然"，技能发展受到很大制约。所以，本科高校设置本科技师专业，培养大学生技师队伍，需要有很大程度上的概念和观念上的突破，制度和模式上的创新，但是对于提升高技能人才素质和国家产业发展水平无疑是一个值得探索的教育模式。

可见，本科技师不同于传统学科性本科人才培养，也不同于技术本科教育技术应用型人才培养，更融入了技师职业资格培养的要求，也不同于传统技师培养，更加强了专业技术理论教育的要求，而且培养的技师人才在生产、服务一线，工作岗位和工作职责明确，从而满足了本科高职高等性和职业性特征。因此，本科技师作为本科高职的一种类型也是合理的。

当然，技师能否通过院校培养一直受到许多质疑，在传统工业经济发展阶段，技师是生产实践的产物，是基于熟练操作技能的"能工巧匠"式技能人才，这类技能人才不是通过院校培养的，而是在生产实践中不断积累、自发成长的，在以往不具备院校培养技师的条件下，技师也只能在生产实践中自发成长。伴随着信息技术的广泛应用，传统的纯经验型、手工操作型技师已经不能适应智能型、知识型职业岗位的要求了。智能型、知识型技师的培养，更依赖于系统的高等职业教育，这类技师人才更多地依靠最新专业知识掌握心智技能，需要通过院校系统的专业化培养。在职业院校里理论教学更系统，更能支撑对实践能力的培养，同时，更有条件进行各种疑难故障和典型案例的模拟集成和项目化训练。其实，现代意义上的技师培养更需要专业理论的系统教育与支撑，填补传统技师培养理论教学的空白。这方面，德国的技师培养给我们提供启示，德国的专业学校（Fachschule）属于高中阶段后职业继续教育，招收"双元制"职业教育毕业、工作满二年的学生，进行职业继续教育，培养技师和技术员，技师也是通过学校进行系统培养。

实行本科技师学制模式，应建立技术本科、本科技师与传统学术本科等值的观念，即技术本科、本科技师、学术本科三者的教学总量是基本相同的，只是象征本科学历的教学内容在结构上存在差异。学术本科、技术本科、本科技师理论的比重和系统性依次下降，而技术应用能力和技能的比重依次上升，但知识（包括技术技能）总值是相等的，从而确立本科技师可归属本科的依据，消除传统观念中"学历"与"技术技能"的对立，转变学历总是高于技术技能的观念。如果说技术本科是技术系列上的本科高职，那么，本科技师就是技能系列上的本科高职，不过它与前者不同的是，根据技能人才成长规律，必须基于技能型职业教育才能达到技师培养目标，建立中职＋本科技师、专科高职＋本科技师等衔接模式。

第二节　常州中高等职业教育衔接模式

现代职业教育体系建设涉及中等职业教育与高等职业教育协调发展及有效衔接，打破了传统职业教育单一层次和"断头教育"弊端。在衔接模式上，首先是学制衔接。中等职业教育与高等职业教育尽管都属于职业教育范畴，但是也分属两个教育层次，高等职业教育同时属于高等教育，它与中等职业教育在人才培养规格、专业设置、课程模式等方面各有自身特质，两者衔接必须将两种学制通过某一种过渡方式来有效实现。其次是专业对接。高等职业教育与中等职业教育专业内涵不同，必须选择相近专业进行对接，高等职业教育在中等职业教育的基础上，实现其人才培养目标。再次是课程衔接。这是中高等职业教育衔接的核心环节，有效的课程衔接应该避免两个教育阶段课程的重复和脱节，并实现知识、技能和能力的不断提升和拓展。江苏省在推进职业教育体系建设过程中，通过长期实践，形成了具有江苏特色的中高等职业教育衔接基本模式。

一、对口单招衔接模式

"对口单招"就是普通高等学校对口单独招收中等职业学校毕业生，实行中等职业学校与招生院校专业对口衔接，是江苏省为中等职业学校学生建立的一条升入全日制普通高等学校深造的通道，成为与"普通高考"相并列的高考体系。诚然，中等职业教育的根本任务是为生产、服务一线培养所需技术技能人才，它是以服务经济建设需求和学生就业为导向的一类专门教育，从人才培养定位和学生学习实际来看，参加高考的学生只是少数人，也不是引导中等职业学校走升学之路，大多数学生是直接面向职场准备就业，但是，职业教育作为一种教育类型是否形成体系，其学生是否具有升入高等学校继续深造的机会和通道是其重要标志，因此，从制度设计层面上看，江苏省建立对口单招政策是建设现代职业教育体系的必然要求。江苏省对口单招最早开始于1987年，当时招生人数非常有限，考试以文化课和专业课为主，考试和录取由招生高校单独实施。到1998年，江苏省对口单招实行全省统一考试和统一录取，考试科目为语文、数学、英语三门文化基础课和两门核心专业课程,本专科招生计划也有较大幅度增加,同时,增加了专业技能过关考试,由各省辖市教育行政部门组织,考生报名参加市级专业技能考试,技能考试合格的学生方可报名参加全省文化和专业课统一考试,但是技能考试成绩不列入总分。

截至 2008 年,江苏省对口单招又进行了改革,形成"知识 + 技能"招生考试模式,进一步凸显职业教育技术技能人才培养特质和升学导向,突出中等职业教育与本专科院校在技术技能方面的接续和发展。首先是技能考试纳入全省统考。省教育厅建立了由相关高等学校牵头组建的 16 个专业大类联合考试指导委员会("联考委")❶,制定《江苏省普通高校对口单独招生专业技能考试标准》,实行在省教育厅、省教育考试院领导下,省各相关"联考委"分专业大类组织实施全省统一技能考试。其次是考试科目和分值进行了调整。考试科目为专业技能、专业综合理论和语文、数学、英语等 5 门,先进行专业技能考试,再同时进行专业综合理论和文化基础课考试。专业技能、专业综合理论和文化基础课的权重比例为 3∶3∶4,各科分值为:专业技能 300 分、专业综合理论 300 分、语文 150 分、数学 150 分、英语 100 分,满分为 1 000 分(艺术类专业不设专业综合理论考试,满分为 700 分)。❷ 再次是对高等学校人才培养提出了技术应用型特质要求。各招生院校须根据对口单招生源情况和职业技能人才培养特点,确定培养目标和培养要求,做到单独制订和实施教学计划、单独组织教学、单独进行教学评价。❸ 通过"三单独"措施来延续中等职业教育技能特质,在专科高职院校进一步提升和拓展专业技能水平和综合职业能力,在本科院校突出技术应用型人才的培养。

2011 年,随着江苏省高等职业教育的发展,江苏省开始实行高职院校注册入学,一批省内办学行为规范、培养质量较高、社会认可度较高的民办高职院校和部分公办高职院校(或部分专业)参加注册入学方式的招生。2014 年,经院校申报、省教育厅审核,共有 58 所职业院校参加注册入学试点,其中,面向普高学生注册入学试点院校 57 所(公办 36 所,民办 21 所),面向中职学

---

❶ 省教育厅关于成立普通高校对口单独招生专业联合考试指导委员会的通知(苏教职〔2008〕3号).江苏教育网,www. ec. js. edu. cn,2008 - 2 - 15.

❷ 省教育厅关于做好 2008 年普通高校对口单独招生工作的通知(苏教职〔2007〕40 号).江苏教育网,www. ec. js. edu. cn,2007 - 12 - 29.

❸ 省教育厅关于成立普通高校对口单独招生专业联合考试指导委员会的通知(苏教职〔2008〕3号).江苏教育网,www. ec. js. edu. cn,2008 - 2 - 15.

生注册入学试点院校 46 所（公办 24 所，民办 22 所）❶。中等职业学校取得毕业证书的学生通过参加对口单招报名，可以申请注册入学，招生院校根据学生对口单招考试成绩和技能等级情况进行录取。中等职业学校毕业生注册入学高职院校成为江苏省对口单招的新形式。2013 年，全省对口单招录取人数 2.5 万人，其中本科 5 700 多人，另有 8 900 名注册进入高职院校继续学习。❷ 随着江苏省逐步推行中等职业学校学业水平测试，学生学业水平测试成绩将纳入注册录取重要依据。中等职业学校学生注册入学高等学校作为对口单招的组成部分，注册录取学生也按"三单独"方式进行技能型人才培养。❸

常州市从构建现代职业教育体系需求出发，高度重视对口单招工作，对口单招本专科录取率多年来在全省名列前茅，2013 年常州市共录取本科 704 人，本科录取率 54.5%。常州市也通过对口单招，进一步加强了中等职业学校与高等学校的对接与合作，也为江苏省后续开展现代职业教育体系建设项目试点，推动中等职业学校与在常本专科高等学校紧密合作，开通中职与本科、中职与专科高职衔接的"直通车"奠定了坚实基础。因此，通过高等学校"知识＋技能"招生考试模式和"三单独"人才培养模式的改革，更加明确高等学校基于中等职业教育的应用型高等教育定位，着力推进专科高职院校技术技能人才培养和本科高等学校技术应用型人才培养，构建中等职业教育与高等职业教育接续的职业教育体系框架，从制度设计层面，形成中等职业教育与高等职业教育有机衔接的基本模式。

二、5 年制高职贯通模式

5 年一贯制高等职业教育是江苏省职业教育创新发展的显著亮点，作为初中后高等职业教育，其学制横跨中等教育与高等教育两个阶段，因此，尽管学制是 5 年一贯的，专业按照专科高职进行设置，但是按照我国现行教育体制和学生年龄及学历基础，前三年实际上属于中等教育范畴，后两年才属于高等教育。可见，5 年一贯制高等职业教育的特征是，一方面，人才培养计划五年整体设计、一以贯之，避免了两个分列教育阶段的固有断层，另一方面，教育的

---

❶ 2014 年我省共有 58 所高职院校参加注册入学试点．江苏教育网，www. ec. js. edu. cn，2014 - 5 - 7.

❷ 江苏省教育厅职业教育处 2013 年工作总结。

❸ 省教育厅关于印发 2011 年江苏省高职（专科）院校注册入学试点方案的通知（苏教考〔2011〕2 号）．江苏省教育考试院网站，www. jseea. cn，2011 - 2 - 1.

层次上无形中是分了两个教育阶段，从教育层次和类型上，前三年被归到中等职业教育范畴，课程也基本按照中等职业教育进行设置，后两年才是真正意义上的高等职业教育，特别的是贯通的两个教育阶段之间是没有考试录取环节或转段环节的。所以，5 年一贯制高等职业教育是将中等职业教育与高等职业教育直接贯通起来的一种教育形式。常州市大力推进 5 年制高等职业教育发展，先后设置了二产、三产、建设、卫生、艺术、幼教等多类型的举办 5 年制高等职业教育的学校（分院、办学点），专业设置广泛，针对地方产业转型升级，积极开发设置物联网应用技术、工业机器人技术、光伏技术、动漫设计与制作、城市轨道交通车辆运用与检修等新专业或专业方向，使常州高等职业教育得到跨越式发展，形成中等职业教育与高等职业教育直接贯通的规模发展效应。

三、中高职衔接试点模式

随着国家发展现代职业教育、建设现代职业教育体系的步伐加快，作为职业教育改革发展在全国领先的省份，近几年，江苏省开始谋划加快建设现代职业教育体系有效路径。为贯彻落实《教育部关于推进中等和高等职业教育协调发展的指导意见》（教职成〔2011〕9 号）精神，省教育厅发出《关于组织申报 2012 年江苏省现代职业教育体系建设试点项目的通知》（苏教高〔2012〕5 号），确定在省职业教育创新发展实验区城市和地方政府促进高等职业教育发展综合改革国家试点市，率先开展中职与专科高职、中职与本科、专科高职与本科分段培养以及专科高职与本科联合培养等形式的现代职业教育体系建设项目试点。项目试点由地方教育部门统筹协调，上位高校牵头，合作院校联合向省教育厅申报，联合开展高层次技术技能型人才培养。其中，中职与专科高职、中职与本科分段培养成为江苏省中职＋专科高职、中职＋应用本科直接贯通的衔接模式。2014 年，江苏省现代职业教育体系建设试点项目扩大到 422 项，其中：中职与专科高职 3＋3 分段培养 204 项，中职与本科 3＋4 分段培养 94 项，专科高职与本科 3＋2 分段培养 86 项，专科高职与本科联合培养 8 项，中职与开放本科教育分段培养 30 项。❶

为了稳步推进改革，保证项目试点的质量，省教育厅明确指出：参加项目

---

❶ 关于公布 2014 年江苏省现代职教体系建设试点项目的通知（苏教职〔2014〕20 号）. 江苏职教网，www. jsve. edu. cn，2014 - 5 - 14.

试点的中等职业学校和专业必须具备相应资格条件，其中，中职＋专科高职衔接模式的中等职业学校须是省级高水平示范性职业学校，中职＋应用本科衔接模式的中等职业学校须是"国家示范"职业学校，专业须是省级品牌或特色专业。常州市作为被省政府确定的首批省职业教育创新发展实验区城市和地方政府促进高等职业教育发展综合改革国家试点市，通过市教育局组织协调，三所在常地方本科高校、三所专科高职院校、四所"国家示范"职业学校、三所省级高水平示范性职业学校参与相关项目和专业的试点。

第三节　常州开展现代职业教育体系建设项目试点

江苏省从 2012 年起率先在省职业教育创新发展实验区城市和地方政府促进高等职业教育发展综合改革国家试点市开展了现代职业教育体系建设项目试点工作，试点项目主要有专科高职＋本科（学制为 3＋2 年）、五年制高职＋本科（学制为 5＋2 年）、中职＋本科（学制为 3＋4 年）、中职＋专科高职（学制为 3＋3 年）以及专科高职与本科院校联合培养等多种类型。试点工作在省教育厅统一部署和领导下，由省辖市教育部门统筹协调，按照省教育厅对项目试点的总体要求，完成试点项目的统一申报、合作高校与中等职业学校联合制定中高职一体化人才培养方案、省教育厅批准立项、项目启动等规定程序。作为首批省职业教育创新发展实验区和地方政府促进高等职业教育发展综合改革国家试点市，常州抓住这一发展机遇，趁势而上，主动积极开展现代职业教育体系建设项目试点。

一、项目试点的主要形式

从 2012 年开始，常州市按照省教育厅关于开展现代职业教育体系建设项目试点工作的统一部署，会同在常高校积极研讨、广泛调研，制定了《常州市中高职衔接创新工程实施方案》，根据常州产业转型升级对高素质技术技能人才的需求，选择一批地方产业急需的专业，积极进行项目申报。经省教育厅批准，常州市一批本科高校、高职院校、中等职业学校合作开展了 3＋3、3＋4、3＋2 等学制模式的现代职业教育体系建设项目试点，实行中职与专科高职、中职与应用本科、专科高职与应用本科分段连贯培养，通过人才培养模式的改革，培养适应产业发展所需的高技能人才和高层次技术应用型人才。其中，中职＋本科、中职＋专科高职试点项目成为江苏省实行基于职业教育体系建设的中高职贯通衔接的改革措施，也是常州市推进现代职业教育体系建设，开展中高职衔接项目试点的主要形式。

中高职衔接试点是一项职业教育高层次技术技能人才培养的新模式，各地在试点过程中并无现成模式借鉴，要求各地统筹推进，组织相关院校共同研究试点项目人才培养的规格定位、课程模式、招生办法、衔接机制等关键问题。为此，常州市组织在常高校和相关职业学校领导、院系负责人等进行研讨，开展课题研究，理清试点思路，基于人才分类，研制试点方案，指导试点开展，形成了"专业对接、课程衔接、实践导向、校企合作"的一体化人才培养体制，制定了《常州市中高职衔接人才培养方案开发指导意见》。有关合作院校在试点方案的基础上，制订中高职一体化人才培养方案，实行有别于普通高等教育、凸显技术技能人才规格的人才培养模式。

根据人才分类观点，常州市梳理了技术人才和技能人才的不同类型和层次人才的培养体制，对技术本科、本科技师、技术专科、专科高级工等人才的培养体系进行规划和设计，试点院校按照相应的人才培养定位制订人才培养方案并组织实施。

（一）技术本科

（1）人才定位。工作现场高层次技术应用型人才，具备一定技术创新能力，就职于技术、工艺、管理等岗位，承担工程设计向产品生产转化工作、工作现场技术与生产管理工作。

（2）课程设置。高等学校根据培养目标，兼顾学科性和技术性，突出技术应用和技术创新能力，实行技术学科课程、综合实践课程有机结合和项目化教学。中职阶段加强文化基础课程，主要文化课基本达到普通高中学业水平，突出专业技能训练，对接中级职业资格，培养综合职业能力。

（3）招生机制。高等学校与对接中等职业学校联合确定中招控制分数线，学生经中考入学中职，学生中职毕业，通过高等学校对口单招渠道入学本科。高等学校将本科指标列入当年国家高等教育公办招生计划。

（4）转段机制。学生在3年中职期间思想道德、行为表现、学习成绩、技能水平等达到高等学校规定要求，经高等学校成绩测试及综合考评等考核形式，符合本科入学条件（要求和办法由高等学校另制），即可直接升入本科段4年学习。

（5）培养模式。高等学校开发有别于学科型本科专业的与中职课程衔接的人才培养方案，遵循技术应用型人才培养规律，加强校企合作，实行项目化教学、综合实践和技术创新训练，进行一定的工艺设计能力培养，两个教育阶段的顶岗实习统筹安排，学生毕业取得本科文凭，符合学位授予条件者获得学士学位。

（6）发展展望。毕业生未来成为工作现场技术（工艺）工程师，部分尖端技术人才发展成为工程技术复合型人才和技术专家。

（二）本科技师

（1）人才定位。企业生产、管理一线高层次高技能人才，具备一定创新能力，就职于企业关键生产和管理岗位，承担生产、检验、设备调试维修等工作。也可作为职业学校"双师型"教师后备人才。

（2）课程设置。高等学校根据培养目标，兼顾学科性和技术性，突出职业资格标准和创新能力。中职阶段加强文化基础课程，主要文化课基本达到普通高中学业水平，突出专业技能训练，对接中级职业资格，培养综合职业能力，实行与本科阶段课程对接。

（3）招生机制。高等学校与对接中等职业学校联合确定中招控制分数线，学生经中考入学中职，学生中职毕业，通过高等学校对口单招渠道入学本科。本科高等学校将本科指标列入当年国家高等教育公办招生计划。

（4）转段机制。学生在 3 年中职期间思想道德、行为表现、学习成绩、技能水平等达到高等学校规定要求，经高等学校成绩测试及综合考评等考核，符合本科入学条件（要求和办法由高等学校另制），即可直接升入本科段 4 年学习。

（5）培养模式。高等学校对接技师职业资格标准，遵循高技能人才培养规律，实行校企合作、工学交替培养方式，采用任务式、课题式课程模式，专业理论与技能训练、职业资格与创新训练紧密结合，职业能力逐级晋升至预备技师水平，两个教育阶段分别进行一定的顶岗实习，学生毕业取得本科文凭，达到预备技师水平，符合学位授予条件者获得学士学位。

（6）发展展望。毕业生未来成为工作现场技师人才，或技术、技能、管理、培训多个领域"跨界"人才。

（三）技术专科

（1）人才定位。工作现场技术应用型人才，具备一定创新能力，就职于技术、工艺、管理等岗位，承担工程设计向产品生产转化工作、工作现场技术与生产管理工作。

（2）课程设置。专科高职院校突出技术应用和技术创新能力，实行技术课程、项目课程、综合实践课程有机结合。中等职业学校加强文化基础课程教学，突出专业技能训练，对接中级职业资格，培养综合职业能力，实行与专科阶段课程对接。

（3）招生机制。专科高职院校与对接中等职业学校联合确定中招分数线，学生经中考入学中职，学生中职毕业，通过高等学校对口单招渠道形式入学专科。高职院校将专科指标列入当年国家高等教育公办招生计划。

（4）转段机制。学生中职3年思想道德、行为表现、学习成绩、技能水平等达到专科高职院校规定要求（由专科高职院校另制），即可直接升入专科高职院校的技术专科或技能型专业学习。

（5）培养模式。专科高职院校按照技术应用型人才培养规律，加强校企合作，实行项目化教学、综合实践和技术创新训练，两个教育阶段的顶岗实习统筹安排，学生毕业取得专科文凭。

（6）发展展望。毕业生未来成为工作现场技术（工艺）工程师。

（四）专科高级工

（1）人才定位。企业生产、管理一线高技能型人才，毕业生可以专科学历身份和高级工职业资格在企业一线较高技术岗位或关键生产岗位就职。

（2）课程设置。专科高职院校突出职业资格标准和创新能力，主要采用任务式、课题式教学。中职阶段突出专业技能训练，对接中级职业资格，培养综合职业能力，实行与专科阶段课程对接。

（3）招生机制。专科高职院校与对接中等职业学校联合确定中招分数线，学生经中考入学中职，学生中职毕业，通过高等学校对口单招渠道形式入学专科。高职院校将专科指标列入当年国家高等教育公办招生计划。

（4）转段机制。学生中职3年思想道德、行为表现、学习成绩、技能水平等达到高职院规定要求（由专科高职院校另制），即可直接升入专科高职院校的技术专科或技能型专业学习。

（5）.培养模式。专科高职院校对接高级工职业资格标准，遵循高技能人才培养规律，实行校企合作、工学交替培养方式，采用任务式、课题式课程模式，专业理论与技能训练紧密结合，职业能力逐级提升至高级工职业资格，两个教育阶段分别进行一定的顶岗实习，学生毕业取得专科文凭和高级工职业资格证书。

（6）发展展望。在专科学历和高级工职业资格基础上，未来可晋升工作现场技术（或工艺）工程师或技师，或成为技术技能复合型人才。

二、中职+本科衔接模式的现实意义

在中高职衔接试点中，中职+本科试点模式成为中职生上本科的直通车、培养本科层次技术技能人才的新体制，在我国教育发展历史上具有开拓性意义，是我国高等教育升学体制和人才培养体制方面的重大突破。中职+本科衔接模式所形成的人才培养体系与普通教育人才培养体系也更有对应关系，也是江苏现代职业教育体系建设项目试点的各个形式中教学改革任务最重、社会关注度最高、改革风险最大的一种形式。因此，常州市在推进项目试点过程中，对中职+本科衔接模式进行重点研究与探索。

2012 年，常州工学院率先开始与常州刘国钧高等职业技术学校、江苏省溧阳中等专业学校等二所"国示范"职业学校开展中职与本科的衔接试点，常州工学院选定被列为国家"卓越工程师培养计划"的机械设计制造及其自动化专业开展与中职的对接合作，常州刘国钧高等职业技术学校、江苏省溧阳中等专业学校确定省级品牌专业数控技术应用专业进行对接。2013 年，经省教育厅批准，常州市中职+本科试点规模适度扩大，试点高校扩大到常州大学、常州工学院、江苏理工学院等三所在常公办本科高校，试点项目（专业）扩大到 6 个，4 所"国家示范"职业学校进行对接，招生人数 270 人。2014年，中职与本科衔接试点项目（专业）增至 11 个，招生人数达 465 人。❶

当然，中职+本科试点模式不只是为中职生建立了一条直通本科的通道，简单以升学为导向，也肯定不是简单地在中职的基础上实施传统本科教育，沿用传统本科教育模式培养人才，与普通高中升学走到一条人才培养道路上去。因此，常州市以本科层次人才培养转型为导向，从中职+本科试点模式对人才培养体系突破和教育改革发展产生积极促进作用的角度来认识试点的真正内涵，把握本科层次高等职业教育应用型人才的培养模式改革。

（一）构建一个应用型本科人才培养的新体制

传统应用型本科人才培养在普通高中基础上进行，教学体系的学术性痕迹仍然很难避免，技术性、应用性特征不够突出，与研究型高等学校相比，表现为同质化和压缩型，一定程度上造成了大学生就业的结构性矛盾，即一方面，大学生因技术技能实践能力不符合用人单位需要而就业困难，另一方面，用人

---

❶ 关于公布 2014 年江苏省现代职教体系建设试点项目的通知（苏教职〔2014〕20 号）. 江苏职教网，www.jsve.edu.cn，2014 - 5 - 14.

单位招不到所需技术技能型人才。实行中职＋本科试点模式，吸引优秀学生进入中职＋本科衔接班，本科高校可以在中职的基础上，系统设计有别于传统学术型本科或普通高中生源的技术人才和技能人才培养方案，吸引优秀中学生接受职业教育，未来从事技术和技能工作，促进高等教育人才培养类型结构的优化，转变大学生就业观念，增强大学生就业适应能力，为产业转型升级培养输送更多适应需要的高层次技术技能人才，为造就一大批富有创新能力的技术专家、技能大师奠定基础，从而，极大地增强我们国家自主技术创新能力和产品质量，逐步改变我们国家长期处于技术模仿、产品仿制、生产和服务质量不高的处境，使中国制造真正成为中国创造和世界品牌。

（二）构建一个多样化高中阶段教育结构

目前，高中阶段教育主要是两种类型，一种是普通高中，一种是中等职业学校。学生初中毕业要么上高中，进而考大学，要么上职业学校，准备就业。许多初中毕业生在理性考虑个人意愿、个体性向和社会需求的基础上，直接选择上职业学校，学技术技能准备就业，但是大量学生还是盲目拥挤在普通高中，而实际上相当多的学生并不适应当下应试型普通高中教育，也并未达到比较理想的高考目标，也未达到比较理想的就业预期，而且一些学生发生心理失调等问题，增加更多机会成本、心理成本和经费成本。中职＋本科试点模式提供了初中后升学和发展的第三条通道，使得学生不一定需要通过上普通高中进而上大学，由于避免了高考而直接上二本，明确了技术技能人才培养的特性，吸引一批盲目拥挤在普通高中、学习成绩较好、动手能力较强的学生转向中职＋本科试点模式，以期达到比较适合自己的升学发展目标，从而提供学生多样化的发展路径，使得各类学生各得其所，对缓解普高热，提升职业教育吸引力，转变社会对职业教育的偏见，提升职业教育的社会形象有明显作用。

（三）构建一个人性化教育教学生态

当下，通过普通高中应试型学习和参加高考上大学的总体格局尚不能改变，高考是指挥棒，普通高中教学必然围着高考转，高中的实际教学时间只有两年，第三年进行全面复习，其中大量时间用于解题训练，学生不可能有更多的时间去涉猎其他感兴趣的知识，导致知识面非常有限。大量为应试进行的解题训练对学生知识的掌握和拓展、未来大学学习和创新能力的培养并无用处，这使得我们的高中教学进入一个误圈，高中教学并没有人们想象的那么理想，其症结就在于高考的约束。对于普通高校对口单招中职生，职业学校教学同样不可避免地存在这样的问题。而在发达国家，由于教育和社会的理性，教育分流比较合理，上大学并无高考激励竞争，也就不存在类似我们的过度应试型高中教学。当然，目前中国不能没有高考，只有高考才能公平，那么在这样的现实格局下，江苏试行的中职＋本科的直通衔接模式无疑是一项创新性改革，学生通过中考进入中职与本科衔接班，中职阶段教学计划可以进行科学设计而无需受到高考的制约，中职三年的文化基础课、专业课、技术技能课等可进行统筹安排，文化课已经有条件真正实现与普通高中学业水平基本相当，同时专业课与技术技能课同步跟进，这批中职学生再没有高考的压力，可以在一个良好的教学生态环境下愉快自如地学习，更有效地提升自己的文化素质、技术技能水平，自然地升入本科，使得学习回归到了一个正常状态。可见，这样的一个试点模式是教育回归本真的体现，可能是一个比较理想的教育体制改进模式。

三、项目试点的运行机制

（一）招生体制

开展中职＋本科衔接试点的中等职业学校的基本条件是"国家示范"职业学校，其中，中职专业必须是省级品牌或特色专业，这些学校具有优良办学条件和较高办学水平，生源质量总体上比较好，这给开展中职＋本科一体化人才培养提供了保证。常州市与有关高等学校形成协调机制，将中职＋本科试点项目的中职招生列于中招的提前批次填报志愿，面向全市先于普通高中招生，由市招办统一组织录取，控制分数线按省四星级普通高中分数线设定并严格执行，一批达到省四星级普通高中分数线的学生进入到职业学校，保证了中职＋本科衔接试点的进行，将极大地提升未来高素质技术技能人才队伍的素质。

（二）推进模式

按照江苏省教育厅对试点项目的总体要求，常州市形成了"教育部门统筹协调、牵头高校主导引领、中职学校主动作为"的试点运行体制，充分发挥牵头高校在试点项目人才培养过程中的主导作用。市教育局负责中高职衔接试点项目统筹规划、项目申报、制定人才培养总体要求、协商确定试点规模、做好招生管理等服务工作；牵头高校负责会同合作中等职业学校研制中高职分段衔接的一体化人才培养方案、指导中等职业学校课程教学、教学评价，会同中等职业学校制定中高职转段要求等工作；中等职业学校在牵头高校指导下负责制定与高等学校人才培养方案相对接的中职人才培养方案和课程标准并组织实施。为加强试点模式研究，有关院校立项开展专项课题研究，通过边试点、边研究、边提升，以研究指导试点，以期取得良好的教学改革成果。

（三）管理机制

中高职衔接试点项目的课程教学既涉及中等职业教育人才培养目标的达成，又要与高等教育人才培养对接，为中职向高职的转段打好基础，保证高等教育技术技能人才培养目标实现。为此，常州市建立了中高职衔接项目试点教学指导服务机制，牵头成立了由相关试点院校领导、教学管理部门及院系负责人参加的中高职衔接教学工作指导小组，定期召开协调会议，研究把握试点要求。同时，市教育局还建立了由市职教教研部门教研人员、相关中等职业学校任课教师参加的学科课程教研协作组，制定课程教学标准，研究把握教学要求，开展校际教研协作，组织课程考核评价，为项目试点有序推进提供保障服务。在牵头高校的组织下，高等学校相关领导、教学管理部门及院系负责人进入中等职业学校调研教学改革情况，派出专家教授赴中等职业学校授课讲学和教学指导；中等职业学校组织衔接班学生到对接高等学校参观座谈，感受未来大学学习要求，加强了高等学校、中等职业学校的对接合作。

（四）教学措施

中职＋本科试点模式在把握中职阶段的教学标准和教学动力机制方面还必须充分重视。为此，常州市及时进行教学调研和集中研究，召开中职＋本科衔接模式教学工作会议，牵头高校、合作中等职业学校和教研部门达成共识。首先是文化基础课教学标准，应不同于以应试升学为主要目标的普通高中，也不应完全等同于以直接就业为主要目标的中等职业教育，目前并无明确的把握标准。其次是教学动力机制，摆脱了高考应试的激烈竞争，构建了教学良好生态，但是，同时也出现新的矛盾，教师教学和学生学习失去了应试条件下的激励机制，如何避免教学懈怠，保证面向未来本科学习的中职教学质量，将是一个新的课题。

因此，实行中职＋本科衔接模式，一方面要避免重走普通高中应试教学的老路，另一方面也要形成新的教学动力机制。这就要求很好地研究和把握中职＋本科衔接模式中职阶段的主要特征。根据中职＋本科衔接模式人才培养的体制和目标定位，它应兼具职业性、基础性和衔接性，教学标准应基于此来研究确定。首先是职业性。即它是职业教育，中职阶段是中等职业教育，中职阶段要相对独立与完整，必须按照中等职业教育人才培养要求进行教育教学，课程设置要满足就业要求，突出技术技能培养，培养模式应充分体现职业教育人才培养特质；本科是应用型本科，要转变人才培养模式，加强技术技能和创新能力培养，成为本科层次高等职业教育，同时，还要明确是技术型人才还是技能型人才，实行两类人才分类培养。其次是基础性。即为未来本科阶段学习和可持续发展打实基础，这与普通高中有共同点，特别是文化基础课应基本达到普通高中学业水平，实行普职融通。当然，不是要像普通高中那样进行大容量重复性应试训练，做大量为应试竞争而对未来并无用处的深难考题，而是要回归教学生态，摆脱应试羁绊，让学生更自主和主动地学习，进一步拓展学习空间和知识面，提高应用能力。从中职＋本科试点模式生源质量和单位教学时间提升来看，是可以兼顾职业性和基础性的。再次是衔接性。即是中职与本科分段培养，两个阶段人才培养方案统筹设计，课程相互衔接，学制直接贯通，突出职业特点，有效地避免两个阶段课程重复或脱节，极大提高培养效益，并使中职与本科两个阶段在人才规格层次上同类递进，实现本科层次技术技能人才的培养目标。

基于中职＋本科衔接模式职业性、基础性和衔接性特征，为在中职直通本科条件下激发中职阶段应有的教学动力和学生学习动力，保证中职阶段教学质量，提升中职＋本科衔接模式的社会公信度和影响度，保证其可持续发展，必须进一步加强教学工作和教学管理，形成有效管理运行机制，防止因为中职直通本科而造成中职阶段教学拖沓松垮、学生学习懈怠局面，造成社会负面影响。为此，常州市在省教育厅统筹领导下，进一步加强教学管理工作，一是教育部门加强统筹管理，建立由教育部门、高校、中等职业学校、教研机构相关领导、教师参加的教学指导与工作协调机制，加强对中职阶段教学工作的督导；二是教研部门实行包括课堂教学、校际教研、考试评价等方面的全过程教学指导；三是牵头高校发挥在人才培养方面的主导作用，加强过程监控监督，将中职与本科转段要求贯穿到中职三年全过程中；中等职业学校按照中职人才培养方案要求开齐开足课程，加强教学"五认真"管理，加强与普通高中开展合作教研，科学安排学生课后作业量和学习任务量，保持一定的学习紧张度，多管齐下，形成激励教与学的动力机制，真正彰显中职＋本科衔接模式在教学改革方面应有的学制优势，使之真正成为培养高层次技术技能人才，发展本科层次高等职业教育的一项教育制度。

本章小结

改革开放以来，伴随着经济社会的快速发展，常州职业教育得到持续发展，建设了一批行业背景深、办学实力强的中等专业学校，地方政府也相应举办了具有规模发展效应的区域性职业教育中心，行业企业也针对产业发展实际需求举办了一批技工学校，到20世纪末，常州市构架了适应地方经济社会发展需要的中等职业教育办学体系。进入21世纪，常州职业教育进入一个新的发展时期，以建设常州高等职业教育园区为载体，常州高等职业教育得到集聚式跨越发展，同时5年一贯制高等职业教育得到快速发展，高等职业教育的快速发展成为常州职业教育新一轮发展显著标志，目前，常州基本构架了中高等职业教育协调发展的职业教育体系。常州市作为苏南现代化建设示范区、首批江苏省职业教育创新发展实验区和地方政府促进高等职业教育发展综合改革国家试点市，进一步加快了现代职业教育体系建设，一批地方本科高校也加快了培养技术应用型人才的改革进程，积极参与江苏现代职业教育体系建设项目试点，进行以中职与本科，专科高职与本科分段培养为重点的高层次技术应用型人才培养改革试点，积极探索本科高等职业教育发展路径。

（本章执笔人：张　健）

第十四章

江苏现代职业教育体系建设的集团化办学实践

江苏职业教育集团经过 10 多年的快速发展，现已形成三种有代表性的发展模式，即，以行业为依托、专业为纽带组建的行业资源联盟型职业教育集团化发展模式；以常州高等职业教育园区为代表的政府主导型高等职业教育集团化发展模式；以江苏联合职业技术学院为代表的学院主导型高等职业教育集团化发展模式。三种集团化发展模式各不完全相同，但都具有各自的优势和特色，形成了"江苏模式"的品牌效应。

第一节　行业资源联盟型职业教育集团化发展形态

进入 20 世纪以来，江苏以行业资源联盟为主要形态的职业教育集团呈现出快速发展之势。2003 年，第一个以产学研为主要纽带，以无锡商业职业技术学院为龙头，行业、企业和高、中等职业院校广泛参与，跨地区的行业资源联盟型职教集团——江苏商贸职教集团在无锡商职院成立，2004 年，江苏农林职业教育集团在江苏农林职业技术学院成立，由江苏农林职业技术学院领军。目前，江苏已成立了商贸、农林、建筑、旅游、信息、现代服务业、纺织、化工、机电、艺术设计、汽车、交通等 14 个行业资源联盟型职教集团，其中，13 个行业资源联盟型职教集团由行业的龙头高职院校牵头，参与的职业院校 400 多所，加盟的行业、企业 700 多家，初步形成了"合作办学、合作育人，合作就业、合作发展"的职教集团组织形态，推动了行业资源联盟型职教集团组织的建设和发展。

一、行业资源联盟型职业教育集团化发展形态的涵义

（一）行业资源联盟

据有关信息资料考证，行业资源联盟这一概念在国内教育界首次提出。笔者结合江苏高等职业教育集团化发展模式的形态，提出行业资源联盟这一概念，并从行业资源的视角，给行业资源联盟一个初步定义：行业资源联盟是一个战略问题，是战略联盟的一种。一般来说，"行业资源联盟"概念的内涵可概括为，以行业为基础，两个或两个以上的组织系统联盟成为一个有机整体的行为和过程，所形成的联盟体不是系统之间的简单相加，而是通过一定的运行程式进行的战略合作，其目的是发挥行业内各成员单位的资源优势，提高行业资源联盟的整体功能，从而实现整体功能的倍增效益。而行业资源联盟主要指同行业高职院校与同行业高职院校之间、同行业高职院校与同行业中职学校之间、同行业高职院校与同行业企业之间、同行业高职院校与同行业科研院所之间，为实现各自发展的战略目标，促进各自人才、技术、设备，特别是隐性资源的开发、流动和共享，通过契约关系实现联盟内的优势互补、互利共赢、合作发展。但这种联盟是比较松散的行业组织共同体，即行业资源联盟型高等职业教育集团化发展共同体，它的最终目的是，通过合作发展提高集团组织的整体实力。

行业资源联盟不论是院校，还是企业，因为同属同一行业，有共同的利益诉求，有共享的优质资源，所以，行业资源联盟组织具有互补的能力和共同的发展愿景。联盟组织成员所拥有资源的互补性是吸引彼此加入联盟的重要原因，行业资源联盟是以资源（包括硬资源和软资源）为纽带实现共享与合作的。因此，行业资源联盟组织中，资源共享机制的建立是行业资源联盟型高等职业教育集团化发展模式形成的重要前提，也为联盟组织之间做大做强奠定了持续发展的基础。

（二）合作是行业资源联盟型职业教育集团化发展形态的核心

据《现代汉语词典》解释，形态就是事物的形状或表现。契约性是行业组织共同体的基本形态，也是行业资源联盟型高等职业教育集团化发展形态的基本特征。行业资源联盟是以一定契约的形式联结起来的合作组织，合作是行业资源联盟型高等职业教育集团化发展形态的核心。通过合作，放弃各自的部分权利，做强集团的发展资源，确立集团的发展目标，明确集团多方的责任和利益关系，建立利益相关者共同治理的新模式。行业资源联盟的内容、利益分

配、章程、制度安排等，都是以双方签署的契约为主要依据，一旦契约终止，行业资源联盟的合作关系自动解除。从江苏 14 个职教集团运行状况看，这种行业资源联盟合作组织相互约束力是比较弱的，是一种较为松散的"虚拟"合作组织。

二、行业资源联盟型职业教育集团化发展形态的架构

作为职业教育制度的重大变迁，江苏高职教育集团化办学使职业院校与行业企业的关系发生了深刻变化，建立了良好的合作发展关系，架构了以合作为核心的集团化发展形态。

（一）合作办学

资源共享是合作办学的重要前提，也是行业资源联盟型高等职业教育集团化发展必须解决的首要问题。随着技术的进步，市场的开放，院校和企业的发展对优质资源的依赖程度越来越大。因此，江苏职教集团积极探索建立合作办学的资源共享机制，它包括教学资源共享、科研成果资源共享、技术资源共享、就业信息资源共享等，形成了集团内部信息互通，资源互用，合作共赢的办学局面，像江苏建筑职教集团举办每年一次的年会、江苏现代服务业职教集团举办的"现代服务业发展论坛"等，有效增强了集团内的信息流通，及时明确和调整集团合作办学的方向与重点，提升了集团正确分析判断行业发展的能力。江苏机电职教集团充分依托集团各成员单位的资源优势，共同创建资源共享的职业能力发展虚拟学院，为集团内部提供校校与校企人才交流、人力资源开发及企业员工职业技能培训和鉴定等服务。江苏建筑职教集团由牵头学校无偿提供土地，企业投资兴建"培训学院"，培训收益由双方按比例分成❶。以"培训学院"为依托，校企双方共同开发培训项目和课程，仅 2009 年，江苏建筑职教集团与湖南湘煤集团等多家企业联合举办预算员、钢筋工等岗位技能培训，年培训 12 460 人次。江苏商贸职教集团内企业累计投入牵头学院的设备价值近 1 000 万元，与学院共建了"元利数控展示中心""通信技术实验室""爱迪尔珠宝营销实训室"等❷，初步实现了企业行业资源与院校资源的优化配置、开放共享，解决了合作办学中的资源不足问题。

（二）合作育人

育人是职教集团化发展之根本。一是校校合作育人。江苏有 30 多所涉农

---

❶ 崔永华. 职教集团经营研究 [J]. 教育发展研究，2009（17）：9–12.
❷ 江苏省职业教育集团建设研究报告，内部资料，2009.

的中等职业学校，为了使优质的涉农中职教育资源能充分发挥其效用，促进中等、高等职业院校协调发展，根据《江苏农林职教集团章程》规定，由江苏农林职业技术学院领军，整合中高职教育资源，探索"3＋2"的五年制人才培养模式，联合培养农村急需的高职实用人才；通过对口单独招生，使集团内中职和高职生源有效衔接，把优秀的中职毕业生输送到集团内的高职院校继续深造，为中职毕业生拓宽继续学习的通道。这种合作育人的形式，不仅提升了全省中等职业教育的教学水平，解决了中职学校招生困难问题，而且通过"生源"这一特殊的载体，使江苏职教集团学校与学校之间形成育人链，抱团育人。

二是校企合作育人。江苏职教集团以校企合作育人为目标，对接行业的发展需求，根据不同专业的特点和优势，不断深化工学结合人才培养模式的内涵。以江苏机电职教集团旗下的常州机电职业技术学院电气自动化专业为例，第一、第二学期学生在校学习文化基础和专业基础课程，培养学生的文化素养和专业基础能力；第三学期学生到企业进行岗位体验，以企业管理为主，重点培养学生的职业素质；第四、第五学期学生回到学校学习专业课程，培养学生的专业适应能力；第六学期学生到企业顶岗实习，培养学生的职业能力和合作共事能力。❶ 在顶岗实习期间，许多企业提前将顶岗实习生转为正式员工，实现了实习、育人、就业三位一体的有效融合。

（三）合作就业

就业关系学生的切身利益，是学生和家长最关心的要事，也是江苏行业资源联盟型职教集团化发展的头等大事。江苏职教集团在推进毕业生就业方面做了大量富有成效的探索：一是根据行业企业需求，积极推行订单式培养，院校与集团内多家企业签定培养合同，按企业的要求研制人才培养方案，实现了招生、培养、就业"三合一"。二是高职与中职就业互动。如集团内高职院校在与用人单位洽谈毕业生就业问题时，了解到用人单位在需求高职毕业生的同时，还需求部分中职层次的人才时，高职院校就主动向企业引荐集团内的有关中职学校。中职学校亦向企业引荐集团内高职院校。当一个学校的某些专业的毕业生数量不能满足某企业需求时，该校会主动联系集团内的兄弟学校进行补给。三是构建集团内毕业生供需平台，为行业资源联盟型职教集团发展提供人

---

❶ 知行并进铺就学生成功之路——常州机电职业技术学院连续三年在全国职业技能大赛上夺冠［N］.中国教育报，2010－7－23：8.

才保障。江苏各职教集团每年都举办 1～2 次集团内毕业生供需会，组织行业企业进团招聘。以江苏商贸职教集团为例，2009 年举办的集团内毕业生供需洽谈会，吸引了集团内外 420 余家企业到会招聘，提供了 6 000 个岗位供集团内院校毕业生选择，分担了集团内院校的就业压力，满足了集团内企业对不同专业、不同层次人才的需求。

（四）合作发展

社会需求是专业发展的根本驱动力，而校企合作则是确保专业建设科学合理的重要保证。就高职院校专业建设而言，专业建设最大的先天不足是跟不上社会经济发展的变化要求，针对这一难题，江苏行业资源联盟型职教集团进行了大胆的实践。像江苏汽车职教集团的牵头学校——无锡职业技术学院：按照汽车行业制造—销售—维修服务产业链进行专业设置、专业调整、专业建设❶，使专业发展与行业的人才需求相适应。江苏商贸职教集团内企业成员全面介入集团院校各主干专业的建设与指导，无锡商业职业技术学院与江苏永中科技有限公司等企业合作共建的"电子商务"专业，校企共同开发人才培养方案，共同制定专业人才标准，推动技术技能人才培养的标准化和规范化。该专业已发展成为江苏省特色专业，校企合作开发的《ERP 原理与应用》课程已建成国家精品课程❷。

江苏纺织职教集团充分发挥牵头学校——南通纺织职业技术学院的人才和技术优势，利用企业的设备和资金优势，合作组建成立了 18 个研究开发机构或专业工作室，涉及新型纱线、纺织面料、服装、家纺产品、设计软件等领域，完成新产品、新款式、新花型开发近 600 余项（款），其中有 260 余项（款）被企业选用❸，取得了可喜的社会效益和经济效益。江苏机电职教集团依托院校现有的工程技术研究开发中心，围绕集团成员企业技术研究与产品开发，设立了面向集团内企业和院校教师共同申报的开放式基金，每年校企联合申报开放基金课题近 20 项❹，以项目为纽带进一步深化集团内校企之间的产学研合作。江苏信息职教集团内院校与企业共同创建了江苏南极星科技有限公司，承接教师科研成果，进行成果转化与产品生产，年产值达 2 000 多万元。❺

---

❶ 江苏省职业教育集团建设研究报告，内部资料，2009.
❷ 江苏省职业教育集团建设研究报告，内部资料，2009.
❸ 江苏省职业教育集团建设研究报告，内部资料，2009.
❹ 江苏省职业教育集团建设研究报告，内部资料，2009.
❺ 马万全. 江苏职业教育集团化办学的实践探索 [J]. 中国职业技术教育，2009 (33)：39－43.

三、行业资源联盟型职业教育集团化发展形态的优化

江苏行业资源联盟型职教集团作为一个开放的组织系统，使不同利益群体走到一起，组成了利益发展共同体，通过合作办学、合作育人、合作就业、合作发展，为各利益群体的发展带来了实惠，取得了许多合作成果。但也暴露出一些制约集团持续发展的深层次问题，如利益相关者的利益问题、集团文化的培育问题、政府投入不力问题等。

（一）优化治理结构

治理理论作为一种新的理论范式，它是以当代公共管理新的生态环境：学校、企业和社会的合作网络作为理论原点，强调多利益主体间的互动与合作。合作是高等职业教育集团化发展形态治理的核心。从这个高度去认识，治理实质上是一种合作管理。治理的本质在于协调，而非控制；治理不是一种正规的制度，而是自愿有效的合作。基于治理理论，完善发展形态，把合作引向深入、持久，笔者认为，第一，治理主体应摒弃部分权利，依靠各自的资源优势，通过平等对话，增进相互了解、相互信任，在信任的基础上，确立集团化发展的战略目标，建立有效的利益发展共同体。第二，建立高职教育集团利益相关者的共治模式，把集团内部各利益主体，尤其是企业的积极性、创造性充分调动起来，使各利益相关者都能自觉担当主体责任，主动参与集团的决策与管理，形成一种多主体共享权利并相互维护权利的合作局面。第三，构建集团化合作发展的利益协调机制，把行业企业的合作利益与学校的价值追求有效融为一体，使集团多利益相关者在利益取向上形成共识，真正实现合作共赢的集团化发展之目的。

（二）培育集团文化

行业资源联盟型高等职业教育集团化发展要做的事情甚多，但最重要、最核心，也是最难的就是集团文化的培育。资源共享是高职集团化发展的前提，制度安排是高职集团化发展的保障，而文化培育则是高职集团化发展的关键所在，也是高职教育集团化发展的难点所在。因此，需要用战略眼光，对集团文化进行系统规划和培育。文化是集团发展的根，是集团发展的最高境界。集团文化是对集团发展观及其行为模式的价值认同。集团精神及其价值观是集团文化的核心要素。集团文化是一种多元文化，具有多样性特征；集团文化是一种育人文化，具有人本性特征。因此，在集团文化培育中，必须明确培育重点，把握逻辑主线。

第一，培育合作共存的生态文化。企业是经济活动主体，也是文化创造主体，更是社会责任主体；同理，学校是教学活动主体，也是文化创造主体，更是社会责任主体。这就体现出各自文化的共性和差异，需要校企双方扬长避短，加深融合，坚持合作共存的生态文化逻辑，在融合中培育目标一致、价值认同的集团文化。第二，培育以人为本的育人文化。职教集团在服从物化资本增值逻辑的同时，更应服从人的价值逻辑。从以人为本的战略出发，把培养文化人作为高职集团的发展目标。基于这一目标定位，教学、科研、校企合作是集团育人的最前线，集团所有工作都要服务于最前线，服务于育人，这既是集团文化的使然，也是集团文化的内核。对集团来说，就是要建立以集团社会责任意识为主要内容的现代高职集团文化，核心就是育人文化。

（三）强化政策支持

江苏高职教育集团化发展到今天，在"合作"方面进行了有益实践，但这种合作是"松散合作"，集团的调控能力、办学经费都非常有限，法律法规支持不力，直接影响到高职教育集团的运行、生存、发展。要想把合作引向深入，必须强化法律、政策的引领和推动作用。第一，尽快修改《职业教育法》，要增加一条关于职教集团办学的规定，明确集团各利益相关者的社会责任，严格依法治理。第二，任何改革都需要经费的支持，高职集团化办学也是如此。因此，江苏省人民政府和教育行政部门应对高职集团的发展给予经费支持，或通过课题等形式，设立专项资助，专门用于实训基地建设和产学研项目开发。第三，为了进一步调动企业参与集团化办学的积极性，改变目前"一头热、一头冷"的被动合作局面，政府应尽快出台相关税收优惠和税收减免政策，把行业企业参与集团办学的积极性发挥好，把行业企业的合作利益发展好。

第二节　政府主导型高等职业教育集团化发展模式

常州高等职业教育园区建设立意高远，独处前沿，集团运作，全国第一。本节以常州高等职业教育园区为个案进行分析，以期探寻政府主导型高等职业教育集团化发展之道。

一、常州高等职业教育园区发展历程

2002年初，常州市委、市政府决定建设"常州大学城"，当年10月，常州大学城奠基开工。2006 年，常州大学城更名为常州科教城，即常州高等职业教育园区。

目前，常州高等职业教育园区有常州信息职业技术学院、常州纺织服装职业技术学院、常州工程职业技术学院、常州轻工职业技术学院、常州机电职业技术学院等 5 所高职院校和 1 所本科院校常州大学入驻。发展至今天，常州科教城（高等职业教育园区）已有全日制在校生 7.6 万名，面向全国 26 个省市招生。

2008 年 7 月，江苏省教育厅、财政厅联合批准常州高等职业教育园区为江苏省首家"示范性高等职业教育园区"建设单位；同年 12 月，园区又被批准为江苏省首批国际服务外包人才培训基地。

常州科教城（高等职业教育园区）秉承"资源共享、集约发展、内外开放"的建设理念，按照"政府主导、学校主体、统一规划、市场运作"的思路组织实施。学校之间没有围墙，实现了公共设施和教育教学资源共享。6 所院校占地不到 5 000 亩，实现了土地的节约使用和各类资源充分利用。集政府和各校之力建设了设备先进、开放共享的现代工业中心；根据各校的专业优势分别建成了数控技术、模具技术、汽车技术、计算机网络技术、制造业信息化技术等 13 个共享性实训基地；建设了拥有 20 000G 容量的图文信息系统和国家职业技能鉴定所、创新服务中心、培训管理中心、后勤服务中心等公共服务体系，基本具备了政府主导型高等职业教育集团化发展模式的组织形态。

二、高等职业教育集团化发展模式的内涵与特征

（一）高等职业教育集团化发展模式的内涵

从常州高等职业教育园区发展的实践和运行的方式看，常州高等职业教育园区具有高等职业教育集团化发展的性质和特征，实质上，它是对政府主导型高等职业教育集团化发展模式的成功探索。一般来说，"模式"亦称范式或样式，是使模式系统中各要素得到最优化配置的一种运作思路。"发展模式"是个动态的概念，是在发展实践中形成的对发展活动具有规范、引领作用的，能使发展活动中的各要素的资源配置呈现最优化的一种结构样式。"政府主导型高等职业教育集团化发展模式"是通过一定的程序要求和政府力量，把分散的教育资源整合为可共享的优质教育资源，形成一种有组织的发展联合体。在这种发展联合体中，所有资源应以开放共享为目的。

（二）高等职业教育集团化发展模式的特征

我国高等职业教育集团化发展模式正处于积极的探索阶段，理论研究和实践探索刚刚起步，都很不成熟，因此，需要我们进行深入系统的研究，需要我们理性认识和把握其基本特征。

（1）多样性。多样性是高等职业教育集团化发展模式的基本特征。目前，在发展实践中已初步形成了多种集团化发展模式，以省域布局划分，有"以城带乡"的河南职业教育集团化发展模式、"校企合作"的天津职业教育集团化发展模式等；从主导力量划分，有政府主导型的常州高等职业教育园区集团化发展模式、院校主导型的江苏联合职业技术学院集团化发展模式等。

（2）开放与共享性。开放与共享性是高等职业教育集团化发展模式的本质特征。开放是共享的基础，集团内的所有资源（包括硬资源、软资源等）都应向集团内的所有成员开放，只有开放才能实现资源全面共享，只有共享才能促进校校、校企（研）共同发展。

（3）主体性。主体性是高等职业教育集团化发展模式的组织特征。其核心主体可以是一所院校组织牵头，像江苏联合职业技术学院，也可以是一个具有政府职能的管理组织，像常州高等职业教育园区管理委员会，或者是一个行业协会组织、企业等。

（4）主营性。主营性是高等职业教育集团化发展模式的职能特征。其主营业务是人才培养，它包括职业院校的教育教学、职业技能培训、职业继续教育、技术研发、技术咨询、社会服务等。

（5）独立性。独立性是高等职业教育集团化发展模式的结构特征。主要有职业院校、企业、行业协会、政府机构、科研院所、中介组织等若干个成员单位构成，集团成员之间并不存在从属关系，具有相当的独立性。共同的发展利益是联结集团成员的纽带。集团各成员单位一般都具有独立的法人资格。

三、高等职业教育集团化发展模式在常州高等职业教育园区的实践

从高等职业教育集团化发展模式的内涵和特征出发，试图用多学科的理论和方法，分析常州高等职业教育园区的真实面目，探寻其发展之道。

（一）理念为本

《美国的观念》一书中认为："美国是一个由观念产生的国家，不是这地方，而是这观念，缔造了美国政府。"20 世纪英国最著名的经济学家凯恩斯指

出："观念可以改变历史的轨道。"❶ 常州高等职业教育园区作为现代集团组织，秉承"资源共享、集约发展、内外开放"的建设理念，成立了高等职业教育园区管理委员会，形成了一种完整的政府主导型管理组织形态。但入驻常州高等职业教育园区的5所高职院校并不与管委会形成隶属关系，而是从高等职业教育集团化发展的高度，按照组织化的运作思路，把原有的高等职业教育资源聚集做优，为常州发展所用。正如常州市副市长、常州科教城（常州高等职业教育园区）管委会原党工委书记王成斌所说，"尽管6所高校都是省属高校，但我们坚持'不求所有，但求所用'。把学校办好了，'知识型工人'既可满足常州先进制造业的需求，也可为常州中小企业和民营企业的技术创新提供智力支撑。"常州高等职业教育园区发展的成功实践，从理念层面可以概括出三条基本规律：一是充分体现了理念为本，价值首位，建设一个价值引领、有品质的常州高等职业教育园区；二是在高等职业教育园区组织共同体中，通过共享的价值观，主动维系高等职业教育园区管委会与5所高职院校之间各自的责任和使命；三是通过担当共同责任和使命，自觉实现了"江苏省示范性高等职业教育园区"建设与发展目标。常州高等职业教育园区组织共同体获得发展实践上的成功，充分验证了"观念可以改变历史的轨道"之力量。

（二）政府主导

2002年初，中共常州市委九届三次全体会议和常州市第十二届人大五次会议做出决定，要"发挥常州高等职业教育整体优势，加快启动常州大学城建设，为常州现代制造业基地的形成，培养更多的应用型、实用型人才。"常州大学城建设项目在当年江苏省教育工作年度会议上被列为全省大学城建设的重要项目，成为常州市委、市政府确定的2002年社会发展的头等大事。常州大学城在建设初期，明确提出按照"高品位、高水平、有特色、立足创业、追求创新"的理念进行规划，以"政府主导、学校主体、统一规划、市场运作"的模式组织实施。当年，常州大学城建设领导小组、常州大学城工程建设指挥部成立，后更名为常州科教城/常州高等职业教育园区管理委员会，具体负责组织、管理、规划、协调工作。截至2010年，短短8年的时间，常州高等职业教育园区已经发展成为装备先进、设施一流、功能齐全、资源共享、优势互补、特色鲜明的现代化教育之城，成为江苏大地上的一大文化品牌。常

---

❶ 眭依凡. 大学校长的教育理念与治校［M］. 北京：人民教育出版社，2001：74 - 75.

州高等职业教育园区的发展，是政府主导的成功实践。值得我们深思的是，常州高等职业教育园区不仅体现了"城"的内涵，更是新思想、新观念、新思路引领发展的过程。用组织学的理论来解释，是组织整合的结果。政府主导是一种组织协调活动，其目的是把分散在5所高职院校组织内部的人、财、物资源进行合理有效配置与整合，形成了具有精神力量和物质力量相统一的发展共同体，实现了"有组织的政府主导园区的良性发展状态"，它的理论价值和实践价值都远远超过了单兵作战所获得的成效之和。

（三）资源开放共享

常州在规划大学城的过程中，用"城"的建设思路实现"资源共享、集约发展、内外开放"，基本原则是，在管理体制不发生变化，人、财、物等资源有一定归属的前提下，集聚5所高职院校的人才优势、设备优势和开放办学的优势，最大限度地实现教育资源的优化配置，优势互补。2005年初，《常州高等职业教育实验区教学资源共享实施计划》在常州高等职业教育园区签署，力求使园区5所高职院校的教育教学资源让园区内外院校全面共享，向社会开放。在规划共享资源时，园区管委会（政府）与5所高职院校之间分工明确，各负其责。常州高等职业教育园区现代工业中心由高等职业教育园区管委会（政府）、企业和5所高职院校共同投资建设，高等职业教育园区管委会负责硬件的维护和更新，实训的组织管理与协调；5所高职院校根据各校的专业特色分别规划建立了13个共享性实训基地。以共享性"数控技术实训基地"为例，该基地由常州轻工职业技术学院牵头建设，集中6所（包括常州大学）院校的数控设备，利用企业的支持，建成了数控设备先进齐全，集教学、培训、职业技能鉴定和技术服务为一体的开放性实训基地。它不仅为6所院校数控专业人才培养提供实训服务，而且还承担了农村劳动力转移培训、下岗职工再就业培训、全国数控师资培训和数控职业技能鉴定等各种社会培训任务。现已发展成为教育部"全国高职院校数控技术师资培训基地"、江苏省人力资源和社会保障厅"数控技术职业技能鉴定基地""江苏省数控技能竞赛基地"江苏省总工会"江苏省职工数控技术培训基地"[1]，为常州市以及江苏省制造业的发展培养了一大批数控专业的专门人才，取得了良好的社会效益和经济效益，发挥了很好的示范辐射作用。从系统论的角度考察，常州高等职业教育园区的发展完全满足高等职业教育集团化发展的组织形态，通过对系统要素的优

---

[1] 杨兴华. 共享机制：高职教育"常州模式"的核心 [J]. 职教通信，2009（12）：15–17.

化、开放、共享,实现了常州高等职业教育园区"一加一大于二"的整体性发展功能。

（四）产学研集群

发展需要创新,创新引领发展。在创新中实现了由常州大学城向常州科教城/高等职业教育园区的历史性转变,提出了"经科教联动、产学研结合、校所企共赢"的新的发展战略目标,开始面向国内外引进高水平科研院所资源,形成大院大所、知名高校和高职院校共同发展、产学研合作的教育科研集群。目前,中国科学院常州先进制造技术研发与产业化中心、南京大学常州高新技术研究院、东南大学研究院、远宇科技瑞声、北大众志等 30 多个国内外科研机构、高校、高科技企业的研发中心和总部落户园区。同时,还依托常州科教城管委会和武进高新区管委会的优势,联合在常 9 所高校的资源共同在常州科教城建成了国家级大学科技园。清华大学、北京大学、南京大学等 15 所高校均在科技园设立了研发、孵化基地,在孵企业达 240 多家,初步形成了一个由高科技企业为主导的企业集群,初现"积聚"之效应。科研集群、院校集群、企业集群的"三群"合力,为常州科教城/高等职业教育园区开拓了发展空间,注入了发展活力。从企业网络理论角度考察,当某一企业或某一科研机构或某一院校无法通过市场和自身内部资源的优化配置突破自身能力限制时,就可能会跨越边界,寻求多方间的资源共享,优势互补,实现"一加一大于二"的联合作战效益。实际上,科研集群、院校集群、企业集群都是整个人才市场价值链和社会生产价值链中的重要元素,三者相互依赖,互为支撑。科研集群、企业集群为院校集群中的 5 所高职院校技术研发、技术转化、学生创业就业搭建了广阔的舞台,院校集群又为科研集群、企业集群的可持续发展提供了人才支持。共享、共赢、共成长是产学研集群合作发展之根本。

第三节 学院主导型五年一贯制高等职业教育集团化发展创新

到 2013 年年底,在全国独立设置的 1 321 所高职院校中,有一所与众不同的高职院校,它就是江苏联合职业技术学院。目前,学院五年制高职在校生规模达 19.3 万人,是我国办学规模最大的高职院校。江苏联合职业技术学院实行"小学院、大学校"的集团化办学模式,开创了我国学院主导型高等职业教育集团化发展之先河。

一、学院主导型五年一贯制高等职业教育集团化发展的理论依据

江苏联合职业技术学院的办学模式是典型的集团化办学模式，而且是一种特殊类型的高等职业教育集团，具有鲜明的学院主导型高等职业教育集团的组织形态。

（一）共生理论及其内涵

人们可能会问，学院主导型五年一贯制高等职业教育集团化发展的理论依据是什么？它的依据就是生物学中的"共生理论"。"共生"概念源于生物学，指不同种属的生物一起生活，互相利用对方的特性和自己的特性相依为命的现象。"共生"是生物进化的主要方式，进而引起其他物种发生适应性变化，形成一个相互作用、协同发展的合作共生体。

"共生理论"认为，共生是自然界、人类社会的普遍现象。共生的本质是合作，共生的动力是协同，互惠共生是自然与人类社会发展的必然趋势。运用"共生理论"来解释学院主导型高等职业教育集团化发展问题，就会更加深刻地理解和把握其存在的客观性，从而按照共生原理不断推进集团的生态系统建设，实现学院主导型高等职业教育集团的可持续发展。

（二）共生理论对学院主导型五年一贯制高等职业教育集团化发展的支撑

1998 年，我国管理工程博士袁纯清运用"共生理论"研究小型经济，他认为，"共生理论"包括三个要素，即共生单元、共生模式、共生环境❶。"共生理论"催生了江苏高等职业教育集团的新的组织形态——江苏联合职业技术学院。用"共生理论"分析江苏联合职业技术学院的运行轨迹，完全符合共生系统的三个要素，即共生单元、共生模式、共生环境，也为我们系统认识特殊类型的学院主导型高等职业教育集团提供了全新的视界。特殊类型的学院主导型高等职业教育集团的共生单元就是指 40 所分院、31 个办学点。他们是共生系统的基本合作单位，是形成共生系统的重要力量，也是高等职业教育集团内部的利益相关者；共生模式就是指特殊类型的学院主导型高等职业教育集团成员学校之间组织构架和联系方式，它是共生系统形成和发展的关键，是决定共生系统运行效率的核心要素❷；共生环境主要包括自然环境和社会环境，其中，政策环境对推动学院主导型高等职业教育集团化发展发挥了重要作用。

---

❶ 袁纯清．共生理论——兼论小型经济［M］．北京：经济科学出版社，1998．

❷ 孙健．基于共生理论的职教集团研究［J］．教育与职业，2010（33）：7-9．

依据"共生理论"来看待和分析江苏联合职业技术学院发展问题，我们不难发现，影响学院主导型高等职业教育集团化可持续发展的若干重大关系问题就是一种"共生关系"。江苏联合职业技术学院本身不是一个办学实体，但它具有鲜明的"共生"特征，以合作共生为宗旨，采用新型的组织结构，将分散在全省的五年制高等职业教育资源进行集团化管理，开创了"小学院、大学校"集团化办学的江苏模式。可以说，学院主导型集团化办学的江苏模式，有力推进了江苏五年制高等职业教育的体制创新，为江苏五年制高等职业教育又好又快发展注入了新的内涵和活力。

二、学院主导型五年一贯制高等职业教育集团化发展的治理结构

江苏联合职业技术学院得益于快速发展的江苏五年制高等职业教育而诞生，是江苏五年制高等职业教育的办学管理机构。学院按照"小学院、大学校"的办学思路和集团化发展的经营模式，构建了三大组织运行系统。

（一）决策系统

院务委员会是集团实行科学决策和民主管理的最高权力机构。院务委员会的主要职能是负责制定和修改章程、研究和审议学院改革发展的重大事项，包括学院发展规划、专业建设、教育教学改革、师资队伍建设、学生管理、校际合作与教育资源共享等。

（二）管理系统

学院与40所分院、31个办学点按照有统有分、统分结合、双层运行、重心下移、精简高效的管理逻辑，集团内部设置了三个管理机构。

办公室：负责处理学院日常事务。主要工作职责是综合协调学院重要事务；负责学院财务日常管理；固定资产管理等工作。

教学科研处：负责学院教学管理和科研工作。主要工作职责是负责制定教学管理规程；负责制订5年制高职指导性教学计划，审定各分院实施性教学计划和教学大纲；负责指导各分院开展教育教学研究与交流活动；组织学院教育教学研究成果的鉴定、评奖；负责制定学院教学质量评价体系，开展教学质量检查和评估；负责指导各分院专业建设、实验室和实训基地建设；负责制订学院师资队伍建设规划等工作。

学生管理处：负责学院招生、就业和学生管理。主要工作职责是负责制定学院招生政策；组织学院五年制高职招生录取工作；负责学生学籍管理；负责指导各分院学生思想政治工作；负责学生毕业证书的电子注册和毕业证书的核

发；负责毕业生就业、创业和升学指导服务等。

（三）教学质量保障系统

第一，教学指导委员会。教学指导委员会是集团内教学改革与创新的智囊团。教学指导委员会根据国家有关方针、政策和教育教学规律，研究江苏五年制高等职业教育教学优势、办学特色、教学改革趋势，充分发挥其对教学工作的指导、评价、咨询和监督作用。主要任务是：审议学院中长期教学发展规划；研究、论证专业设置与人才培养方案；研究、审议有关教学基本建设与教学管理的重要制度；研究、审议课程建设、教材建设、实验室建设及实习基地建设等；指导各分院开展教学与课程改革等。第二，专业协作委员会。专业协作委员会是集团内实现教学资源与教学成果共享，互惠合作、协同发展的专业交流平台。根据集团内专业的覆盖度，分别组建了机电专业协作委员会、建筑类专业协作委员会、医药类专业协作委员会、焊接专业协作委员会、现代农业专业协作委员会等14个专业协作委员会。专业协作委员会的主要任务是：专业师资队伍建设与课程改革；专业实训基地建设与职业技能鉴定；专业校企合作与就业市场开发等。

三、学院主导型五年一贯制高等职业教育集团化发展的成功元素

回顾江苏联合职业技术学院的发展历程，在体制、机制、发展模式、人才培养等方面进行了积极探索，走出了一条互惠共生的集团化发展新路子，集聚了三大成功元素。

（一）政策引领

江苏五年制高等职业教育发展起步早，规模大。1984年，江苏率先进行五年制师范教育试点，培养专科层的小学教师。到今天，江苏冠名"高等职业技术学校"（不包括五年制师范教育）达40所，招初中毕业生，实施五年一贯制高等职业教育。这些学校大都是中职学校更名而成的，虽然这些中职学校已经具备举办五年制高等职业教育的办学条件，但《高等教育法》规定低层次学校不得举办高层次教育，而要把这40所新组建的高等职业技术学校全部升格为高职院校既不现实，也不可能❶。在这种有需求而不合法的特殊情况下，江苏教育行政部门敢于负责，勇于担当，大胆创新，积极实践，首创了一

---

❶ 顾坤华. 江苏模式：五年制高职教育的改革创新［J］. 职业技术教育（人大复印报刊资料），2010（5）：12－19.

所与众不同的高职院校——江苏联合职业技术学院，作为江苏五年制高等职业教育的办学主体，用集团化办学模式引领江苏五年制高等职业教育科学发展。

（二）学院主导

江苏联合职业技术学院的发展实践告诉我们，用"联合"的理念主导集团化发展，是实现教育资源、教学成果开放共享、互惠一体、共生发展的战略保证。主导的基本原则是，在行政管理体制不发生变化，人、财、物等资源有一定归属的前提下，集聚40所高等职业技术学校（分院）和31个办学点的人才优势、区位优势、开放办学优势，最大限度地实现"一加一大于二"的集团共生发展之效应。用系统论的观点解释，就是"整体大于部分之和"。作为特殊类型的学院主导型高等职业教育集团，并非是40所分院的简单相加，而是作为一个联合组织协同作战，实现了优优互补和优劣互补，缩短了集团成员学校之间的心理距离，增强了集团成员学校之间的凝聚力，形成了集团的核心发展力。

（三）治理有效

江苏联合职业技术学院是一个具有多元化利益主体组成的五年制高等职业教育联合共同体。在这个联合共同体中，各成员单位之间能否以科学有效的方式，和谐相处在一起，形成有效的组织结构，将直接影响到集团化发展的成败。江苏联合职业技术学院对此进行了成功实践，第一，建立了集团发展的领导和决策机构——院务委员会。集大智，谋大事，从战略高度，优化集团的顶层设计，使学院主导型高等职业教育集团的经营和发展沿着正确的轨道运行。第二，组建了两个委员会，即教学指导委员会、专业协作委员会。依靠这两个委员会专家的智慧和力量，深化集团成员学校之间的交流与合作，规范集团教学过程，在五年制高等职业教育的人才培养质量上用力，最大限度地实现各成员学校集成的"矢量和"，而不是简单的"代数加"。第三，建立了集团内部的各项管理章程，使"学院"与"学校（分院）"之间统分有章，自觉以章办学，合作共赢、共生、共成长。

本章小结

职业教育集团是从企业集团的组织形式借鉴而来的，其内涵是把高等职业教育、中等职业教育、行业企业较为分散的教育资源以集团形式有机地联合起来，形成规模较大的办学集团，并以规模优势实现资源的开放共享和经营的优化，提升集团的人才培养质量、办学规模效益和服务社会能力。江苏职业教育集团有三种不同类型的发展模式：一是行业资源联盟型职业教育集团化发展模式；二是政府主导型高等职业教育集团化发展模式；三是学院主导型五年一贯制高等职业教育集团化发展模式。本章的内容有两大创新：第一，创生一个理论。该理论是在产业集群理论基础上，突破其理论边界，创生了产学研集群理论。该理论源于常州高等职业教育园区发展实践。第二，提出两个概念。一是首次把常州高等职业教育园区作为"集团"来认识，它具有鲜明的"集团"概念。从主导力量看，这类集团定义为政府主导型高等职业教育集团。二是按照共生理论的原理，解读江苏联合职业技术学院发展实践，它同样具有"集团"的概念。从运行模式看，这类集团定义为学院主导型五年一贯制高等职业教育集团。

（本章执笔人：王明伦）

江苏现代职业教育体系建设的探索实践

现代教育论决定了职业教育必须形成开放贯通、衔接沟通的完备体系。我国职业教育体系仍是相对比较封闭的体系，内部向上缺乏贯通，与行业企业缺乏沟通，与普通教育缺乏联通。在服务国家战略和产业升级的大背景下，职业教育理应建立内部衔接、外部融通、多元立交的人才培养体系❶。2014 年 2 月 26 日，国务院常务会议专门研究了现代职业教育问题。会议强调要"打通从中职、专科、本科到研究生的上升通道，引导一批普通本科高校向应用技术型高校转型"。2014 年 3 月 22 日，在中国发展高层论坛 2014 年会上，教育部副部长鲁昕明确表示，现代职业教育体系建设不仅要推进职业教育体系内部的有机衔接，还要促进职业教育与普通教育的双向沟通、职业教育和继续教育的统筹发展。

目前，就许多地方应用型本科院校而言，其人才培养的目标定位就是培养适应各地区经济社会发展需要的应用型高级专门人才。那么，从大职业教育观视角看，这类院校实际上从事的就是职业教育，只不过在现有的教育行政管理中，没有将其划归职业教育罢了。既然其实际上进行的是职业教育，那么地方应用型本科院校理所当然要积极投身于现代职业教育体系的构建中，并要在此过程中进一步明确自身的定位和转型的方向。当然，现代职业教育体系的建设是一项长期复杂的系统工程，不可能一蹴而就。最可行的办法就是先行试点，探索和积累经验，然后在总结提高的基础上深入推进。江苏理工学院作为一所具有鲜明职业教育特色的省属应用型本科院校，从 2012 年开始就积极承担了

---

❶ 赵为粮. 构建现代职业教育体系 [N]. 重庆日报，2014 – 04 – 10.

若干江苏省现代职业教育体系建设试点项目，经过2年多的实践探索，取得了一定的经验，也发现了一些问题，并及时对其进行总结，有利于进一步推进江苏现代职业教育体系的建设工作。

第一节 江苏理工学院现代职教体系建设试点项目的概况

本节除对江苏省现代职业教育体系建设试点项目基本情况进行简要介绍外，主要是介绍江苏理工学院作为牵头院校所承担的江苏省现代职业教育体系建设试点项目的基本概况和实际进展，目的是为科学合理认识试点项目提供事实依据。

一、江苏理工学院现代职教体系建设试点项目的现状

为积极探索建立系统化的技术技能人才培养体系，增强职业教育促进学生全面发展、服务经济社会发展的能力，加快形成现代职业教育体系，江苏省从2012年开始，率先在全国实施现代职教体系建设试点项目。当年，试点项目主要是在江苏省职业教育创新发展实验区（包括南京、苏州、无锡、常州、南通）和地方政府促进高等职业教育发展综合改革国家试点市（包括苏州、无锡、常州、南通）范围内开展。当年省教育厅共同意71个项目进行试点，其中"中高职3＋2（含4＋2）或3＋3分段培养"项目45项，"中职与普通本科3＋4分段培养"项目5项，"五年制高职与普通本科5＋2分段培养"项目7项，"高职与普通本科分段培养"项目12项，"高职与普通本科联合培养"项目2项❶。

2013年，试点范围进一步扩大，除江苏省职业教育创新发展实验区和地方政府促进高等职业教育发展综合改革国家试点市外，省级职业教育集团内应用型本科院校、高等职业院校、省级高水平示范性职业学校、江苏开放大学、国家示范（骨干）高等职业院校、2008年前立项建设的省示范高等职业院校、国家中等职业教育改革发展示范校以及部分农业类国家级重点中等职业学校均纳入了试点范围。经推荐申报与专家评审，省教育厅最终同意215项进行试

---

❶ 江苏省教育厅. 关于组织申报2012年江苏现代职业教育体系建设试点项目的通知［EB/OL］. 2012－02－29. http：//www. ec. js. edu. cn/art/2012/3/1/art＿4267＿66114. html.

江苏省教育厅. 省教育厅关于公布2012年现代职教体系建设试点项目的通知［EB/OL］. 2012－05－6. http：//www. ec. js. edu. cn/art/2012/5/8/art＿4267＿70949. html.

点，其中："中高等职业教育 3 + 3 分段培养"项目 101 项，"中职与普通本科 3 + 4 分段培养"项目 35 项，"五年制高职与普通本科 5 + 2 分段培养"项目 11 项，"中职与开放本科分段培养"项目 6 项，"高职与普通本科 3 + 2 分段培养"项目 54 项，"高职与普通本科联合培养"项目 8 项❶。

[背景资料]

江苏省现代职教体系建设试点项目类型解释

（1）中高职 3 + 2 或 3 + 3 分段培养。即中等职业教育学习 3 年，进入高等职业教育学习 2 年或 3 年。5 年或 6 年学习期间，由对口试点的中高等职业院校，统筹制定对口专业中高职理论知识课程和技能训练课程衔接贯通教学体系，系统化培养高级技能人才。该项目学生通过注册入学方式进入高职阶段学习。

（2）中职与普通本科 3 + 4 分段培养。即中等职业教育学习 3 年，进入普通本科教育学习 4 年。7 年学习期间，由对口试点的中职校和本科院校，统筹制定对口专业理论知识课程和技能训练课程衔接贯通教学体系，系统化培养本科层次高端技能人才。该项目学生通过对口单招进入本科阶段学习。"3 + 4"方式考试内容以专业技能和中职教育学业水平测试为主，其标准由本科院校与对口中职校共同制定，报省教育考试院审定。

（3）高职与普通本科分段培养。即高等职业教育学习 3 年（五年制高职学习 5 年），经过资格考核，进入普通本科教育学习 2 年。学习期间，由对口试点的高职和本科院校，统筹制定对口专业理论知识课程和技能训练课程衔接贯通教学体系，系统化培养本科层次高端技能人才。该项目本科招生可纳入"专转本"渠道，"专转本"选拔方式由本科院校与对口高职院校共同制定，报省教育厅审定。

（4）高职与普通本科联合培养。高职与普通本科院校合作，以本科院校招生计划在本二批次联合招生，培养 4 年制本科层次高端技能人才。学习期间，由对口试点的高职和本科院校，按照本科应用型人才培养标准和高端技能人才要求，联合制定专业理论知识课程和技能训练实践课程教学体系，确定学

---

❶ 江苏省教育厅. 关于继续做好江苏省现代职业教育体系建设试点工作的通知［EB/OL］. 2013 - 02 - 22. http：//www. ec. js. edu. cn/art/2013/2/25/art_ 4267_ 110561. html.

江苏省教育厅. 省教育厅关于公布 2013 年江苏省现代职教体系建设试点项目的通知［EB/OL］. 2013 - 05 - 13. http：//www. ec. js. edu. cn/art/2013/5/20/art_ 4267_ 120221. html.

生在高职院校和本科院校灵活多样的学习方式，培养具有高级技能的本科层次应用型人才。

（5）"双专科"高职教育。为适应产业结构优化升级对高素质复合型技能人才的要求，增强学生就业竞争力和岗位迁移能力，减轻高职院校办学的结构性矛盾，恢复我省过去举办多年的"双专科"教育，学生学历电子注册实行"A 专业＋B 专业"，学制 4 年。五年制高职生在学习 5 年后，也可转入其他五年制高职校、高职院校继续学习 2 年，或在本校学习 4 年后，转入本校其他专业学习 2 年，获得第二专科学历。（摘录自《2012 年江苏省现代职业教育体系建设试点工作实施方案》）

（一）江苏理工学院在职业教育方面的基础与优势

江苏理工学院创建于 1984 年，是一所多学科协调发展，具有鲜明职教特色的省属本科院校。1988 年开始招收本科学生，1992 年获得学士学位授予权。2008 年获得教育部本科教学工作水平评估优秀成绩，2012 年招收硕士专业学位研究生。学校设有 21 个教学、科研单位，开设 54 个本科专业，全日制在校学生 17 600 多人。现有教职工近 1 200 人，其中专任教师 840 多人。具有正高职称 109 人，具有博士学位 138 人，有 8 人享受国务院政府津贴，37 人获全国优秀教师、江苏省先进工作者、江苏省优秀教育工作者和江苏省优秀科技工作者等荣誉称号，有 70 多人次获批为江苏省 333 高层次人才培养工程中青年科学技术带头人、六大人才高峰培养人选和青蓝工程中青年学术带头人。学校始终以教学为中心，以立德树人为根本，坚持"学校有特色、专业有特点、学生有特长"的办学理念，按照"做强做特应用型人才培养，做精做优职教师资培养培训"的办学思路，着力培养适应经济社会发展需要的应用型高级专门人才和既能从事理论教学，又能从事实践教学的"双能型"职教师资。

作为全国为数不多的职业教育师资培养单位，江苏理工学院建校以来始终以培养职业教育教师为主要任务，积极探索职教教师培养规律，积累了丰富的职教教师培养经验，逐步形成了自身的办学特色和职教师资培养优势。到目前，学校累计为职业教育尤其是中等职业教育输送了大量师资。同时，由于毕业生专业教学能力突出，专业实践能力强，具备创新创业的潜质，受到了用人单位的普遍欢迎。尤其在江苏地区，该校培养的职教师资遍布各地，几乎所有的职业中学都有该校的毕业生，有的职业中学近 30% 的教师均毕业于该校。该校部分毕业生已经成长为中等职业学校的骨干并走上了领导和管理岗位，还有部分毕业生甚至成为了有一定影响力的职教专家。

作为全国重点建设职教师资培训基地，十几年来已经建立起了较为完善的职教师资培训体系并积累了较为丰富的职教师资培训经验。近三年来，江苏理工学院共培训中等职业教育师资2 980人，其中培训国家级骨干教师568人，培训省级骨干教师617人，社会培训近2 000人次。各类培训因理念先进、方案科学、活动周密、管理规范、服务到位，深受参训学员和送培单位的好评，其中国家级、省级职教师资培训已成为学校的品牌，在国内具有广泛的影响力。2007年以来，学校各专业骨干教师培训连续四年在教育部网上评教活动中均名列全国第一，2011年学校以优异成绩顺利通过教育部对培训基地的考核。

基于江苏理工学院在职教教师培养培训方面所彰显出的特色、实力和声誉，2012年，江苏省高等职业教育教师培训中心落户该校。这既是实至名归的结果，同时又是一项极富挑战性的任务。中心成立以来，学校坚持把职教师资培训工作作为学校整体事业发展的重要组成部分，全力做好培训的各项服务工作，并以此促进该校为全省高等职业教育事业的发展作出更大贡献。2013年，中心实际完成国家级高等职业教育培训1400人次，省级各类高等职教教育培训2942人次，圆满完成了教育部下达给江苏省的任务，培训效果总体良好，受到教育部相关部门的充分肯定。

作为江苏省职业技术教育科学研究中心和江苏省"职业教育与终身教育"决策咨询研究基地，学校组织研究人员紧紧围绕江苏经济社会发展中的前沿问题和省委、省政府科学决策中的重大问题，开展面向"两个率先"的理论研究与实践创新，正在成为推动江苏职业教育与成人教育科学发展的思想库、智囊团。近年来，中心和基地的专家积极为全省职业教育和终身教育发展建言献策，有的建议已经转化成为正在实施的政策措施。

（二）江苏理工学院现代职教体系建设试点项目获批情况

2012年江苏理工学院首次与无锡地区3所学校分别在相关专业申报的中职与本科"3＋4"、高职与本科"5＋2"分段培养试点项目成功获批。2013年，在经过一年试点建设的基础上，江苏理工学院与常州地区、无锡地区、扬州地区和镇江地区共9所中高等职业学校分别在相关专业申报的"3＋4""5＋2"和"3＋2"试点项目获批，如表15－1所示。合作的专业数达到10个，主要涉及学校的工科专业、经管类专业和艺术类专业。这样的试点项目规模，在江苏省内本科院校中高居榜首。这一方面表明，江苏理工学院作为一所具有鲜明职教特色的高校，在江苏现代职教体系建设中起到了良好的带头作用；另一方面也表明，江苏理工学院一如既往地高举职教大旗，在努力探索着江苏现代职教体系建设的科学道路。

表 15 - 1　2013 年江苏理工学院牵头的江苏省现代职业教育体系建设试点项目

序号	试点形式	合作院校	前段专业	后继专业	招生数（人）	录取分数段
1	中职与本科3+4分段培养	江苏省宜兴中等专业学校	数控技术	机械设计制造及其自动化	50	370 - 404.5
2		江苏省宜兴中等专业学校	计算机应用	计算机科学与技术	50	371 - 413.5
3		江苏省武进中等专业学校	计算机网络技术	计算机科学与技术	45	554 - 589
4		江苏省武进中等专业学校	汽车运用与维修	汽车服务工程	45	550 - 600
5		江苏省扬州商务高等职业学校	旅游服务与管理	酒店管理	50	540 - 565
6		镇江高等职业技术学校	工艺美术	环境设计	50	515 - 555
7	高职与本科5+2分段培养	无锡旅游商贸高等职业技术学校	国际商务	国际经济与贸易	52	406.5 - 447.5
8		无锡旅游商贸高等职业技术学校	旅游管理	酒店管理	55	403 - 437
9		无锡机电高等职业技术学校	数控技术	机械设计制造及其自动化	54	366 - 449
10		无锡机电高等职业技术学校	电气自动化技术	电气工程及其自动化	54	403.5 - 564
11		江苏省宜兴中等专业学校	数控技术	机械设计制造及其自动化	50	349.5 - 400.5
12	高职与本科3+2分段培养	常州纺织服装职业技术学院	服装制版与工艺	服装设计与工程	46	233 - 269
13		常州工程职业技术学院	精细化学品生产技术	化学工程与工艺	50	248 - 301
14		常州轻工职业技术学院	高分子材料应用技术	功能材料	50	260 - 294
15		常州轻工职业技术学院	国际贸易实务	国际经济与贸易	50	262 - 313

（三）江苏理工学院现代职教体系建设试点项目招生情况

从招生数量上看：2013 年，除常州地区"3＋4"项目每个专业的招生计划数为 45 人外，其余试点专业的招生计划数均为 50 人。最终除个别专业外，全部招满，招生总数达到 751 人。其中，"3＋4"项目招生 290 人，"5＋2"项目招生 265 人，"3＋2"项目招生 196 人。

从生源质量情况来看：2012 年，除江苏省宜兴中等专业学校外，其余两所学校所录取学生的中考成绩均超出了无锡市区的普高线（395 分），江苏省宜兴中等专业学校的生源质量稍逊一筹，高于宜兴普高线（378 分）的招生数所占比例不高，这可能与该校所处的地理位置（宜兴，县级市）有关。2013 年，常州地区"3＋4"项目的生源质量最高，录取线达到了当地中考录取总分的 80%；其次是镇江地区"3＋4"项目和无锡市区"5＋2"项目的生源质量，录取线均达到了当地中考总分的 75% 以上，也与当地四星级高中的录取线持平；扬州和宜兴地区"3＋4"项目的生源质量表现一般，录取线仅勉强达到当地中考总分的 70%。当然，对于"3＋2"项目来说，除个别专业部分学生达到"本三"省控线外，其余试点项目的录取线均低于"本三"省控线，生源质量不高。

二、江苏理工学院现代职业教育体系建设试点项目的进展

（一）细化了牵头学校与合作学校的分工与职责

为保证合作试点项目的顺利实施，江苏理工学院作为牵头学校，与各合作学校签订了合作协议。协议除了载明合作专业、合作形式外，主要对合作双方（甲方为牵头学校，乙方为合作学校）的工作机制与权益、义务进行了规定。主要内容如下：

双方工作机制方面：

（1）甲、乙双方应高度重视、珍惜合作机遇，把对口合作作为实施国家优惠政策、促进学校主动发展、提升服务能力、关注社会民生的重要途径。

（2）由甲方牵头成立由双方学校领导、相关职能部门负责人和骨干教师组成的教学工作协作组，制定分段一体化培养方案，健全课程无缝对接和资源共享机制，共同开展课程模式研究和教学研究，建立吸引行业企业参加的教学指导委员会，确保对口合作稳步推进。

（3）双方在合作过程中，本着友好协商的原则，拟订人才培养方案、教材选定、师资培训、技能考核、教学督导、招生机制、学生管理、实训实习、

校企合作、证书发放等保障措施。

（4）甲、乙双方应共同关注人才培养过程的教育教学质量，合作开展相关的教育教学科研、督导等活动。

双方权利义务方面：

（1）甲、乙方双方各自负责学生就读期间办学所需的设备、场地、人员、师资等，同时积极推进资源共享、互派教师进行教学管理活动。

（2）乙方负责项目的招生，有关合作项目的招生广告、信息及招生简章文本，须经甲、乙双方共同商定。

（3）甲、乙双方各自独立承担民事及法律责任。按有关部门审定的标准收取学费，并按有关文件精神享受权益。

（二）建立了多层次的协作机制

为了顺利推进试点项目的实施，牵头学校与合作学校经过实践探索，建立起了多层次的协作机制。主要包括三个层面：学校层面的定期会商机制；专业院系层面的定期沟通机制；课程负责人层面的定期交流机制。

（1）牵头学校成立了现代职教体系建设试点项目工作领导小组。由分管校长任组长，教务处处长任副组长，教务处分管处长、相关二级学院教学院长任组员。各合作学校也成立了类似的工作机构。在此基础上，牵头学校与合作学校领导小组建立了定期会商机制，就合作过程中出现的重大问题进行协商和解决。这样的会商机制，为及时解决试点项目进行中出现的问题提供了保证，确保了试点项目的有序开展。

（2）牵头学校与合作学校在专业院系层面建立了定期沟通机制。由于现代职教体系建设试点项目是以专业形式推进和实施的，那么建立校际之间专业层面的定期沟通机制就非常必要。经过 2 年多的实践探索，目前已经建立起了牵头学校与合作学校专业院系之间的定期沟通机制。每学期的期初、期中和期末，双方均会进行沟通，对出现的具体问题进行讨论和解决。

（3）牵头学校与合作学校在课程负责人层面建立了定期交流机制。人才培养质量的高低最终都会体现到具体的课程上。课程内容设置的科学与否、课程教学水平的高低、课程教学的认真程度等，都直接影响着试点项目的进展。牵头学校与合作学校在课程负责人层面建立起了定期的交流机制。这不仅使本科学校的教师能深入了解职业学校的教师，反过来也为职业学校教师了解本科教学提供了条件。当然，更为重要的是，有了这样的机制，使得职业学校阶段课程与本科学校阶段课程在内容设置、教学方法、考核评价等方面均能得到有序安排，为保证人才培养质量奠定了坚实的基础。

（三）合作修订完善了试点项目人才培养方案

1. 明确了培养目标

在德、智、体、美等方面全面发展，掌握扎实的专业基本理论与出众的专业技能，具有良好的身心素质与职业素养，具备一定创新能力，能适应职业岗位需要，并具有本专业职业生涯发展能力的本科层次的技术技能型人才。

2. 制定了培养规格

思想政治素质：热爱祖国，掌握马列主义、毛泽东思想、邓小平理论、"三个代表"重要思想和科学发展观的基本立场、观点和方法，树立科学的世界观、人生观和价值观，德、智、体、美等全面发展。

文化和身心素质：具有一定的人文社会科学和自然科学基本理论知识，具备独立获取知识、提出问题、分析问题和解决问题的基本能力及创新精神和较强的创造能力。达到国家规定的体育和军事训练合格标准，具备健全的心理和健康的体魄。

专业技能素质：掌握本专业基础知识、基本理论、基本方法和基本技能，了解相关专业的发展动态，具有扎实的专业理论基础和出众的专业技能，具有从事专业工作的素质与能力。

3. 梳理确定了课程体系

根据不同阶段的培养目标要求，系统构建课程体系，课程设置由浅入深：中、高职课程打基础，重应用，强实践，让学生建立职业概念，将原本科的部分实践教育环节前移；本科课程重实践和理论的结合，将原中、高职的部分专业课程后置，强化学生实践创新能力培养，鼓励学生在真实或模拟的工作场景中发挥主观能动性。

4. 明确了职业技能要求

在试点项目人才培养过程中，本着分段完成职业技能培训，分等级获得职业资格证书的思路，对学生应掌握的技能提出要求。一般而言，中职阶段进行中级工培训，获得中级职业资格证书；高职阶段进行高级工培训，获得高级职业资格证书；本科阶段进行预备技师培训，为其走上工作岗位后获取技师职业资格证书奠定基础。

5. 设计了培养流程

培养流程具体见图 15 – 1。试点项目的生源是初中（高中）毕业生，经招生环节进入相应专业试点班级进行学习。学习过程中，每学年都会进行学业审核。未通过审核的学生转入非试点班继续学习，按普通班的培养要求进行培养。通过学业审核的学生进入后续阶段学习，并可参加最终的转段审核。转段审核不通过的学生，按普通班的毕业条件毕业。转段审核通过的学生，方可进入本科阶段的学习。在本科阶段，仍然要执行学年学业审核制度。审核不通过的学生，按学分制要求可以申请对相关课程进行重新学习。审核通过的最后可以顺利毕业。

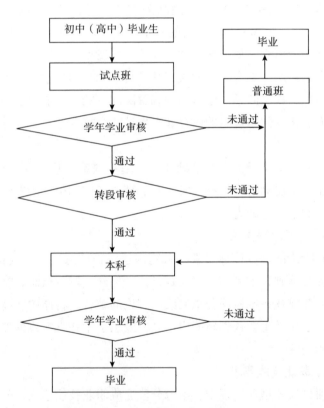

图 15 – 1　试点专业人才培养流程图

6. 明确了毕业条件与就业领域

毕业条件：中高职阶段，学生学完规定的课程，达到规定毕业学分，取得相应的职业技能证书，思想品德经鉴定符合要求，准予毕业。但能否顺利升入本科，还要看是否符合转段要求。

就业领域：该项目培养目标为本科层次的技术技能人才，因此就业的主要领域是企事业单位的专业技术与生产管理岗位。

（四）强化了学生与教学管理

学生管理方面，合作学校大都成立了本科教学部或类似管理机构。首先，从入学教育开始就有针对性地对学生进行专业理想、专业目标、学习方法、生活自理、人际交往等方面的教育，激励学生认真学习，励志成才。其次，建立了以班主任为主，系德育副主任为辅的日常管理模式。再次，建立健全了学生诚信成长管理档案，对学生日常行为规范进行跟踪管理。最后，不定期召开试点班全体学生会议，了解学生的学习，生活情况，加强学生的思想教育。最后，正在着力建立以学生、学校、家长三位一体的联动机制，努力为学生创造一个良好的学习、生活环境。

教师配备方面，合作学校优先配备优秀教师承担相关专业的教学工作，精心选择有经验、管理能力强的老师作为中职、高职与本科衔接班级的班主任，选择业务能力和责任心强的教师作为衔接班的任课教师，确保师资满足教学需要。在合作学校试点专业任课教师中，既有当地有名的教学能手，也有教学新秀，更有教学经验丰富的具有高级职称的教师。当然，也不乏在全国以及全省职业技能大赛中获得金牌的教师。有不少班主任曾获得过市级以上奖励和荣誉。

教学管理方面，合作学校制定并完善了各种教学规定，以规范教学行为。多数合作学校对衔接班实行了广泛地听课、评课制度，加大教学管理力度。从各个环节加强教学管理，严格按照培养方案落实教学任务，合理安排教学进度，定期督查教师教案的撰写设计、作业的批改和考卷、考试的管理。无锡旅游商贸高等职业技术学校以及无锡机电高等职业技术学校还成立了本科教学部，并组建由校长挂帅，副校长直接领导的本科教学工作小组，全面负责协调本科部的事务，以更好地推进各项教学工作，保证人才培养质量的不断提高。同时，作为教学管理的具体措施，建立了基础课程的联考制度和专业核心课程的教考分离制度。针对无锡地区三所学校2012级的学生已经开展了语文、数学和外语的统一考试。并于2014年6月针对所有"3＋4"项目2013级学生开展了语文、数学和外语的统一考试。同时对于专业核心课程由牵头学校进行了出卷考核。

[背景资料]

江苏理工学院现代职教体系建设试点项目重要基础课和专业核心课程考核大事记

重要基础课程

2013 年 6 月 27 日早晨 7 点在学校北大门集合，出发前往无锡机电、无锡旅商、宜兴中专三所院校商谈语、数、英联考事宜，并梳理课程标准。参加人员：三所院校教务主任（本科部主任）、语、数、英课程负责人和我校人文、数理、外国语学院教学院长、课程负责人。

2013 年 9 月 27 日下午 14：30，在 28～204 会议室，梳理语、数、英课程标准，商讨对 2012 级试点班学生进行三门课程调研测试事宜。参加人员：无锡机电、无锡旅商、宜兴中专教务主任（本科部主任）、语数英课程负责人和我校人文、数理、外国语学院教学院长、课程负责人。

2013 年 12 月 11 日 14：00，在宜兴中专行政楼 402 会议室，商定 2012 级试点班语、数、英调研测试具体执行事宜。参加人员：无锡机电、无锡旅商、宜兴中专教务主任（本科部主任）、语数英课程负责人和我校人文、数理、外国语学院教学院长、课程负责人。

2014 年 1 月 7～8 日，2012 级试点班语、数、英调研测试。参加人员：无锡机电、无锡旅商、宜兴中专相关人员以及我校教务处工作人员、人文、数理、外国语学院课程负责人和任课教师。

专业核心课程

2013 年 10 月 10 日下午，在 28～204 会议室，探讨试点班学生的转段条件，确定专业核心课程及考核方式。参加人员：机械、汽车、电信、计算机、化工、材料、商学院、艺术各学院教学院长。

2013 年 12 月 6 日下午 14：30，在 28～220 会议室，进一步确定"3＋2"分段培养的专业核心课程和考核相关事宜，合作专业（服装制版与工艺，精细化学品生产技术，高分子材料应用技术，国际贸易实务）。参加人员：常州纺院、常州轻工、常州工程各教务处长、专业负责人和我校相关教学院长、专业负责人。

2013 年 12 月 19 日 15：30，在 28～220 会议室，研讨试点班本学期专业核心课程结业考试。参加人员：无锡机电、无锡旅商、宜兴中专、常州轻工、常州纺院的核心课程负责人和我校机械、电信、艺术、商学院的相关课程负责人（相关合作专业：机械设计制造及其自动化、电气工程及其自动化、服装设计与工程、国际经济与贸易）。

第二节　江苏理工学院现代职业教育体系建设试点项目的成效

在明确了江苏理工学院牵头承担的现代职业教育体系建设试点项目的基本概况及一些重要进展后，本节将主要梳理试点项目所取得的成效以及一些值得总结推广的经验。

一、提出了"学士＋技师"的技术技能型人才培养目标

（一）技术技能型人才的内涵解读

根据《辞海》的解释，"技术"有两层含义：一是泛指根据生产实践经验和自然科学原理而发展成的各种工艺操作方法与技能。如电工技术、焊接技术、木工技术、激光技术、作物栽培技术、育种技术等。二是指除操作技能外，广义的还包括相应的生产工具和其他物质设备，以及生产的工艺过程或作业程序、方法。"技能"的含义是：运用知识和经验执行一定活动的能力。通过反复练习达到迅速、精确、熟练、运用自如的技能，也称之为技巧。由以上解释可以看出，"技术"与"技能"之间是存在明显区别的。以此为基础，下面对技术型人才和技能型人才的内涵进行解释。技术型人才也称工艺型、执行型、中间型人才。他们在生产第一线或工作现场从事为社会谋取直接利益的工作，只有经过他们的努力才能使设计、规划、决策转换成物质形态或者对社会产生具体作用。技能型人才也称技艺型、操作型人才，是在生产第一线或工作现场从事为社会谋取直接利益的工作，主要应掌握熟练的操作技能以及必要的专业知识。他们与技术型人才的区别在于主要依靠操作技能进行工作❶。

在正确理解技术型人才和技能型人才概念的基础上，那么该如何理解技术技能型人才呢？简单而言，所谓技术技能型人才是将技术型人才与技能型人才合二为一，定位于一线的，培养具备实践操作能力和理论知识，既能够服务于实际操作的一线环节，也能够胜任一线的乃至更高的技术、管理岗位的人才。当然，对技术技能型人才的内涵还可以联系职业对其进行理解。既然要联系职

---

❶　匡瑛，石伟平．高职人才培养目标的转换——从"技术应用性人才"到"高技能人才"［J］．职业技术教育（教科版），2006，27（22）：21－23.

业对其进行解释，"职业带理论"就是很好的一个工具。该理论可以通过图15-2来进行描述。职业带理论根据工作岗位所需理论知识和操作技能的比重将技术人才划分为技术工人、技术员和工程师三个系列❶。对于技术工人来说，由于其主要需要的是操作技能，我们可将其称为技能型人才，对于既要求一定操作技能也需要一定理论知识的技术员，我们可称之为技术型人才，对于主要侧重理论知识的工程师，我们可称之为工程型人才❷。需要指出的是，由于该理论提出于20世纪80年代，而随着当今知识分化与复合的不断演进，人才类型的边界也日益模糊，那么，处于图15-2中阴影部分区段的人才，可近似认为是技术技能型人才，这也与鲁昕副部长所提的技术技能型人才的范围基本一致❸。

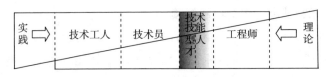

图15-2　职业带理论对人才类型的划分

（二）"学士+技师"与技术技能型人才的内在一致性

《按照中华人民共和国学位条例》的规定：高等学校本科毕业生，成绩优良，较好地掌握本门学科的基础理论、专门知识和基本技能，具有从事科学研究工作或担负专门技术工作的初步能力者，授予学士学位。由此看出，学士学位的授予既有技能性的要求，又有技术性要求，说明学士学位的要求与技术技能型人才的培养要求具有内在一致性。当然，就现实情况而言，多数本科层次教育更多强调的是技术性，而非技能性。因此，必须突出强调技能性的要求。国家职业资格二级对技师能力的要求是：能够熟练运用基本技能和专门技能完成较为复杂的、非常规性的工作；掌握本职业的关键操作技能技术；能够独立处理和解决技术或工艺问题；在操作技能技术方面有创新；能组织指导他人进行工作；能培训一般操作人员；具有一定的管理能力。经过这样的有机组合，

---

❶　王玲. 高技能人才与技术技能型人才的区别及培养定位［J］. 职业技术教育，2013，34（28）：11-15.

❷　杜连森. 浅析"职业带"理论对构建现代职业教育体系的启示［J］. 中国职业技术教育，2013（15）：21-25.

❸　鲁昕. 我国将出台高考改革方案：推出两种模式高考［EB/OL］. 2014-03-28. http：//www.zggz123.-com/newsShow.asp? id=8245.

"学士＋技师"的本科层次人才实际上就是高端的技术技能型人才，二者的内涵是一致的。

（三）"学士＋技师"技术技能型人才培养目标的确定

江苏理工学院早在 2005 级机械设计制造及其自动化、机械电子工程两个专业对口单招生源中试点实施"学士＋技师"人才培养模式。其要求是学生毕业时既能获得学士学位，又能获取技师技能等级证书，以增强就业机会，满足社会对人才的需求❶。首批进入"学士技师人才培养工程"的 14 名学生，全部是从参加各类省级以上大学生技能比赛以及通过高级工考核中选拔出的优秀本科生。这些学生经过系统的教学模块培养，辅助开展"诺浩之星"实践技能大赛、"挑战杯"和"创新杯"等大学生课外学术科技作品竞赛等活动来提高技能，他们全部顺利地一次性通过了由国家职业技能鉴定部门严格按照技师评审程序和规定实施鉴定的考核❷。

基于现代职教体系建设试点项目生源类型与对口单招的相似性，在承担试点项目之初，就将已经积累起来的经验嫁接到试点项目上，为试点项目学生确定出了"学士＋技师"的培养目标。与之相对应，采用理论与实践一体化的专业课程教学体系，以理论为基础，以训练为抓手，以项目为引导，以能力为目标，构建了集学士培养和技师培训为一体的高端技术技能型人才培养模式。

二、提高了试点项目的社会认知度与生源质量

（一）试点项目的社会认知度得到了提高

在试点项目刚刚开始实施的 2012 年，社会上尤其学生家长对该项目还持有一定的怀疑态度。甚至有的家长以为"3＋4"是成人教育或继续教育系列的有关项目，不愿意让孩子报考这一类别。加之，有的合作学校对项目的宣传不够深入和有效，由此造成的结果是，部分学校当年录取的学生质量不能令人满意。在总结反思 2012 年招生中出现的问题的基础上，2013 年开始，各地教育行政部门、牵头学校、合作学校联合开展了卓有成效的招生宣传工作。各地教育局在招生宣传上也加大了对试点项目的宣传力度，在中招专场新闻发布会、教育电视台中招政策咨询现场直播和中招政策广场咨询时，对试点项目的背景、意义、特色和优势等作了重点宣传介绍，加深了考生和家长对试点项目

❶ 孙奎洲，周金宇. "学士＋技师"人才培养模式的探索与实践［J］. 江苏技术师范学院学报 2011，17（1）：81－83.

❷ 苏雁. 江苏技术师院实施"学士技师培养工程"［N］. 光明日报，2010－04－10（2）.

的了解和认识，打消了家长和考生对该项目的怀疑态度。合作学校则深入当地初级中学进行细致的宣传工作，使学生对该项目形成了正确的认识。有些合作学校如武进中等专业学校，甚至由校长带队深入常州地区近40所初级中学面向学生、教师和家长进行详细的项目宣传。通过这些工作，该项目的社会影响和认知度得到了极大提高。

事实上不仅如此，有的家长不仅关注该项目的招生状况，而且还持续关注该项目人才培养的进展情况，经常到学校了解教学、管理与学生的学业状态。有的家长甚至给学校提出进一步强化文化素质类课程、加强在校管理等的意见与建议。可见，该项目的社会认知度有了明显提高。

（二）试点项目的生源质量得到了提高

为了保证项目的顺利实施，确保生源质量，部分地区教育局及时调整了中招政策，在招生批次设定等方面向试点项目倾斜。常州市教育局将"3＋4"分段培养项目招生安排在提前批次，并划定了550分的录取分数线；无锡市与镇江市教育局将"3＋4"分段培养项目招生安排在第一批次第二阶段，与四星级普通高中同一批次。一批优秀的学生放弃进入普通高中，转而进入职高，为试点项目的成功推进奠定了良好基础。下面以武进中等专业学校录取的学生为例进行生源质量分析，如表15－2所示。

表15－2　武进中等专业学校2013级试点项目录取学生成绩分析

项目	总分	语文	数学	英语	政史	物理	化学	体育
满分	700	120	120	120	100	100	100	40
平均分	563.8	91.2	95.4	93.1	79.7	84.1	80.5	39.9
最高分	600	104	104	109	91	97	92	40
最低分	550	80	74	67	66	60	67	37

由表中的数据可以看出，在武进中等专业学校2013年录取的90名试点项目学生中，最高分达到了600分，最低分550分，平均分为563.8分，创下了学校录取学生成绩的新高，也远远超出了当年常州地区普通高中录取分数线（约510分）。同时，从单科成绩看，平均成绩也都超过了各科总分的75%，说明录取学生的质量得到了进一步提高。实践证明，招生批次的倾斜对提升试点项目的美誉度和吸引力效果明显，对吸引高分考生、提高生源质量起到了重要作用。

三、设定了富有技术性与学术性的转段条件

(一) 学术性与技术性的内涵解读

技术是人类创造"第二自然"的劳动手段和对象，是运用客观规律进行实践活动的方法体系，是劳动技能、生产经验和科学知识的物化形态❶。因此，所谓技术性强调的是应用能力，解决的是"如何做"的问题。维基百科对"学术"的解释是："在古代中国是指追寻研究学问的方法与水平，在现代则包括了系统专门的学问，泛指高等教育和研究"。学术性是衡量高等教育人才培养质量的极为重要标尺，也是高等教育适应社会发展挑战的重要法宝。事实上，所谓学术性强调的是理论知识，解决的是"为什么"的问题。毕竟，现代科技的发展是学术发展的结果，如机械加工技术由单纯的手工操作发展到简单机械加工再到高精密的数控加工，就是机械加工技术、控制技术和计算机技术等跨学科发展的结果。同时，学术又对技术的掌握提供支撑，比如在让学生学习机械加工技术的时候，不仅要让其掌握机械设备的使用技术和加工技术，使学生很好地掌握"使然"，更应该让其弄清机械原理、控制原理以及它们在加工技术中的重要作用，使学生扎实地掌握"所以然"。只有掌握了"所以然"，学生的"使然"才能更好地掌握❷。可以说，本科层次的技术技能型人才培养，必须坚持学术性与技术性的统一，要把学术看作是基础，技能视为是关键。

江苏理工学院在近30年的发展过程中，尤其在职教师资培养中形成了学术性与技术性统一的特色，有力地保证了人才培养的质量。基于这样的历史积淀，在开展现代职教体系试点项目时，在培养目标的指导下，设定了富有学术性与技术性的转段条件。

(二) 转段条件的具体内容

牵头学校通过深入调研以及与合作学校的反复沟通，设定了既体现技术性又体现学术性的转段条件。即在坚持强化技能的同时不能放松学术性要求，毕竟合作项目人才的培养目标是本科层次的技术技能型人才。具体体现在：要求学生在中高职阶段除获得体现技术性的技能等级证书外，还设定了体现学术性要求的公共基础课（如英语、计算机）和专业核心课（专业基础课与专业主

---

❶ 曹晔. 职业技术师范教育"三性"办学特色辨析 [J]. 职业技术教育，2012, 33 (25)：9–13.

❷ 王乐夫，姚兴略. 技术性、学术性与师范性相结合培养"双师型"中职师资 [J]. 中国职业技术教育，2009 (3)：51–52.

干课）等理论课程的学习要求。

1. "3 + 4"项目转段条件

（1）通过全国公共英语二级考试（笔试）。

（2）获得全国或江苏省计算机等级考试一级证书。

（3）学生在乙方学习期间，所有课程总评成绩必须达到 60 分或合格水平（平时成绩占比不得超过 20%；其中专业核心课程逐步实行标准化考试，考试成绩必须达到 70 分）。

（4）学生在乙方学习期间，每学期都进行学业审核。若审核出现每学期 2 门及以上课程不合格，或者累计不合格课程达到 2 门的学生，不能参加最终的转段审核。转段审核通过的学生，按省里有关文件精神进行报名注册，毕业后转入本科阶段学习。

（5）获得人才培养方案规定的职业资格鉴定中级工证书。

2. "3 + 2"项目转段条件

（1）全国大学英语四级考试成绩 ≥ 390 分，或通过甲方组织的英语转段考试。

（2）获得全国或江苏省计算机等级考试二级证书，或通过甲方组织的计算机转段考试。

（3）学生在乙方学习期间，所有课程总评成绩必须达到 60 分或合格水平（平时成绩占比不得超过 20%；其中专业核心课程逐步实行标准化考试，考试成绩必须达到 70 分）。

（4）学生在乙方学习期间，每学期都进行学业审核。若审核出现每学期 2 门及以上课程不合格，或者累计不合格课程达到 2 门的学生，不能参加最终的转段审核。转段审核通过的学生，按省里有关文件精神进行报名注册，毕业后转入本科阶段学习。

（5）获得人才培养方案规定的高级职业资格鉴定证书。

四、提出了更加注重过程的人才培养评价机制

（一）建立了基于过程的学业考核评价机制

现代职教体系改革之所以进行试点，就是要探索不同于现有"对口单招"和"专转本"的人才选拔方式，因此建立更加注重过程的学业考核评价机制是必然选择。项目合作双方经过反复磋商，提出了基于过程的学业考核评价机制。这对于探索改革"一考定终身"的人才培养评价选拔方式是一种有益的

尝试。其包含的主要内容如下：

1. 录取与入学

第一，试点合作学校实施全日制学历教育。中职与本科分段培养项目、五年制高职与本科分段培养项目招收学生中考成绩原则上应达到当地四星级普通高中录取分数线。合作学校应及时将试点项目录取学生名册报给江苏理工学院存档。

第二，学生入学时因病未能取得学籍，且下学年开学前按照所在学校规定成功办理入学手续者，如下学年学校获批开设相同专业试点班，且得到江苏理工学院同意后，方可进入新一届试点班学习。

2. 成绩考核

第一，试点班学生每学期各门课程考核完成后，应在三天之内将考核成绩录入江苏理工学院开发的专门系统。成绩录入后，无特殊原因不得更改。确实需要更改成绩的，需要提出书面申请，并经牵头学校核准后，方可更改。

第二，试点班学生在合作学校学习期间，所有课程总评成绩必须达到 60 分或合格水平（平时成绩占比不得超过 20%；其中专业核心课程逐步实行标准化考试，考试成绩必须达到 70 分）。专业核心课程由江苏理工学院组织出卷与考核，低于 70 分的可于次学期初参加第二次考试，如第二次考试仍不达标，不可参加最终转段审核。

第三，试点班学生在合作学校学习期间，每学期都将进行学业审核。若审核出现每学期 2 门及以上课程不合格，或者累计不合格课程达到 2 门的学生，不能参加最终的转段审核。统计课程门数时，考试、考查课程均列入计算，一门课程分上、下两学期开设的按两门计入总数。

第四，大学（公共）英语等级考试、计算机等级考试以及相关职业技能资格要求按照相关专业人才培养方案以及《试点项目合作协议书》规定执行。

3. 学籍变动与信息变更

第一，试点班学生因病休学或依法服兵役，须按照所在学校规定办理相关手续。如复学当年学校获批开设相同专业试点班，且得到江苏理工学院同意后，方可转入新一届试点班学习。否则，转入普通班学习。

第二，试点班学生如因个人原因提出转专业、转学或者其他学籍变动，一律视为自动放弃试点项目资格，应转出试点项目。

第三，合作学校须于每学期初将上一学期试点班学生学籍变动情况（包括转出、休学、退学、注销、复学等）及时报给江苏理工学院。

4. 转段管理

学生学完教学计划规定课程且达到规定的考核标准后方可升入江苏理工学院学习。中职与本科分段培养转段升学统一纳入普通高校对口单独招生，第 5 学期安排符合转段条件学生参加对口单独招生报名，符合条件的由江苏理工学院直接录取。高职与本科或五年制高职与本科分段培养转段升学统一纳入"专转本"范畴，第 5 学期或第 9 学期安排符合转段条件学生参加"专转本"报名，符合条件的由江苏理工学院直接录取。

5. 毕业证书发放

分段培养项目由培养学校分段颁发毕业证书。高职与本科或五年制高职与本科分段培养，本科阶段符合毕业条件学生颁发"专科起点本科毕业证书"。

（二）建立了基于过程的教学质量监控机制

为推进江苏省现代职教体系试点项目建设，建立良好的教育教学秩序，保证人才培养质量，根据江苏省教育厅有关文件精神，江苏理工学院制定了基于过程的教学质量监控机制。主要内容如下。

（1）江苏理工学院承担试点项目各学院（以下简称试点学院）与中高职学校共同研究制订试点专业人才培养方案。要在充分掌握专业所对应职业实际需求的基础上，合理确定人才培养总目标和分段培养目标，构建段前段后既相对独立又具有系统性的课程体系。人才培养方案要强化学生操作技能、专业能力、创新能力与职业化能力的培养。

（2）各试点学院在专业人才培养方案制订过程中，与中高职学校共同确定 5~7 门专业核心课程，并要明确实践能力（职业资格证书）的具体要求。试点专业人才培养方案一经确定，不得随意变更。如中高职学校确实需要变更的，各试点学院必须认真论证，可行后方能变更。

（3）各试点学院协同中高职学校编写专业核心课程教学大纲和课程标准，中高职学校严格按照大纲组织教学，以保证教学质量。

（4）各试点学院主导专业核心课程的出卷与考核，须派专人赴考点做好试卷运送、交接保管及考场巡视工作。试卷命题、印刷、保密及阅卷等工作须严格按照我校考试管理相关文件精神进行，考核相关要求按照《试点项目合作协议书》规定执行。补考在次学期开学初两周内进行，试卷的难度、试题量与正式考试相同。

（5）各试点学院要加大对试点班非专业核心课程考卷特别是补考试卷的复查力度，确保阅卷公平、公正。

（6）各试点学院要对试点班学生实践能力培养培训加强过程管理与监控，全程参与职业资格论证考核。

（7）各试点学院针对试点专业，每学期至少两次赴中高职学校开展教学督导、质量检查和教研指导工作（不含专业核心课程考试）。

（8）各试点学院应积极与中高职学校开展中高职与本科相衔接的论文撰写和课题申报工作，建设中高等职业教育相衔接的课程教材体系。

（9）各试点学院配合开展试点班学生转段审核相关工作。并要做好试点项目教学管理学期和年度总结。内容包括：项目教学管理的组织与推动，人才培养方案制订，教学组织实施，教学质量检查，课程考试考核，存在问题以及意见建议等。

（10）教务处牵头组织重要基础课程相应归属学院协同中高职学校编写相关课程教学大纲和课程标准，并原则上于第一学年末（6月）对新试点班学生进行语文、数学、英语等重要基础课程调研测试。

第三节　江苏理工学院现代职业教育体系建设试点项目的推进

尽管江苏理工学院在牵头承担现代职业教育体系试点项目过程中取得了一定的经验，也获得了明显成效，但在项目试点过程中仍然存在一些问题，对这些问题进行归纳总结并进行深入分析，对于进一步做好试点项目工作具有重要意义。

一、现代职教体系建设试点项目存在的问题

（一）课程体系的衔接有待进一步强化

尽管试点项目在制定人才培养方案过程中，对课程体系进行了梳理，基本理顺了课程的设置，避免了课程内容可能出现的交叉和重复问题。同时也对部分本科阶段的实践环节进行了前移，对部分职业学校阶段理论课程进行了后置。但相对于人才培养目标实现的具体要求而言，课程体系的衔接还有大量工作要做。

首先，需要进一步明确课程目标。所谓课程目标是对教育方针和教育目的的反映，是根据教育宗旨和教育规律而提出的课程的具体价值和任务指标，是指那些人们需要掌握和形成的能力、态度、习惯、鉴赏和知识的形式。可以说，课程目标是专业人才培养合理分解的结果，保证着专业人才培养目标的实现。但

在目前试点项目推进过程中，职业学校阶段的课程和本科阶段的课程在课程目标上还没有深入地衔接。尤其是在专业课程的目标衔接上，还不够深入具体。

其次，课程内容的衔接还需系统化梳理。目前，在试点项目课程内容的衔接方面，尽管对于重要的基础课程如语文、数学、英语等，牵头学校与合作学校共同制定了课程标准和教学大纲，实现了内容统一。但对于部分专业课程的衔接仅做到了避免中、高职和本科课程内容的重复这个程度，这是不够的。尤其对于一些重要的专业核心课程，亟须梳理清楚衔接内容，这样才能有序安排分段式的人才培养计划。比如"3+4"项目工学类专业中《工程制图》这门课程，中职阶段要开设，本科阶段也要开设。那么，中职阶段的内容是什么，本科阶段的内容又该是什么，要做好统筹规划。

最后，课程内容实施和评价方面的衔接还不够深入。目前，试点项目所招收的学生尚处在职业学校的学习阶段，而在教学过程中，尽管各合作学校均对试点项目学生采取了更为严格的管理措施，但在课程实施和考核评价方面仍然是沿用职业学校原有做法。这有可能就会导致一定的偏差出现。毕竟，对于试点项目的学生而言，其与一般的在校生不同，他们当中的大部分人是要通过转段升入本科的，目标是高端技术技能型人才。那么，应当对其学习过程、方式和考核设计更为严格、科学、合理的方案。但在这一点上，合作双方当前还做得不够深入具体，还有很大的改善空间。

（二）企业参与度有待进一步深化

现代高等教育的理论与实践已经证明，应用型人才的培养不能离开行业与企业的深度参与，否则培养的效果将大打折扣。现代职教体系建设试点项目的目标定位是培养本科层次的技术技能型人才，基于这样的培养定位，试点项目实施过程中，必然要有行业与企业的参与。尽管在试点项目建设过程，牵头学校与合作学校均十分重视这一点，在人才培养方案制定过程中也尽可能多地通过调查研究吸收了行业或企业方面的意见与建议，但从实际进展来看还不能令人满意，主要表现在以下几个方面：

首先，企业参与人才培养方案制定过程的有效程度不够。前已述及，在制定专业人才培养方案过程中，学校邀请了企业的人员参与，也吸纳了他们的意见和建议，但这样做的有效性还不够。因为多数情况下，企业方面的相关人员对什么是人才培养方案不甚了解，对此也并不关心，其针对人才培养方案所提意见和建议一般而言均过于实用化，或者说，企业人员只能说清楚培养出的学生应该会什么，而其背后基础性支撑性的知识、理论和方法却不能准确描述，加上学校方面缺乏对企业实际生产运作过程的深入分析和所需知识的科学提炼，因此，企业人员所提出的意见和建议不能得到有效落实。

其次，企业参与课程开发的程度不够。目前，牵头学校与合作学校联合开发课程、联合推进课程建设与实施的工作已经有了一定的进展。但不论是牵头学校还是合作学校，联合企业开发课程的程度还不够，由此造成的结果是，课程体系与课程内容贴近实际需求的改革进展不尽人意，课程体系和内容还带有很浓的学科色彩，反映职业需求和企业实际业务流程的程度还很不够，课程标准与职业标准的融合、学历证书与职业资格证书的对接还有很长的道路要走。这势必会影响到人才培养的目标定位，进而产生培养上的偏差。

最后，企业参与人才培养过程的程度不够。既然人才培养的定位是本科层次的技术技能型人才，那么在培养过程必须实行校企结合，否则这样的目标就会落空。需要说明的是，不论本科院校还是职业院校，现有人才培养过程中均有企业实习之类的环节，其是一种校企合作进行人才培养的实现方式。但从严格意义上讲，这一方式仅能看做是一种浅层次的校企结合。而企业深度参与人才培养过程的程度目前还明显不够，不论是引进企业参与人才培养（将企业的生产线建在校园内，在校内实行的"理论学习"和"顶岗实训"相结合的办学模式），还是工学交替开展人才培养（把同专业同年级的学生分为两部分，一部分在学校上课，另一部分到企业实习实训，按学期或学季轮换）均不够到位。

（三）资源共享有待进一步加强

中高等职业学校与应用型本科院校联合开展试点项目，主要是为了探索现代职教体系建设的道路，实现职教与普教的渗透融合和互动良性发展。事实上，在这样的合作过程中，要保证人才培养质量的稳步提高，离不开双方的资源共享。而目前，该方面的工作还有待进一步加强。

首先，师资共享工作刚刚起步。职业学校的优势在于技能培训，本科院校的优势在于理论教学，那么基于人才培养目标要求，就应当在试点项目上，大力推进双方师资队伍的共享，把双方的这些优势有效地进行结合。目前，仅做到的是建立起了教师层面即课程负责人层面的交流沟通机制，还远未实现人员的共享。事实上，作为本科院校可以将职业院校的教师聘请过来，开展专业实践课程的教学活动，同时作为职业院校，可以将本科院校的教师聘请过来开展专业理论课的教学活动。此外，一个不可回避的事实是，总体而言，中高职学校的师资水平与本科院校教师的水平有差距，合作院校间师资队伍的共享，对提升职业学校教师队伍的整体水平具有积极作用。

其次，校际场地与设备的共享还有很大的开拓空间。试点项目实施以来，限于观念的限制、空间的阻隔和认识上的偏差等原因，合作各方在教学场地与设备的共享上没有实质性突破。但从现代职教体系建设试点项目人才培养目标定位看，试点项目的学生在培养过程中会有大量的实验与实训环节，牵头学校与合作学校理应开展教学场地的共享。就现实状况而言，职业学校的教学实训条件已经得到了很大改善，有的甚至已经超过了本科院校。那么，本科院校应当共享职业学校的教学条件。同时，本科院校的科研条件如场地设备等则具有优势，职业学校可以让师生共享本科院校的这些资源。

最后，校外实习实训基地的共享还尚未展开。不论是本科学校还是职业学校，在办学过程均建立起了为数不少的校外实习实训基地，但这些基地对于合作双方目前还尚未实现共享。事实上，共享实习实训基地，对于不间断、可持续地培养学生具有重要意义。比如学生在职业学校学习阶段在某一实习基地进行过实习实训，那么当其转段升入本科以后，再到同一基地进行实习实训时，不仅可以节省熟悉企业基本情况的时间，还可以利用已经积累起来的实习实训经验、关系网络，为更深层次、更高质量的实习奠定基础。同时，这种形式也更容易受到企业的欢迎。

（四）师资队伍建设还不能满足试点项目要求

试点项目的人才培养目标既然是本科层次技术技能型人才，那么培养过程就既要体现技术性要求，还要体现技能性要求。也就是说，不论是在职业学校还是在本科院校的教学过程中，既要让学生掌握较为扎实的理论知识，又要强调理实一体、工学交替以及学生实践能力的培养。而这样的要求与现有职业学校针对普通学生的教学目标是有差异的，也与本科院校强调学术性的教学要求有区别，面对这样的培养目标，目前师资队伍的现状显然不能完全适应这样的要求。主要表现为"双师型"教师数量的不足。所谓"双师型"教师，是指适应人才培养目标的要求，顺应社会和时代发展对学生的需求，具备系统融合、结构优化、与时俱进的教师素质和较高的相应专业技术素质，胜任培养具有坚定正确的政治方向和良好的职业道德与法律素养、具有较好的就业技能、具有一定创新和创业本领以及可持续发展能力的高素质技能型人才的教师❶。事实上这样的要求是比较高的，不论就江苏理工学院而言，还是就合作的职业

---

❶ 覃武云. 高职院校"双师型"教师队伍的内涵和特点新探［J］. 学术交流，2012（2）：197－200.

学校来说，"双师型"教师的数量和比例还明显不足。主要原因有以下几个方面：

第一，限于高等学校或职业中学人事制度的相关规定，能进入这两类学校教师队伍的多数人员，尤其是进入高等学校的人员绝大多数是高学历者，而非高技能者，加之对于许多人而言，一旦进入学校的教师队伍，就等于进入了事业编制，面临下岗和失业的风险几乎不会存在，基于这样环境，教师就会逐步丧失提升自身实践能力的动力和压力。

第二，不论是职业学校还是高等学校，教师队伍中有企业实际工作经历或实习锻炼经历者较少，在这样的背景下，一些高学历的教师即使通过了相关职业资格考试获得了"双师型"教师所要求的技能等级证书，但从实际水平看，仍然存在很大欠缺。俗话说："名师出高徒"，就现有师资在实践技术技能上的水平而言，很难培养出高层次技术技能型人才。

第三，从更高层次上看，牵头学校与合作学校中有为企业提供服务（如技术开发、管理咨询等）经历者过少，对企业的实际生产技术、运作过程不甚了解，也不能将企业的实际生产技术和管理方式方法经过合理科学的加工提炼，形成适宜教学的内容。由此造成的结果是"纸上谈兵"，不能很好地培养学生解决实际问题的能力。

（五）各地教育行政部门的支持力度不一

在试点项目的实施过程中，各市的教育行政部门起着重要作用。尤其对于"3＋4"项目而言，从招生到培养，从教学到管理，均与教育行政部门的政策有关。实践证明，凡是地方教育行政部门给予大力支持的中职学校，试点项目运行过程中不论是招生质量，还是教学过程，均得到了较好的保证。而没有得到地方教育行政部门支持的学校，情况就不容乐观。比如，从常州现代职教体系建设试点项目的执行情况看，常州市教育局就给予了大力支持，把试点项目的招生放置在了提前批次，并设定了550分的招生分数线，很好地保证了招生质量，使试点项目在社会上形成了良好影响。但有些地区的教育行政部门似乎对试点项目还没有予以应有的重视。事实上地方教育行政部门可以从以下几个方面影响试点项目的推进。

第一，招生环节。对于"3＋4"这样的试点项目，职业中学录取的生源就是参加中考的学生，而负责招生的就是当地教育行政部门。制定什么样的试点项目招生政策，开展什么样的试点项目招生宣传，会直接影响试点项目生源质量的高低和社会影响力的传播。目前，中职学校普遍实行的是报名入学制，只有成绩不理想或不愿意上普高的考生才会选择职业中学，那么如果地方教育部门不制定相关招生录取政策，不进行深入广泛地宣传，试点项目很可能就会输在起跑线上。

第二，教学管理。江苏省绝大多数的中等职业学校归属于地方教育行政部门管辖，那么地方教育行政部门就可以对试点项目的教学管理进行强化，以保证试点项目的有序推进。比如，制定符合于试点项目人才培养目标的素质类课程的标准、推进试点项目的教学信息化、开展教学观摩与比赛、实施对试点项目的教学评价等。

第三，财政支持。试点项目的建设离不开资金的投入，毕竟不论是培养方案的调研与制定、课程体系的梳理与构建，还是教师教学能力的培训与提升、教学过程的监控与评价，均需要花费成本。目前，就江苏省而言，试点项目还缺乏省级层面固定的财政投入。在这样的前提下，地方教育行政部门可以以专项形式向市政府进行预算申请，由此可以为试点项目的开展争取获得财政投入与支持。

二、进一步推进江苏现代职教体系建设试点项目的建议

（一）加强现代职教体系建设的组织领导

从广义角度看，现代职教体系必须实现教育类型与层次上的衔接与沟通，即要在层次上形成由中职、专科、本科到研究生的有机衔接，类型上要实现职业教育、普通教育、继续教育的相互沟通。显然这是一项复杂的系统工程，仅仅凭借教育行政部门的一己之力，很难从根本上解决建设过程中遇到的一些关键问题，因此必须进一步加强对现代职教体系建设的组织领导。

第一，升格现代职教体系建设工作的领导部门。现代职教体系建设的领导部门不应再由教育厅主导，而应当升格为由省政府领导，以便更好地解决建设过程中面临的深层次矛盾和问题。这一点，山东省的经验值得借鉴。山东省的现代职教体系建设项目是在省政府的领导下进行的，因此推进的速度很快，执行的效果也较好。

第二，建立现代职教体系建设厅际联席会议制度。现代职教体系建设涉及的不仅仅是教育部门，而且还涉及其他许多部门，比如发展改革委、财政厅、税务局、人力资源与社会保障厅、经济与信息化委员会等。因此，亟需建立现代职教体系建设多部门协同推进的组织领导体制，而且实现形式就是建立厅际联席会议制度，以便及时协商解决建设过程中出现的问题。

第三，明确市级教育行政部门在试点项目组织领导体系中的角色定位。前已述及，市级教育行政部门在试点项目尤其是"3＋4"和"5＋2"项目的运行过程中扮演着十分重要的角色。那么，从全省整体推进现代职教体系建设的角度出发，就必须明确市级教育行政部门在整个组织体系中的角色定位，规定其在试点项目管理方面必须履行的管理职能，否则地区间的差异将进一步扩大。

（二）加强现代职教体系建设的政策创新

目前，江苏省已经进行了 2 年多现代职教体系建设的试点工作。但存在的一个突出问题是，从项目的启动，到建设的推进，指导和管理政策还不够明确和清晰。那么，基于这两年多的试点经验，应当尽快在积极吸取兄弟省份现代职教体系建设经验的基础上，着眼于现代职教体系建设的本质要求，大力推进政策创新。

第一，尽快出台保证生源质量的政策。省级层面针对试点项目招生的要求还过于宽泛和模糊，这就有可能带来招生质量不能得到保证的结果。由于中高等职业学校归属管理层级的不同，省教育厅应当分门别类地提出招生质量的指标要求。对于高等职业院校，教育厅应当明确，其录取分数线不能低于"本三控制线"的要求。对于中等职业学校，教育厅应当责成各地教育局对试点项目的招生提出明确要求，从招生批次设置，招生分数（不低于当地中考总分的80%）划定等方面设置约束性门槛，如此才可以从源头上保证试点项目的生源质量。

第二，尽快建立稳定的财政投入政策。目前，现代职教体系建设各类试点项目还尚未有稳定和专门的财政投入，而其中重要的原因就是试点之初就没有针对投入问题设计相关政策措施。事实上，试点项目的成功实施离不开稳定的财政投入。同时，在投入方式上，也应当进行创新。比如，以通过申请"中高等职业教育衔接课程体系建设项目"的方式，虽然能获得一定的财政经费，但存在的问题是，有的项目能够获得经费支持，而有的项目则不能。由此带来的结果是，不能获得经费资助的试点项目的后续建设就会出现问题。因此，在合理测算资助方式和强度的基础上，需要尽快建立一种普惠制的财政投入政策。

第三，出台鼓励企业参与现代职教体系建设的具体政策。尽管在现代职业教育体系试点项目建设过程中，不论是教育行政部门，还是承担人才培养任务的办学单位，亦或是社会和家长，均大力提倡企业参与这一体系的建设工作。

但由于企业与学校利益诉求的矛盾，企业往往没有积极性真正、有效和深入地参与人才培养的整个过程。为此，省级教育行政部门应当协同其他相关部门，共同解决企业参与人才培养积极性不高的问题，甚至应当上升到省级政府层面统筹考虑和解决这一问题，并要尽快出台具体政策，比如税收优惠措施、财政补贴措施等。

（三）加强"双师型"师资队伍和课程体系建设

"双师型"教师队伍建设是落实试点项目人才培养模式与目标的关键，同时也是提高试点项目教育教学质量的关键。而课程体系是将课程的各个构成要素加以排列组合，使各个课程要素在动态过程中统一指向课程体系目标实现的系统。课程体系不仅是实现试点项目培养目标的载体，而且也是保障和提高试点项目人才培养质量的关键。所以必须加强"双师型"师资队伍和课程体系建设。

第一，加强"双师型"师资队伍建设。不论是职业学校还是本科学校，针对承担试点项目教学任务的老师，要建立多途径培养其教学能力的制度。一是建立教师的企业实践锻炼制度。即选派教师到企业进行生产与运作实践，以丰富实践经验，提高教学水平与能力。二是建立职业技能等级证书持有制度。即要求专业课教师通过参加操作技能考核，取得相关技能等级证书。三是建立注重实际工作经验的人才引进制度。即在引进人才时，在满足学历要求的基础上，要重点考虑有企业实际工作经历的人员或有为企业提供技术或咨询服务经历的人员。四是建立鼓励教师服务企业的制度。鼓励教师参加对企业的技术改进与管理咨询服务或开发新的实验实训项目，使其不断积累实践经验。五是建立对实践课程教师的理论提升制度。即加强对实验课教师的理论培训，努力提高其理论水平和学历层次。

第二，加强课程体系建设。首先对分段培养段前和段后的课程体系进行梳理，使整个项目的课程体系在段前和段后既自成体系，又能实现有机衔接。毕竟，试点项目是一种分段衔接培养，不是"一贯制"培养。其次，依据培养目标，逐步细分出课程目标，并将课程目标分解到段前和段后的具体课程中，使培养目标得到最终落实。同时要体现段前段后不同层次课程目标的差异与协同。第三，对课程内容进行梳理，尤其要对专业核心课程的内容、关键实践环节的内容进行梳理，明确职业学校学习阶段的内容是什么，本科阶段的学习内容又是什么，并注重课程内容在层级安排上的有序递进。第四，对课程教学方式方法进行改革。加大项目式、启发式、探究式教学方法的使用范围，激发试点项目学生的学习积极性。第五，对课程考核评价方法进行改革，推进基于过程的考核评价方法的普及使用，让学生成为学习的主人。

本章小结

本章对江苏理工学院所承担的江苏省现代职教体系建设试点项目的获批情况以及招生情况进行了介绍，并对试点项目实施以来所取得的重要进展进行了梳理。主要体现为：细化了牵头学校与合作学校的分工与职责，建立了多层次的协作机制，合作修订完善了试点项目人才培养方案，强化了学生与教学管理等。总结了江苏理工学院现代职教体系建设试点项目所取得的成效，主要包括：提出了"学士＋技师"的技术技能型人才培养目标，提高了试点项目的社会认知度与生源质量，设定了富有技术性与学术性的转段条件，提出了更加注重过程的人才培养评价机制等。分析了试点项目在课程体系、企业参与、资源共享、师资队伍、地方支持等方面存在的问题，提出了加强现代职教体系建设的组织领导、加强现代职教体系建设的政策创新以及加强"双师型"师资队伍和课程体系建设等具体的对策建议。

（本章执笔人：王志华　葛宏伟）

第十六章

江苏现代职业教育体系建设的比较研究

多年来，江苏职教人一直锐意改革创新，形成了许多领先全国的职业教育经验，成为了各地学习的榜样。但许多到江苏参观的学习者经常会问这样的问题：这些改革的方向是否正确？我们是否一定要沿着江苏改革的道路前进？为了回答这样的问题，本章将把江苏职教放置在世界职业教育生态系统中加以考察，以期找到世界职业教育发展的特征和方向，从而对江苏职教的发展进行更为科学的定位与评估。

考虑到江苏仅是中国的一个省，本章将选取美国加利福尼亚州、德国巴伐利亚州和我国的台湾地区作为比较对象。美国与德国都属于联邦制国家，而我国是一个单一政体，只选取联邦制国家而不选取像法国一样的单一政体国家是否合理？

之所以选择联邦制国家，是因为尽管从政治上来讲我国中央政府的权力比较集中，但在职业教育方面却采用了以地方为主的管理体制，各地对于职业教育的兴办有决定性的话语权，对职业教育的资金投入也主要来自于地方，这种管理方式与联邦制有些许相似。更为重要的是，通过对世界职业教育管理体制的考察，我们发现中央弱化对职业教育的直接管理已经成为一种世界趋势，因此，跳过对单一政体的职业教育的研究应该是有合理性的。之所以选择加利福尼亚州和巴伐利亚州，是因为这两个州在各自的国家均是举足轻重的大州，与江苏在我国的地位有些相似。之所以选择我国的台湾地区，是因为经过与大陆几十年的隔绝后，台湾发展出了与大陆基础相似、具体措施有较大差别的职业教育体系，在许多方面走在大陆的前面，他们的经验与教训对江苏的职业教育发展有直接的借鉴意义。

第一节 美国建设现代职业教育体系的经验
——以加利福尼亚州为例

美国职业教育的典型特征是普职之间的深度融合。在美国的中学阶段，职业教育主要作为一些课程存在于综合中学中，独立的职业学校并不多见。而在中学后阶段，职业教育主要发生在社区学院中。这些特点引发了我们以下一些疑问：美国为何能够发展出普职融合的综合高中？如果没有独立设置的职业学校，美国如何实现中高职之间的衔接？美国的社区学院与我国的高职院校有哪些不同？以下我们将从历史与现实两个角度对这些问题进行梳理，同时，利用加利福尼亚州的个案进行深入分析。

一、美国现代职教体系概况

在美国，"职业生涯与技术教育（career and technical education，简称CTE）"是当前广泛使用的职业教育术语。2006 年《卡尔帕金斯职业生涯与技术教育促进法案》对它进行了这样的定义："职业生涯与技术教育"这一术语指的是这样一种有组织的教育活动：（1）它提供了一系列课程。①提供个体与有挑战性的学术标准及相关技术知识和技能相一致的、连贯且严格的学习内容，这些内容是为其接受继续教育以及为当前或正在出现的专业工作做好准备所需要的；②提供技术技能熟练度、产业界承认的认证、证书或副学士学位；③可能包含符合这一描述的前提准备课程（而不仅是补偿性课程）。（2）它包括有助于学术知识、较高水平的推理和总是解决技能、工作态度、一般就业技能、技术技能以及特殊职业技能和某产业所有相关（包括企业和个人）知识的能力本位应用学习。

与世界上多数国家实行职教与普教分离的双轨教育体制不同，有着深厚民主主义和个人主义传统的美国，在教育体制上实行的是普职合并的单轨教育体制。因此，在美国的教育体系中，找不到独立体系的职业教育。图 16 - 1 显示了美国教育系统的结构。美国的义务教育始于幼儿园，至 12 年级（相当于我国高三），即所谓的"K - 12"。中等教育的主体是综合中学，高等教育层次的主要机构包括社区学院、职业技术学院和普通大学。

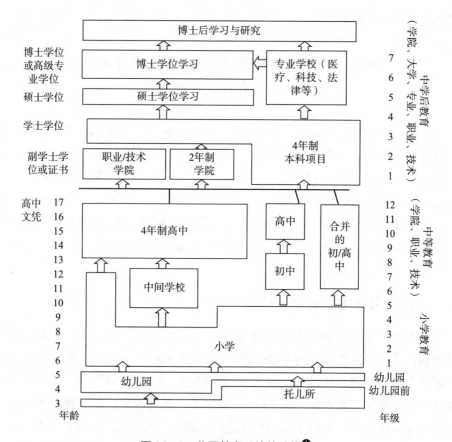

图 16－1　美国教育系统的结构❶

　　美国的职业教育跨越了中等教育、中等后教育和成人教育三个阶段，主要指学士学位及以下的职业教育课程或项目，它是以课程和项目形式散落在这个单轨的教育系统中，并通过强大的学分认可和转移系统来实现。中等教育阶段的职业教育主要由综合高中、全日制 CTE 高中、区域 CTE 学校/中心三大机构提供。与综合高中相比，后两种 CTE 学校都被认为能够提供更高质量的职业教育，因为他们拥有更好的软硬件，能够提供更有深度和广度的职业技能教育与培训。另外，公立高中是美国提供中等职业教育的主要机构，这是与私立高中较少的职业教育需求以及联邦政府在公立学校开展职业教育的政策倾向相

　　❶　Snyder, T. D. , Dillow, S. A. , and Hoffman, C. M. Digest of Education Statistics 2008 ［R］. Washington, DC. : National Center for Education Statistics, Institute of Education Sciences, U. S. Department of Education. 2009：11.

关的。

中等后阶段的职业教育主要在 2 年制和 4 年制的高校及其他教育机构中进行，典型的学校的社区学院、技术学院、职业/技术研究所等。这些机构既有公立的，也有私立非营利的，以及私立营利性的。通过学习，学生可以获得某职业生涯领域的认证、证书、副学士学位或学士学位。另外，中等后教育机构还积极参与成人职业教育的课程。不过，企业和雇主仍然是成人进行职业教育学习最普遍的提供者。

虽然美国提供职业教育的专门性机构数量较少，但职业教育却开展得很普遍。大部分中等教育和中等后教育机构都提供了某些形式的职业教育课程或项目。据统计，2002 年，在全美共约 18 000 所公立高中里，全日制 CTE 高中占 5%，约 900 所；由区域 CTE 学校服务的综合高中占 46%，约 8 000 所；剩下 49% 是不由区域 CTE 学校服务的综合高中，约 9 000 所。❶ 不由区域 CTE 学校服务的综合高中也往往会自己提供校内的或与其他校外组织合作提供职业教育项目。统计表明，约 88% 的公立高中都提供了至少一项的校内或校外职业教育项目。另外，当年全美 41 个州共有 1 200 所区域 CTE 学校提供了非全日制的职业教育。2005 年，约 5 700 所中等后教育机构（占全部中等后教育机构的 90%）也都提供了职业生涯教育（见图 16 - 1）。这些机构的类型是多元的：从学制上看包括 4 年制、2 年制以 2 年以下的；从机构性质上看包括公立、私立非营利性以及私立营利性三类。其中职业教育规模最大、最有特色的还是 2 年制的办公社区学院。

美国学生对职业教育的参与也较为普遍。大部分高中学生都会选修一门或几门职业教育课程。据统计，在 2005 年的公立高中毕业生中，超过 90% 参加了至少一门的职业课程，而约有 1/5 的学生还学习了三门及以上的职业生涯与技术课程，这类学生被美国教育部称为"职业教育专修学生（vocational con-centrators）"。而更多专业化的职业生涯教育则发生在中等后教育阶段。据统计，在 2003~2004 学年度，全美约 1 700 万大学生中，约 1 060 万是学习职业生涯教育的，占 63.3%；而学习普通学术专业的仅 40 万，占 23.8%；剩下 12.9% 是学习其他类型课程的。❷

❶ Levesque, K., Laird, J., Hensley, E., Choy, S. P., Cataldi, E. F., and Hudson, L. Career and Technical Education in the United States: 1990 to 2005 [R]. Washington, DC: National Center for Education Statistics, Institute of Education Sciences, U. S. Department of Education. 2008: 8, 13, 76.

❷ 同上，p. 90.

二、加利福尼亚州的中高职衔接项目

我们认为，在设计中高职衔接项目时，以下几个机制应该得到明确。

（1）生源选择机制。要确定哪些学生有资格进入中高职衔接项目。因为中高职衔接项目不会面向所有中职学生，就出现一个挑选哪些学生的问题。被挑选的学生应具备一定的学习意愿和学习能力，以适应高一级学校较高的学习要求。

（2）升学机制。要确定学生以何种标准、何种方式进入高一级学校学习。这里所谓的升学机制可能是中国的高考的形式，也可能是注册入学的机制。所以应该明确是否设计如高考一样的国家考试形式，还是由中职学校与高职院校达成合作协议，抑或是引入第三方评价机构，以实现顺利入学。

（3）中高职合作机制。要对参与衔接项目的中等职业学校和高等职业院校的资质、衔接的程序等做出交待。是不是所有的中高职院校都有资格开展衔接项目？衔接的基本单位是什么，专业还是课程？衔接过程由谁发起？由谁对项目最终负责？

（4）师资培训与信息沟通机制。要确保参与衔接项目的教师对这一项目有足够的了解。中高职院校的教师一般来自普通高校或企业，一般都缺乏在对方学校工作的经验。成功的中高职衔接项目应包括对师资的培养，或至少对教师的相关信息的宣讲。两个机构的教师应该开展各种形式的沟通与交流，对对方的教学目标、教学标准、教学内容、教学方法、教学资源等有足够的了解。

（5）投入机制。要明确资金投入的数额和方式。既然中高职衔接只是一个教育项目，其费用自然不会在日常教育经费中支出，就必然出现一个如何进行投入的问题，是由中央（或联邦）政府，还是由地方政府投入？是按照项目整体下发，还是按照人头下发？

（6）评估机制。对中高职衔接项目本身的成效进行评估。项目实施是否达到既定目标？存在哪些问题？下一阶段的项目实施如何改进？

根据以上的框架，我们将从《帕金斯法案四》下加利福尼亚州的实践展开讨论。《帕金斯法案四》沿袭《帕金斯法案一》的思路，仍然以技术准备（Tech Prep）项目为实现中高职衔接的主要方式，其设想是如果一名中学生参加了职业教育课程，那么他就可以直接学习社区学院或其他中学后教育机构的课程，或者由社区学院与中学共同开发出一些中高职衔接的职业教育课程，让这些学生学习，以这样的方式实现中高职之间的衔接。各州在《帕金斯法案四》的原则性规定下开展了不同的技术准备项目的实践。

（1）生源选择机制。加利福尼亚州宣布到 2014 年所有的中学职业教育课程都会与技术准备项目的标准相对接，并提出了"面向人人的技术准备项目"的口号。其实，技术准备项目本身就是一个面向所有人的教育项目。但这并不代表不存在一个生源筛选机制，加州某学区就宣布要想参加技术准备项目，学生必须达到以下条件：每年缺席少于 15 天、各科平均成绩在 C 以上、数学与科学成绩必须高于 C。学生在递交申请前还要与学校的生涯指导老师以及社区学院派来的指导老师进行沟通交流。

（2）升学机制。美国学校普遍采用注册入学，对于美国人来说，升学并不是一个问题，相反，如何保证升入社区学院的学生完成学业则是美国人头疼的事。

（3）中高职合作机制。中高职间的合作是由《帕金斯法案四》来规定的，该法案要求中等教育机构与中学后教育机构（或有副学士学位授予权的中学后教育机构与有学士学位授予权的中学后教育机构）之间签订"衔接协议"。在具体操作中，一般会由一所社区学院、几所中学或几个学区加上一些企业结成职教集团，社区学院根据各中学的专业特点分别与不同学校在州教育管理机构的见证下签订衔接协议。加州的教育管理机构为这些协议的签订制订了操作程序、协议模板、教学标准衔接的模板等材料，以保证衔接协议的质量。这些协议均向公众开放。

学分在美国中高职衔接项目中占据非常重要的位置。《帕金斯法案四》明确表示：衔接协议应包含学分转移协议。可以说，在中学即可获得中学毕业后的学分或帮助学生减少获得学分的时间和难度是技术准备项目成功的关键因素之一。参加技术准备项目的中学生可以在中学阶段就学习中学后课程（主要是社区学院的课程），参加社区学院考试，获得学分。

与中国把专业作为中高职衔接基本单位相类似，美国的中高职衔接在很大程度上也基于专业，但在美国教育体系中专业的概念并不如中国这样重要，美国人一般使用生涯路径这一概念。加州一共为中职设计了 15 个产业门类，58 个生涯路径，每个生涯路径下有公共文化课模块和 3 ~ 12 个专业学习课程。社区学院根据这 58 个生涯路径决定与中学的合作方向。

达成衔接协议后，多数中学会开设专门面向衔接的课程，学生根据衔接协议的规定选择不同的课程。这类课程一般有三种形式：一是学生在中学学习社区学院课程，这类课程直接导向社区学院的学分；二是在社区学院与中学达成协议的情况下，学生在中学开始学习社区学院的基础课，进入社区学院后直接就读相应的高级课程；三是社区学院与中学分别对各自的课程进行重要开发，使两者的课程形成前后衔接，帮助学生减少在社区学院学习的难度。

（4）师资培训和信息沟通机制。加州认为，教师并不一定掌握与其他教育层级教师沟通的能力，也并不天然地了解其他教育层级的教育特点，因此，在教师指导上下了一定的功夫，发行了"衔接日指导 CD"，对开展衔接协议签订活动当天的程序与细节进行了仔细的说明与解释，会派出课程专家指导当天的协商过程。

（5）投入机制。《帕金斯法案四》实际上是一个拨款法案，它规定了联邦拨款的分配公式，如教育部可分配到总额的 3.13%，余下的款额中 50% 用于 15～19 岁青年，20% 用于 20～24 的青年，15% 用于 25～65 岁人士。该法案还规定了各州的分配比例以及各州的内部分配比例。该法案还考虑到技术准备项目管理本身也需要一定的运作经费，因此，规定各州可以截留不到各州份额的 10% 作为管理经费。

（6）评估机制。《帕金斯法案四》规定了明确的责任条款。比如要求各州提供核心绩效指标，包括参与技术准备项目的学生学业优良率、学生生涯技术技能的企业标准达成率、中学毕业率等，同时，接受帕金斯资助的学校也要向各州提交相关指标。像中国一样，教育部也会评选示范生涯技术课程或模范生涯技术课程，向全国推广。教育部每年还要向国会提交《帕金斯法案四年度执行报告》，接受国会质询。

通过以上的描述，可以看到，美国的中高职衔接项目在某些方面与中国的同类项目有一些不同，首先，项目的透明程度较高，在资金管理上比较透明，以公式的方式使各州、各机构可以算出自己能够得到的份额，可在一定程度上避免暗箱操作；在项目管理上也比较透明，衔接协议成为公众资源，方便学生和家长的教育抉择。其次，美国人找到了项目管理的最小单位——衔接协议，通过衔接协议使合作双方的责权利相对明晰，也使衔接项目的运作更顺畅。第三，通过灵活的学分制，实现了中高职院校间我中有你的状态，使两个教育机构真正衔接起来，而不是简单地在界面处交接学生。第四，政府对中高职衔接项目的介入是深入而且有限的，深入是指政府会参与衔接的全过程，从项目申报到协议签订到最后评估都可以看到政府的影子，有限是指政府并不介入具体的谈判细节，开设怎样的课程、达到什么标准都是学校之间或学校与专业机构之间的事，政府只关注程序。最后，美国人调查发现90%以上高中生有上大学意愿，62%的高中毕业生在大学注册，但其中一半会在第一年主动退学，所以美国人把促进学生学习，提高高等教育完成率作为中高职衔接项目的重要出发点，缩短学习年限、减少学习困难成为增强中高职衔接项目最吸引人的广告语，这与我国以建设通向高职的垂直通道为目的的中高职衔接项目有一定差异。

三、美国现代职教体系给我们的思考

通过对中美两国中高职衔接项目的比较，我们发现，中美两国尽管都在开展中高职衔接项目，但项目的背景、项目的目的、操作的程序等差别很大，这种差别也引发了我们对我国中高职衔接项目的反思。

（一）中高职衔接是一种怎样的手段

有学者认为，社会制度是一个体系，由目标系统、规则系统、组织系统和资源系统四方面组成，本文之前讨论的六个机制应属于规则系统、组织系统和资源系统的下位概念。在此有必要专门讨论一下中高职衔接机制的目标系统。

《帕金斯法案四》宣称，它的目的在于"使选择生涯技术教育课程的学生能够更全面地提升文化和生涯技术技能……提升州和地方政府的领导力和专业发展能力……提升生涯技术教育教师的能力……"。我国的《协调发展的指导意见》如此描述协调发展的目标"探索系统培养技能型人才制度，增强职业教育服务经济社会发展、促进学生全面发展的能力"。

仅从文字表达来看，美国人似乎乐于把中高职衔接项目作为管理职业教育的主要手段，通过这些项目来提升职业教育的整体水平，而我们似乎更愿意把中高职衔接当做一个建立从中职到高职的学习通道的手段，而不大愿意赋予它更多的价值。

这当然与中美两国不同的教育管理体制相关。美国人没有全国统一的职业教育管理，因此，会把帕金斯法案提出的中高职衔接项目作为管理全国职业教育的一个手段。中国人管理全国范围的职业教育的手段非常多，自然不必要过分突出中高职衔接的作用。但我们是否也可以学习美国人用一个项目来带动整个职业教育水平提升的办法？在我们表述中，中高职衔接也是现代职教体系的重要手段，所以，在中国的教育背景中，也可以把中高职衔接的作用放大，使之成为改革中国职业教育的重要载体。

（二）政府管理的边界何在

仅从以上介绍的中美两国的文件与做法来看，哪一种中高职衔接项目的成功可能性更大？很有可能是美国人的做法，因为它对一些细节做出了相当细致的规定，使中高职衔接项目的可行性更大。而我国的管理中，把许多权力都下放到了学校层面，使得国家和省层面的政策的可行性不强。这种做法，好的一方面在于通过利益相关者的博弈可能最终产生较为合理的制度安排，不好的一方面在于制度形成的成本比较高。

我们认为，美国人的做法是值得借鉴的，即明确各级政府与相关学校在项目实施中的权责，一方面，给学校留下足够的自由发挥的空间，另一方面，也用刚性的条款规范学校的衔接行为，使中高职衔接项目真正有利于学生发展和职业教育发展。

问题是该怎样界定政府管理的边界？美国各级政府抓住了三样东西来规范中高职衔接项目：一是资金分配权，每年帕金斯拨款的总额由政府决定，拨款的分配公式也会几年更新一次；二是项目评估权，法律规定了评估的内容，国会则掌握评估的标准；三是对衔接过程的控制权，这是由向公众公开的衔接协议来实现的。我国政府应该在中高职衔接项目中扮演什么角色还需要深入研究。

（三）就业导向与中高职衔接的矛盾如何解决

在一份关于非洲第三级教育体系的报告中，世界银行指出，只有一个因素在促进高等教育间的衔接——不断增加的入学要求，而阻碍高等教育衔接的因素有三个——国家政策、内部治理结构和市场因素。

对于我国的中高职衔接而言，这样的研究结果在一定程度上也是适用的。从 20 世纪末以来，我们一直要求职业教育以就业为导向，许多地方、许多学校都开展了以就业为导向的专业和课程改革，基本思路是"专业与产业对接、课程内容与职业标准对接"。在中高职教育都以就业为导向的时候，这样的设计不会出现问题，但在中高职衔接的背景下，已经实施了改革的专业与课程的衔接就出现了一定的障碍。因为中高职教育的培养定位不同，毕业生所从事的岗位也不同，不同岗位之间的知识与能力要求不一定存在递进关系，不同课程之间也就难以形成衔接关系。一个可能的演变是那些未进行专业和课程改革的专业反而可能更好地开展中高职衔接，因为传统的职业教育课程基本是高职课程的简化版和基础版。

在这个问题上，美国人提供了一个解决思路：把中职课程归类合并成 58

个生涯路径（我国教育部 2010 年公布的《中等职业学校专业目录》中有专业 321 个），这样每个生涯路径对应的职业范围更宽，知识、技能覆盖面更广，高职与之衔接会更加容易。如果我们确定大范围地开展中高职衔接项目，这个思路可以认真研究一下。

在我国，中高职衔接项目刚刚起步，最终能否成功或取得怎样的成功尚是未知数，我们应该虚心地多关注有 30 年中高职衔接经验和教训的美国，从他们的成功与失败中也许可以发现一些对我们有价值的东西。

第二节 德国建设现代职业教育体系的经验
——以巴伐利亚州为例

改革开放以来，我国对德国职业教育的学习一直没有中断，目前流行的校企合作、双师型教师、工作过程导向的课程等概念与实践都有着德国职业教育的影子。正因为人们对德国职业教育比较了解，所以本节将主要讨论宏观层面上法律体系、管理体系等问题，同时，通过巴伐利亚州的个案分析，说明德国职业教育体系的概况。

一、德国现代职教体系概况

德国的教育体系较为复杂（见图 16 - 2）。义务教育年始于 6 岁，儿童进入小学学习 4 年。之后进入定向级，两年后，根据学生的兴趣、天赋和发展需要，分流到普通中学、中间学校和文法学校。普通中学提供的是基础的普通教育。中间学校提供的是提高的普通教育，只要学生达到成绩标准，就可以随时从中间学校转到文法学校，或者从普通中学转到中间学校。文法学校提供的是较深的普通教育。在这些学校完成学习后，学生如果不继续全日制教育的话，就必须参加为期 3 年的非全日制职业学校。总之，德国义务教育的对象是 6 ～ 18 岁的青年以及双元制中的学员（即使他们超过了 18 岁）。

完成中等教育的第一阶段后，学生第二次分流。来自所有学校的学生都可以进入双元制，接受职业培训。此外，除大部分文法学校的学生继续升入文法中学外，其他学生进入全日制职业学校、专科高中、职业提高学校、职业中学以及专业文法学校接受职业教育与培训。完成中等教育第二阶段的学习后，职业教育领域的大部分学生直接就业。也有学生进入高等专科学校、职业学院等接受高等教育。另外，工作的成人还可以通过夜校、成人教育学院、行业与技术学校等接受继续教育，并获得进入高等教育的机会。

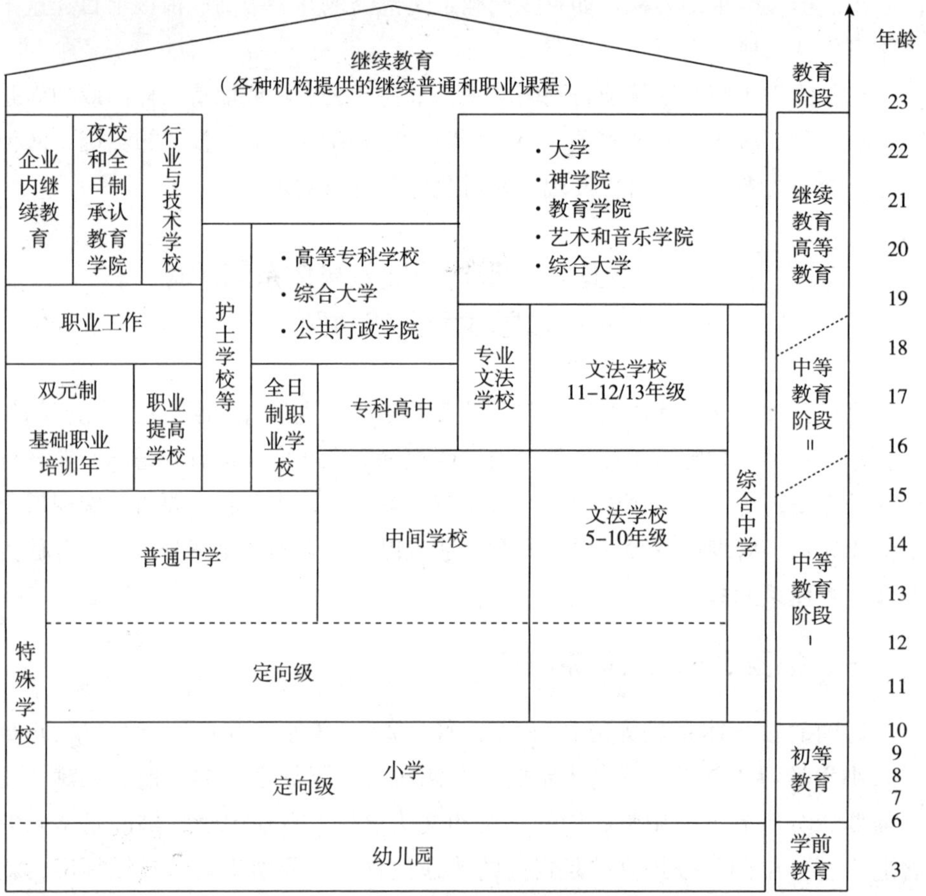

图 16 – 2　德国教育系统的结构

资料来源：CEDEFOP. Vocational education and training in Germany［M］. Luxembourg：Office for Official Publications of the European Communities，2007：21.

职业教育在德国开展得非常普遍。以 2007 年为例，在中等教育第二阶段，只有 43% 的学生继续普通中学的教育，而 57% 的德国青年学习的是职业教育；其中有 3/4 的学生进入了双元制，其余 1/4 则在全日制职业教育学校就读❶

---

❶　OECD. Learning for Jobs：OECD Reviews of Vocational Education and Training – Germany［R］. OECD，2010：9.

（参见图 16 - 2）。另外，德国高等教育阶段的职业教育也同样较为普遍。不仅双元制延伸到了高等教育，还有不少全日制的高等职业教育院校。如据统计，2006 年，在德国共计 338 个高等教育机构中，164 个是高等专科学校（117 所大学、57 所艺术与音乐学院）。❶

二、巴伐利亚州职教体系

巴伐利亚州管理职业教育的机构很多，包括巴伐利亚州经济事务部、工商业委员会、手工业行会委员会等，这些机构，一方面，负责职业教育管理，另一方面，也为职业教育提供足够的经费与设备。

与德国其他州一样，巴伐利亚州也在小学后实行第一次分流，初中（五年制或六年制）毕业生实施第二次分流，学生根据职业的不同要求选定学术或职业教育。高中生上大学所占比例约为 30% ~ 35%，其余学生选择高等职业学校，比例约为 70%。

在巴伐利亚州，约有 70% 的职业学校属于"双元制学校"，即学生在企业接受实践技能培训的同时，也在学校接受理论培养。学生要进入"双元制"，必须首先具备主体中学或实科中学的毕业证书，之后，自己通过职业介绍中心与某一企业签订培训合同，得到一个培训位置，再到相关职业学校注册，取得学籍，这样才能成为"双元制"学生。在职业学校学习期间，有 60% 的专业课程，40% 的普通课程。

中等职业学校的毕业生不能进入综合性大学，但能进入应用技术大学的对口专业学习。与传统大学不同的是，应用技术大学修业时间较短，而且原则上必须在规定期限内毕业；课程紧凑且选课自由较少；较注重实习和未来的就业需要。

值得一提的是巴伐利亚州的教师培训。迪林根教师进修与人事管理学院是一所教师培训学院，成立于 1971 年。这所学院每年要针对 3 万多教师印发调查问卷，用以了解教师的培训需求。教师培训要做到三个面向，即面向培训的学员、面向教育教学实践、面向教师今后的工作要求。他们认为，教师培训中最困难的不是专业知识和理论方法的问题，而是如何真正促进师生的改变。

---

❶ CEDEFOP. Vocational education and training in Germany [M]. Luxembourg：Office for Official Publications of the European Communities，2007：31.

三、德国构建现代职教体系的主要经验

（一）教育的三轨分流制度

德国双元制办学模式的成功标志之一是参加学徒制的人数众多。虽然文化因素起到了重要作用，而德国三轨分流教育体系的推动力亦不可忽视。德国的教育体系遵从保守的政策，保持着传统的三轨教育结构（主体中学、实科中学、文法学校）。这种三轨制的教育结构包含着强烈的社会分轨过程，而欧洲其他国家在最近三四十年都是将不同的教育轨道合并或者缩小不同轨道之间的差距。❶

然而这种强制性的分流给德国双元制办学带来了两大好处。首先，它保证了双元制可以获得较好的生源。职业教育与普通教育是不同类型的教育，但这绝不意味着职业教育是一种不需要学习基础的教育。良好的普通文化基础和学习力，使学徒在职业教育中更容易有优秀的表现。同时，这也使得企业愿意投入双元制。因为这些学徒学得快，学得好，他们的培训成本会相对降低，并且劳动产出的直接回报也较多，同时，还成为了企业未来的人力资源。其次，良好的学徒表现以及企业对学徒的满意度，反过来又提高了德国职业教育的地位，使得德国双元制在一定程度上摘掉了"次等教育"的帽子。而在许多国家中，职业教育往往被认为是被淘汰者的无奈选择，甚至是失败者的"垃圾场"。这样，由德国三轨制的教育体系产生的良好的双元制生源，使得德国双元制办学呈现出良性循环的发展态势。

（二）利益均衡的合作机制

德国双元制的办学模式是按"新社团主义（neo – corporatist）"的规范组织的，这种规范建立在雇主联盟、工会、学校的共同行动上，政府赋予了这些组织管理集体利益的义务，它代表了政府管理与市场管理之间的微妙妥协。❷在双元制中，政府、工会、行业协会以及学校，都扮演了不同的角色，并且它们之间通过协商的方式，对双元制的实施达成了一致意见，从而形成了对双元制的各种规范。这些组织比较全面地代表了双元制的所有利益相关者，除了政

---

❶ Schaack，Klaus. Why do German companies invest in apprenticeship? ［A］. in Maclean，Rupert，David Wilson（eds.）. International handbook of education for the changing world of work ［C］. Dordrecht：Springer Science + Business Media. 2009：1756.

❷ Tremblay，Diane – Gabrielle & Irène Lebot. The German dual apprenticeship system analysis of its evolution and present challenges ［R］. Montréal：Télé – université，Université du Québec，2003：13.

府（包括联邦政府和州政府两级）和学校以外，雇主的利益是由行业协会代表的，学徒的利益是由工会代表的。

在双元制的许多组织和管理机构以及规范订立过程中，都可以看到这种利益均衡的合作机制。比如对双元制运作起指导和协调作用的联邦职业教育研究所领导委员会是由 11 名雇主代表、11 名工会代表、5 名联邦政府代表以及 5 名州政府代表组成的；各行业协会组织的、对州政府就职业教育相关事宜提供咨询建议的职业培训委员会是由 6 名雇主代表、6 名雇员代表以及 6 名职业学校教师组成的；考试委员会由数量相等的雇主和工会代表以及至少 1 名职业学校教师组成。职业培训条例是德国双元制具体培训实施的核心规范文件，它的制定和颁布过程也充分体现了这种利益均衡的合作机制。另外，学徒津贴也是通过雇主与工会的集体商议来确定的。再者，从德国学徒制的历史上看，学徒制的每一次发展也无不需要经过各方力量的博弈，进而达成一致。比如职业学校的课程性质、对跨企业培训中心的公共拨款、基础职业教育培训年的引入、是否要征收企业培训税等。

（三）建设完善的规范体系

德国为双元制办学模式建立了一套相对完整、明晰的规范体系。这可以从宏观、中观和微观三个层面来解析。这些规范体系有力地保障了双元制的办学质量，是双元制办学模式得以可持续发展的重要机制。

首先，在宏观层面，德国建立了较为完善的法律体系。尤其是 1969 年的《职业教育法》，它实现了两大功能：将学徒制整合到教育系统中；规范了工作场所培训。[1] 同样，职业学校的义务教育也是受到各州的学校法规范的。法律的强制性特点，充分体现了德国双元制的高度制度化特征。

其次，在中观层面，职业培训条例和框架教学计划，使企业培训与职业学校教学有章可循。针对每个培训职业，联邦政府、州政府、雇主联盟以及工会在合作协商的基础上，都分别制定了指导企业培训和职业学校教学的框架性文件：职业培训条例和框架教学计划。这个层面的规范，保证了双元制人才培养的质量和流动性，并且对企业的培训和职业学校的教学进行了必要的协调。

最后，在微观层面，教学实施的督导体系较为完善。对于职业培训条例以

---

[1] Sharpe, Andrew & James Gibson. *The Apprenticeship System in Canada: Trends and Issues* [R]. Ottawa: CSLS, 2005: 28.

及州教学计划的具体贯彻实施，德国建立了较为完善的督导体系。其中，企业培训由行业协会督导。所有学徒制合同都要在行业协会注册，同时，行业协会还要审查企业培训师和培训场所的资质，它们还要委任专门的培训顾问监督培训的执行。职业学校的教学与管理则由各州的教育与文化事务部进行全面的监督和管理。

第三节　我国台湾地区建设现代职业教育体系的经验

我国台湾地区的职业教育总体架构基本源自民国时期，在这一点上，大陆与台湾的职业教育是"同源"的，而同时，台湾早在20世纪70年代就经历了经济腾飞，许多经济社会的成就与问题的发生均早于大陆，因此，台湾的职业教育发展完全可以作为江苏职业教育改革发展的重要参照物。

以我们正在经历的新增人口逐步减少的问题为例，台湾早在20世纪下半叶就已出现了少子化的现象。与我们的情况大致相似的是，在少子化趋势逐步出现之时，高等教育大众化的趋势也在全球漫延，因此，到20世纪末，台湾就已出现了职业教育的危机：既然高等教育已经实现了大众化，"断头"的中等职业教育如何再吸引已在减少的青年学生？在这种情况下优秀的中等职业学校不断升格为高等职业学校，高等职业学校升格为应用技术大学。出现了普通教育之外单独的职业教育体系。而形成独立的职业教育体系也是大陆的选择。所以本节将在介绍完台湾的职业教育体系的现状后重点介绍台湾职业教育所面临的问题，以期为我们正在进行的改革提供借鉴。

一、台湾现代职业教育体系概况

台湾现行学制于初中之上分为普通教育与技职教育两大体系。技职教育体系，则分成中等与高等技职教育体系，中等阶段以高级职业学校为主，尚包含初中阶段的技艺教育学程、普通高级中学附设职业类科或综合高中的专门学程。高等阶段则涵盖专科学校（二年制及五年制）、技术学院及科技大学（二年制及四年制学士班；硕士班及博士班）。台湾地区技职教育已完成一贯体系（高级职业学校—专科学校—技术学院—科技大学）的建制，且能与高等普通教育体系相互流通。就招生对象而言，包含一般学制、学校与企业合作的常态专班学制，以及其他特殊培育的学制，整体学制架构非常完整（见图16-3）。

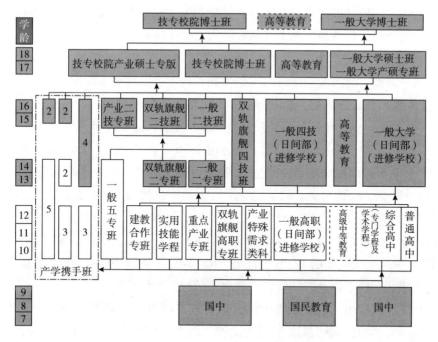

图 16 - 3　台湾小学以上现行学制图❶

二、中国台湾构建现代职业教育体系的经验与教训

（一）技职院校升格改制，提高了办学层次，但也造成结构性失调

20 世纪 90 年代以来，技职学校不断地升格改制，近年来，更是主要表现为专科学校向科技大学的升格，2012 年，中国台湾正式启动"发展典范科技大学计划"，试办当年选定"国立台湾科技大学""国立台北科技大学""国立云林科技大学""国立高雄应用科技大学""国立屏东科技大学"与"南台科技大学"等六所科技大学试办，其中"国立台湾科技大学""国立台北科技大学""国立云林科技大学"与"南台科技大学"，补助新台币 7 500 万元，"国立高雄应用科技大学""国立屏东科技大学"补助新台币 5 000 万元，然因技专校院表现皆非常杰出，"教育部"多增列两家产学研发中心，分别为正修科技大学与与龙华科技大学，各补助新台币 2 500 万元。

---

❶ 整理自"教育部技职司". 学制简介 [EB/OL]. http：//www. edu. tw/pages/detail. aspx？Node = 1308&Page = 4558&Index = 1&WID = 560d2ade - 378e - 4cb6 - 8cb4 - c2ce2b227759. 2011 - 1 - 10/2011 - 3 - 18.

过快的院校升格使台湾地区专科学校学生大幅减少、技术学院与科技大学学生大幅增加，台湾地区原本所拥有的人力分工体系遭到破坏。一方面，技职教育结构与经济及产业结构无法谋合，直接造成教育资源浪费、学生就业困难；另一方面，与产业界所需的实务导向无法配合，产业界却求才若渴，形成"毕业生找不到合适工作、企业界找不到合适人才"问题。

对高级职业学校来说，升格的影响也不容小视。1996 年开始办理综合高中，造成高级职业学校的学生数下降，由 1996 年的 520 153 人减少至 2011 年的 366 449 人，而高级中学的学生数则由 1996 年的 268 066 人增加至 2011 年的 401 958 人，由此可见，政策的导引对于学制发展的影响；此外，原本属于培育中阶技职专业人力的专科学校，在政策的松绑下，纷纷改制为技术学院或科技大学，间接地营造了高级职业学校学生升学的畅通管道，高级职业学校学生的升学率由 1996 年的 17.71%，至 2011 年已升至 81.91%，此一现象改变，使高级职业学校不再是终结教育，教育定位也产生转变。

杜正胜曾指出，升学导向让技职教育失去特色，就 2003 年来说，职校毕业生继续升学的比例明显高于就业比例，两者比例为 62.7% 与 22.5%，2004 学年度以后职校毕业生升学比例愈来愈高，到 2006 年，升学率更高达 83.6%，由此可见，职校毕业生已逐渐趋向升学导向，使得高级职业学校课程与高级中学课程区隔愈来愈小。

技职教育角色的转变与升学教育导向，不仅使职校课程无法彰显技职教育的特色，更促使技职教育与普通教育的区别日益模糊，造成科技大学与普通大学定位不清的窘境。

（二）独立的技职教育体系突出了职业教育特色，但也造成招生难题

台湾也采取了初中后分流的考试招生制度，形成了职业教育与普通教育两条并行的轨道，这种独立的技职教育体系能够确保职业教育特色的发挥，形成从高中到本科后的一贯化培养，符合技能型人才的成长规律。

但同时，与大陆相仿的是，台湾地区社会中家长对于子女教育的选择大多以普通高级中学及普通大学路径为优先考虑，当无法如愿时，再选择技职教育体系，公立学校系统又优先于私立学校系统；而由早期升学考试日程排定亦可发现，高级中学联考先于五专联招，最后才是高级职业学校与私校招生等，大学联考又先于技专校院联招；此外，学校对于学生生涯辅导，亦是将不适应学术取向学习的学生，辅导往职业教育发展。目前，高级中学的学生可用学科能力测验成绩申请就读技专校院，而职校生却无法以技专校院统一入学测验成绩进入普通大学。这些歧视性政策强化了人们对技能教育是"二流教育"的认识，对生源素质造成了极大影响。

社会对技职教育的不良观感反过来又刺激技能教育的转向，尽管经济成长，高等教育需求上升，但受到传统观念影响，家长依旧倾向让子女就读普通高级中学。而李远哲于 2002 年发表"台湾地区技术人才培育应转向高学历，技职体系教育必须全面检讨，让高级职业学校成为历史名词，改为综合高中"，此举更加深了职校招生的困难，以往普通高级中学与高级职业学校校数比例呈现均等状态。而由 2000 年起，两者差距逐渐拉大，至 2005 年普通高级中学校数已为高级职业学校的两倍多；而学生人数部分，截至 2000 年，就读高级职业学校人数仍呈现较高趋势，但此现象并未持续存在，从 2002 年开始，就读高级职业学校或职业类科者逐年减少，将造成技专校院招生困难加剧。

（三）双师制度推动了技职教育发展，但师资的实践能力仍显不足

一般技专校院师资大部分来自国内外大学与研究所毕业，毕业后直接投入教职者比率超过 60%，缺乏实践经验者居多，不易与产业需求联接，为加强产学人才流通与联接，推动技专校院与高级职业学校课程与产业接轨，除强调现职专任师资的产业实践经验外，"教育部"建立"双师制度"❶，以及邀请业界专家教师共同规划课程，并指导学生实务专题、校外竞赛、证照考试及展演等，以扩充业界师资，建设实践教学平台。

"双师制度"在中等技职教育部分，采申请审核方式，针对高级职业学校"实用技能学程及产业特殊需求类科"导入"双师制度"。而在高等技教育部分，"教育部"则订定《技专校院遴聘业界协同教学实施要点》，遴聘业界专家共同规划课程及协同授课，以推动技职校院课程及教学与产业接轨，让产业界的实践工作者能将现场工作经验与信息传递给学界师生，以培育具有实践操作力及就业力的优质专业人才。

即使如此，近年来，技职学校在急于升学及升格改制的转型中，对师资的培训明显受到轻视，张一蕃曾提出缺乏实务经验的教师，不仅难以胜任以实务为主的课程教学，更将误导技职教育的发展方向。❷ 目前职校教师的资讯落后较为明显，因未能及时了解业界发展的实际情况，导致其现有的知识及技能结

---

❶ "双师制度"：由学校专任师资与聘任业界专家协同教学，业界专家协同教学以不超过课程总时数三分之一为原则；专任教师仍需全学期主持课程教学，其课时费依照原课程时数按月核给。

❷ 张一蕃．专科及高等技职教育［J］．教改丛刊，1996（36）．

构与企业需求产生严重的脱节现象。在高等技职教育部份，自 1996 年以来，"教育部"积极推动技专校院改制升格政策，使专科学校转变为以技术学院或科技大学为主的技职体系。技职学校在升格改制中，为达"教育部"所要求的专任讲师级师资低于 1/3，绝大多数技专校院教师的聘任资格，多以具有博士学位者为优先考虑，极少或甚至是没有来自业界师资，因而具有从事产业工作经验的教师比例明显偏低，然而缺少具有从事技术经验教师的技职教育体系，易造成技职教育内涵与产业需求间的落差。

第四节　建设现代职业教育体系的世界经验

通过对美国、德国和我国台湾地区职业教育体系建设的描述，我们大致了解了部分境外国家和地区的职业教育体系的概况。本节将对这些概况进行分析，以总结出构建现代职教体系的世界经验。

但问题是这些国家和地区能否代表世界职业教育？我们认为，这三个国家和地区代表了目前职业教育的三种组织形态：美国采取了普职融合的综合学校体系，德国采用了以企业为主导的双元制体系，而我国台湾地区则采用了以学校为主导的职业教育体系。这三个国家和地区在具体实践上均具有一定的典型性，应该能够在一定程度上反映世界职业教育体系的基本情况。为了更好地说明问题，本节也将引入英国、澳大利亚等国的实践作为补充。

一、不同国家和地区现代职业教育体系的共同特征

（一）职业教育体系的公平性

教育公平是指全体社会成员可以自由、平等地选择和分享受教育机会、公共教育资源和相同教育质量。教育公平是社会公平价值在教育领域的延伸和体现。职业教育是现代教育的一个重要组成部分，职业教育公平是教育公平在职业教育领域的延伸和体现。所研究的各国及地区对职业教育体系公平性的重视及构建表明，职业教育职能的发挥有了进一步拓展，不再只是满足经济发展的单一诉求而开始更多地承担维持社会稳定、和谐、可持续发展的其他职能，比如关注弱势群体、关注具有就业障碍的各类人群等。

德国联邦政府对国民做出的承诺：谁都不会因为无钱而不能接受教育和培训。为了确保教育机会均等，最大可能地帮助那些在物质、社会和文化等方面处于不利境地的公民（特别是处境不利德籍外国人的职业教育问题），使他们

也有机会接受教育和培训，帮助他们实现对生活的向往，德国政府在 2001—2005 年拨款 1.05 亿马克，用于改善弱势群体的职业教育和培训问题；● 美国社区学院开设的补习教育（Remedial Education），并于 2003 年冬天，由 OVAE 召开的针对社区学院弱势群体学生的以补习教育为中心议题的会议，提出了为美国的未来做好准备：社区学院进入不让一个学生掉队的时代，同时，美国还开设了相关主题的网站；❷ 又如日本提出强化高职内部的分层教学，也就是说，针对目前学生的素质状况，学校内分基础组与提高组，以便更好地因材施教。基础组教学目的是面向"差生"的有效教学；提高组教学目的是面向优等生的重点培养与拔高；澳大利亚为了帮助土著人和残疾人获得更好的培训，制定了两项策略方针："知识文化学习的助手"和"搭桥铺路"。同时，为了保障"职业教育教学上的公平"，还非常强调在培训包开发与实施的公平原则。所开发的培训包在评估残疾人、非英语为母语人群、土著人以及乡村和边远地区的学习者时，做到评估程序的适当调整，但这必须是建立在公平有效的原则基础上。

（二）职业教育体系的终身性

终身教育是人所受不同类型教育的统一综合，包括教育体系的各个阶段的各种方式，既有学校教育又有社会教育，既有正规教育又有非正规教育，主张在每一个人需要的时刻以最好的方式提供必要的知识和技能。尽管终身教育思想是 20 世纪 60 年代中期提出来的，但是真正受到各国重视并在实践中逐步转化为现实却是在 20 世纪 90 年代以后。20 世纪 90 年代以后的经济、社会状况给终身教育提供了良好的发展基础。随着终身教育思想的深入人心，职业教育成了贯穿于个人职业发展全过程的一种教育：职业准备教育（就业培训、岗位培训、晋级/转业/再就业培训）。❸ 终身化也成为职业教育体系区别于普通教育体系的特征之一。职业教育体系的终身性要求职业教育从关注经济的发展转向为关注个人生涯发展的全过程，从关注围绕岗位的职业能力转向关注支持个人自我发展、可持续发展的宽泛能力。同时，职业教育体系的终身性还要求职业教育内容的多元化、形式的灵活化，从而满足个体不同发展阶段的各种需求。

无论是美国对生计教育的倡导、21 世纪从 STW 战略到 STC 战略的改变以

---

❶　www. oecd. org，www. eduserver. de／，www. deutchland. de／；

❷　www. ed. gov／；

❸　石伟平. 比较职业技术教育 [M]. 上海：华东师范大学出版社，2001.1.

及英国继续扩展高等教育和继续教育的规模并丰富此类教育对象的组成，这些都反映了"终身化"理念对职业教育体系的影响。此外，职业教育体系的终身化也意味着职业教育体系的大众化，成为一种面向"人人"的教育类型。美国早在 1988 年制定的《美国经济竞争力强化教育、训练法》中就进一步提出，把职业教育训练的对象扩大到社会各个阶层。

（三）职业教育体系的开放性

开放性是现代职业教育的重要特征。这主要表现在向普通教育（基础教育和普通高等教育）和成人、继续教育的开放。[1]在国际上，很多国家在职业教育体系的开放程度上做出了努力。

长期以来，德国中等职业教育与普通高等教育相互隔绝，缺乏渗透性，为促进教育机会均等、增强"双元制"吸引力，德国许多州规定，具有中等职业教育与普通高中毕业生具有报考大学的同等学历和资格，还规定实施"双元制"的职业学校的毕业生在某些情况下相当于具有普通高中第一阶段教育学历；美国的社区学院是美国实施高等职业教育的重要场所，它按人口密度分布设立，学生就近入学。目前，全美约有社区学院 1 170 所。[2]学生无年龄限制，从 15～70 岁，只要本人申请都可以进入社区学院某一专业或班级学习；中国台湾则凭借职业资格证书实现了高等职业教育体系向成人的开放；我国台湾的职业证书由行政院劳委会职业训练局统筹办理，分甲、乙、丙三个等级，获得者为不同等级的技术士。在实行职业证书制度的基础上，台湾构建了多元文凭价值体系。规定持有职业证书者，有若干年的工作经验之后，也能取得相应同等学历资格：丙级证书加 5 年工作经验即相当于高级职业学校毕业或普通高中毕业，可以参加普通大学或技术学院、科技大学及专科学校的入学考试；乙级证书加 4 年工作经验即相当于专科学校毕业，可以参加大学附设二技或技术学院、科技大学的入学考试；甲级证书加 3 年工作经验即相当于技术学院、科技大学毕业，可以参加研究所硕士研究生的入学考试。

为了实现和保障职业教育体系的公平性、终身性和开放性，必须在机制和操作层面上处理好职业教育体系与其他教育体系的相互关系，以及完善职业教育体系内部各层次间的连贯性。换句话说，也就是更加注重职业教育体系的衔

[1] 黄尧.职业教育学—原理与应用［M］.北京：高等教育出版社，2009：6.
[2] 匡瑛.比较高等职业教育：发展与变革［M］.上海：上海教育出版社，2006：46.

接性和融通性。最终的目标是，在职业教育系统内部，纵向通达且自成体系；在整个教育体系中，又与普通教育横向沟通，相互衔接，相得益彰。这是职业教育体系公平性、终身性、开放性的应有之义。通过国别比较研究可以发现，各国及地区都在致力于普职衔接、职业资格与文凭的融通，从而实现普职等值、普职共举，实现职业教育在地位上与其他教育体系的公平、实现接受职业教育人员个人发展机会的公平。

（四）职业教育体系的衔接性和融通性

职业教育体系的衔接性体现为，在横向上寻求职业教育与其他国民教育体系（普通教育和推广教育即成人、继续教育）的衔接，纵向上实现职业教育体系内部各层次间的衔接。一般来说，职业教育体系的这种衔接性既可以通过"职业资格与文凭的融通"还可以通过职业教育的不同组织模式来实现。澳大利亚的国家资格框架、中国台湾的职业资格体系以及美国的技术准备都反映了各国实现职业教育体系衔接性的努力和智慧。如，英国的职业资格证书体系构筑了中学教育、职业技术教育和高等教育的立交桥；美国的技术准备项目"2＋2＋2""4＋2＋2"等模式加强了中等教育与中等后教育的联系，大大增强了职业教育的吸引力，给学生提供了更多的发展空间；而在职业教育体系内部，许多国家则注重内部层次间的衔接。如，英国实施资格与学分框架（QCF），创立中高职教学单元衔接模式，促进了中高职教学相互衔接的紧凑性。

二、不同国家和地区现代职业教育体系的差异性比较

（一）不同国家和地区在文化类型上的差异造就了职业教育体系的不同特色

一个国家的总体文化水平和历史传统形成的民族文化特点及观点对这一国家的职业教育体系结构会有一定的影响。纵观世界各国的职业教育体系结构，尽管很多国家的政治制度相近、经济发展水平相当，但由于其文化传统各不相同，因而其职业教育体系结构也会不同甚至有很大差别。

一般而言，多元文化类型（美、澳）的职业教育体系是"人"本位的，注重"人"的发展，强调体系的灵活性、大众化，实施主体的多元化；崇尚自由主义国家的职业教育体系（英国）则是"市场"本位的，它比较重视市场的力量，职业教育为市场驱动、行业导向；而秉承"职业性"，主张"社会优先"的国家（德国）大多具有鲜明的工作文化，认为职业教育主要是企业的责任，推行"企业本位"的职业教育；而推崇"儒家文化"的国家（如我

国），职业教育体系是"学校本位"。职业教育体系相对封闭、办学主体、招生对象、培养方式相对单一并缺少与外部市场的沟通。

1. 美国：强调"实用主义"，推崇多元化、尊重个性。因此，职业教育体系呈开放性，这里的开放是指职业教育体系对象的广泛；社区学院开设的课程具有明显的多元化的特征，为不同个体个性发展做准备；职业能力培养上重视普适性、宽泛的能力，而专深性有所欠缺。

2. 英国：典型的绅士文化、调和折中主义和经验主义。在经济发展的政策上推行"自由主义"。因此，职业教育体系呈现对"市场"的开放性，相信市场的强大动力，尽量减少政府干预，经济优先。英国一直坚持认为，职业教育与培训主要是行业的责任；"经验主义"导致英国非常重视学生的"工作体验"，大力发展工作本位教育（如，现代学徒制）；"调和折中主义"则体现在，英国在职业教育问题上表现了相当大的决心，而一旦涉及学术教育时就显得犹犹豫豫。并且在职业教育体系的设计上，尤其是中等教育阶段，无论是综合中学、技术中学，还是现代中学都是普职课程兼施的职业中学，非常重视"就业"与"升学"的双向选择。所以，在职业能力上，英国比较强调宽泛、普适性的能力。

3. 澳大利亚：典型的多民族、多元文化的移民国家。在经济发展上，提倡技术立国，用技能武装澳大利亚人民，构建技能的澳大利亚。在对个体的重视和尊重上，与美国趋同。因此，职业教育体系，以学习者为中心，在职业教育内部，在国家资格框架体系下，形成了以学生为中心，政府、行业/企业与学校紧密合作，中学教育、职业教育和高等教育三大教育有效衔接而又相对独立的体系。在职业能力上，以就业为导向，关注技能的发展、升级，追求专深性。

4. 德国：德意志民族的严谨、忠诚和责任感使其教育富有实用化倾向。强调职业性、专业化。强大的忠诚和责任感使得德国推崇"社会优先"而非"经济优先"。在职业教育体系上的表现是，从其社会文化出发，坚持企业在职业教育发展中的主要责任，企业为本的职业教育体系。在职业能力上，追求专深型发展。

5. 中国台湾地区：典型的大陆古文化，崇尚儒家文化的价值观。因此，对职业技术教育的轻视，"学而优则仕，仕而优则学"，学习总是跟当官分不开的；招生对象、培养方式、课程形式等相对单一化且缺乏职业教育体系与市场的联系和竞争的意识；但职业教育体系完备，追求人才的专深性发展。

（二）不同国家和地区职业教育开展形式的比较

在组织职业教育上，不同国家和地区也呈现出不同的特点。可以分为四大类型。

（1）普职融合的单轨制教育体系。美国是此类型国家的代表，其职业教育通常是以课程、项目的方式散落至各个阶段的教育系统中来开展的。美国普职融合的单轨制教育体系与世界上大多国家普职分离的体系截然不同。其主要特点是：力图消除普职互不沟通的壁垒，让学生有更多尝试和选择的机会。学生就像是在一个大型的课程超市里，根据自己的需要，选择和搭配一套属于自己的个性化的课程；拥有普职融合且相对完整的高职体系。在美国，四年制的大学本科教育和研究生教育主要是技术应用性的教育，只有小部分是学术性教育，因此，它们可以与专科的高等职业教育相衔接，相应地获得本科、硕士和博士的专业学位。

（2）资格框架下的职业教育体系。此类型国家有英国和澳大利亚。英国是普职教育分轨制体系国家，在统一的国家资格框架下，现代学徒制、学校职业教育（继续教育学院）和企业培训相互交织，为人才培养提供了丰富而多样的途径；而澳大利亚在教育模式上基本沿袭了英国模式，经过几十年的改革，澳大利亚各类教育形成了不同办学主体和机构，它们在国家资格框架内的相互承认与衔接，使澳大利亚的教育成为一个以职业教育为核心的完整的终身教育体系。尽管两国都通过资格框架实现了职业教育、普通教育的良好沟通但在沟通的程度上还是有差异的。从教育形式：证书教育和文凭教育的角度看，英国统一国家资格框架下的职业教育体系更是一种"证书"教育，它在寻求此类证书与普通教育文凭的挂钩而不是等值。因为获得高级资格的学生只是有资格报考大学但并不代表可以上大学；而澳大利亚的职业教育体系本身就提供文凭教育，它通过在职业资格中设立所谓的职业教育研究生证书和职业教育研究生文凭，将职业教育从高中层次经本科层次延伸至了研究生课程。这是澳大利亚重视职业教育，此种类型教育内部层次的表现。

（3）完全双轨制职业教育体系。我国台湾则另辟蹊径，从20世纪70年代开始，经过二十几年的发展与完善，构建出了职业学校→专科学校→技术学院→科技大学的"一贯体系"，建立了完整的包含专科、本科、硕士与博士研究生各个层次的高等职业技术教育体系。由此可见，在我国台湾读职业教育，最高可以获得博士学位，这是完全的职业教育文凭教育并且自成体系，与高等教育平等并列。在职业教育系统内部，纵向通达且自成体系；在整个教育体系中，又与普通教育横向沟通，平等平行，两者并驾齐驱，相得益彰。

（4）学校职业教育与双元制培训并举的职业教育体系。这是一种平行又交叉的类工字型结构，以德国为代表。德国职业教育体系的类工字型结构是指职业教育呈现出的平行又交叉的形态，平行交叉有两方面的含义：①在学校职业教育层面上呈现平行交叉，这里指围绕普通教育与职业教育，学生的两次分流。在中等教育的第一阶段，学生可在普通学校、中职学校和文法学校进行学习，为进入中等教育的第二阶段奠定基础；完成中等教育第一阶段的学习后，所有学生均可接受职业教育，只有少部分学生进入文法学校学习，但在这一阶段，并不是接受职业教育的学生已不能再接受普通教育，他们仍然可以通过在专科高中等学校学习后进入普通教育，在此处体现了职业教育与普通教育的交叉；在完成教育阶段的学习后，所有个体又都可以接受职业继续教育；②在课程安排方面也体现出平行于交叉，学生通过对不同课程的学习和考试，不仅可以选择职业教育，也可以选择普通教育，增大了他们选择的权限，也体现了德国整个教育体系的灵活性。

（三）不同国家和地区在实现职业教育体系衔接性的方式比较

职业教育体系的衔接性体现为，在横向上寻求职业教育与其他国民教育体系（普通教育和推广教育即成人、继续教育）的衔接和渗透，纵向上实现职业教育体系内部各层次间的衔接。纵观所研究的四个国家和一个地区，围绕普职衔接、渗透的方式大致可分为三大类。

（1）通过资格框架体系实现普职的渗透，寻求普职的等值，代表国家英国和澳大利亚。澳大利亚国际资格框架：构筑中学教育、职业技术教育和高等教育的立交桥。澳大利亚资格框架，不仅涉及职业教育的证书、文凭而且还涉及普通教育的证书、文凭，它涵盖并跨越高中教育和高等教育两个教育阶段的两种教育类型，包括高中教育、职业教育和高等教育三个领域。它是一个将两种不同类型教育，即普通教育和职业教育进行有效衔接与沟通的体系。在高中教育、职业教育以及高等教育的不同教育层次之间，以及在职业教育与普通教育类型之间实现了教育和谐、教育平等的互通互认的机制。同时，也反映出澳大利亚"资格"的概念，涵盖了普通教育学历证书与职业资格证书的内容，这种理念和设计的确在世界上是独树一帜的。

（2）通过学分转换和认可，使得那些零散的职业教育课程和实践活动，最终形成一个个完成的职业教育项目，代表国家美国。美国普职融合的单轨制教育体系得以实现的必要条件，就是散落在单轨制教育体系中的职业教育课程最终必须依靠某种机制联系在一起，形成完成的项目，获得一定的职业教育认证或证书，这一机制就是美国强大的学分互认及转换系统。在美国的职业教育中，不仅同一层次、不同教育机构的课程学分可以互认，比如，综合高中和区域 CTE 学校、私立综合高中与公立综合高中等；学分互认和转换同样发生在不同层次的教育机构中，比如高中—大学双学分（dual credit）课程，学生在中学里修的相关课程，可以得到社区学院甚至 4 年制大学的认可，这样就避免了重复学习，也有利于学生从中等教育向中等后教育的过渡。再比如，在合作教育（corporative education）中，学生在企业的工作经验也可以转换为有效的学分。正是依赖强大的学分互订及转换系统，才使得那些零散的职业教育课程和实践活动，最终形成一个个完成的职业教育项目，使美国培养出受到认可的职业技术人才。

（3）以课程植入的方式实现高度渗透的普职教育体系，代表国家美国、澳大利亚（VET in school course）。美国的职业教育非但没有游离于普通教育系统之外，反而是以课程植入的方式，实现了两者间的紧密融合，共同为国民的系统教育而服务。目前，在全国范围内有 15 000 所公立中学开设职业技术培训课程。每年全国在职业技术教育上的投资为 130 亿美元，其中的 3/5 用于中学阶段。在美国的公立中学，学生们不仅要学习普通教育所规定的基本文化课，还要学习一些职业技术，以便帮助他们应对多元化社会所带来的工作和生活上的挑战。在中学阶段，普通教育课程和职业技术教育课程之比为 60∶40。普通的基础教育课为学生的长远的学术素养做准备，而职业技术训练课则让学生在学理论的同时锻炼动手能力，领导艺术和团队精神也在解决实际工作问题中潜移默化地得到培养。

二、世界经验对江苏建设现代职业教育体系的启示

综合以上境外经验的分析和讨论，我们应该继续加快建设具有江苏特色的现代职业教育体系，重点体现如下特征：现代性、服务性、公平性、开放性、衔接性、融通性、终身性。现代性指职业教育体现当代时代特征，满足江苏经济与社会需求。服务性指职业教育要服务于地方经济、服务于广大人民群众。公平性指合理统筹资源的区域分配、城乡分配、校际分配。开放性指所有公民在需要的时候都能接受最合适的职业教育。衔接性指各层次职业教育相互衔接，各形式职业教育相互认可。融通性指职业教育与普通教育在体制上允许较自由的流动，在课程上相互渗透。终身性指职业教育贯穿人的一生，涵盖职业

启蒙教育、职业准备教育和职业继续教育。

(一) 建立职业资格框架下的相对独立的职业教育体系

第二次世界大战以来，职业资格制度已经在各国职业教育发展中确定了重要地位，各国花大力气建设自己的职业资格制度，主要方式是直接提供并规范各种职业资格。而到了 20 世纪 90 年代以后，仅仅这种方式已经不足以满足学习型社会以及职业教育继续发展的需要。建设用于规范和比较各种资格（包括职业资格，也包括学术资格）的资格框架成为当今世界职业教育发展的重要趋势。如澳大利亚的 AQF、英国的 NQF、欧盟的 EQF。

目前我国急需建立起国家资格框架，它将是职业教育体系其他改革的基础。在国家资格框架下的职业教育体系将是相对独立的。它指的是，一方面，职业教育自成体系，有层次、有类别，系统内部相互衔接；另一方面，职业教育体系又与普通教育体系有机整合，通过资格框架实现等价和体系间的流动。

江苏省作为我国教育改革的先行者和探索者，可以尝试建立地区性的职业资格框架，为国家资格框架的制定提供经验。职业资格框架比单纯的职业资格制度的进步之处是：①职业资格框架不仅包含了职业资格，还包含了学术资格（即正规学历教育），并将二者并置，有利于普职等价，提高职业教育的地位，有利于学历社会向资格社会的转变；②政府从资格制定者和提供者，转变为资格标准的制定者和资格审核者，在尊重劳动力市场上的各种资格证书的基础上，又不失对各级各类证书的管理和规范。在职业资格框架中，具体资格由其他的主体（如行业、学校、社会培训机构、技能鉴定机构）提供，政府的主要任务转化为在职业资格框架中制定各级各类资格的标准，并按这些标准审核批准某资格在职业资格框架中的相应地位；③它是一种基于结果的资格定位和比较框架，认可并重视了非正规学习，有利于学习型社会的建设。

(二) 明晰各级各类职业教育（尤其是中高职）的培养目标

各级各类职业教育培养目标的定位，既是职业学校办学的重要指导，又是处理好各级各类职业教育相互衔接的基础性工作。结合"职业带"理论，并综合考虑当前的经济环境、人才结构需要以及他国经验，我们认为，应该明确我国当前各级职业教育的培养目标是：针对特殊人群的职业教育培养一般劳动者；中等职业教育主要培养技术工人系列的技能型人才；高等职业教育主要培养技术型人才，其中，高职专科主要培养技术员系列的技术型人才；技术本科主要培养技术师系列的技术型人才（参见表 16-1）。

表 16 - 1　职业教育培养目标定位

职业教育		培养目标
针对特殊人群的职业教育		一般劳动者
中等职业教育		技术工人系列的技能型人才
高等职业教育	高职专科	技术员系列的技术型人才
	技术本科	技术师系列的技术型人才

（三）建立和完善职业教育的"直通车"

职业教育的"直通车"指的是职业教育体系内部各层次职业教育相互衔接、贯通。这不仅是说职业教育的层次要完整，包括从初等到高等的各级教育，更强调的是各级职业教育之间的衔接是顺畅的。世界许多国家和地区的职业教育都出现了向上延伸且开放入学的趋势。如我国台湾上至博士的职业教育体系、德国的技术应用大学等。当前，建立和完善我国职业教育"直通车"的具体策略可以包括：①在政策上放开中职升高职以及专升本的比例限制，转而强调入学的知识和能力标准；②改革招生考试制度，面对职业学校的学生，强调技能性，强调工作经验以及职业资格证书的价值，允以加分；③探索和建立面向高职专科毕业生的两年制技术本科。

（四）在基础教育中加强职业启蒙教育

职业启蒙教育是基础教育不可缺少的组成部分。它不仅有利于个体的全面发展，还对个体在教育分流时的专业和职业选择起到直接的支持作用。当代发达国家已经越来越注重基础教育课程与现实社会的结合，在基础教育中注重学生职业意识、职业能力和职业态度的培养。比如，美国就建立了由生涯觉知、生涯探索、生涯准备、生涯同化四阶段构成的职业生涯教育体系。其中，从幼儿园到小学毕业的生涯觉知期强调让学生认识自己，认识工作世界；初中阶段的生涯探索期强调让学生进行自我探索，发现自己与工作有关的独特能力、需要和兴趣。目前的基础教育改革，对这一领域尚未有系统深入的研究和改革实践。但必须提出，要在基础教育中加强职业启蒙教育。具体方法可以包括改革劳技教育，开展职业生涯教育与指导，让职业教育成为相当一部分学生自愿、自主的选择。

（五）协调相关行政部门，为技师学院的发展提供进一步的支持

技师学院曾经存在着定位不清，毕业生出路不明等问题，最近人力资源和社会保障部出台的《关于大力推进技工院校改革发展的意见》中明确提

出："高级技工学校、技师学院直接招收高中毕业生，培养高级技工的学制教育期限为 3 年，培养预备技师的学制教育期限为 4 年。高级技工学校、技师学院招收对口专业中等职业学校（包括技工学校）达到中级技能水平学生，培养高级技工的学制教育期限为 2 年，培养预备技师的学制教育期限为 3 年。""对取得高级工以上职业资格证书的参照大专毕业生待遇确定；取得预备技师证书的毕业生工作满 2 年后，可申报参加技师资格综合评审，合格者按规定取得相应技师职业资格证书。"这些规定为技工院校之间的衔接和沟通以及毕业生的待遇问题提供了依据，江苏市需要制定具体的落实政策。但对技能学院的归属问题目前还没有明确的规定，技工院校的管理还存在着"多管并举"的局面，影响技工院校的发展，需要政府部门之间进一步进行协商。

（六）建立更加规范的民办职业教育管理机制

当前，民办职业教育已经成为江苏职业教育体系的重要组成部分，民办职业院校的崛起，弥补了政府财政资金对职业教育投入的不足，扩大了职业教育的有效供给，同时，也满足了社会对职业教育的多样化需求。在当代发达国家，民办职业教育都是其重点发展的对象，如德国的职业学院以及澳大利亚TAFE 培训模式都十分注重吸收民间力量参与办学，民办职业教育以其较高的市场敏锐度和较强的灵活性在世界各国职业教育发展中发挥着不可替代的作用。从各国管理民办职业的教育的经验来看，他们都是通过立法和财政政策对民办职业教育进行了有效的规范与约束，同时，也为民办职业教育的发展创造了良好的政策环境。当前，江苏民办职业教育的发展已经逐步走向"快车道"，但是针对民办职业规范的立法、财政政策却远远落后于现实的发展，许多政策不能适应民办职业发展的需要。例如，对民办职业院校教师的地位、学生资助以及民办职业院校的财政管理都存在不合理甚至缺失的现象，这需要引起我们的高度注意。江苏在建立现代职业教育体系过程中需要注意以下几个方面的问题：①建立严格的审批制度，规范民办职业教育办学市场；②建立合理的财政制度，对民办职业院校改善办学条件进行财政上的支持并对民办职业院校的财务情况进行监管；③加强政策引导，鼓励民间办学资本向目前政府没有能力顾及的职业教育领域流动，从而丰富职业教育办学形式，完善现代职业教育体系。

本章小结

本章选取了三个国家和地区作为比较对象，其中德国的巴伐利亚地区有较强的学徒制传统，演变成今天全球闻名的"双元制"，美国的加利福尼亚地区的学徒制传统基本消失，职业教育的发展以学校教育为主，而中国台湾地区与大陆同文同种，职业教育发展基本可以作为现成的教材。通过对这三个地区的职业教育体系的介绍，我们发现了一些共同的特点以及各自的个性所在。把江苏放在世界职业教育的坐标系中加以度量，可以看到差距与优势，为江苏构建独具特色的现代职业教育体系确定了参照物。

（本章执笔人：臧志军）

江苏现代职业教育体系建设的国际经验

作为现代国民教育体系的重要组成部分，职业教育是面向人人、面向全社会的教育，对繁荣经济、改善民生、保障公平和社会和谐等方面具有重要意义。党的十八大明确提出"加快发展现代职业教育，完善终身教育体系"的基本构想。事实上，江苏在十年前就根据区域社会生态实际提出了教育现代化的总体目标，并在积极探索的基础上于 2013 年颁布了"江苏教育现代化指标体系"，为构建富有江苏特色的现代职业教育体系提供了行动指南，积累了丰富的国际经验。

第一节　确立构建现代职业教育体系的基本框架和运行机制

改革开放以来，职业教育在江苏经济社会和教育系统中的地位和作用日益受到重视，职业教育的吸引力和影响力不断增强，现代职业教育体系不断完善。这些来之不易的成绩，都与江苏在积极构建现代职业教育体系的过程中确立的基本框架和运行机制密不可分。

一、确立构建江苏现代职业教育体系的基本框架

构建江苏现代职业教育体系，首先就要确立该体系的基本框架。事实上，这种基本框架既是一定的基本理念和基本目标的表现形式，同时又内在反映着一定的基本理念和基本目标。

（一）基本理念

理念是行动的先导。职业教育体系的基本理念是对职业教育体系的理性认识和理想追求，本质上是对职业教育体系定位的认识，即厘清职业教育与普通教育和高等教育等教育体系的关系的问题。积极构建区域现代职业教育体系的过程也是一个现代职教体系理念不断形成和发展的过程。在这一过程中，江苏从基本国情和省情出发，逐步形成了富有特色的现代职教体系的科学认识和论断。

（1）面向人人。在构建现代职教体系的过程中，江苏将职业教育的服务面扩展到所有在职业技能的获得和提升方面所有需求者，不仅是面向学龄青少年，而且还应面向其他所有人，特别是被传统的正规教育体系排除在外的特殊人群，包括需要继续接受学习，或即将转岗的在职职工、向城市转移的农村劳动力、城市下岗职工、残疾人和社会弱势群体等，以彰显职业教育的平民性和公平性。

（2）服务终身。一次性的学校教育已不能适应知识更新和社会变化的需要，终身教育和终身学习已成为人们生存和发展的内在需求，成为每个社会成员的基本生存方式。江苏现代职业教育体系有关终身教育理念的彰显主要体现在两个方面：一是在时间上贯穿人一生的整个教育过程，以满足各个年龄段人们的职业教育需求；二是在空间上整合正规教育与非正规教育，是学校教育、家庭教育和社会教育的整合，使每个教育需求者有机会接受职业教育和培训。

（3）职教富民。江苏将现代职业教育体系的构建与"富民强省"战略和"两个率先"（率先全面建成小康社会，率先基本实现现代化）战略的贯彻紧密结合起来，把职业教育和富民惠民紧密结合起来，充分弘扬"加快发展，富民优先"和"创新、创业、创优"的江苏精神，使每个接受职业教育者都能学到一技之长，使职业教育成为增收致富和助推社会经济发展的重要手段，增强群众接受职业教育的内驱力和职业教育本身的吸引力和影响力，实现职教与富民之间的良性互动。

（二）基本目标

《国家中长期教育改革和发展规划纲要（2010～2020年）》（以下简称国家《纲要》）明确提出："到2020年，形成适应经济发展方式转变和产业结构调整要求、体现终身教育理念、中等和高等职业教育协调发展的现代职业教育体系。"根据这一目标，结合区域社会生态实际和"两个率先"精神，江苏制定颁布了《江苏省中长期教育改革和发展规划纲要（2010～2020年）》（以下简称省《纲要》），就以下三个方面进一步明确提出了有关构建现代职业教育体系的基本目标和具体要求。

（1）适应经济发展方式转变和产业结构调整要求。在构建现代职业教育体系过程中，江苏始终坚持科学规划、统筹推进，把服务经济社会发展、服务学生全面发展作为根本任务，确立了"以服务为宗旨、以就业为导向"的指导思想，着力实施"五个对接"，即专业与产业对接、课程内容与职业标准对接、教学过程与生产过程对接、学历证书与职业资格证书对接、职业教育与终身学习对接，使职业教育更直接地针对社会分工需求，服务产业发展需要，主动对接产业转型升级，适应高新技术产业、现代服务业、先进制造业、现代农业的发展需求，加快专业结构的调整升级，努力实现职业教育的规模、结构、质量、效益与现代产业体系的协调发展，促进经济发展和社会进步。

（2）体现终身教育理念。省《纲要》将终身教育理念充分体现到构建现代职业教育体系的目标上，着力构建"人人皆学、处处能学、时时可学"平台。一方面，在时间层面上将职业教育贯穿人一生的整个教育过程。为此，省《纲要》明确指出，要积极拓展职业教育服务功能，面向"两后"（初、高中毕业后）毕业生、退役士兵、返乡农民、在岗人员开展职业技能培训，以满足不同年龄段人们的职业教育需求；完善职业院校学分制和弹性学制，拓宽职业教育渠道，强化职业教育文化课程、专业课程和教学资源库建设，构建职业教育网络学习平台，使职业教育需求者能根据自身实际灵活地接受职业教育。另一方面，在空间上整合正规教育与非正规教育。为此，省《纲要》明确指出要"促进职业教育终身化，推行学历职业教育与职业培训并举，全日制与非全日制并重"的基本目标，使每个教育需求者有机会接受职业教育和职业培训。

（3）中等和高等职业教育协调发展。根据国家《纲要》的基本精神，省《纲要》进一步明确要"健全中、高等职业教育协调发展的现代职业教育体系"的基本目标，包括建立职业学校毕业生直接升学制度，拓宽毕业生继续学习通道；探索特殊领域和专业五年制高职发展，支持高级技工教育发展，2011年起试行中职学校毕业生注册进入高职院校和高级技校、技师学院学习的制度；完善五年制高职"专升本"制度，扩大"专升本"招生规模；实训基地、课程和师资向普通中学开放，建立普通高中与中职学校互通的高中阶段学籍管理平台；根据国家职业资格技能标准和岗位规范建立专业建设标准和课程标准，形成理论实训一体化教学课程体系，实现中高职课程、培养模式和学制衔接贯通，构建技术技能人才成长的立交桥。

二、确立构建江苏现代职业教育体系的运行机制

江苏现代职业教育体系是一项复杂的系统工程，要保证该体系的目标和任务的真正落实，就必须建立一套协调、灵活、高效的运行机制。经过多年的努力探索，江苏构建并逐步完善了"政府主导、社会参与、职校探索、科研引领"的运行机制，为现代职教体系目标的有效达成提供了坚强的机制保障。

（一）政府主导

为适应经济发展和现代产业体系建设的要求和统筹城乡发展、区域发展、经济社会发展的需要，政府在江苏现代职业教育体系构建上给予了宏观政策保障，初步形成政策合力，彰显政府的主导作用。2002 年，省政府《关于加快推进职业教育改革与发展的意见》提出，在今后的一个时期要"逐步建立起适应社会主义市场经济体制，符合终身学习的时代要求，与市场需求、劳动就业紧密结合，结构合理、灵活开放、特色鲜明、自主发展的现代职业教育体系"；2006 年，省政府《关于大力发展职业教育的决定》又提出要"建立和完善适应社会主义市场经济体制，满足人民群众终身学习需要，与市场需求和劳动就业紧密结合，校企合作、工学结合，结构合理、形式多样，灵活开放、自主发展的现代职业教育体系"。2010 年，省《纲要》则明确指出要"适应经济发展方式和产业结构调整要求，健全中、高等职业教育协调发展的现代职业教育体系"，政府要"切实履行发展职业教育的责任，增强政府在发展职业教育中的统筹规划、综合协调、宏观管理作用"。此外，省政府专门成立了职业教育工作领导小组，协调全省职业教育工作，各市、县级政府也成立了相应机构，研究解决职业教育发展中重大问题。同时，政府在硬件支持、资源整合、试点改革等方面为构建现代职教体系出台了一系列的相关政策。这些做法和措施为江苏现代职业教育体系的构建提供了有力的制度保障。

（二）社会参与

社会参与职业教育是发展职业教育的一种必然趋势，目的在于通过社会与职业教育共同构建"经科教"联动机制和"产学研"合作机制来促进社会与职业教育的良性互动，实现现代职业教育体系的开放性、适应性和服务性。因此，省《纲要》明确指出要"依靠社会力量发展职业教育"，支持行业开展人

才需求预测，制定行业职业教育规划和人才培养规格；支持行业组织、企业举办职业院校，或依托职业院校进行职工培训；制定校企合作办学促进条例，健全校企一体办学规范，明确校企双方权利、义务，形成职业教育校企一体化办学模式；支持行业、企业与职业院校共建教学、生产、经营合一的开放式、示范性实训基地，支持企业接受职业院校师生实践实习、订单式委托职业院校培养人才，等等。

（三）职校探索

为了保证职业教育的持续健康发展，现代职业教育体系的构建在积极发挥政府主导作用的同时，还注重充分激发职业学校的能动作用。省《纲要》明确指出要"建立职业教育创新发展实验区"，鼓励有条件的市、县（市、区）先行试点，着重围绕职业教育管理体制、"双师型"教师队伍建设和校企合作等进行改革创新，积极探索系统培养技术技能人才的新模式、新机制，力求率先突破，为推动现代职业教育体系的建设积累宝贵经验，切实增强职业教育的吸引力和发展力。2012 年，江苏颁布了《现代职业教育体系建设试点工作实施方案》，为职校探索现代职教体系的运行机制提供指导。同年，江苏开展 71 个项目的试点，实际招生 4 885 人。2013 年，江苏在 29 所本科院校、43 所高等职业技术学院、83 所中等职业学校开展 215 个项目的试点，招生规模达 1.2 万人。❶

（四）科研引领

江苏十分重视职教科研对构建现代职教体系的引领性和指导性，先后建立了江苏省高校哲学社会科学重点研究基地（培育）——江苏省职业技术教育科学研究中心和江苏省决策咨询研究基地——江苏职业教育与终身教育研究基地，以加强职业教育的理论研究，促进职业教育的持续健康发展。研究基地始终坚持以"服务决策、创新理论、指导实践"为宗旨，以"研究职教、服务职教、引领职教"为己任，牢牢把握"高水平、重应用、有特色"的发展目标，紧扣江苏职业教育与终身教育发展的实际，充分整合相关资源，准确把握研究方向和研究重点，扎实开展基础理论研究和决策咨询研究工作。目前，研究基地的队伍阵容和成果影响力均位居全国同行前列，为江苏构建现代职业教育体系提供了强大的智力支持。

---

❶ 尹伟民．江苏现代职业教育体系建设的实践与探索［J］．中国职业技术教育，2013（36）：5-9.

第二节 适应社会经济发展对江苏现代职业教育的基本要求

与普通教育相比，职业教育更直接地针对社会分工需求，服务经济发展需要。职业教育的就业结构是反映这种需要满足程度的重要指标之一，而合理的就业结构必然要求职业教育体系与产业体系相适应，专业结构与产业结构相对接。"十一五"以来，江苏职业教育确立了"以服务为宗旨，以就业为导向，面向社会、面向市场办学"的指导思想，职业教育体系与社会经济发展之间的适应性不断增强。

一、优化职业教育的布局结构，提升江苏职业教育的贡献度❶

作为与经济社会结合最为紧密的教育类型，职业教育必须密切关注区域经济发展方式转变和产业布局结构调整，建立与本地区现代产业体系相适应的职校和专业的布局结构，提升职业教育对经济社会发展的贡献度。

（一）对接社会人才需求，稳定职业教育规模。坚持教育与经济社会发展紧密结合，加强高中阶段教育和高等教育发展的统筹，推进职业教育科学发展，是构建江苏现代职业教育体系的基本原则之一。根据国家《纲要》的基本精神，省《纲要》进一步明确指出要引导职业院校面向经济社会发展调整优化专业结构，设置职业技能人才紧缺专业或方向；重视发展面向农村的职业教育，围绕现代农业发展和新农村建设需要，加强涉农专业建设，扩大农村职业教育培训覆盖面。同时，江苏成立了以教育部门为主、人社部门参加的高中阶段教改及招生工作领导小组，按照"职普招生比例大体相当"的要求统筹普通高中和中等职业教育的招生、中职和中技的招生。各地教育部门切实负起统筹管理高中阶段各类学校招生的职责，优化初中毕业生升学渠道，科学引导初中毕业生选择适合的教育。积极拓展招生区域和招生对象，引导往届初高中毕业生、农村青年、农民工、退役士兵、下岗失业人员和其他群体接受中等职业教育，全面接受外来务工人员子女接受中等职业教育。2013 年，全省中等职业教育实现招生 33.8 万人，略高于普通高中的 33.3 万人，连续 5 年保持与普通高中大体相当。

---

❶ 尹伟民. 江苏现代职业教育体系建设的实践与探索［J］. 中国职业技术教育，2013（36）：5－9.

（二）对接经济布局调整，加快骨干示范性职业学校建设。随着工业化和城市化的不断推进，工业向园区集中、人口向城市集中、住宅向社区集中的趋势愈发凸显，进而带动了产业结构的调整。为了适应这一发展趋势，江苏在构建现代职业教育体系的过程中明确提出"以省辖市为单位整体规划职业教育发展，推进布局调整"的整体思路，理顺管理体制，优化资源配置，形成集约发展合力，原则上每30万人口设置一所中等职业学校，引导职业教育走规模化、集约化、优质化的发展道路，加快骨干示范性职业学校建设步伐，并按照有关标准要求，采取合并、撤销等方式调整、撤并不合格学校。同时，江苏研究制定省级高水平示范性职业学校建设标准，积极推动各地优先建设一所起示范作用的标志性职业学校。2000—2012年，全省职业学校数由880所调减到411所，校均规模由900人提高到3 000人。全省建成131所省高水平示范职业学校，校均规模达4 000多人，占地面积200多亩，教学仪器2 000多万元，其中58所被立项建设国家中等职业教育改革发展示范学校。教育系统内公办职业学校全部达到国家级重点（三星）标准，国家重点以上职业学校承担了全省职业教育80%的培养任务。

（三）对接产业优化升级，加强职业教育专业建设。目前，江苏正着力建设以现代服务业为主体、以战略性新兴产业和先进制造业为支撑、以现代农业为基础的现代产业体系。为了适应这一体系要求，省教育厅组编出版了《江苏省中等职业教育专业结构与产业结构吻合情况预警报告》，推动各地各校根据地方经济发展需求和产业升级状况，进一步调整专业设置，增设紧缺专业，优化专业结构。江苏还印发了《五年制高等职业教育专业设置办法（试行）》和《中等职业学校专业设置管理实施办法（试行）》，加强专业规范化建设，积极引导和推动各地各校根据地方经济发展需求和产业升级状况，进一步调整专业设置，积极支持职业学校面向市场自主开发专业，特别是贴近战略性新兴产业、区域特色产业，加快调整和优化职业学校的专业结构，建设一批品牌专业、特色专业，推动所有中等职业教育、五年制高等职业教育专业达到合格水平。

二、推进职业教育的集约发展，增强江苏职业教育的适应性

积极推进职业教育的集约发展，是适应我国经济发展方式由粗放式增长向集约型发展转变的重大举措。20世纪末，为了适应经济发展方式的转变，江苏在构建现代职业教育体系过程中就开始积极推进职业教育的集约发展，整合

职业教育资源，实行优势互补、资源共享、集聚发展，推进"经科教"联动和"产学研"合作，为构建现代职业教育体系提供了诸多的有益探索和经验积累。

（一）推进职业教育集约式办学，整合职业教育资源❶

为适应全球制造业向长三角大规模转移和江苏外向型经济发展对高素质技能型人才的需要，江苏职业教育主动对接产业集聚发展、企业集群发展，着力推进优质资源的扩张与整合，形成组织弹性，较早地探索职业教育集约式办学的实践形式。

（1）集成式。主要表现为大学校型，多校并一，一校多能。主要是将各种教育资源特别是中等教育资源进行撤并。如整合后各类县市级的职教中心既承担职业教育的任务，也是职业培训的重要载体；南京六合中等专业学校与博西华电器（江苏）有限公司进行集成式校企合作，双方将共同制定人才培养方案，进行定向招生，实施订单式培养。❷

（2）集群式。主要表现为在中心城市兴建职教园区，实行一区多校、优势互补、资源共享、学分互认、教师互聘、共同培养。以常州职教园区和苏州国际教育园区为代表，几所或十几所职业院校集群式发展，教育资源进一步共享和互补。通过集约发展，2002年常州高职教育园有5所职业技术学院和1所本科院校入驻，在校生达7.6万名。目前已有多家高校和科研院所在该园设立了研发和技术转移机构和各类企业和服务机构，并着手建设企业创新研究港、国家大学科技园和科技企业孵化平台，职业教育的资源和功能得以不断整合和优化。目前，以常州高职园区建设为发端，全省有8个省辖市建成职业教育园区，实行资源共享和开放办学，集成职业教育资源，形成职业教育发展高地。

（3）集团式。主要表现为以骨干职业院校为龙头，以紧密联合的行业和企业为依托，组成的专业性、功能性的职业教育集团。自2003年起，江苏省先后组建了商贸、建筑、农林、现代服务业、旅游、信息、纺织服装、化工、机电、汽车、艺术设计等24个省级职教集团，融合了400多所职业院校、80多个行业协会和1 000多家企业等各类主体，实行产学研一体化办学，以教育

❶ 忻叶. 对江苏省职业教育集约发展的观察与思考［J］. 江苏教育（职业教育版），2009（2）：5-10.

❷ 六合中专校. 六合中专与博西华电器（江苏）有限公司签订集成式校企合作协议. 南京职业教育与社会教育网. http：//www. njzj. net/web/article/view. aspx? id = 21016&AspxAutoDetect CookieSup-port = 1.

集团支撑产业集聚发展，在一定程度上解决了职业教育"小而散、小而全"、专业重复设置、教学设施重复建设、投入不足与资源浪费并存等问题，实现了职业教育布局结构调整和资源优化整合。❶

（4）集合式。主要表现为江苏省联合职业技术学院"小学院，大学校"的办学模式，统一管理，分散办学，有分有合，双层运行。该模式采取各院校统一专业培养目标、统一教学管理、统一教育质量监控、统一招生及学籍管理等，在专业设置、教学计划、教师及设备等教学资源的共享、毕业生就业推荐等方面实行统筹，共同培养实用人才，进一步贴紧市场需求，形成职业教育的群发优势和品牌效应。截至 2013 年 6 月，该学院下设南京工程分院、南京卫生分院等 40 所分院和江苏省戏剧学校、江苏广播电视大学等 40 个办学点。❷

需要指出的是，目前，无论是发展规模和运行质量，还是多元主体联合的形式和资源共享的内容，集团式都是江苏职业教育集约发展和整合职业教育资源的主体和典型。

（二）创新校企合作模式，拓展校企合作的深度和广度

校企合作是学校和企业双方共同参与人才培养过程，以市场和社会需求为导向的运行机制。校企合作、产学研结合是职业教育生死攸关的生命线，是职业教育生生不息的主动脉。在构建现代职业教育体系的过程中，江苏不断完善政府主导、行业指导、企业参与、学校主动的校企合作运行机制，各级政府进一步加大支持力度，积极引导行业企业在市场、资金、教育、研发和产业等方面深度参与职业教育全过程，探索出许多行之有效的合作模式，校企合作被不断赋予新的内涵，校企合作的领域不断拓宽和深化，实现了人才使用与人才培养的无缝对接。

（1）"订单培养"模式。又称"人才定做"模式，是指职业院校针对用人单位需求，与用人单位共同制定人才培养方案，与学生签订就业协议，引进企业的资金、设备、师资、标准和需求，学生在学校、用人单位不同的教学地点学习，在订单企业进行工学结合和顶岗实习，学生毕业后直接到用人单位就业的一种校企合作养模式。譬如，无锡商业职业技术学院于 2006 年与深圳爱迪尔珠宝股份有限公司签订了合作办学协议，逐步实现"共同确定培养目标、

❶ 江苏又增两个省级职教集团. 江苏教育报. 2014 – 04 – 04. A1. http：//epaper. jsenews. cn/shtml/jsjyb/20140404/14318. shtml.

❷ 江苏联合职业技术学院简介. http：//www. juti. cn/Article/ShowArticle. asp？ ArticleID = 27.

共同制定人才培养方案、共同开发课程与教材、共同实施教学、共同教育管理、共同建设校内生产性实训基地、共同设立奖学金、共同关注学生就业"，"爱迪尔珠宝"订单班应运而生。目前，江苏全省建立 1 200 个由行业企业专家和学校专业教师组成的专业建设指导委员会，依据企业需求设置专业，按照企业"订单"组织招生培养，吸引企业参与职业教育全过程，每年"订单培养"规模占招生总量的 20% 左右。❶

（2）"引企入校"模式。亦即职业院校将企业先进的硬件设施和优秀的课程理念引入到学校、引入到学生的课堂中，通过校企双方共建实训基地、共同开发课程、共同培养师资、共同管理项目等方式，逐步形成与企业相互依存、相互促进、优势互补的校企关系，产生了双方互利共赢的效果。目前，江苏建成了近百个技术先进、管理规范、满足实习实训教学要求的校内工厂，企业车间成为学校的生产型实习基地。该模式有利于增强了学生的职业意识，提升了学生的职业素质，也有利于提高学生的职业能力和职业院校的适应习惯。例如，扬州职业大学信息工程学院"信息管理"和"动画设计"两专业分别引入知名企业参与，试行校企合作对学生进行培养，共培养学生 550 人，其中在校生 138 人。这既提高了学生的教学和就业质量，让学生在竞争相对激励的软件和动画行业能有自己的一席之地，也弥补了地方软件和动画人才需求的不足，为本地"声谷"和"智谷"提供了大量急需的专业人才，取得了良好的社会和经济效益。❷

（3）"办校进厂"模式。亦即职业院校将自身先进的课程理念和优质资源送到生产服务的第一线，通过为企业开展多样式多层次的技能培训的同时，也为学生提供临床的实践实训，逐步形成双方互利共赢的效果。例如，江苏省盱眙中等专业学校针对校企合作园内公司员工多、技术落后的特点，把学校办到企业，将课堂搬进车间。这不仅为学生到企业实践提供了保障，还为企业员工培训提供了场所，同时学校利用优质的教学资源积极为企业员工开展上岗前的技能培训、职业资格证书技能鉴定培训和继续教育培训。开展多样式多层次的培训，全面提高企业职工的职业技能和职业素养，为企业的发展作出了应有的贡献。该校在开发区管委会统一协调下，还把相关专业办到 6 家大型的园区企业。❸

---

❶ 尹伟民. 江苏现代职业教育体系建设的实践与探索 [J]. 中国职业技术教育. 2013（36）：5-9.
❷ 丁智，王睿. 高职院校校企合作模式初探 [J]. 扬州教育学院学报，2013（4）：45-47.
❸ 陈立富. 校企合作：职业学校科学发展的助推器 [J]. 江苏教育研究，2013（24）：16-20.

（4）"企业办校"模式。是以企业为龙头，由企业根据生产和市场状况，利用自身先进的硬件设施和技术优势设立的职业院校。其主要优势表现为：一是企业办学拥有更大的办学自主权，有利于形成充满活力的办学体制、运行机制、理念优势和管理特色。二是依托举办企业，学校便于获取前沿的行业信息和市场动态，对企业用人要求有更直接深入的了解，有利于明确办学定位和人才培养标准。三是大型企业拥有的产业集团为推行"工学结合"的人才培养模式，实施校企合作育人、合作发展提供了条件。四是有利于充分发挥校企双方的资源优势，在资金、设备、人力、信息、场地等方面实现资源利用最大化。五是有利于顺应高等职业教育的发展趋势，在建立职业教育集团化办学，建立现代大学制度方面具有先天的优越条件。❶ 如苏宁大学等。

（5）"校办企业"模式。亦即职业院校根据市场状况和自身优势，通过举办企业的方式来进行的校企合作模式。目前，江苏已建成50多个技术先进、管理规范、满足实习实训教学要求的校内工厂。如江苏省盱眙中等专业学校积极鼓励专业教师利用技术优势，在校内开办企业，实行股份制经营，市场化运作，企业隶属于学校，并作为产教结合的重要基地，实行校办企业的事情教学支持，教学的事情校办企业解决，做到优势互补，相得益彰。学校信息系主任臧殿和牵头，带领计算机4名专业教师共同集资30多万元，在校内创办了师苑传媒有限公司，既为社会承担设计制作等广告业务，还为学生阶段性实习提供训练场所与技术指导。目前，此类校办企业还有盱眙嘉禾旅行社等5家。❷

三、提升职业教育的开放水平，推动江苏职业教育的国际化

构建开放性的现代职业教育体系是适应社会经济发展、促进职业教育自身改革和发展的需要，是满足人民群众接受终身教育的需要，也是江苏职教率先发展、跨越发展，保持全国领先地位的必然选择。在构建现代职业教育体系的过程中，江苏始终把开放性作为体系构建的基本原则，强化体系的对外交流与合作，吐故纳新，推陈去旧，不断加快江苏职业教育的国际化进程，主动适应经济社会发展的新形势和新要求。

（一）鼓励职业院校的对外交流与合作

推动职业教育办学体制的改革与创新，是增强职业教育的发展活力和提高

❶ 马尔立. 大型企业办学的体制改革与机制创新研究 [J]. 中国职业技术教育, 2012 (27)：58-66.
❷ 陈立富. 校企合作：职业学校科学发展的助推器 [J]. 江苏教育研究, 2013 (24)：16-20.

职业教育的办学效益的重要举措。作为沿海开放省份之一，江苏坚持把"开放性思维、国际化视野"贯穿于构建现代职业教育体系的始终，把职业教育办学体制的改革与创新作为一项重要内容。2003 年，江苏在全国率先提出并实施教育国际化战略，特别是 2005 年江苏省教育厅出台《关于加快发展中外合作办学的意见》之后，职业教育办学主体不断多元化，职业教育的国际化水平不断提升。

一是鼓励和支持职业院校与国外职业院校交流合作。主要形式有：①独立学校，如香港大学辖下的专业进修学院联合苏州科技学院与高博教育管理（苏州）有限公司举办的苏州港大思培科技职业学院；②设置独立机构，如2000 年南通纺织职业技术学院与澳大利亚堪培门技术学院合作举办的"堪培门学院"；③中外合作办学，合作双方共同对同一教学对象实施教学活动，目前最多的是跨国分阶段教学，即学生在国内学习一段时间，再到国外学习一段时间，最终获得两个学历文凭。❶ 目前，江苏省共有经教育部审批、备案的中外合作办学机构和项目 384 个，高等学历教育中外合作机构和项目 334 个，国际合作办学已经成为全省教育事业发展的一支重要力量。❷ 此外，江苏还明确要求国家级重点职业院校在 2015 年前都必须有境外合作项目。可以说，江苏职业教育国际化水平的不断提升是灵活多样的交流合作形式的结果，也正是这样灵活多样的交流合作方式促使江苏职教对外交流合作开展得卓有成效。

二是鼓励和支持职业院校与国内职业院校交流合作。为充分发挥优质职业教育资源的示范辐射作用和东部经济发达省份的就业优势，江苏在注重职业教育对国外交流合作的同时，也积极开展与国内职业院校的交流与合作。自2000 年起，江苏省在全国率先开展了与中西部省份中等职业教育合作，如金陵职业教育中心和拉萨墨竹工卡县职业教育中心的合作办学。至 2012 年底，与 10 多个中西部省份合作培养了 7 万余名中职毕业生，涉及机械、数控、电子、服装、汽修、计算机、物流、旅游、焊接等专业，推荐就业率达 95% 以上，❸ 极大促进了东部职教资源与中西部职教需求的有效对接。

（二）推动职教资源的对外开放与共享

在长期的职业教育实践中，江苏各职业院校逐步形成了各具特色的职业教

---

❶ 刘正良. 高职教育国际化的结构适应性与对策思考——江苏案例的经验分析［J］. 教育科学，2008（10）：72 - 75.

❷ 任李. 推进国际合作交流，提高人才培养水平［J］. 鸡西大学学报，2013（2）：13 - 14.

❸ 彭召波. 江苏省开展东西部职业教育合作办学的实践与思考［J］. 职业技术教育，2013（29）：59 - 63.

育资源。积极实施优质职教资源的开放和共享，有利于职业院校优势互补，共同发展；有利于降低教育成本，提高学校的办学效益；有利于满足学习者的个性化需求，提高人才培养质量。从资源管理的角度来讲，构建现代职业教育体系本质上也就是在适应社会经济发展过程中职教资源的优化配置。对此，江苏逐步摸索出了一套可资借鉴的有益做法和经验。事实上，上文有关职教园区、职教集团和校企合作等做法也可视为是一种职教资源的相互开放和共享的形式。

一是创新资源共享机制。在江苏各级政府相应成立了职业教育工作领导小组，协调区域职业教育工作的基础上，2007年，省政府办公厅转发省教育厅和省劳动保障厅《关于进一步加强职业教育统筹管理意见的通知》，明确省教育厅负责全省职业教育的统筹规划、综合协调、宏观管理，具体负责职业学校学历教育；省劳动保障厅具体负责以职业技能为主的职业资格培训和管理。各市县也出台了类似的相关规定，逐步形成分工负责、优势互补、资源共享、通力合作的职业教育工作格局，为推动职教资源的对外开放与共享奠定了坚实的制度保障。此外，一些职教园区、职教集团和校企合作也成立了相关资源共享机制。如常州大学城的6所高校通过签署《常州大学城高等职业教育实验区教学资源共享实施计划》，专门成立常州大学城教学资源共享委员会，负责组织、协调、推动常州大学城的教学资源共享工作，有效地推动了大学城内职教资源的开放和共享。

二是加大资源共享力度。总体看来，江苏职教资源共享的不断拓宽和日益深化的基本特点主要有：①由硬件到软件。职教资源由最初的实践教学资源、图书馆、职业技能鉴定中心等硬件共享向学分互认、职教师资、课程资源和校际信息等软件资源的共享发展。②由局部到全面。职教资源由最初的单个职业院校、行业企业或职教集团内部的局部共享向通过大力推进江苏职业教育政务网、资源网、科研网"三网合一"，努力实现职业教育信息的数据互通、资源共享和一站式信息访问模式向外部的全面共享发展，并着力建设集人才培养、师资培训、校企合作、技能培训鉴定、农村劳动力转移、师生科技创新、学生创业实践、社区教育与服务及中学生科技教育等9大基地于一体的综合性基地，促进职教资源共享的深度和广度。③由共享到共建。职教资源由最初的单个职业院校、行业企业或职教集团内部现成资源的共享向发挥业内人力、物力和财力等方面的各自优势共同开发和建设优势资源，实现共享与共建的和谐统一。如江苏明确提出，要共建共享一批优质数字化教学资源，包括网络课程、

虚拟仿真实训平台、工作过程模拟软件、通用主题素材库、名师名课音像及专业群落网站等,并形成江苏职业教育的品牌特色。❶

(三) 加快职教师资队伍的国际化进程

"双师型"是职教师资区别于普教师资的重要标准之一。职业教育要培养更多服务生产一线、能够满足企业需要、切实承担起岗位职责的技术型、应用型人才,教师是关键。因此,江苏大力实施"人才强校"战略,采取"走出去,请进来"的方式,培养具有国际视野的职教领军人物和高素质人才,促进教师的专业成长。

一方面,在国际化的平台上培养培训高职院校的院(校)长和骨干教师,培养职教领军人物和高素质人才。"十一五"期间,江苏认真落实中等职业学校教师素质提高计划,全面推进职业学校教师队伍建设工作,每年选派350名教师参加出国培训。在继续做好江苏政府留学奖学金资助工作的同时,从2011年起,省财政每年安排专项资金鼓励高职院校积极拓展单边与多边院校交流合作平台,资助中青年骨干教师、科研团队和校级领导或厅级后备干部赴境外高水平高校进行为期半年至一年的深造和合作研究。每一所高职院校至少要与国外1~2所同层次、同类型的优质教育机构建立稳定的包括师资培养培训的交流关系。

另一方面,积极聘请外籍教师到江苏省高职院校任教。江苏省聘请外国文教专家从以语言教学为主转向以自然科学和人文科学的专业教学与科研为主,并与建设高水平学科、建设自主创新科技平台紧密结合。实施高校"海外名师项目"和"学校特色项目",重点支持高校聘请一批在某一学科或者专业领域国际公认、具有较高学术造诣的外籍知名专家学者、海外高端人才、学术团队和管理专家来江苏任教、合作科研。全力打造品牌学科专业和特色课程,建设一批全外语授课的特色和优势学科专业。重点扶持若干所高校,使其专任教师中获博士学位归国人员比例达到10%以上。❷

(四) 推进职业教育的交流平台建设

以论坛、联盟和姐妹学校为主要载体,着力加强交流平台建设,不断拓宽对外交流渠道,教育国际交流与合作呈现出学术交流、人文交流、民间交流并进的可喜局面。江苏通过成功承办了第四届中外大学校长论坛,先后与芬兰教

---

❶ 杨湘宁. 加强职教内涵建设,全面提升教学质量 [J]. 江苏教育研究·职业教育, 2013 (02C): 3 - 5.

❷ 沈健. 努力谱写江苏教育国际交流与合作新篇章 [J]. 世界教育信息, 2012 (3): 12 - 22.

育部、新加坡企业发展局、澳大利亚高等学校校长联合会、德国职业教育联盟等合作举办高等教育论坛和高等职业教育论坛，与职业教育比较发达的国家和地区，定期举办双边或多边的国际高职教育论坛，如中澳、中加、中新、中芬高职教育论坛，推动江苏高职走向世界、跨越发展。积极依托江苏省与47个国家建立的228对国际友好城市及近200对友好交流关系，推动职业院校与海外职业教育机构结对成为姐妹学校，成为江苏职业院校开展国际交流的重要平台。

值得一提的是，作为全省专门从事国际交流与合作的非营利性社会团体，江苏省教育国际交流协会充分发挥组织和引领江苏省民间教育国际交流的桥梁和纽带作用，为密切党和政府与教育工作者的联系、增进江苏与世界发达国家和地区的了解与友谊，促进江苏教育事业的健康发展作出了重要贡献，开辟了一条具有时代特征、中国特色、江苏特点的民间教育国际交流与合作道路。该协会积极引进英国商业与技术教育委员会的职教证书课程，为高职院校与美国社区学院搭建交流合作平台，通过"2＋2"等多种模式促进江苏高职与美国社区大学的有效衔接。❶

第三节　着力增强江苏现代职业教育体系的育人功能

当前，我国社会经济的持续稳定快速发展的大背景给职业教育带来了前所未有的机遇和挑战，职业教育正处在一个发展的阶段性的转变时期，即从以前注重数量增长为主向以增强育人功能为核心的质量提升的转变。因此，江苏牢牢把握职业教育的发展趋势，将职业教育的内涵提升与构建现代职业教育体系紧密结合起来，把促进学生成长成才作为学校一切工作的出发点和落脚点，全力推进职业教育创新发展，探索出一条促进区域职业教育以质量为核心的可持续发展之路。

一、加强基础能力建设，打造优质资源

江苏始终把基础能力建设作为构建现代职业教育体系、促进职业教育可持续发展的基本条件，实施"职业教育基础能力建设工程"。通过加大区域职业教育投入力度，确保职业教育领域的财政支出和公共财政投向逐年增长，全社

---

❶ 沈健. 努力谱写江苏教育国际交流与合作新篇章［J］. 世界教育信息，2012（3）：12－22.

会职业教育投入增长比例应高于地区 GDP 的增长比例，职业教育生均预算内职业教育经费在全国省份排名稳定在前 3 名，使区域职业教育有了相对充足的财力保障，职业教育的基础能力建设不断加强，有效地促进了职业教育的健康快速发展。这不但带动了地方和社会投入、促进了教育资源的优化整合，而且扩大了职业院校的招生规模、改善了办学条件，增强了职业教育服务经济社会发展的能力。

（一）加快高水平示范性骨干职业学校建设

在构建现代职业教育体系过程中，江苏把建设高水平示范性骨干职业学校作为职业教育强化基础能力建设、全面提高职业学校办学质量的一项重要任务，增强和凸显其示范、辐射和引领作用，大幅度提升江苏职业教育办学水平和教育质量。

为此，省《纲要》明确提出了"到 2020 年，建成 100 所国内一流的中等职业学校、40 所示范高等职业院校"的基本目标。在此基础上，江苏采取"分步走"的方式，进一步明确提出 2015 年前的职业学校建设的基本任务，即"全省重点建设一批江苏省高水平现代化职业学校，承担全省中等职业教育 70% 以上的培养任务，成为全省乃至全国职业教育改革创新、质量提高和特色示范的榜样"。同时，江苏明确要求，在普遍提高三星级学校比例的基础上，争创四星级学校；已经建成高水平示范学校的要争创国家级高水平示范学校，力争江苏国家级高水平示范学校达到同批次全国总数的 10%，即 30 所左右。另一方面，积极组织高水平示范职业学校创建。依据教育部《中等职业学校设置标准》和《高等职业学校设置标准》，江苏研究制定了《省高等职业技术学校（五年制）设置办法》《省中等职业学校星级评估标准》和《高水平现代化职业学校建设标准》等一系列规范性文件，主要通过实施项目引导等方式，加快高水平示范性骨干职业学校建设，加大对职业学校建设的统筹力度和检查复查力度，逐校复查认定合格职业学校，加快取消不合格职业学校的学历教育招生资格。这些措施有效激发了职业学校的办学热情，进一步优化了职业教育资源，增强了职业教育办学特色，改善了办学条件，办学能力显著增强，使职业学校成为国家和区域产业建设的重要力量，成为改善民生的重要依托。

目前，江苏建有国家级重点职业学校 189 所，国家中等职业教育改革发展示范校 58 所，国家示范性（骨干）高职院校 15 所，另有国家示范性软件职业技术学院 2 所国家改革发展示范职业学校 38 所，均居全国前列。同时，江苏有 151 所省高水平示范性职业学校，其中省级示范性（骨干）高职院校 20 所、省示范性中职学校 131 所，另有立项建设国家中等职业教育改革发展示范学校 58 所，省高水平现代化职业学校立项学校 107 所。所有职业学校、院校均达到合格水平。

（二）加强高水平示范性实训基地建设

实践性是职业教育最显著的办学特色之一。实训基地是职校生实施职业技能训练和职业素质培养，更好地适应社会需要的必备条件，是职业教育办出特色、提高质量的基础能力建设的必要组成部分。为此，省《纲要》明确提出要实施"实训基地建设计划"，着力构建以国家技能型紧缺人才示范培养培训基地为龙头，以省培训基地为主体，以市县实训基地为补充的技能型紧缺人才培养培训基地网络，不断提高职业院校的办学水平。

一是制定江苏省职业院校实习实训基地建设布局规划和实施方案。2007 年，江苏选择一批基础条件好、校企结合紧、社会服务能力强、主管部门积极性高、示范辐射面广的职业院校，采用省级财政资金引导、地方财政配套、社会资金参与的方式，重点建设 170 个（120 个中职、50 个高职）左右规模较大、水平较高、资源共享、起示范作用的中高等职业教育实训基地，进一步带动了全省高等职业教育实训基地建设水平的提升。择优遴选省级财政资助的 15 个高职实训基地，并推荐 11 个基地申报国家级高职实训基地备选项目。二是全面总结经验，制定了数控技术应用、汽车运用与维修等 10 大类专业实习基地建设和设备配置建议标准。落实了 68 所实习基地建设项目学校。三是研究制定了《关于加强职业教育实训基地建设的意见》《关于加快实施职业教育一基地、三工程工作的意见》等规范性文件，进一步明确职业院校实训基地建设的目标、任务和要求，并以实训基地建设为依托，大力推进技能型紧缺人才培养培训工程、农村劳动力转移培训工程、新市民培训工程的实施。

"十一五"期间，江苏围绕区域支柱产业，在重点领域着力建设了一批专业门类齐全、设备水平较高、优质资源共享的实训基地，已经覆盖了所有五年制高职校和县级职教中心。在此基础上，江苏积极加强高水平示范实训基地建设，于 2010 年启动了高水平示范性实训基地创建工程，在上一轮实训基地建设的基础上，统筹中央财政、中央国债、省级财政等方面对实训基地建设的投资项目，支持建设 150 个左右与战略新兴产业、地方支柱产业、特色产业紧密结合的中等职业教育"高水平示范性实训基地"；支持示范（骨干）高职院校建设 150 个高技能人才培训基地和继续教育示范基地，所有高职院校建有省级

以上实训基地，❶并要求每所高水平示范学校2012年再建一个高水平示范性实训基地的任务。❷

目前，江苏紧跟经济结构调整与产业升级，依据课程改革及实施需要，加快建设融教学培训、技能鉴定、生产与技术服务于一体的实训基地，推动实训基地覆盖所有专业，全省职业学校生均教学仪器设备值达4 800元。实施三轮省级实训基地建设计划，省财政累计投入9亿元，引导地方和职业学校共同建设高水平示范性实训基地，模拟生产服务真实场景，营造现代企业文化，开发和运营"实习产品"，推进学生实训与企业生产紧密结合。江苏建成国家级实训基地118个、省级实训基地317个，高水平示范性实训基地专业覆盖面达25%以上。❸全省建成了近百个技术先进、管理规范、满足实习实训教学要求的校内工厂，企业车间成为学校的生产型实习基地。❹

（三）提升职业教育信息化建设水平

信息化建设是职业教育改革创新和教育信息化工作的重要内容，是职业教育基础能力建设的重要任务，是支撑职业教育创新发展的重要基础。信息化带来的不仅是一种教学手段的革新，更是一种教学理念上的转变。作为职教领域的"排头兵"，在职业教育信息化建设的大潮中，江苏又一次走在了全国前面，为本省职业教育发展培植了新的"增长点"，发挥了职教信息化建设的示范引领作用。

在职业教育信息化建设过程中，江苏并没有"一刀切"，而是采取"分步走"的方式逐步推进。每所职业学校根据各自需求，打造适合自己的信息化网络，个性化信息化建设已经呈现出诸多亮点。一是建设职业教育"数字校园"。自从国家把职业教育信息化上升到国家层面以来，江苏就高度重视该工程的实施，并2001年启动了高职院校数字化校园建设和中职学校宽带网络"校校通"工程。省财政和地方、学校累计投入巨大资金，2005年就全面完成工程建设任务，全省所有中、高等职业学校实现了宽带网络"校校通"。二是

❶　江苏省积极构建现代职业教育体系. 教育部，2012 – 04 – 06. http：//www. moe. gov. cn/public-files/business/htmlfiles/moe/s6635/201207/139294. html.

❷　杨湘宁. 坚持发展，深化改革，不断创新，再创江苏职业教育新辉煌［J］. 职教通讯，2010（3）：5 – 11.

❸　尹伟民. 江苏现代职业教育体系建设的实践与探索［J］. 中国职业技术教育，2013（36）：5 – 9.

❹　江苏省职业学校推进"引企入校"，就业率97%. 人民网江苏视窗，2013 – 04 – 18. http：//js. people. com. cn/html/2013/04/18/221700. html.

推进数字化教学资源共建共享。2010 年 5 月，江苏省启动中等职业教育综合管理系统建设，逐步实现了职业学校学生、教师、专业、设备、资助等基础信息数据的网上在线查询和在线评审功能。为实现职业教育信息的数据共享与资源互通，江苏省于 2012 年正式启动江苏职业教育政务网、资源网、科研网"三网合一"工程，通过信息技术，将已正式运行的江苏职业教育政务网、科研网与正在开发的资源网统筹由职业教育公共服务平台归口管理，实现了"一站式"访问。除积极推进信息资源平台的共享，江苏还十分注重信息化建设的统筹规划。近年来，江苏省积极推进职业学校精品课程统筹共建共享，组织 131 所省高水平示范职业学校和 58 所国家中等职业教育改革发展示范学校协作开发精品课程。在主导产业、支柱产业、特色产业领域，依托示范性高职院校和行业协会建设了 21 个省级职教集团，400 多所职业院校、1 000 多家企业加盟，共建共享数字化精品课程资源。三是打造职业教育"智慧校园"。这是"宽带网络校校通"的升级版，即在要在完善现有网络设施、数据支撑平台的基础上进行，在功能上要达到感知、协同、控制一体化，在应用上要实现智能化、系统化和综合化，也是江苏职业教育信息化建设工作高起点、高目标和高水平的集中体现。❶

在巩固建设成果的同时，江苏把职业教育信息化纳入了本地区教育信息化发展规划，绘就了未来信息化建设蓝图。江苏省教育厅于 2013 年正式印发《关于加快推进职业教育信息化建设的意见》，提出了职业教育信息化的基本目标，即"到 2015 年，职业教育信息化基础设施更加优化，全省职业院校国家信息化标准达标率达 85% 以上，省级以上示范学校达标率为 95%；职业教育信息化管理系统更加完备、教学资源更加丰富，建成以'江苏职业教育公共服务平台'为中心的省、市、校三级管理平台和数字化教学资源库，数字化资源覆盖所有专业、所有课程；到 2020 年，江苏职业教育信息化能力达到发达国家水平。"

二、推进综合素质教育，提高教学质量

经济社会发展的根本动力来自人的发展，根本目的也是为了人的发展。江苏始终把"以生为本"作为构建现代职业教育体系的出发点和归宿，积极推

---

❶ 尹伟民. 以信息化引领职教现代化——江苏职教信息化建设探索 [J]. 教育与职业，2013 (34)：34 - 38.

·416·

进综合素质教育，把培养高素质技能型人才作为职业教育的基本任务，致力于学生的全面发展，而不是片面的、单一的发展。

（一）坚持把德育放在教育教学的首要位置

面对江苏职业教育事业规模保持高位运行的发展态势，如何努力培育具有"创业、创新、创优"的江苏精神，有理想、有道德、有文化、有纪律的高素质技能型人才，是江苏职业教育改革发展的重大课题。近年来，江苏在加强和改进职业学校的德育工作，创新德育方法途径，着力增强德育实效性方面进行了积极探索。

一是树立"德育为先"理念。在充分认识职业学校德育工作的重要性和紧迫性的基础上，江苏职业教育切实把学生的思想道德教育放在教育教学工作的首位，省《纲要》明确指出职业教育要"突出以诚信敬业为重点的职业道德教育"。通过大力开展理想信念教育，用中国特色社会主义核心价值体系来引导学生树立正确的世界观、人生观和价值观，培养学生服务国家、服务人民的社会责任感和创业、创新、创优精神。

二是规范德育工作要求。结合国家的有关规定和区域实际，江苏于2009年制定实施了《江苏省中等职业学校德育纲要（试行）》，对职业学校德育的目标和任务、内容、途径、领导与管理、评估考核等方面进行了总体规范；2011年，省教育厅组织修订了江苏省中等职业学校教学、学生、后勤三项管理规范，公布视导标准，并首次面向全省组织开展视导检查；2012年，省教育厅和省人民政府教育督导团制定实施了《江苏省中等职业学校德育工作督导评价标准（试行）》，发挥德育课程的主渠道、主阵地作用，建立全员育人制度，形成人人育德、事事育德、处处育德的新机制，强化了大纲、教材、教师、课时和考核"五落实"，提升了职业学校德育工作的规范化水平。

三是创新德育模式。针对职教生源参差不齐的现象，经过多年探索，江苏逐步形成了以"五创"为特色的职业学校素质教育，即重视创意发展、普遍创高技能、推进创业教育、开拓创新思维、全面创优素质。同时，针对职校生的实际情况，各地也积极探索职业学校德育方式方法的创新，如苏州市以创新德育案例引领全市职校德育工作质量提升；淮安市积极组织开展德育工作调研，从实际出发，切实加强和改进职业学校德育工作；扬州市着力打造"学雷锋"活动品牌；徐州市加强学生志愿者队伍建设；盐城市积极开展生活德育研究，等等，极大增强职校德育的针对性和有效性。

（二）深化人才培养模式改革

职业教育的内涵建设必须紧密结合人才培养模式的改革。"人才培养模式是教育质量的首要问题，改革人才培养模式是教学改革的核心内容。教学的其他环节的改革如果不和人才培养模式改革结合起来进行，常常难以取得好的效果。"❶ 由于职业教育以培养高素质技能型人才为己任，鲜明的实用性和实践性是高素质技能型人才区别于其他类型人才的本质特征，故职业教育人才培养模式改革有其自身的特点。

一是优化人才培养方案。围绕加强专业技术技能教学，江苏先后制定了财经商贸、信息技术、加工制造等职业教育各专业大类教学指导方案，引导职业学校将学历文凭教育、升学教育转向以技术技能教育、就业教育为重点的职业教育，培养社会急需的技术技能人才。同时，结合江苏省情和学生实际，从2013年起，江苏将中等职业教育"2＋1"人才培养模式调整为"2.5＋0.5"的人才培养模式，将五年制高等职业教育"4＋1"人才培养模式调整为"4.5＋0.5"的人才培养模式，即职校生顶岗实习时间均调整为半年，在校学习时间分别延长至2.5年和4.5年，加强校内文化基础教学、实训教学和校外认知实习、教学实习。此外，将职业教育的公共基础课程与专业技能课程总学时比确定为4:6。

二是改革教育教学模式。江苏将"做中学、做中教"作为教育教学模式改革始终坚持的基本原则，先后探索出项目教学、场景教学、主题教学和岗位教学等模式。同时，注重因材施教，不断改革和完善分层教学制、走班制、学分制和导师制；研究制度制定职业学校优质课堂标准，建立课堂教学质量分析、评比和反馈制度，并根据职业教育实践教学占很大比例的特点，积极开展小班化教学试点和现代学徒制试点。如无锡商业职业技术学院与北京华恩投资有限公司签订准员工协议，明确了学生既是学校学生又是企业员工的双重身份，学生在校学习期间，企业计算工龄，设立奖学金，毕业后直接上岗，到岗后补发（缴）学习期间的工龄工资与社保费用，对品学兼优的毕业生有创业意愿的给予创业扶持等，协议的签订标志校企合作试行"现代学徒制"培养高职人才的正式启动。❷

三是提升专业和课程教材的建设水平。适应产业结构调整要求，加强职业

---

❶ 王伟廉. 人才培养模式：教育质量的首要问题［J］. 中国高等教育，2009（8）：24－26.

❷ 校企合作试行现代学徒制培养高职人才. 中国高等职业教育网，2013－11－08. http：//www. chinagz. org/a/gaozhidongtai/difangxinwen/2013/1108/816. html.

教育与产业对话，定期开展专业结构与产业结构吻合度评价，建立职业教育专业设置、人才培养和毕业生就业信息发布平台和预警机制。强化专业设置管理，发挥职业学校专业建设指导委员会作用，按照教育与产业、学校与企业、专业与岗位相对接的原则，动态调整专业设置；制定《江苏省中等职业教育和五年制高等职业教育专业建设标准》，两类专业建设标准均设合格、特色、品牌三个等级；先后制定了《江苏省职业学校高水平示范性实训基地遴选条件》和《江苏省职业学校高水平示范性实训基地建设标准》，积极推动专业规范化、品牌化、特色化建设；成立省职业教育课程开发与教材建设领导小组、职业教育课程教材审定委员会，加快各专业大类课程教材开发，加强对职业教育课程教材建设工作的统筹协调，构建中高职相衔接的课程教材体系。

（三）加强教师队伍专业化建设

"百年大计，教育为本；教育大计，教师为本。"职业学校教师素质的整体提升不仅是提高职业教育质量的根本保证，也是江苏职业教育继续保持"争先、率先、领先"的关键所在。❶ 在构建现代职业教育体系的过程中，江苏把职业教育的内涵建设与教师队伍专业化建设紧密结合起来，教师队伍整体的专业化水平不断提高。

一是打造高水平教师队伍。江苏认真落实职业学校教师素质提高计划，全面推进职业学校教师培训，依托东南大学、江苏理工学院等12所高校建立了职业教育师资培训基地，构建起覆盖所有学校、所有专业、所有教师的师资培训体系。江苏每年选派350名教师参加出国培训、270名教师参加国家级培训、2 000多名教师参加省级培训，职业学校教师每5年轮训一次。通过不断丰富培训方式和开展分层分类培训，着力培养一批理论与实践紧密结合的教育教学骨干和专业带头人，造就一批教学名师和领军人才，促进教师专业成长。同时，建立健全职业学校专业教师企业实践锻炼制度和"访问工程师"进修制度，职业学校专业教师每3年轮训一次、公共课教师每5年轮训一次。采取更加灵活的政策，鼓励学校引进和聘请有实践经验的行业专家、企业工程技术人员和社会能工巧匠担任专（兼）职教师。江苏明确提出，到2015年，全省职业学校具有硕士研究生以上学历或学位的专任教师比例达15%以上；专任专业教师中，获得高级以上职业资格证书或相关专业执业资格证书的比例达

---

❶ 杨湘宁. 教师专业发展：职业教育可持续发展的助推器 [J]. 江苏教育研究（职业教育），2013（01C）：1.

70%以上，获得技师以上职业资格证书或工程师以上职称的比例达30%以上；兼职教师占专业教师比例达20%左右，50%以上的兼职教师获得技师以上职业资格证书或工程师以上职称；建成100个左右由骨干教师或行业企业专家领衔的名师（专家）工作室，培育一批优秀教师团队。

二是建立健全教师队伍建设相关制度。为了更好地促进职业学校教师的专业发展，江苏先后出台了《中等职业学校教师专业标准（试行）》《职业学校"两课"评比教案阅审评级表评级要点》和《职业学校"五课"教研、"两课"评比、"说课"竞赛评级表》等相关文件。在全面总结教师队伍专业化建设成就的基础上，江苏全面推行新进教师公开招聘制度，实行编制到校、经费包干、自主聘用、岗位管理，不断完善职业学校校长任职资格标准，提高校长管理现代职业学校的水平。同时，在进一步规范"双师型"教师认定标准的基础上，建立健全统一的中等职业学校教师职称系列，完善职业学校教师职称评聘办法，开通职业学校正高级教师职称评审，开展中等职业学校特级教师和五年制高等职业学校教学名师评审，并将逐步建立职业教育教学成果评选奖励制度。

为了达到最终提升职业教育教学质量的目的，今后江苏还将不断提高教学经费在职业学校支出中的比例，使职业学校教学经费支出占总支出的比例由目前的20%提高到30%以上，其中新增的职业教育经费将主要用于教学环节，确保培养目标的实现。

三、构建教学评价体系，提升职业能力

职业教育的教学评价是职业教育的出发点和归属，对整个职业教育起着导向、调节、反馈和激励等重要作用。在构建现代职业教育体系的过程中，江苏坚持科学的职业教育质量观，把促进人的全面发展、适应社会需要作为衡量职业教育教学质量的根本标准，通过一系列措施积极引导和激励职业学校提高教学质量和提升学生的职业能力，建立职业学校教学状态数据和毕业生就业状态数据年度统计和公告制度，加快形成以能力为本位、评价主体和方式多元化的教学质量评价体系，增强职业教育的内涵发展和社会适应性。

（一）制定教学质量评价标准

教学质量评价标准是职业教育的"指挥棒"。长期以来，由于职业教育本身的长期性、隐含性和滞后性等特征，使得如何科学制定教学质量评价标准一直被视为一个"烫手的山芋"。江苏在加强理论研究和借鉴国内外成功经验的

基础上，充分发扬"三创"精神，注重以素质能力评价学生、以教学效果评价教师、以贡献水平评价学校，逐步形成教育与产业、校内与校外相结合的质量评价机制。

一是建立健全职业教育质量建设的基础评估制度，着力在建立标准、规范运行上下功夫。根据教育部《中等职业学校设置标准》《关于实施国家中等职业教育改革发展示范学校建设计划的意见》等基本要求，江苏有关部门先后制定《江苏省中等职业学校星级评估标准》《江苏省中等职业教育和五年制高等职业教育专业建设标准》和《江苏省高水平现代化职业学校建设标准》等一系列规范性文件，进一步优化质量监测体系，引导和推动职业学校加强专业建设和教学条件建设，逐步建设起一批示范作用的标志性职业学校，为提高职业教育教学质量奠定基础。

二是建立健全技能型人才培养质量评价标准。结合国家有关要求，在充分征询有关行业企业意见的基础上，江苏先后制定了《关于制定中等职业教育和五年制高等职业教育人才培养方案的指导意见》《中等职业教育课程结构及教学进程安排表》《五年制高等职业教育课程结构及教学进程安排表》等人才培养的基本要求，出台了有关会计电算化、计算机网络技术、护理康复等专业的指导性人才培养方案。同时，各地和职业学校积极开展人才质量评价标准的探索。如无锡市、如皋市等探索建立中等职业教育教学质量评估体系，研究制定以毕业生职业道德、职业技能、就业质量、用人单位满意度为重点的质量评价标准，探索促进学生全面发展、特色发展的多种评价方式。

三是建立健全职业教育督导评价标准。江苏省教育厅和省政府教育督导团还先后出台了《中等职业学校德育工作督导评价标准（试行）》《县域中等职业教育督导标准（暂行）》等相关督导标准，面向全省开展中等职业教育督政工作，切实加强对职业学校技能型人才培养的质量监控力度。同时，江苏还制定颁发了《江苏省职业学校教学、学生、后勤管理规范（试行）》，积极引导职业学校推进管理的规范化、制度化建设。

值得注意的是，江苏将就业质量与社会评价作为职业教育质量评价的重要指标，研究制定中等职业教育和五年制高等职业教育毕业生就业质量跟踪调查方案，计划 2014 年在全省范围对职业学校实施全面调查。

（二）改革教学质量评价方式

教学质量评价方式是影响评价目标实现和评价本身科学性的重要维度。江苏坚持把教学质量评价方式的改革作为构建教学质量评价体系的重要组成部分，健全以学校为核心、教育行政部门指导、第三方参与的教学质量评价机制，实现质量评价方式多元化和多样化，增强现代职教体系内涵发展的动力。

一是鼓励引导行业企业、学生和家长参与教学质量评价。2010年，江苏就成立了职业教育教学改革创新指导委员会，邀请有关部门和行业企业代表以及6所骨干示范高职院校的专家和领导，指导职业教育的改革创新。同时，全省还建立1 200个由行业企业专家和学校专业教师组成的专业建设指导委员会，吸引行业企业参与职业教育全过程。另外，江苏还采取多种措施积极吸引学生及其家长参与职业教育教学质量评价，并把学生和用人单位的满意度作为职业学校教学质量的一项重要指标，明确提出了2015年前"学生就业满意度达90%以上，用人单位对职业学校毕业生综合素质满意度达80%以上"的基本要求，有效推动了职业学校努力提高教学质量和适应社会经济发展的要求，使每年的"订单培养"规模占招生总量的20%左右。

二是完善职业技能大赛制度。职业技能大赛是职业学校教学质量评价方式的一种创新举措。江苏将职业技能大赛作为联系企业生产技术与职业学校课堂的重要纽带，按照企业生产技术进步的要求，将最新的生产技术和要求设置成竞赛项目和内容，组织行业企业专家参与指导大赛组织，按照企业标准评判竞赛结果，实现教学质量评价的多元化。建立起覆盖所有职业学校、覆盖所有专业、覆盖所有专业教师、覆盖所有学生的技能大赛制度。每年开展30多个项目、3 000多人参加的省级技能大赛。研究开发了24个项目的技能大赛分析报告，剖析技能大赛中的重点难点与教学盲点，指导各级各类职业学校改进实践技能教学。正在组织开发10个项目的技能大赛数字教学资源开发，使所有专业学生都能分享技能大赛成果，掌握最新生产技术与标准，❶ 促进职业教育办学模式改革、课程教育改革、"双师型"教师队伍建设和实训基地建设。

此外，江苏积极完善职业学校创新大赛和文明风采大赛等相关制度，有力地培养了学术的创新意识和创新能力，充分展现了江苏职校生的文明风采。

（三）建立中等职业学校学业水平测试制度

为了引导职业学校的教学目标面向全体学生，明确职校生毕业资格标准，调控职业学校的教育教学行为，提升中等职业教育整体办学水平，江苏将在全省建立中等职业学校学业水平测试制度，测试课目将包括公共基础课程、专业

---

❶ 杨湘宁. 适应经济要求，服务社会发展，加快推进职业教育现代化［J］. 中国职业技术教育，2010（34）：57－59.

理论课程和专业技能课程等三个方面。2013 年起在南京、常州、南通等三市试点进行中等职业学校学业水平测试，计划到 2015 年实现全省中等职业学校学业水平统一测试。这在全国职业教育领域也属于创举。

中职学业水平测试重点要把握以下几个原则。❶

一是立足基础。主要测试学生应该掌握的基本的公共基础课程知识、应知的专业理论及应会的专业技能。

二是面向全员。经过几年试点，学业水平测试要逐步覆盖全省所有中等职业学校、所有专业、全体学生，有效检测各地、各校教学质量和管理水平，促进学校内部的公平教育和校际间的公平竞争。

三是突出技能。根据职业学校特有的人才培养目标，中职学业水平测试要突出专业技能核心，参照劳动部门和行业等颁发的技能等级证书、职业资格证书和执业证书等制定技能考核标准，促进职业学校的技术技能教学。

四是规范要求。省教育厅根据中职课程教学大纲，组织制定统一的公共基础课程、专业理论课程、专业技能测试大纲。省教育科学研究院与省教育考试院依据测试大纲建立相应的题库，实行统一命题、统一测试。

总之，要通过学业水平测试，统一职业学校基本的学业要求，保证文化课、专业课和技能实训课基本教学质量目标的达成。

第四节　科学推进江苏现代职业教育体系的协调发展

体系自身的协调性是影响体系适应性的重要因素。江苏始终把推进职教体系自身的协调发展作为构建现代职业教育体系的一项重要内容，以推进中等职业教育和高等职业教育协调发展为中心，增强内在体系自身的协调性，系统培养技能型人才。

一、坚持普通教育与职业教育并重

如何正确处理普教与职教的关系，是增强职教体系自身协调性首先必须面对的一个重要问题。在总结西方发达国家的成功经验和结合区域社会生态发展现状的基础上，江苏明确提出了坚持"普教与职教并重"的基本原则，以增

---

❶ 杨湘宁. 加强职教内涵建设，全面提升教学质量［J］. 江苏教育研究（职业教育），2013
（02C）：3-5.

强职教体系自身的协调性。

（一）确立职业教育体系在国民教育体系中的重要地位

江苏经济发展已进入工业化后期，目前正处在经济转型升级的关键阶段。在推进从"经济大省"向"经济强省"转变过程中，江苏坚持走新型工业化道路，大力推进产业结构战略性调整。事实上，转变经济发展方式和调整优化产业结构的关键在于人才，不仅要有一批能开发核心技术的拔尖创新人才和一大批经营管理和技术专门人才，还要有数以百万计的高素质技能型人才，而高素质的技能型人才正是职业教育的培养目标。为此，在 2005 年国务院出台了《关于大力发展职业教育的决定》并召开了全国职业教育工作会议，真正确立了职业教育在我国经济社会发展中的战略地位的背景下，江苏省政府于 2006年颁布了《关于大力发展职业教育的决定》。该《决定》把职业教育视为现代国民教育体系的重要组成部分，是经济社会发展的重要基础，并明确提出要"大力发展职业教育、加快人力资源开发，是深入实施科教兴省战略、又快又好实现'两个率先'的重大举措，是加速推进新型工业化、促进社会主义新农村建设的重要途径，是实现教育事业全面协调可持续发展、建设教育强省的必然要求"。为了进一步均衡教育结构，解决人口众多与蓝领人才短缺的不协调发展，促进教育公平，2010 年江苏《纲要》明确提出了要"把发展职业教育放在更加突出的位置"，强调职业教育以服务为宗旨、就业为导向的基本宗旨，并通过统筹规划职业教育与普通教育、统筹发展中等职业教育与高等职业教育、统筹推进学历教育与职业培训等一系列措施来落实职业教育在国民教育体系中的重要地位，推进职业教育科学发展。

（二）扩大高职招生规模，保持中职与普高的招生规模大体相当

为了深入贯彻省《纲要》的精神，在坚持密切结合经济社会发展的基础上，江苏把职业教育作为战略重点，优化教育结构，切实加强高中阶段教育、高等教育发展的统筹，推进职业教育科学发展。早在 2005 年，江苏就提出了"到 2010 年中等职业教育招生规模达到 800 万人，与普通高中招生规模大体相当；高等职业教育招生规模占整个高等教育招生的一半以上"❶的奋斗目标。为此，江苏成立了教育部门为主、人社部门参加的高中阶段教改及招生工作领导小组，统筹普通高中和中等职业教育的招生，中职和中技的招生。每年严格

---

❶ 周稽裘. 认真学习贯彻全国职教工作会议精神，推进职业教育可持续发展——在《职教通讯》创刊 20 周年座谈会上的讲话［J］. 职教通讯，2005（12）：5–8.

按照教育部下达的招生计划，按照职普招生比例大体相当的要求下达高中阶段职业教育和普通高中招生计划。同时，各地教育部门切实负起统筹管理高中阶段各类学校招生的职责，对普通高中招生计划进行严格管理，优化初中毕业生升学渠道，科学引导初中毕业生选择适合的教育。积极拓展招生区域，将职业教育作为援藏、援疆、援川的重要内容，重点做好职业教育东西部合作招生。积极拓展招生对象，引导往届初高中毕业生、农村青年、农民工、退役士兵、下岗失业人员和其他群体接受中等职业教育，全面接受外来务工人员子女接受中等职业教育。❶ 2013 年，江苏中职教育年招生规模保持在 33 万人左右，高职教育保持在 20 万人左右。中职教育、高职教育招生规模连续 6 年分别占高中阶段教育、高等教育的一半，❷ 教育结构进一步优化。

（三）架构职业教育与普通教育之间相互融通的立交桥

在保证职业教育合理比例的同时，更要注重职业教育与普通教育相互融通、并行发展。这是全面实施素质教育，推进江苏从教育大省走向教育强省的重要历史任务。在构建现代职业教育体系的过程中，省《纲要》明确提出要"推进职业教育与普通教育互通融合"。为了实现这一目标，江苏采取的方式主要有：一是对口单招，选拔部分优秀中职学生进入普通高校深造，构建中职与普通高校之间的通道。2014 年，江苏高校对口单招招生院校达 65 所，总计划招生人数为 26 820 人。❸ 二是中职与普高贯通，建立普通高中与中等职业学校互通的高中阶段学籍管理平台。如南京通过"普职融通高中"项目吸引了包括湖滨高级中学、大厂高级中学、行知实验中学等多所学校申报。该项目将形成多元选择的课程体系、灵活多样的教学管理和富有成效的就业指导，这类高中可与职业类学校合作办学，实行学籍流动和学分互认。❹ 三是职业学校与普通学校的相互开放，鼓励职业教育实训基地、课程和师资向普通中学开放，发展中学生职业技能和创新能力，鼓励普通中学的优质资源向职业学校开放，等等。

---

❶ 尹伟民. 江苏现代职业教育体系建设的实践与探索［J］. 中国职业技术教育. 2013 (36)：5 - 9.

❷ 江苏加快发展现代职业教育助推经济社会发展. 中国高职高专教育网，2014 - 02 - 21. http：//www. tech. net. cn/web/articleview. aspx? id = 20140221091450016&cata＿ id = N004.

❸ 江苏划定对口单招录取分数线，计划招生 26820 人. 人民网江苏视窗，2014 - 05 - 16. http：// js. people. com. cn/n/2014/0516/c360307 - 21217314. html.

❹ 南京试水"普职融通". 江苏省人民政府，2012 - 03 - 05. http：//www. jiangsu. gov. cn/gzdt/ 201203/t20120305＿ 719155. html.

二、推进中高等职业教育协调发展

中高职教育协调发展是构建现代职业教育体系的关键路径，是系统培养技能型人才的重要前提之一。作为构建现代职业教育体系的基础性工程，中高职教育协调发展已成为江苏共识，并积极予以新的探索，为整体提升职业教育服务经济社会发展的水平提供了新思路、新途径和新方法。

（一）合理确定中高职人才培养规格

人才培养规格是学校培养人才的标准，是人才培养目标的具体化，是课程体系和教学内容设计安排的基本依据。推进中高职教育协调发展，首先必须明确中等职业学校和高等职业学校的各自定位。经过多年的探索和实践，2012年省教育厅《关于制定中等职业教育和五年制高等职业教育人才培养方案的指导意见》将中高职教育的培养目标确定为：中等职业教育与五年制高等职业教育培养与我国社会主义现代化建设要求相适应，德、智、体、美全面发展，具有综合职业能力，在生产、服务、管理一线工作的技术技能人才。中等职业教育重点培养现代农业、工业、服务业发展需要的一线技术技能人才；五年制高等职业教育重点培养产业转型升级和企业技术创新需要的发展型、复合型和创新型的技术技能人才。也就是说，中等职业教育重点是培养技能型人才，而高等职业教育作为高等教育的重要组成部分，重点是培养高端技能型人才，强调人才的创新性。例如，通过对江苏 15 所国家示范性（骨干）高职院校人才培养模式比较研究发现，这些高职院校人才培养都定位于生产、建设、服务和管理第一线，培养目标与规格定位于高素质技能型人才。15 所院校人才培养模式均以一线岗位实践能力培养为根本，强调"学做一体""知行并进""能力递进"等，并以此构建"校中厂""厂中校""工作室"等多种形式的实训基地，作为实践教育教学的载体，培养真正在企业一线"下得去、用得上、留得住"的人才。❶

（二）推进中高等职业教育有效衔接

"十一五"以来，江苏始终把推进中高等职业教育的有效衔接作为构建现代职业教育体系的重要内容，采取多种措施，加快推进中高职协调发展。一是改革招生考试制度，构建技能型人才成才立交桥。如突出专业技能考试、选拔

---

❶ 刘红明．江苏 15 所国家示范性（骨干）高职院校人才培养模式比较研究［J］．教育与职业，2013（14）：26－27.

技能优秀学生，突出全面评价，突出公办院校招生，扩大本科比例，提高职教升学制度的吸引力，突出高等院校对口单招等方面的办学自主权，启动中职毕业生注册进入高职院校学习制度等方式完善中职毕业生直接升学制度。二是稳步发展五年制高等职业教育。在明确中高职人才培养定位的基础上，坚持发挥五年制高职优势与特色，选择设置一批能力培养要求周期长，学生年龄起点要求比较小的专业，编制《江苏省五年制高等职业教育专业目录》。按照高等职业教育办学条件及办学要求，对每个申报设置专业进行严格评审，保证专业办学质量。同时，根据职业岗位素质技能要求和五年制高职学生特点，充分发挥五年一贯制的优势，系统设计、科学制订五年一贯的人才培养方案，统筹设计课程体系，加强办学质量评估。近两年，全省五年制高职毕业生高级工获证率都达60%，就业率均保持在95%以上。三是积极开展现代职业教育体系建设试点。2012年，江苏紧紧抓住国家职业教育体制改革的契机，组织开展现代职业教育体系建设试点，以学制贯通为突破、以课程衔接为根本、以提高质量为核心，积极探索系统培养技术技能人才的新模式、新机制。优选国家示范中等职业学校、高等职业学校、应用型本科院校进行分段联合开展4个形式的试点，即中等职业教育与高等职业教育"3+3"分段培养试点；中等职业教育与应用型本科教育"3+4"分段培养试点；高等职业教育与应用型本科教育的"3+2"分段培养、五年制高等职业教育与应用型本科教育的"5+2"分段培养；高等职业教育与应用型本科教育的联合培养，使试点覆盖到每个阶段、每种形式的职业教育，构建中等职业教育—高等职业教育—应用型本科教育的学制框架。2012年开展71个项目的试点，实际招生4 885人。2013年，在29所本科院校、43所高等职业技术学院、83所中等职业学校开展215个项目的试点，招生规模达1.2万人。❶

（三）发挥高等职业教育的引领作用

目前，江苏有高职院校84所，国家级重点职业学校189所，国家改革发展示范职业学校38所；国家示范性（骨干）高职院校15所，国家示范性软件职业技术学院2所，均居全国同行前列。如何发挥这些优质的高职资源在推进中高职协调发展中的作用？江苏对此进行了积极的探索。一是实施高职院校对口支援中等职业学校制度。江苏组织省内高水平示范高职院校对口支援苏北中职院校，高职院校每年向对口中职院校捐赠资金、设备、图书，并指导中职学

---

❶ 尹伟民．江苏现代职业教育体系建设的实践与探索［J］．中国职业技术教育．2013（36）：5－9．

校的专业和实训基地建设。二是引导高职院校参与指导中职校教学改革。2010年成立江苏省职业教育教学改革创新指导委员会，邀请部分部门和行业企业代表以及 6 所骨干示范高职院校的专家和领导，指导中等职业教育改革创新。三是推进高职院校带动中职校集约化发展。以专业为纽带，由高职院校或行业牵头，中职学校和企业积极参与，江苏先后成立了 19 个省级职业教育集团，使高职院校与中职学校建立长期稳固的交流和合作关系。

三、发展农村职业教育和社区教育

随着城市化进程明显加快和新农村建设的不断推进，职业教育如何更好地服务"三农"和改善民生，一直是江苏深入思考和努力探索的一个重要问题。在构建现代职教体系过程中，江苏将终身教育理念和职教富民理念深入贯穿其中，率先提出了大力发展农村职业教育和社区教育的宏伟战略，积极探索，大胆创新，逐步扩展职业教育的服务对象和教育内容，着力培养现代新型农民和新型市民，形成了丰富的具有江苏特色的理论成果和实践经验。

（一）发展农村职业教育，培养现代新型农民

2011 年，教育部等九部门颁布的《关于加快发展面向农村的职业教育的意见》对发展面向农村的职业教育的重要性有了深刻的认识："加快发展面向农村的职业教育，对在工业化、城镇化深入发展中同步推进农业现代化，推进社会主义新农村建设，推动城乡统筹发展，建设教育强国和人力资源强国，具有重大而深远的意义。"事实上，早在 1997 年，江苏省人民政府就将发展农村职业教育提上了重要的议事日程，并颁布实施了《关于加快发展农业职业教育的意见》，将发展农业职业教育作为解决"三农"问题的一项重要措施，明确提出要"进一步加快发展农业职业教育，不断提高农村科技进步水平和劳动者素质，推进农业和农村的现代化建设"。进入新世纪，在总结国内外有益经验并结合江苏社会生态实际的基础上，围绕提高农民的职业技能和创业能力，省《纲要》就有关发展面向农村的职业教育提出了一些具体的途径和措施，即"重视发展面向农村的职业教育，围绕现代农业发展和新农村建设需要，加强涉农专业建设，扩大农村职业教育培训覆盖面"，江苏农村职业教育得到了长足的发展。

总体来看，江苏农村职业教育主要围绕以下几个方面展开。

一是扩大农村家庭学生的招生规模。大力实施"两后双百工程"（对未能

升学的初高中毕业生，100%进行职业技能培训，适龄人员100%输出就业）。大力实施"助学扶贫工程"，通过国家助学金、家庭经济困难和涉农专业学生免学费等制度，引导和帮助农村家庭学生接受职业教育，掌握一技之长，早日走上小康富裕、安居乐业的道路。

二是加强以县级职教中心为重点的农村职业学校建设。省《纲要》指出，要通过"实施县级职教中心建设计划"，"到2012年，县级职教中心全部达到省级示范性中等职业学校标准"。到2020年，在现有基础上，继续支持100所县（市、区）级职业教育中心建设，将所有学校都办成国家级重点职业学校，创建一批国家级示范性职业学校。

三是加强涉农专业建设。积极支持全省各类职业学校的涉农专业建设，积极扶持一批基础较好学校建设设备先进、管理一流的实训基地，服务各地农业产业结构调整。

四是扩大农村职业教育培训覆盖面。以县级职业教育中心为龙头、乡镇成人教育中心为主体，构建县域职业教育培训网络，广泛开展农村劳动力的转移培训和在岗提高培训，为推进社会主义新农村建设作出更大的贡献。

五是创新农村职业教育的发展方式。主动适应经济发展方式转变和产业结构调整需要，着力优化学校布局，及时调整专业结构，注重加强实训基地建设，改革人才培养模式，努力提高人才培养与产业需求的契合度。常州市在已有工作基础上，启动建设殷村职教园区，将职教事业与旅游产业、文化产业发展及新农村建设有机融合。泰兴市、江都市积极组建行业企业参与的职业教育集团，建立资源共享、优势互补的运行机制。赣榆县重点支持农村职业教育发展，拉长农业产业链条，带动农民产业化生产与创收。东台市、淮安市淮安区将示范性职业学校创建与产业布局调整同步推进，在新兴工业园区规划建设了功能更强、水平更高的职业学校。❶

六是开展劳动力转移培训。江苏不断加大培训力度，帮助更多群众提高技能、改善民生。坚持学历教育与培训并举，广泛开展岗前培训、在职培训、再就业培训和创业培训。江苏每年开展农村劳动力转移培训20万人，开展农业实用技术培训30万人次，一大批农民通过职业培训实现了脱贫致富和安居乐业。如南京高等职业技术学院每年组织出国劳务培训近万人次，累计有30万

---

❶ 曹卫星同志在全省职业教育创新发展实验区建设现场推进会上的讲话．江苏教育报，2012－06－28：（A3）．

农村剩余劳动力、下岗职工通过培训，有尊严地走出国门，挣回 240 多亿元。❶ 江苏农村职业教育呈现尽快发展的良好态势。

（二）发展社区教育，培养现代新型市民

江苏在 1999 年正式启动社区教育实验区工作，也是全国开展社区教育较早的地区之一。近年来，在各级政府和各有关部门重视领导和广大社区教育工作者共同努力下，社区教育工作目标明确，措施得力，深入推进，快速发展，已呈现出良好发展态势。据统计，目前全省有国家级社区教育示范区 8 个，国家级社区教育实验区 12 个，省级社区教育实验区 73 个，省级社区教育示范乡镇（街道）101 个，省级社区培训学院 68 所，省级社区教育中心 247 个。❷

为了加快构建终身教育体系，促进学习型社会的形成和促进新农村建设，江苏把积极推进社区教育作为构建现代职教体系的重要内容，省教育厅于 2007 年出台了《关于加快发展社区教育工作的意见》和《省级乡镇（街道）社区教育中心建设方案》。在此基础上，省《纲要》提出了要"广泛开展社区教育"的基本政策，并明确提出了社区教育的基本目标，即"到 2020 年，全省乡镇（街道）、村（居）社区教育基地全面建成，城市居民参与社区教育活动达 60% 以上，农村居民达 40% 以上，形成城乡一体的社区教育体系"的基本目标。

总体来看，江苏农村职业教育主要围绕以下几个方面展开。

一是实施学习型社区建设工程。2009 年，省教育厅出台了《关于开展江苏省社区教育示范乡镇（街道）创建工作的通知》，积极创建国家级、省级社区教育示范区，逐步完善社区大学、社区学院、社区教育中心和村（居）民学校四级社区教育网络。选择一批街道、乡镇开展学习型社区建设试点，全省乡镇成人教育中心全部转为社区教育中心。经过不断地努力探索，2010 年，南京市白下区、无锡市宜兴市、常州市武进区等 12 个社区被确定为全国社区教育实验区，南京市鼓楼区、苏州市金闾区、常州市钟楼区被确定为全国社区教育示范区，其数量均为全国之最。2012 年，徐州丰县经济开发区等 7 个县（市、区）被确定为江苏省社区教育实验区，无锡江阴市社区学院等 13 所学校被确定为标准化社区学院，南京市鼓楼区湖南路街道社区教育中心等 59 所

---

❶ 杨湘宁. 适应经济要求，服务社会发展，加快推进职业教育现代化［J］. 中国职业技术教育，2010（34）：57 - 59.

❷ 江苏社区教育基本情况，昆山市民学习在线，2012 - 03 - 13，http：//www. ksce. cn/news/news_ detail. aspx？articleid = 708.

学校被确定为标准化社区教育中心。

二是坚持统一规划、分类指导、分层推进、分区域发展的总体策略。推进苏南发达地区全面开展，苏中地区大面积拓展，苏北地区重点在城市和比较发达的农村开展实验，呈现出以城带乡、城乡一体、区域共同发展态势。同时，积极实施社区教育基础建设行动计划，推进 1 000 余所乡镇成人教育中心校向乡镇社区教育中心功能转型。到 2010 年，全省重点建设了 50 个社区培训学院，200 个省级乡镇社区教育中心，400 个村居学习点。

三是强化政府的主导作用，以评促建，评建结合。如江苏常州市建立了居（村）社区市民学校评估指标体系，并开展了全市范围的评估，对好的予以表彰。南京建邺区制订了《创建区级居（村）学习点评估细则》，并建立了示范学习点和达标学习点的评估验收制度。江苏昆山市所有乡镇社区教育中心都达到江苏省社区教育中心标准，居（村）社区市民学校基本做到"六有"，即有一个多媒体教室、一个图书阅览室、一个文体活动室、一个数字化学习教室、一个宣传画廊、一个以上兼职教师。南京市玄武区实施了社区教育"1878"工程，即 1 个区级社区进修学院，8 个街道社区学校，7 大类教育学习基地，8 大类创建活动，搭建社区教育实体平台，形成了三级社区教育培训网络，先后建立了 100 多个社区教育基地和 60 多个社区学习中心，做到一校多点、一校多地。

四是加强社区教育理论研究，实施项目引导。以研究引领实践，以实践丰富研究，是社区教育内涵发展，提高品质的必由之路。如南京市鼓楼区始终密切结合实际，注重科研指导和引领社区教育工作，组织并带领社区学院、学校的管理工作者与社教老师，就有关社教工作中的重点、难点问题，课程建设与项目开发，特色创建与品牌打造等方面积极开展行动研究、问题研究、实践研究。这既解决了社区教育的工作难题，又提高了社区教育队伍的分析问题和解决问题的能力。

本章小结

在构建现代职业教育体系的过程中，江苏紧密结合区域社会生态实际，始终坚持以"办人民满意的职业教育"为基本宗旨，坚持"面向人人，服务终身，职教富民"的基本理念，坚持"以服务为宗旨、以就业为导向、以能力为本位"的基本取向，通过确立"政府主导，社会参与，职校探索，科研引领"的运行机制，初步形成了适应经济发展方式转变和产业结构调整要求，体现终身教育理念，中等和高等职业教育协调发展的富有江苏特色的现代职业教育体系，使职业教育步入了持续健康稳定的发展道路，为构建现代职业教育体系提供了丰富的理论积累和国际经验。具体来说，一是通过优化职业教育的布局结构，推进职业教育的集约发展，提升职业教育的开放水平等一系列举措主动适应社会经济发展对职业教育的基本要求，实现现代职业教育体系的外部对接；二是通过加强职业学校基础能力建设，探索职业教育的人才培养模式，推进以就业为导向、以能力为本位的评价模式改革等一系列改革强化职业教育的内涵建设，提高职业教育的人才培养质量，实现现代职业教育体系的内涵提升；三是通过坚持普通教育与职业教育并重，推进中高等职业教育的协调发展，发展农村职业教育和社区教育等一系列手段促进职业教育与终身教育的和谐统一，实现现代职业教育体系自身的协调发展。

（本章执笔人：尹　伟）

参考文献

一、文件类

[1] 中共中央关于全面深化改革若干重大问题的决定 [N]. 光明日报，2013 – 11 – 16.

[2] 国家中长期教育改革和发展规划纲要（2010—2020 年），2010 – 7 – 29，中央人民政府门户网站.

[3] 江苏省政府办公厅关于推进教育现代化建设的实施意见（苏政办发〔2013〕85 号）.

[4] 教育部关于推进中等和高等职业教育协调发展的指导意见（教职成〔2011〕9 号）.

[5] 2012 年江苏省现代职业教育体系建设试点工作实施方案.

[6] 省政府办公厅转发省教育厅关于进一步提高职业教育教学质量意见的通知（苏政办发〔2012〕194 号）.

[7] 省教育厅关于开展中高等职业教育衔接课程体系建设的通知（苏教职〔2014〕2 号）.

[8] 省政府关于加快推进现代职业教育体系建设的实施意见（苏政办发〔2014〕109 号）.

二、著作类

[1] 石伟平. 比较职业技术教育 [M]. 上海：华东师范大学出版社，2001.

[2] 石伟平. 时代特征与职业教育创新 [M]. 上海：上海教育出版社，2006.

[3] 黄尧. 职业教育学——原理与应用 [M]. 北京：高等教育出版社，2009.

[4] 匡瑛. 比较高等职业教育：发展与变革 [M]. 上海：上海教育出版社，2006.

[5] 徐国庆. 职业教育原理 [M]. 上海：上海教育出版社，2007.

[6] 贺培育. 制度学：朝向理性与文明的必然审视 [M]. 长沙：湖南人民出版社，2004.

[7] 江苏省教育厅，江苏省发改委组编. 江苏省职业学校专业结构与产业结构吻合情况预警报告 [M]. 南京：江苏教育出版社，2011.

[8] [美] 塔尔科特·帕森斯. 社会行动的结构 [M]. 张明德，等，译. 北京：译林出版社，2012.

[9] [美] 索尔蒂斯. 教育的定义 [J]. 沈剑平，等，译. 瞿葆奎. 教育学文集·教育与教育学 [C]. 北京：人民教育出版社，1993.

[10] ［美］西奥多·刘易斯．美国学校改革：杜威的理念能否拯救高中职业教育［M］//琳达·克拉克，等．翟海魂，译．职业教育：国际策略、发展与制度［M］．北京：外语与研究出版社，2011．

[11] 眭依凡．大学校长的教育理念与治校［M］．北京：人民教育出版社，2001．

[12] 袁纯清．共生理论——兼论小型经济［M］．北京：经济科学出版社，1998．

[13] 崔景贵．职业教育心理学导论［M］．北京：科学出版社，2008．

[14] 崔景贵．职校生心理教育论纲［M］．北京：科学出版社，2013．

[15] 崔景贵．当代职校生心理健康教育模式研究［M］．北京：知识产权出版社，2013．

[16] 贺文瑾．职教教师教育的反思与建构［M］．哈尔滨：黑龙江人民出版社，2008．

[17] 夏建国．高等技术教育学［M］．上海：上海交通大学出版社，2011．

[18] 李晓军．本科技术教育人才培养：比较的视野［M］．上海：上海教育出版社，2011．

[19] 钟怀杰．巴拿赫空间结构和算子理想［M］．北京：科学出版社，2005．

[20] 国际标准化组织．北京中科项目管理研究所译．质量管理——项目管理质量指南［M］．北京：中国标准出版社，2000．

[21] 秦虹．现代职业教育体系架构［M］．天津学术文库（1994～2013）（中），天津：天津人民出版社，2012．

[22] 卢崇高，季跃东．高等职业教育理论探索与实践［M］．南京：东南大学出版社，2005．

[23] 马必学．高等职业院校发展基本问题研究［M］．天津：天津大学出版社，2011．

[24] 郝光明．当代中国教育结构体系研究［M］．广州：广东教育出版社，2001．

[25] 王根顺，王成涛．高等职业技术教育概论［M］．北京：民族出版社，2004．

[26] 中国高等职业教育改革与发展报告——2010年度文件资料汇编［M］．北京：高等教育出版社，2012．

[27] 刘福军，成文章．高等职业教育人才培养模式［M］．北京：科学出版社，2007．

[28] 米靖．现代职业教育论［M］．天津：天津大学出版社，2010．

[29] 刘立浩，邹津，梁文明．职业院校教育教学管理的理论与实践［M］．桂林：广西师范大学出版社，2007．

[30] 王杰恩，王友强．现代职业技术教育理论与实践［M］．济南：山东大学出版社，2007．

[31] 李向东，卢双盈．职业教育学新编［M］．北京：高等教育出版社，2005．

[32] 白永红．中国职业教育［M］．北京：人民出版社，2011．

[33] 联合国教科文组织．学会生存［M］．北京：教育科学出版社，1996．

[34] 联合国教科文组织．教育——财富蕴藏其中［M］．北京：教育科学出版社，1996．

[35] ［英］泰特缪斯·培格曼．国际终身教育百科全书［Z］．北京：职工教育出版社，1990．

[36] 厉以贤．社区教育的理论与实践［M］．成都：四川教育出版社，2000.

[37] 刘淑兰．学校与社区的互动［M］．成都：四川教育出版社，2003.

[38] ［美］唐·倍根，唐纳德．R．格莱叶．学校与社区关系［M］．周海涛，等，译．重庆：重庆大学出版社，2003.

三、论文类

[1] 赵伟，宁锐．把握趋势 明确任务 推动我国职业教育科学发展——访教育部鲁昕副部长［J］．中国职业技术教育，2012（16）：212－218.

[2] 鲁昕．综报二：部长视点 在全国中等职业教育教学资源信息化建设现场会暨农村职业教育改革发展座谈会上的讲话（节选）［J］．中国职业技术教育，2010（1）：13－20.

[3] 鲁昕．深化中等职业教育改革创新提升技能型人才培养能力和水平［J］．江苏教育，2010（6）：6－12.

[4] 沈健．深化改革 不断创新 加快推进中高等职业教育协调发展［J］．中国职业技术教育，2012（19）：42－46.

[5] 尹伟民．江苏现代职业教育体系建设的实践与探索［J］．中国职业技术教育，2013（36）：5－9.

[6] 徐国庆，石伟平．中高职衔接的课程论研究［J］．教育研究，2012（5）：69－73，78.

[7] 马建富．我国职业教育体系存在问题及其构建的思考［J］．职业技术教育，2012（28）：13－18.

[8] 马树超，范唯，郭扬．构建现代职业教育体系的若干政策思考［J］．教育发展研究，2011（21）：1－6.

[9] 范唯，郭扬，马树超．探索现代职业教育体系建设的基本路径［J］．中国高教研究，2011（12）：62－66.

[10] 张健．论技术教育在职业教育体系发展中的演进［J］．职教论坛，2013（25）：52－55.

[11] 李德方，贺文瑾，孙健，等．职教专业结构与产业结构吻合度实证研究［J］．职教论坛，2010（30）：4－8.

[12] 马万全．江苏职业教育集团化办学的实践探索［J］．中国职业技术教育，2009（33）：39－43.

[13] 崔永华．职教集团经营研究——以江苏省为例［J］．教育发展研究，2009（17）：9－12.

[14] 桂建生．论我国职业教育体系的构建［J］．当代教育论坛，2004（5）：113－115.

[15] 杨兴华．共享机制：高职教育"常州模式"的核心［J］．职教通讯，2009，24（12）：15－17.

[16] 孟源北．构建现代职业教育体系的思考［J］．广州职业教育论坛，2013（1）：1－4.

[17] 孙健. 基于共生理论的职教集团研究 [J]. 教育与职业, 2010 (33): 7 – 9.

[18] 顾坤华. 江苏模式: 五年制高职教育的改革创新 [J]. 教育与职业, 2010 (2): 17 – 19.

[19] 顾坤华. 高等职业教育体系建设与社会协同发展——七议江苏"高职强省" [J]. 高校教育管理, 2013, 7 (2): 33 – 41.

[20] 逯铮. 终身教育背景下中高职课程衔接的理论诉求及国际借鉴 [J]. 职教通讯, 2003 (7): 43 – 47.

[21] 徐国庆. 中高职衔接中的课程设计 [J]. 江苏高教, 2013 (3): 139 – 141.

[22] 赵志群. 境外中高职课程衔接给我们的启示 [J]. 职教论坛, 2002 (22): 24 – 26.

[23] 姚加惠. 建立高等职业教育独立体系: 我国大陆高等教育学制改革方向——从美国、俄罗斯和中国台湾地区高等教育学制比较视角 [J]. 大学教育科学, 2010 (6): 93 – 98.

[24] 姚加惠. 略论俄罗斯各级各类高等教育的衔接与沟通——基于课程与制度的视角 [J]. 西南交通大学学报 (社会科学版), 2012, 13 (1): 71 – 75.

[25] 张家寰. 中高职院校课程结构一体化设计研究 [J]. 中国培训, 2008 (6): 11 – 12.

[26] 李玉珠. 中高职发展踏上"和谐号" [J]. 教育与职业, 2011 (16): 28 – 34.

[27] 茍莉. 中高职课程衔接研究现状综述 [J]. 职教论坛, 2012 (13): 47 – 52.

[28] 霍骁象, 赵哲, 许俊峰. 中高职课程衔接问题的调查研究 [J]. 中国成人教育, 2009 (15): 70 – 71.

[29] 高原. 我国中高职衔接研究综述 [J]. 中国职业技术教育, 2004 (5): 43 – 45.

[30] 匡瑛, 石伟平. 高职人才培养目标的转换——从"技术应用性人才"到"高技能人才" [J]. 职业技术教育 (教科版), 2006, 27 (22): 21 – 23.

[31] 王玲. 高技能人才与技术技能型人才的区别及培养定位 [J]. 职业技术教育, 2013, 34 (28): 11 – 15.

[32] 杜连森. 浅析"职业带"理论对构建现代职业教育体系的启示 [J]. 中国职业技术教育, 2013 (15): 21 – 25.

[33] 黄克孝, 等. 构建21世纪的职业技术教育体系 [J]. 职教论坛, 2004 (1月号上): 9 – 12.

[34] 吕鑫祥, 王式正. 构建与我国社会发展相适应的职教体系是当务之急 [J]. 职教论坛, 2004 (1): 5 – 9.

[35] 贾涛. 论技师学院的高等教育属性 [J]. 煤炭高等教育, 2007 (3): 100 – 102.

[36] 马建富. 我国职业教育体系存在问题及其构建的思考 [J]. 职业技术教育, 2012 (28): 13 – 18.

[37] 马建富. 现代职业教育体系构建的制度配置与政策创新 [J]. 河北师范大学学报, 2012, 14 (7): 68 – 72.

[38] 王育培. 大众化背景下中高等职业教育衔接的问题研究 [J]. 厦门教育学院学报, 2009, 14 (4): 30-34.

[39] 黄龙威. 职业教育协调发展的十大认识问题 [J]. 当代教育论坛, 2005 (12S): 98-102.

[40] 马树超, 范唯, 郭扬. 构建现代职业教育体系的若干政策思考 [J]. 教育发展研究, 2011 (21): 1-6.

[41] 孟凡华. 鲁昕: 关键是"衔接"关于促进中等和高等职业教育协调发展座谈会的报告 [J]. 职业技术教育, 2011, 32 (18): 48-50.

[42] 何文明. 构建现代职业技术教育体系的思考 [J]. 职教论坛, 2010 (13): 9-12.

[43] 崔景贵. 着力构建质量导向的现代职业教育公范式 [J]. 江苏教育, 2013 (4): 16-18.

[44] 孙奎洲, 周金宇. "学士+技师"人才培养模式的探索与实践 [J]. 江苏技术师范学院学报, 2011, 17 (1): 81-83.

[45] 曹晔. 职业技术师范教育"三性"办学特色辨析 [J]. 职业技术教育, 2012, 33 (25): 9-13.

[46] 王乐夫, 姚兴略. 技术性、学术性与师范性相结合培养"双师型"中职师资 [J]. 中国职业技术教育, 2009 (3): 51-52.

[47] 覃武云. 高职院校"双师型"教师队伍的内涵和特点新探 [J]. 学术交流, 2012 (2): 197-200.

[48] 孟凡华. 鲁昕强调: 推动现代职业教育体系建设 [J]. 职业技术教育, 2011 (15): 44-47.

[49] 刘红. 编制现代职教体系国家规划 实现职业教育协调发展突破 [J]. 中国职业技术教育, 2011 (31): 5-12.

[50] 董存田. 论现代职业教育体系建设中的学业管理制度创新 [J]. 职教论坛, 2013 (33): 13-17.

[51] 庄西真. 论现代职业教育体系中的教育转换 [J]. 职教论坛, 2013 (34): 16-20.

[52] 董存田. 推进现代职业教育体系建设, 促进城乡统筹发展 [J]. 职教通讯, 2013 (31): 1-5.

[53] 关晶, 石伟平. 我国职业教育体系存在的问题及其完善对策 [J]. 职业技术教育, 2012 (7): 5-9.

[54] 董存田, 潘瑜, 李德方, 赵贤德. "学分银行"制度的发展历程与趋势 [J]. 当代教育论坛, 2012 (2): 41-46.

[55] 马成荣. 江苏职业教育技能型人才培养研究 [J]. 教育与职业, 2006 (18): 8-11.

[56] 陈智强. 澳大利亚 TAFE 模式及其对我国高职教育的启示 [J]. 教育与职业, 2011 (36): 90-91.

[57] 刘晓欢，郭沙，彭振宇．"订单式"人才培养模式的特征及其构建 [J]．职业技术教育，2004（25）：21－23．

[58] 杜怡萍．高等职业教育专业设置的问题与对策 [J]．教育与职业，2014（3）：19－22．

[59] 刘翠兰，张金福．高职院校开展校企合作的意义 [J]．江苏技术师范学院学报，2008（7）：74－75．

[60] 肖凤翔，张弛．"双师型"教师的内涵解读 [J]．中国职业技术教育，2012（15）：69－74．

[61] 苏雁．江苏技术师院实施"学士技师培养工程" [N]．光明日报，2010－04－10（2）．

[62] 韩民．有机衔接是体系构建的核心 [N]．中国教育报，2012－3－21．

[63] 钟伟，刘登明．江苏试点高职院校招收本科生 [N]．中国教育报，2012－6－8．

[64] 王春春，张男星．中国高等教育发展呈现七大趋势——寻找中国高等教育的世界坐标 [N]．中国教育报，2013－12－16．

[65] 匡瑛．中高职课程衔接需要一体化制度设计 [N]．中国教育报，2012－12－19．

[66] 翟帆．北京试水职业教育分级制改革 [N]．中国教育报，2011－9－17．

后　记

　　《江苏现代职业教育体系研究》是江苏省教育科学"十二五"规划 2011 年度重大课题《构建中高等职业教育协调发展的江苏现代职教体系的研究》（课题批准号：A/2011/11，主持人：夏东民、崔景贵）的代表性研究成果，是 2014 年江苏省决策咨询研究基地重点项目《江苏深化职教改革创新与现代职教体系构建研究》（项目批准号：14ssl33，项目主持人：崔景贵）的研究成果，也是教育部哲学社会科学研究重大课题攻关项目"职业教育办学模式改革研究"（课题批准号：10JZD0040，主持人：石伟平）子课题的阶段性研究成果。

　　本书是江苏省重点建设学科职业技术教育学专业团队精诚合作的研究成果，专家作者主要来自江苏省职业技术教育科学研究中心、江苏理工学院职业教育研究院、教育学院、《职教通讯》杂志社、江苏省决策咨询研究基地——江苏职业教育与终身教育研究基地、江苏省教育厅职业教育处、江苏省职教学会学术工作委员会。本书写作提纲由江苏理工学院副校长、职业教育研究院院长、江苏省职教科研中心主任、江苏职业教育与终身教育研究基地主任、首席专家崔景贵教授提出。各章编写分工如下。代序：沈健（教授）、周稽裘（教授）；前言：尹伟民；第一章：夏莹、夏东民（教授、博士）；第二章：壮国桢（研究员、博士）；第三章：蒋旋新（研究员）；第四章：李德方（研究员、博士）、孙健（博士）；第五章：谭明（编审）；第六章：贺文瑾（研究员、博士）；第七章：庄西真（研究员、博士）；第八章：袁丽英（研究员，第二、三、四节）、郑晓梅（教授，第一节）；第九章：董存田（教授）；第十章：马建富（教授）、张胜军（教授、博士）；第十一章：崔景贵（教授、博士）；第十二章：董仁忠（副研究员、博士，第一、二节）、徐健（第三节）；第十三章：张健（研究员）；第十四章：王明伦（研究员）；第十五章：王志华（副教授、博士)、葛宏伟；第十六章：臧志军（副研究员、博士）；第十七章：尹伟（副教授、博士）。各章初稿完成后，课题负责人崔景贵教授向作者反馈修改意见与建议。在对各章书稿修改的基础上，崔景贵教授负责全书统稿和最终定稿。研究生黄亮协助完成书稿编排、参考文献整理、注释校对及参与统稿等工作。

课题立项研究以来，我们以"构建体系·提升质量·健全制度""现代职教体系与新型城镇化建设""理念与路径：江苏职教体系的系统建构"等为主题，策划举办了系列学术研讨交流活动，主要有苏派职教高层论坛、江苏省哲学社会科学界 2012 年学术大会——2012 江苏职教高峰论坛、江苏省职教学会2013 年学术年会、现代职教体系建设试点项目研讨会等，进一步扩大课题研究成果的生命力、创造力和影响力。向有关部门提交《关于促进中等和高等职业教育协调发展的指导意见》《江苏高等职业教育集团化发展问题研究》等决策咨询研究报告，受到广泛好评，荣获 2012 年度江苏省社科应用研究精品工程优秀成果奖。《构建中高职协调发展的江苏现代职业教育体系》汇编在《科学发展，两个率先——江苏省决策咨询研究基地 2012 年成果报告集》，由江苏人民出版社 2013 年 4 月公开出版。

2013 年 12 月 30 日，课题组在江苏理工学院召开课题研究推进工作会议。与会课题组成员认真研读教育部《关于推进中等和高等职业教育协调发展的指导意见》（教职成〔2011〕9 号）、江苏省教育厅《江苏省现代职业教育体系建设试点工作实施方案》等文件，就专著编写工作进行了充分讨论，一致认为《江苏现代职业教育体系研究》要具有前瞻性、创新性、先进性和科学性，要坚持以服务决策、创新理论、指导实践为宗旨，充分吸纳原有研究成果，与时俱进，求真务实，坚持"顶天立地"，贴近江苏职教改革创新实际，充分反映江苏职教发展特色与成果。通过本课题的系统研究，能构建富有特色的江苏现代职业教育体系的理论框架；绘制江苏现代职业教育体系的路线图；对江苏现代职业教育管理体制、法规体系、财税政策提出具体建议；提出实现江苏中高等职业教育协调发展的整体方案；对职业院校社区化办学提出改革方案；提出江苏职业教育与产业互动模型并提出政策配套建议。课题研究力争形成一批体现苏派理念、苏派特色、苏派风格的高水平研究成果，为加快建设江苏现代职业教育体系，奋力推进江苏教育现代化贡献智慧。

2014 年 5 月 17 日，课题组以"科学构建现代职教体系，加快推进江苏教育现代化"为主题，在江苏理工学院召开第四届苏派职教高层论坛暨江苏决策咨询职教智库专家研讨会。江苏理工学院原党委书记、《职教通讯》杂志主编、博士生导师夏东民教授作了题为《区域率先现代化的国际经验：江苏职教的优势和路径选择》的专题报告，阐述了江苏职教现代化的现状与优势，探讨了江苏职教现代化的目标与路径。董存田、张健、蒋旋新、马建富、王志华、臧志军、尹伟等与会部分专家学者进行交流发言，分析了课题研究的时代背景、科学定位、创新思路，畅谈了构建江苏现代职业教育体系的若干思考和积极建议。江苏理工学院副校长、职教研究院院长、省职教科研中心主任、江苏职业教育与终身教育研究基地主任、省职教学会副会长崔景贵教授在总结发言中表示，将继续为江苏职业教育改革创新发展提供理论支撑和智力支持，为构建江苏现代职业教育体系、扩大苏派职教的学术影响力做出应有的贡献。

本书是江苏理工学院江苏省重点（培育）一级学科教育学学科建设规划的"现代职业教育研究"系列丛书之一。本书的顺利出版，得到江苏理工学院学科建设办公室、人文社科处、教务处等的大力支持。感谢江苏理工学院职业教育研究院、教育学院、江苏省职业技术教育科学研究中心的各位专家、同仁在研究过程中的帮助和支持。江苏省教育厅厅长、江苏省委教育工委书记沈健，国家督学、中国职业技术教育学会副会长、江苏省职教学会会长周稽裘先生在百忙之中欣然赐稿作为本书代序，并提出指导意见。中国职业技术教育学会副会长、华东师范大学博士生导师石伟平教授，浙江省教育科学研究院院长、浙江大学博士生导师方展画教授，江苏省教育厅职业教育处处长尹伟民先生，江苏省教育科学规划领导小组办公室主任彭钢先生，江苏省哲学社会科学界联合会研究室主任崔建军先生，江苏省职教学会秘书长王秀文先生等对课题研究给予大力支持，在此深表诚挚谢意。

本书出版之际，适逢江苏理工学院建校 30 周年。虽然历经常州职业师范学院、常州技术师范学院、江苏技术师范学院到江苏理工学院的三次更名，但研究江苏职教、服务江苏职教、引领江苏职教，是我们全体职教人矢志不渝的专业信念，也是江苏理工学院的办学理念和发展特色所在。科学研究特别需要尽力用心的专业劳动和事业追求。且行且尽力，且研且用心。我们还会继续努力做优做好、更加用心做得更好。我们更加相信，建设江苏现代职业教育体系之路，必定会越来越充满希望、越走越坚实宽广。

课题组
2014 年 8 月 28 日